Winfried Schwabe
Nadine Grau

Lernen mit Fällen
Arbeitsrecht
Grundkurs

Winfried Schwabe
Nadine Grau

Lernen mit Fällen

Arbeitsrecht
Grundkurs

Materielles Recht
& Klausurenlehre

9., überarbeitete Auflage, 2019

AchSo! | BOORBERG

Bibliografische Information der Deutschen Nationalbibliothek | Die Deutsche Nationalbibliothek verzeichnet diese Publikation in der Deutschen Nationalbibliografie; detaillierte bibliografische Daten sind im Internet über www.dnb.de abrufbar.

9. Auflage, 2019
ISBN 978-3-415-06469-0

Druck und Bindung: Beltz Grafische Betriebe GmbH, Am Fliegerhorst 8, 99947 Bad Langensalza

Richard Boorberg Verlag GmbH & Co KG | Scharrstraße 2 | 70563 Stuttgart
Stuttgart | München | Hannover | Berlin | Weimar | Dresden
www.boorberg.de

Vorwort

Die 9. Auflage bringt das Buch auf den Stand von Februar 2019. Rechtsprechung und Literatur sind bis zu diesem Zeitpunkt berücksichtigt und eingearbeitet.

Dem Leser legen wir ans Herz, zunächst die Hinweise zur sinnvollen Arbeit mit diesem Buch – gleich folgend auf der nächsten Seite – sorgfältig durchzusehen.

Köln, im März 2019

Winfried Schwabe
Dr. Nadine Grau

Zur Arbeit mit diesem Buch

Das Buch bietet dem Leser **zweierlei** Möglichkeiten:

Zum einen kann er anhand der Fälle das **materielle Recht** erlernen. Zu jedem Fall gibt es deshalb zunächst einen sogenannten »Lösungsweg«. Hier wird Schritt für Schritt die Lösung erarbeitet, das notwendige materielle Recht aufgezeigt und in den konkreten Fallbezug gebracht. Der Leser kann so in aller Ruhe die einzelnen Schritte nachvollziehen und in unzähligen Querverweisungen und Erläuterungen die Strukturen, Definitionen und sonst notwendigen Kenntnisse erwerben, die zur Erarbeitung der Materie, also hier des Arbeitsrechts, unerlässlich sind.

Zum anderen gibt es zu jedem Fall nach dem gerade beschriebenen ausführlichen Lösungsweg noch das klassische **Gutachten** im Anschluss. Dort findet der Leser dann die »reine« Klausurfassung, also den im Gutachtenstil vollständig ausformulierten Text, den man in der Klausur zum vorliegenden Fall hätte anfertigen müssen, um die Bestnote zu erzielen. Anhand des Gutachtens kann der Leser nun sehen, wie das erarbeitete Wissen tatsächlich nutzbar gemacht, sprich in **Klausurform** gebracht wird. Der Leser lernt die arbeitsrechtliche Gutachtentechnik: Gezeigt wird unter anderem, wie man richtig subsumiert, wie man ein arbeitsrechtliches Gutachten – einschließlich etwa auch der Zulässigkeit einer Kündigungsschutzklage – aufbaut, wie man einen Meinungsstreit souverän darstellt, wie man einen Obersatz und einen Ergebnissatz vernünftig aufs Papier bringt, wie man Wichtiges von Unwichtigem trennt, mit welchen Formulierungen man arbeiten sollte, mit welchen Formulierungen man **nicht** arbeiten sollte usw. usw.

Und noch ein Tipp zum Schluss: Die im Buch zitierten Paragrafen sollten auch dann nachgeschlagen und gelesen werden, wenn der Leser meint, er kenne sie schon. Das ist nämlich leider zumeist ein Irrtum. Auch das Arbeitsrecht erschließt sich nur mit der sorgfältigen Lektüre des Gesetzes. Wer anders arbeitet, verschwendet seine Zeit.

Inhaltsverzeichnis

1. Abschnitt

Die Grundlagen: Arbeitnehmer- und Arbeitgeberbegriff; die arbeitsrechtlichen Rechtsquellen und Gestaltungsfaktoren

Fall 1

Bayrische Leibeigenschaft

Rechtsstudent R hat das Studium hingeschmissen und arbeitet jetzt als Fahrradkurier für das private Transportunternehmen des U in München. Laut Überschrift des mit U geschlossenen Vertrages ist R »freier Mitarbeiter«. Im Vertrag ist geregelt, dass R die Aufträge mit seinem eigenen Fahrrad durchführt, das aber – ebenso wie der Fahrradhelm des R – mit dem Firmenlogo des U beklebt ist. R ist zudem verpflichtet, von Montag bis Freitag um 8.00 Uhr bei U zu erscheinen und die Aufträge entgegenzunehmen. Bis 13.00 Uhr hat R die zugeteilten Kurierfahrten auszuführen und sich anschließend bis 18.00 Uhr auf Abruf bereitzuhalten, um eingehende, weitere Aufträge zu übernehmen. R stehen laut Vertrag »vier Wochen Urlaub jährlich« zu; die Lage der Urlaubstage muss R mit U abstimmen. Im Vertrag ist schließlich vermerkt, dass R die Zustellung auch durch dritte, von ihm selbst ausgewählte Personen erbringen sowie Kurierfahrten im eigenen Namen und auf eigene Rechnung ausführen darf.

Als U dem R nach diversen Unstimmigkeiten einige Monate später androht, ihm keine weiteren Kurierfahrten zuzuteilen, erhebt R Klage vor dem Arbeitsgericht und beantragt festzustellen, dass zwischen ihm und U ein Arbeitsverhältnis besteht und er daher Anspruch auf Beschäftigung habe. U meint, die Klage sei unbegründet, da R ausweislich des Vertrages nur »freier Mitarbeiter« in seinem Unternehmen sei.

Ist die von R zulässig erhobene Klage begründet?

Schwerpunkte: Der Begriff des Arbeitnehmers; der neue § 611a BGB; die Bedeutung und Tragweite der arbeitsrechtlichen Regelungen für Arbeitnehmer und freie Mitarbeiter; der Begriff des Arbeitgebers; die Klage auf Feststellung eines Arbeitsverhältnisses.

Lösungsweg

Einstieg: Die Klage des R ist dann begründet, wenn zwischen ihm und dem U ein Arbeitsverhältnis (→ § 611a Abs. 1 BGB) besteht. Ein Arbeitsverhältnis im Sinne des § 611a Abs. 1 BGB liegt dann vor, wenn R **Arbeitnehmer** und der U **Arbeitgeber** ist. Es ist demnach zu prüfen, ob dem R im vorliegenden Fall der Status eines Arbeitnehmers und dem U demzufolge der Status eines Arbeitgebers im Sinne der genannten Norm zukommt.

Durchblick: Die Frage nach der Arbeitnehmereigenschaft ist für die betroffene Person von erheblicher Bedeutung im Hinblick auf ihre gesamte arbeitsrechtliche Stellung. Und das liegt daran, dass nahezu sämtliche (Schutz-)Vorschriften des Arbeits- und Sozialrechts überhaupt nur Anwendung finden, wenn die die Norm in Anspruch nehmende Person ein **Arbeitnehmer** ist. So können sich beispielsweise nur **Arbeitnehmer** auf das Kündigungsschutzgesetz berufen (→ § 1 Abs. 1 KSchG); nur **Arbeitnehmer** haben einen gesetzlichen Anspruch auf Urlaub (→ § 1 BUrlG); nur **Arbeitnehmer** können sich auf das Arbeitszeitgesetz berufen (→ § 1 Nr. 1 ArbZG); das Entgeltfortzahlungsgesetz, das unter anderem die Lohnfortzahlung im Krankheitsfall regelt, findet Anwendung nur auf **Arbeitnehmer** (→ § 1 EntgeltfortzahlungsG); und auch das Gesetz über den Mindestlohn aus dem Jahre 2014 gewährt ausnahmslos **Arbeitnehmern** den Anspruch auf Mindestlohn (→ § 1 MiLoG, aktuell: 9,19 Euro, ab 2020: 9,35 Euro). Diese Liste ist beliebig fortsetzbar und verdeutlicht, wie wichtig es für die betreffende Person sein kann festzustellen, dass man tatsächlich »Arbeitnehmer« und nicht nur etwa ein »freier Mitarbeiter« oder auch z.B. »frei beschäftigter Mitarbeiter« ist, der sich auf die Vorschriften des Arbeitsrechts, die dem Schutz der Arbeitnehmer dienen, dann nicht berufen könnte (vgl. *Junker* Rz. 97; *Reinecke* in RdA 2001, 357; *Fischer/Hart* in AuR 1999, 126; *Hohmeister* in NZA 1999, 1009). Und damit erklärt sich dann auch die weitreichende Bedeutung der Arbeitnehmereigenschaft für die Fallprüfung in den arbeitsrechtlichen Klausuren und Hausarbeiten: Die Prüfung der Arbeitnehmereigenschaft ist quasi die Eintrittskarte, die man zunächst lösen muss, um überhaupt zu den eigentlichen Fragen vorzudringen. Denn – wie gesagt – ohne Arbeitnehmereigenschaft gibt es auch keine Probleme beim Kündigungsschutz, beim Urlaubsanspruch, bei den Arbeitszeitregelungen, bei der Lohnfortzahlung im Krankheitsfall usw. (*Junker* Rz. 97). Dafür muss man immer zunächst prüfen bzw. feststellen, ob die in Frage stehende Person auch tatsächlich ein **Arbeitnehmer** ist.

Unser Buch startet aus den gerade genannten Gründen dann natürlich auch mit einem Fall, in dem hauptsächlich zu klären ist, ob die betroffene Person ein solcher Arbeitnehmer ist. Der R zweifelt ja an der Bezeichnung »freier Mitarbeiter« und will deshalb wissen, ob zwischen ihm und dem U ein **Arbeitsverhältnis** besteht; dies hätte zur Folge, dass R dann die Schutzvorschriften des Arbeitsrechts für sich beanspruchen und etwa auch einen Anspruch auf Beschäftigung haben könnte, was ihm als »freier Mitarbeiter« weitestgehend verwehrt wäre. Die Überprüfung der ganzen Sache vollzieht man mithilfe einer sogenannten »Feststellungsklage« (BAG BB **2002**, 49; auch »Statusklage« genannt, vgl. *Schaub/Vogelsang* § 6 Rz. 42 sowie die §§ 256 ZPO, 2 Abs. 1 Nr. 3b ArbGG), und die ist begründet – wir sagten es oben bereits –, wenn R selbst ein **Arbeitnehmer** und U dementsprechend ein Arbeitgeber ist. Also dann:

I. Die Arbeitnehmereigenschaft des R

Beachte: Der Begriff des Arbeitnehmers war – trotz seiner immensen Bedeutung (siehe soeben) – im deutschen Recht bis zum 1. April 2017 gesetzlich nicht definiert. Man behalf sich vielmehr mit einer Definition, die zurückgeht auf das allererste deutsche Arbeitsrechtslehrbuch überhaupt, geschrieben von den für das Arbeitsrecht legendären Herren *Alfred Hueck* (spricht sich übrigens ohne das »e«, dafür aber mit einem langen »u« also: »Huuck«) und *Hans Carl Nipperdey* aus dem Jahre 1928 (!), die das Bundesarbeitsgericht Jahrzehnte später dann aufgenommen und fortentwickelt hat. Sie lautete:

> **Definition:** Arbeitnehmer ist, wer aufgrund eines privatrechtlichen Vertrags im Dienste eines anderen zur Leistung weisungsgebundener, fremdbestimmter Arbeit in persönlicher Abhängigkeit verpflichtet ist (BAG NZA **2018**, 448; BAG NZA-RR **2016**, 344; BAG NZA **2014**, 1293; *Hueck/Nipperdey* § 9 II; ErfKomm/*Preis* – 17. Auflage – § 611 BGB Rz. 35; *Schaub/Vogelsang* § 8 Rz. 6).

Zum 1. April 2017 ist dann mit dem neu geschaffenen **§ 611a BGB** (aufschlagen!) diese Definition in etwas umständlicher Form in Gesetzeskraft erwachsen und soll, so sagt es die Gesetzesbegründung, die ständige Rechtsprechung des BAG zum Arbeitnehmerbegriff auf sichere und vor allem kodifizierte Füße stellen (vgl. BT Drs. 18/10064 Seiten 4 und 17; BR Drs. 294/16 Seite 3). Die Gerichte sollen bei der Anwendung und Auslegung des neuen § 611a BGB nach dem Willen des Gesetzgebers demnach die vom BAG entwickelten Grundsätze vollumfänglich berücksichtigen und anwenden. Beachte insoweit übrigens gleich die Feinheit, dass der § 611a Abs. 1 Satz 1 BGB bei genauer Betrachtung eigentlich nur den Begriff des »**Arbeitsvertrages**« definiert (das 3. Wort im Text!), diese Definition sich aber dann in § 611a Abs. 1 Sätze 1–4 BGB an der Definition des Arbeitnehmers quasi »aufhängt«. Der Gesetzgeber hat damit in § 611a Abs. 1 BGB sowohl den Begriff des »Arbeitsvertrages« als auch den des »Arbeitnehmers« erstmalig legal definiert.

Zum Fall: Anhand dieser Definition des § 611a Abs. 1 BGB wollen wir also jetzt mal schauen, ob der gute R nun wirklich ein freier Mitarbeiter ist oder nicht vielleicht doch als Arbeitnehmer eingestuft werden kann und muss. Und da können wir als Erstes anhand des § 611a Abs. 1 Satz 6 BGB (aufschlagen!) schon mal sagen, dass es grundsätzlich keine Bedeutung hat, wie die jeweiligen Parteien sich bzw. den anderen Vertragspartner und dessen Stellung im Betrieb bzw. Unternehmen benennen. In unserem Fall ist es demnach rechtlich völlig unerheblich, dass U den R im Vertrag als »freien Mitarbeiter« bezeichnet. Es unterliegt ausweislich des § 611a Abs. 1 Satz 6 BGB **nicht** der Dispositionsbefugnis des Arbeitgebers, die Qualifizierung seiner Mitarbeiter als Arbeitnehmer oder Nichtarbeitnehmer mithilfe einer einfachen sprachlichen Formulierung vorzunehmen; insoweit entscheiden ausschließlich objektive Kriterien und gemäß dem Wortlaut des § 611a Abs. 1 Satz 6 BGB insbesondere die »tatsächliche Durchführung des Vertragsverhältnisses« – und nicht die gewählte Bezeichnung (so auch BAG NZA **2018**, 448; BAG NZA **2017**, 1463; BAG NZA **2014**, 1293; ErfKomm/*Preis* § 611a BGB Rz. 47; *Keller* in NZA 1999, 1311). Merken.

So. Und damit kommen wir endlich zur eigentlichen Arbeit am Fall und müssen uns die einzelnen Merkmale der Definition des § 611a Abs. 1 BGB jetzt mal anschauen. Wir dürfen uns dabei – wie erwähnt – an der bisherigen Rechtsprechung und der Definition des BAG zum Arbeitnehmerbegriff orientieren und wählen daher **diesen** Aufbau der Prüfung der Arbeitnehmereigenschaft:

1. Erforderlich ist zunächst ein **privatrechtlicher Vertrag** zwischen den Parteien. Beachte insoweit bitte, dass der § 611a Abs. 1 Satz 6 BGB zwar nur von »Vertragsverhältnis« spricht, dieser Begriff aber das Vorliegen eines privatrechtlichen Vertrages meint (BT Drs. 18/10064 Seite 17). Auch nach der alten BAG-Definition war die Privatrechtlichkeit nämlich ein zwingendes Merkmal – und der § 611a BGB findet sich zudem systematisch innerhalb der privatrechtlichen Dienstvertragsvorschriften des BGB (→ §§ 611 ff. BGB). Daher: privatrechtlicher Vertrag.

Durchblick: Der Hinweis auf den privatrechtlichen Charakter des (Arbeits-)Vertrages soll öffentlich-rechtliche Dienst- und Treueverhältnisse wie die der **Beamten, Richter und Soldaten** ausschließen; diese Personen sind keine Arbeitnehmer im Sinne des § 611a BGB (vgl. Art. 33 Abs. 4 GG). Ein Beamtenverhältnis etwa wird nicht durch einen Arbeitsvertrag begründet, sondern durch einen zustimmungsbedürftigen Verwaltungsakt. **Aber**: Neben diesen drei Berufsgruppen, die nicht unter das private Arbeitsrecht fallen, gibt es in Deutschland noch fast drei Millionen sehr wohl unter den Arbeitnehmerbegriff fallende Arbeitnehmer im öffentlichen Dienst. Diese »öffentlich-rechtlich Bediensteten« haben privatrechtliche Arbeitsverträge im Sinne des § 611a BGB, unterliegen damit durchaus den arbeitsrechtlichen Regeln des Privatrechts, für sie gelten indes besondere Tarifverträge – und anstatt des Betriebsverfassungsgesetzes wird ihre Vertretung gegenüber der Arbeitgeberseite (= Staat) durch das Personalvertretungsrecht geregelt (Einzelheiten dazu später).

Hier: Zwischen unserem Fahrradkurier R und U liegt nach Auskunft des Sachverhaltes ein **privatrechtlicher Vertrag** vor, das Unternehmen des U ist nämlich ein privatrechtliches Transportunternehmen. Beachte bitte, dass dieses Merkmal (privatrechtlicher Vertrag) in der Regel in den Klausuren nicht problematisch ist und daher normalerweise keiner ausufernden Erörterung bedarf. Mehr als zwei bis drei Sätze ärgern den Prüfer, es sei denn, der Sachverhalt gibt einen ausdrücklichen Hinweis, der an der privatrechtlichen Natur des Vertrages zweifeln lässt.

ZE.: R und U haben einen privatrechtlichen Vertrag geschlossen.

2. Notwendig ist des Weiteren die Erbringung eines »Dienstes für einen anderen«, bitte lies § 611a Abs. 1 Satz 1 BGB. **Hier**: Kein Problem, unser R erbringt **Dienstleistungen** für einen anderen in Form von Kurierfahrten mit dem Rad für den U.

ZE.: Auch das Merkmal des »Dienstes für einen anderen« ist erfüllt.

3. Das in aller Regel entscheidende Merkmal im Hinblick auf die Bestimmung des Arbeitnehmerbegriffs ist das Kriterium der »**Unselbstständigkeit**«, das sich innerhalb des § 611a Abs. 1 Satz 1 BGB hinter der Formulierung »… zur Leistung weisungsgebundener, fremdbestimmter Arbeit in persönlicher Abhängigkeit …« verbirgt. Hierzu muss man wissen, dass die in § 611a Abs. 1 Satz 1 BGB gewählte Formulierung wortgetreu der bisherigen höchstrichterlichen Rechtsprechung entspricht (siehe die Definition oben!) und aus diesem Grund auch in Gesetzesform gegossen wurde. Das Bundesarbeitsgericht hat über Jahrzehnte die drei Merkmale »weisungsgebunden«, »fremdbestimmt« und »persönlich abhängig« unter dem Oberbegriff »Leistung unselbstständiger Dienste« vereint und damit den Arbeitnehmer vom freien Mitarbeiter bzw. selbstständig tätigen Mitarbeiter abgegrenzt (BAG NZA **2018**, 448; BAG NZA-RR **2016**, 344; BAG NZA **2014**, 1293; BAG NZA **2012**, 1433; BAG NZA **2012**, 731).

Durchblick: Bei Dienstleistungen im Sinne der §§ 611 ff. BGB geht es immer um die Abgrenzung selbstständiger Tätigkeiten (z.B. der Dienst eines Steuerberaters oder Rechtsanwalts) von **unselbstständigen** Tätigkeiten (z.B. der Dienst eines Fabrikarbeiters oder einer Verkäuferin). Nur im letztgenannten Fall handelt es sich um eine Tätigkeit/Arbeit, die im Rahmen eines Arbeitsvertrages nach § 611a BGB erbracht wird und entsprechende arbeitsrechtliche Konsequenzen nach sich zieht. Die Hauptaufgabe liegt demnach darin, anhand der in § 611a Abs. 1 Satz 1 BGB genannten Kriterien – »weisungsgebunden«, »fremdbestimmt« und »persönlich abhängig« – diese Unterscheidung am konkreten Fall zu treffen. Gemäß § 611a Abs. 1 Satz 3 BGB ist weisungsgebunden, wer seine Tätigkeiten und seine Arbeitszeit nicht im Wesentlichen frei gestalten kann (vgl. auch BAG NZA **2012**, 1433; BAG NZA **1999**, 205; BAG BB **1990**, 1064; ErfKomm/*Preis* § 611a BGB Rz. 50 ff.). **Nicht** entscheidend ist dabei übrigens, ob der Dienstverpflichtete bei seiner Tätigkeit uneingeschränkt fachlichen Anweisungen Folge leisten muss; insbesondere bei höheren Diensten (z.B. Chefarzt oder Justiziar) handeln die Personen aufgrund ihrer Kompetenz zumeist gerade ohne eine spezifisch fachliche Weisung, sind aber gleichwohl als Arbeitnehmer zu qualifizieren (ErfKomm/*Preis* § 611a BGB Rz. 50 ff.). Ob im gerade benannten Sinne nun eine unselbstständige Tätigkeit vorliegt, ist gemäß **§ 611a Abs. 1 Satz 5 BGB** anhand einer Gesamtwürdigung aller maßgebenden Umstände des Einzelfalles und gemäß **§ 611a Abs. 1 Satz 4 BGB** unter Berücksichtigung der Eigenart der jeweiligen Tätigkeit zu ermitteln (BAG NZA **2018**, 448; BAG NZA-RR **2016**, 344; BAG NZA **2014**, 1293).

Zusammenfassung: Entscheidendes Merkmal für die Bestimmung des Arbeitnehmerbegriffs ist die **Unselbstständigkeit** der Tätigkeit. Diese Unselbstständigkeit der Tätigkeit folgt gemäß der Definition des § 611a Abs. 1 Satz 1 BGB aus der Verpflichtung des Arbeitnehmers zur weisungsgebundenen, fremdbestimmten Arbeit in persönlicher Abhängigkeit. Hierbei spielt gemäß § 611a Abs. 1 Satz 4 BGB die **Eigenart** der Tätigkeit ebenso eine Rolle wie der Umstand, dass ein Arbeitnehmer gemäß § 611a Abs. 1 Satz 3 BGB im Wesentlichen weder seine Tätigkeit noch seine Arbeitszeit frei gestalten kann, sondern von den **Weisungen** des Arbeitgebers abhängig ist. Im jeweiligen Fall ist gemäß § 611a Abs. 1 Satz 5 BGB anhand einer Gesamtwürdigung aller Umstände das Vorliegen eines Arbeitsvertrages festzustellen, wobei gemäß § 611a Abs. 1 Satz 6 BGB die Bezeichnung der Parteien rechtlich unerheblich ist und es vielmehr auf die tatsächliche Durchführung des Vertrages ankommt.

Klausurtipp: Das waren jetzt eine ganze Menge Informationen – und zugegebenermaßen ist die sprachlich umständliche und zudem sehr umfangreiche Gesetzesfassung des neuen § 611a BGB für die Fallbearbeitung auch durchaus gewöhnungsbedürftig bis kompliziert. Da auf dem Lösungsblatt des Korrektors aber in jedem Fall das Schlagwort »**Leistung unselbstständiger Dienste**« steht, kann und sollte man die Prüfung auch mit genau dieser Formulierung einleiten, und zwar so:

»Zur Bestimmung der Arbeitnehmereigenschaft des R ist schließlich erforderlich, dass R von U zur Leistung unselbstständiger Dienste verpflichtet war. Gemäß § 611a Abs. 1 Satz 1 BGB setzt dies eine weisungsgebundene und fremdbestimmte Arbeit in persönlicher Abhängigkeit voraus. Insoweit ist gemäß § 611a Abs. 1 Satz 4 und 5 BGB anhand einer Gesamtwürdigung und unter Berücksichtigung der Eigenart der Tätigkeit im Einzelfall abzuwägen. Im vorliegenden Fall spricht für eine unselbstständige Tätigkeit …«

Damit ist das Wichtigste gesagt und der Prüfer weiß, dass man die gesetzlichen Vorgaben und vor allem auch den Oberbegriff kennt. Im Anschluss können und sollten dann die einzelnen Vorgaben des Sachverhaltes verwertet werden (machen wir gleich). **Und**: Wie man dann am Ende die Entscheidung im konkreten Fall trifft, ist, solange die Begründung nachvollziehbar daherkommt, im besten Sinne des Wortes »gleichgültig«. Der Prüfer will nämlich – wie eigentlich immer – vor allen Dingen sehen, dass die Argumente sorgfältig abgewogen bzw. die im Fall erwähnten Gesichtspunkte vollständig und schlüssig verarbeitet werden. Das reicht.

Und genau so wollen wir das jetzt auch mal machen; in unserem kleinen Fall gab es ja eine ganze Menge von verwertbaren Angaben im Sachverhalt, **nämlich**:

→ Für die Arbeitnehmereigenschaft des R spricht zunächst, dass er sich ständig dienstbereit halten muss und seine Arbeitszeit daher keinesfalls frei bestimmen kann, was gemäß **§ 611a Abs. 1 Satz 3 BGB** (aufschlagen!) ein Indiz für seine Weisungsgebundenheit ist. Zwar enthält die Tatsache, dass R verpflichtet ist, bei der Auslieferung der Frachtsendungen bestimmte Terminvorgaben einzuhalten, für sich betrachtet noch keinen aussagekräftigen Hinweis auf ein Arbeitsverhältnis; auch im Rahmen von Dienst- und Werkverträgen können von dem Dienstberechtigten oder Besteller Termine für die Erledigung der Arbeit bestimmt werden, ohne dass daraus gleich eine zeitliche Weisungsabhängigkeit folgt (BAG NZA **2002**, 742). Zusammen mit der vorgegebenen Anfangszeit (8 Uhr) und den einzuhaltenden Bereitschaftszeiten (13–18 Uhr) führen die Terminvorgaben im vorliegenden Fall indes dazu, dass U faktisch an jedem Werktag in der Zeit von 8.00 Uhr bis 18.00 Uhr über die Arbeitszeit des R verfügen kann. U kann daher im Zweifel sowohl über den Inhalt als auch die Durchführung und die Zeit der Tätigkeit bestimmen, was gemäß **§ 611a Abs. 1 Satz 2 BGB** charakteristisch für ein arbeitsvertragliches Weisungsrecht ist (vgl. auch BAG NZA-RR **2010**, 172). Auch die Urlaubsregelung, wonach R den Urlaub mit U abstimmen muss, spricht dafür, dass die Parteien von der Möglichkeit der dauernden Disponibilität des R ausgehen, solange R sich nicht bei U abmeldet. Die Einräumung von begrenztem Jahresurlaub (vier Wochen) kann als weiteres Indiz für eine unselbstständige Tätigkeit gewertet werden; im Rahmen einer selbstständigen Tätigkeit wäre sie nämlich überflüssig, da der Mitarbeiter über seine (Urlaubs-)Zeit frei verfügen bzw. bestimmen kann (BAG NZA **2002**, 742).

→ Gegen ein Arbeitsverhältnis könnte allerdings sprechen, dass R vertraglich berechtigt ist, die Aufträge durch dritte, von ihm selbst gewählte Personen erbringen zu lassen. Die Möglichkeit, dritte Personen zur Leistungserbringung einsetzen zu dürfen, stellt ein Indiz dafür dar, dass es sich nicht um ein Arbeitsverhältnis, sondern um eine selbstständige Tätigkeit handelt. Die Pflicht, die Leistung persönlich zu erbringen, ist nämlich ein typisches und charakteristisches Merkmal für ein Arbeitsverhältnis (BAG NZA **2002**, 742; BAG NZA **1999**, 53). Allerdings handelt es sich hierbei nicht um eine zwingende Voraussetzung für einen Arbeitsvertrag, was sich aus der Formulierung des **§ 613 Satz 1 BGB** (aufschlagen!) ergibt, wonach der Dienstverpflichtete die Leistung nur »im Zweifel« persönlich zu erbringen hat. Gerade bei einfachen Tätigkeiten, bei denen es nicht notwendig auf die Person des Arbeitnehmers ankommt (Pförtner, Hauswart, Hausmeister, Bote oder auch Fahrer) kann eine Vertretungsregel nicht automatisch zur Ablehnung eines Arbeitsvertrages führen (LAG Düsseldorf LAGE Nr. 30 zu § 611 BGB: Arbeitnehmerbegriff). Die Einräumung dieser Möglichkeit dürfte im Übrigen auch wenig praktische Auswirkungen haben, denn die persönliche Leistungserbringung stellt die Regel, die Leistungserbringung durch einen Dritten hingegen die Ausnahme dar. Das Gesamtbild der Tätigkeit wird durch die mögliche Leistungserbringung durch Dritte nicht maßgeblich verändert. Somit lässt sich aus der nicht persönlichen Leistungspflicht auch kein zwingender Rückschluss auf eine selbstständige Tätigkeit ziehen (BAG NZA **1998**, 366; NK/*Klappstein* § 613 BGB Rz. 9).

→ Gegen ein Arbeitsverhältnis könnte aber noch sprechen, dass R auch Kurierfahrten für eigene Rechnung ausführen kann. Ihm eröffnet sich dadurch also durchaus ein eigener Gestaltungsspielraum dergestalt, auch Aufträge von anderen Auftraggebern anzunehmen und unter eigener Regie abzurechnen. Bei genauer Betrachtung verbleibt dem R allerdings hinsichtlich der genauen Gestaltung dieser möglichen Tätigkeit aufgrund der vertraglichen Bestimmungen mit U tatsächlich gerade **kein** wesentlicher Spielraum. Wegen der zeitlichen Inanspruchnahme seitens des U (8–18 Uhr) ist eine Arbeit für andere Auftraggeber unter Berücksichtigung ausreichender Ruhezeiten faktisch so gut wie ausgeschlossen oder eher vom Zufall abhängig und kann daher im Rahmen der Gesamtabwägung nicht zu dem Ergebnis führen, dass R kein persönlich abhängiger Arbeitnehmer ist. Für eine selbstständige Tätigkeit könnte schließlich noch sprechen, dass R die Aufträge mit seinem eigenen Rad durchführt. Entscheidend ist indessen, ob der Einsatz des eigenen Transportmittels dem Eigentümer (R) hier die Möglichkeit eröffnet, seine Tätigkeit im Wesentlichen frei zu gestalten. Diese Möglichkeit ist dem R aufgrund der sonstigen (zeitlichen) Vertragsgestaltung – wie umfangreich erörtert – aber gerade nicht eröffnet. Letztlich spricht auch die Regelung über die Beklebung von Fahrrad und Helm dafür, dass R als unselbstständiger Mitarbeiter des U unterwegs bzw. tätig ist.

Fazit: Die nach § 611a Abs. 1 Satz 5 BGB geforderte Gesamtwürdigung der Umstände ergibt demnach, dass R für den U weisungsgebunden und fremdbestimmt in persönlicher Abhängigkeit tätig und damit ein Arbeitnehmer des U ist. Namentlich die vertraglich fixierte, dauernde Verfügbarkeit des R sowie die damit einhergehende Einschränkung seiner weiteren Möglichkeiten zur eigenen Gestaltung der Tätigkeit sprechen, ebenso wie die vertragliche Urlaubsregelung, für eine persönliche Abhängigkeit des R von U. Der Umstand, dass R auch Aufträge in Eigenregie ausführen sowie dritte Personen für von U erteilte Aufträge einsetzen darf, kann die Gesamtwürdigung nicht zugunsten einer Selbstständigkeit beeinflussen; es überwiegen die Gesichtspunkte, die R als unselbstständigen Mitarbeiter (= Arbeitnehmer) im Sinne des § 611a Abs. 1 BGB charakterisieren. Daher spielt auch die Bezeichnung des R als »freier Mitarbeiter« keine erhebliche Rolle, da es gemäß § 611a Abs. 1 Satz 6 BGB nicht auf diese Benennung, sondern auf die tatsächliche Durchführung des Vertragsverhältnisses ankommt.

Beachte: Man sieht es, hier muss argumentativ richtig gekämpft/gearbeitet werden. In den Fällen, in denen der Begriff des Arbeitnehmers fraglich ist, kommt man an einer solchen umfassenden Abwägung der Umstände nicht vorbei (vgl. etwa BAG NZA **2018**, 448 zur Frage, ob ein Musiklehrer Arbeitnehmer ist). Die Klausursachverhalte enthalten deshalb zumeist – so wie bei uns – entsprechende Hinweise, die dann bitteschön in der Lösung später auch auftauchen müssen. Es gilt der alte Lehrsatz: Wer den Sachverhalt in seiner Lösung nicht **vollständig** verarbeitet hat, hat im Zweifel ein Problem oder einen wichtigen Gesichtspunkt übersehen. Wie so etwas geht, haben wir gerade gesehen; und wie man die Abwägung der Argumente dann in der Klausur am besten hinschreibt, steht gleich weiter unten im Gutachten. Nachlesen schadet sicher nicht.

Und noch etwas: Selbstverständlich ist die umfassende Diskussion des Arbeitnehmerbegriffes nur dann gefordert, wenn der Sachverhalt einen entsprechenden Anlass bietet und der Prüfer dies dann eben auch als Schwerpunkt gesetzt sehen will – so wie in unserem Fall hier. Ist die Arbeitnehmereigenschaft hingegen eindeutig und/oder fehlen entsprechende Hinweise und Ausführungen im Fall (da steht dann z.B. nur »A arbeitet seit 12 Jahren für den U als Schlosser« oder »Der im Betrieb des B seit 10 Monaten als Sekretärin tätigen S wird von B fristlos gekündigt …«), muss man sich eine eingehende Erörterung des Arbeitnehmerbegriffs unbedingt verkneifen; dann genügt zumeist **EIN** Satz, die Probleme sitzen dann an anderen Stellen in der Lösung.

Zurück zum Fall und unserer Lösung: Wir wollen uns aus den weiter oben genannten Gründen für die Arbeitnehmereigenschaft des R entscheiden, da er nach einer Gesamtwürdigung aller Umstände und der tatsächlichen Durchführung des Vertragsverhältnisses in hohem Maße von U weisungsabhängig ist: R ist als **unselbstständiger** Mitarbeiter (= Arbeitnehmer) des U anzusehen.

Feinkostabteilung: Der aufmerksame Leser (und natürlich auch die aufmerksame **Leserin**) wird sich gefragt haben, warum wir eigentlich mit keinem einzigen Wort auf eine Vergütung des R eingegangen sind und sich insoweit noch nicht mal ein Hinweis auf eine Bezahlung des R durch U in unserem Fall findet. **Antwort**: Darauf kommt es nicht an! Die Vereinbarung einer Vergütung gehört nämlich nicht zu den Mindestbestandteilen im Hinblick auf den Abschluss eines Arbeitsvertrages (wichtiger Satz, bitte noch einmal lesen!). Selbstverständlich erhalten Arbeitnehmer eine Vergütung und arbeiten logischerweise grundsätzlich »entgeltlich«. Die Verpflichtung zur Lohnzahlung folgt aber zwingend aus **§ 611a Abs. 2 BGB** (aufschlagen!), gilt gemäß § 612 Abs. 1 BGB im Zweifel sogar als stillschweigend vereinbart und ist seit dem August 2014 auch in **§ 1 Abs. 1 MiLoG** verankert. Daher bleibt diese Lohnzahlungspflicht und auch die tatsächlich erfolgte Zahlung für die Bestimmung des Arbeitnehmerbegriffs und damit auch für das Vorliegen eines Arbeitsvertrages ohne Bedeutung, vor allem dann, wenn es – wie hier – den Parteien auf die konkrete Lohnzahlung gar nicht ankommt. Ob man Arbeitnehmer ist oder nicht, bestimmt sich alleine nach den in § 611a Abs. 1 BGB genannten Voraussetzungen und nicht danach, ob und wie eine Lohnzahlungspflicht zwischen den Parteien vereinbart worden ist. **Merksatz**: Die Lohnzahlungspflicht des Arbeitgebers aus § 611a Abs. 2 BGB folgt aus dem Umstand, dass eine der beiden Parteien ein Arbeitnehmer ist und demnach zwischen den Parteien ein Arbeitsverhältnis im Sinne des § 611a Abs. 1 BGB besteht, was man zunächst und unabhängig von einer möglicherweise vertraglich vereinbarten Vergütung feststellen kann und muss (BAG AP BGB 611 Abhängigkeit Nr. 68; *Junker* Rz. 170).

ZE.: Der R war im vorliegenden Fall Arbeitnehmer.

II. Die Arbeitgebereigenschaft des U

U ist fraglos Arbeitgeber. **Beachte**: Der Prüfungspunkt »Arbeitgeber« ist nach Bejahung der Arbeitnehmereigenschaft nicht mehr problematisch. Denn: Arbeitgeber ist, wer mindestens einen Arbeitnehmer beschäftigt (BAG AP zu § 611 BGB »Hausmeister Nr. 1«; BAG AP Nr. 9 zu § 1 KSchG »Konzern«; *Schaub/Linck* § 16 Rz. 1). Folglich wird der Begriff des Arbeitgebers mittelbar über den des Arbeitnehmers bestimmt (MünchArbR/*Richardi* § 21 Rz. 9; ErfKomm/*Preis* § 611a BGB Rz. 183). Merken.

ZE.: U ist im vorliegenden Fall, da er den R als Arbeitnehmer beschäftigt, ein **Arbeitgeber** im Verhältnis zu R. Und somit ist das Vertragsverhältnis der Parteien insgesamt als Arbeitsverhältnis im Sinne des § 611a Abs. 1 BGB zu qualifizieren.

Ergebnis: Die Feststellungsklage des R ist begründet.

Schlussbemerkung

Der R befindet sich damit also durchaus in einem bestehenden Arbeitsverhältnis, aus dem ihm auch ein »Anspruch auf Beschäftigung« erwächst. Dieser Anspruch folgt aus den **§§ 611a, 613, 242 BGB** sowie dem **Allgemeinen Persönlichkeitsrecht** (Art. 1 und 2 GG) und beruht auf der Förderungspflicht des Arbeitgebers sowie dem Beschäftigungsinteresse des Arbeitnehmers. Jedem Arbeitnehmer steht aus dem Arbeitsvertrag somit nicht nur ein Lohnanspruch (§ 611a Abs. 2 BGB), sondern auch ein Anspruch auf Beschäftigung zu. Eine einseitige Suspendierung des Arbeitnehmers – ohne entsprechende vertragliche Vereinbarung – ist daher auch grundsätzlich unzulässig, es sei denn, überwiegende und schützenswerte Interessen des Arbeitgebers stehen einer Beschäftigung entgegen (BAG NZA **2018**, 1071; BAGE **148**, 16). Merken.

Gutachten

Und jetzt kommt, wie oben im Vorspann (vgl. dort: »Zur Arbeit mit diesem Buch«) schon angekündigt, die ausformulierte Lösung, also das, was man dem Prüfer als Klausurlösung des gestellten Falles vorsetzen sollte, das **Gutachten**.

Hierzu vorab noch zwei Anmerkungen:

1.) Zunächst ist wichtig zu verstehen, dass die ausformulierte Lösung – das Gutachten – sich sowohl vom Inhalt als auch vom Stil her von dem eben dargestellten Lösungsweg, der nur der **inhaltlichen** Erarbeitung der Materie diente, unterscheidet:

In der ausformulierten (Klausur-)Lösung haben sämtliche Verständniserläuterungen nichts zu suchen. Da darf nur das rein, was den konkreten Fall betrifft und ihn zur Lösung bringt. Inhaltlich darf sich die Klausurlösung, die man dann zur Benotung abgibt, ausschließlich auf die gestellte Fall-Frage beziehen. Abschweifungen, Erläuterungen oder Vergleiche, wie wir sie oben in den Lösungsweg haufenweise zur Erleichterung des Verständnisses eingebaut haben, dürfen **nicht** in das Niedergeschriebene aufgenommen werden. Die ausformulierte Lösung ist mithin deutlich kürzer und inhaltlich im Vergleich zum gedanklichen Lösungsweg erheblich abgespeckt. Wie gesagt, es darf nur das rein, was den konkreten Fall löst. Alles andere ist überflüssig und damit – so ist das bei Juristen – **falsch**.

2.) Man sollte sich als Jura-StudentIn darüber im Klaren sein, dass die Juristerei eine Wissenschaft ist, bei der – mit ganz wenigen Ausnahmen – nur das **geschriebene** Wort zählt. Sämtliche Gedanken und gelesenen Bücher sind leider so gut wie wertlos, wenn die gewonnenen Erkenntnisse vom Kandidaten nicht vernünftig, das heißt in der juristischen Gutachten- bzw. Subsumtionstechnik, zu Papier gebracht werden können. Die Prüfungsaufgaben bei den Juristen, also die Klausuren und Hausarbeiten, werden nämlich bekanntermaßen **geschrieben**, und nur dafür gibt es dann auch die notwendigen Punkte bzw. Noten. Übrigens auch und gerade im Examen.

Deshalb ist es außerordentlich ratsam, frühzeitig die für die juristische Arbeit ausgewählte (Gutachten-)Technik zu erlernen. Die Gutachten zu den Fällen stehen aus genau diesem Grund hier stets im Anschluss an den jeweiligen Lösungsweg und sollten im höchsteigenen Interesse dann auch nachgelesen werden. Es ist nur geringer Aufwand, hat aber einen beachtlichen Lerneffekt, denn der Leser sieht jetzt, wie das erworbene Wissen tatsächlich nutzbar gemacht wird. Wie gesagt: Es zählt nur das **geschriebene** Wort. Alles klar!?

Und hier kommt der (Gutachten-)Text für unseren ersten Fall:

Die Klage des R ist begründet, wenn zwischen den Parteien ein Arbeitsverhältnis im Sinne des § 611a Abs. 1 BGB besteht. Dazu muss R Arbeitnehmer und U Arbeitgeber sein.

Zunächst ist die Arbeitnehmereigenschaft des R zu prüfen.

1. Gemäß § 611a Abs. 1 BGB ist dafür als Erstes ein privatrechtlicher Vertrag zwischen den Parteien erforderlich. Zwischen R und U liegt nach Auskunft des Sachverhaltes ein privatrechtlicher Vertrag vor, das Unternehmen des U ist in der Privatwirtschaft tätig.

R und U haben einen privatrechtlichen Vertrag geschlossen.

2. Notwendig ist gemäß § 611a Abs. 1 Satz 1 BGB des Weiteren die Erbringung eines Dienstes für einen anderen. R erbringt Dienstleistungen für einen anderen in Form von Kurierfahrten für den U.

Das Merkmal des Dienstes für einen anderen ist erfüllt.

3. Zur Bestimmung der Arbeitnehmereigenschaft des R ist erforderlich, dass R von U zur Leistung unselbstständiger Dienste verpflichtet war. Gemäß § 611a Abs. 1 Satz 1 BGB setzt dies eine weisungsgebundene und fremdbestimmte Arbeit in persönlicher Abhängigkeit voraus. Insoweit ist gemäß § 611a Abs. 1 Satz 4 und 5 BGB anhand einer Gesamtwürdigung und unter Berücksichtigung der Eigenart der Tätigkeit im Einzelfall abzuwägen.

a. Für die Arbeitnehmereigenschaft des R spricht zunächst, dass er sich ständig dienstbereit halten muss und seine Arbeitszeit daher keinesfalls frei bestimmen kann, was gemäß § 611a Abs. 1 Satz 3 BGB ein Indiz für seine Weisungsgebundenheit ist. Zwar enthält die Tatsache, dass R verpflichtet ist, bei der Auslieferung der Frachtsendungen bestimmte Terminvorgaben einzuhalten, für sich betrachtet keinen aussagekräftigen Hinweis auf ein Arbeitsverhältnis; auch im Rahmen von Dienst- und Werkverträgen können von dem Dienstberechtigten oder Besteller Termine für die Erledigung der Arbeit bestimmt werden, ohne dass daraus eine zeitliche Weisungsabhängigkeit folgt. Zusammen mit der vorgegebenen Anfangszeit (8 Uhr) und den einzuhaltenden Bereitschaftszeiten (13–18 Uhr) führen die Terminvorgaben im vorliegenden Fall indes dazu, dass U faktisch an jedem Werktag in der Zeit von 8.00 Uhr bis 18.00 Uhr über die Arbeitszeit des R verfügen kann. U kann daher im Zweifel sowohl über den Inhalt als auch die Durchführung und die Zeit der Tätigkeit bestimmen, was gemäß § 611a Abs. 1 Satz 2 BGB charakteristisch für ein arbeitsvertragliches Weisungsrecht ist. Auch die Urlaubsregelung, wonach R den Urlaub mit U abstimmen muss, spricht dafür, dass die Parteien von der Möglichkeit der dauernden Disponibilität des R ausgehen, solange R sich nicht bei U abmeldet. Die Einräumung von Jahresurlaub ist im Rahmen einer selbstständigen Tätigkeit regelmäßig überflüssig, sondern spricht für ein Arbeitsverhältnis.

b. Gegen ein Arbeitsverhältnis könnte allerdings sprechen, dass R berechtigt ist, die Aufträge durch Dritte erbringen zu lassen. Die Möglichkeit, dritte Personen zur Leistungserbringung einsetzen zu dürfen, stellt ein Indiz dafür dar, dass es sich nicht um ein Arbeitsverhältnis, sondern um eine selbstständige Tätigkeit handelt. Die Pflicht, die Leistung persönlich zu erbringen, ist nämlich ein typisches Merkmal für ein Arbeitsverhältnis. Allerdings handelt es sich hierbei nicht um eine zwingende Voraussetzung für einen Arbeitsvertrag, was sich aus der Formulierung des § 613 Satz 1 BGB ergibt, wonach der Dienstverpflichtete die Leistung nur »im Zweifel« persönlich zu erbringen hat. Gerade bei einfachen Tätigkeiten, bei denen es nicht notwendig auf die Person des Arbeitnehmers ankommt (Pförtner, Hauswart, Hausmeister, Bote oder auch Fahrer) kann eine vertragliche Vertretungsregel nicht automatisch zur Ablehnung eines Arbeitsvertrages führen. Die Einräumung dieser Möglichkeit dürfte im Übrigen auch wenig praktische Auswirkungen haben, denn die persönliche Leistungserbringung stellt die Regel, die Leistungserbringung durch einen Dritten hingegen die Ausnahme dar. Das Gesamtbild der Tätigkeit wird durch die mögliche Leistungserbringung durch Dritte nicht maßgeblich verändert. Somit lässt sich aus der nicht persönlichen Leistungspflicht auch kein zwingender Rückschluss auf eine selbstständige Tätigkeit ziehen.

c. Gegen ein Arbeitsverhältnis könnte aber noch sprechen, dass R auch Kurierfahrten für eigene Rechnung ausführen kann. Ihm eröffnet sich damit insoweit durchaus ein eigener Gestaltungsspielraum dergestalt, auch Aufträge von anderen Auftraggebern anzunehmen und selbstständig durchzuführen und abzurechnen, was für eine selbstständige Tätigkeit sprechen könnte. Bei genauer Betrachtung verbleibt dem R allerdings hinsichtlich der Gestaltung dieser möglichen Tätigkeit aufgrund der vertraglichen Bestimmungen mit U tatsächlich kein wesentlicher Spielraum. Wegen der zeitlichen Inanspruchnahme seitens des U (werktags von 8–18 Uhr) ist eine Arbeit für andere Auftraggeber unter Berücksichtigung ausreichender Ruhezeiten faktisch so gut wie unmöglich und kann daher im Rahmen der Gesamtabwägung nicht zu dem Ergebnis führen, dass R selbstständig tätig ist. Für eine selbstständige Tätigkeit könnte schließlich aber noch sprechen, dass R die Aufträge mit seinem eigenen Rad durchführt. Entscheidend ist indessen, ob der Einsatz des eigenen Transportmittels dem Eigentümer (R) hier die Möglichkeit eröffnet, seine Tätigkeit im Wesentlichen frei zu gestalten. Diese Möglichkeit ist dem R aufgrund der sonstigen (zeitlichen) Vertragsgestaltung – wie umfangreich erörtert – aber gerade nicht eröffnet. Letztlich spricht auch die Regelung über die Beklebung von Fahrrad und Helm gegen eine selbstständige, eigenverantwortliche Tätigkeit des R.

d. Die nach § 611a Abs. 1 Satz 5 BGB geforderte Gesamtwürdigung ergibt demnach, dass R für U weisungsgebunden und fremdbestimmt in persönlicher Abhängigkeit tätig und damit ein Arbeitnehmer des U ist. Namentlich die vertraglich fixierte, dauernde Verfügbarkeit des R sowie die damit einhergehende Einschränkung der weiteren Gestaltungsmöglichkeiten des R sprechen, ebenso wie die vertragliche Urlaubsregelung, für eine persönliche Abhängigkeit des R von U. Der Umstand, dass R auch Aufträge in Eigenregie ausführen sowie dritte Personen für von U erteilte Aufträge einsetzen darf, kann die Gesamtwürdigung nicht zugunsten einer Selbstständigkeit beeinflussen; es überwiegen die Gesichtspunkte, die R als Arbeitnehmer im Sinne des § 611a Abs. 1 BGB charakterisieren. Schließlich spielt auch die Bezeichnung des R als »freier Mitarbeiter« keine entscheidungserhebliche Rolle, da es nach § 611a Abs. 1 Satz 6 BGB nicht auf die Benennung, sondern auf die tatsächliche Durchführung des Vertragsverhältnisses ankommt.

Zwischenergebnis: R ist damit Arbeitnehmer des U im Sinne des § 611a Abs. 1 BGB.

4. Der U ist Arbeitgeber, er beschäftigt nämlich mit R mindestens einen Arbeitnehmer.

Ergebnis: Das Vertragsverhältnis der Parteien ist damit als Arbeitsverhältnis im Sinne des § 611a Abs. 1 Satz 1 BGB zu qualifizieren. Die Feststellungsklage des R ist begründet.

Fall 2

Urlaubsfreuden

Unternehmer U betreibt in Köln ein großes Autohaus mit angeschlossener Kfz-Werkstatt. In seinem Betrieb beschäftigt er unter anderem den ungelernten Hilfsarbeiter A, den Kfz-Meister M und den Büroangestellten B als Arbeitnehmer. Der Arbeitsvertrag des A enthält keine Regelung betreffend die Urlaubstage. Dem B stehen laut Arbeitsvertrag 28 Werktage Urlaub zu. Im Vertrag des M ist von 32 Werktagen die Rede. M ist als Einziger der drei Mitglied in der Gewerkschaft, die mit dem Arbeitgeberverband, dem U angehört, einen Tarifvertrag ausgehandelt hat. Der Tarifvertrag sieht 30 Urlaubstage vor. Nach dem alten Tarifvertrag waren es allerdings 34 Tage. Dem Betriebsrat sind diese unterschiedlichen Regelungen schon lange ein Dorn im Auge. Keiner der Arbeitnehmer ist sich sicher, wie viel Urlaub ihm nun tatsächlich zusteht. Daher möchte der Betriebsrat mit U über eine betriebsinterne Urlaubsgestaltung verhandeln.

Frage: Wie viele Urlaubstage stehen A, B und M tatsächlich zu?

Schwerpunkte: Die Rechtsquellen und Gestaltungsfaktoren im Arbeitsrecht; das Rangprinzip; das Günstigkeitsprinzip; der kollektive Günstigkeitsvergleich; das Spezialitätsprinzip; das Ordnungsprinzip.

Lösungsweg

Einstieg: Anhand des kleinen Falles da oben wollen wir uns am Beispiel der in einem Arbeitsverhältnis zu gewährenden Urlaubstage mal die verschiedenen Rechtsquellen bzw. **Gestaltungsfaktoren** des Arbeitsrechts ansehen. Bei der Beurteilung eines arbeitsrechtlichen Sachverhaltes kommt es relativ häufig vor, dass ein und dieselbe Frage im Hinblick auf das Arbeitsverhältnis durch mehrere Regelungen (und dann auch noch unterschiedlich!) behandelt bzw. gelöst wird. In einem solchen Fall muss man natürlich zwingend klären, welche Rechtsgrundlage für die zu klärende Frage letztlich die entscheidende ist. Und das geht so: Im ersten Schritt klärt man, welche Gestaltungsfaktoren es überhaupt im Arbeitsrecht bzw. für den konkreten Fall gibt. Das sind erstaunlicherweise eine ganze Reihe, und die sehen wir uns gleich dann unter **I.)** auch mal in aller Ruhe an. Im zweiten Schritt hat man dann zu klären, wie das Verhältnis dieser verschiedenen Gestaltungsfaktoren zueinander ist, also welche von welchen verdrängt oder welche wann bevorzugt werden und demnach im zu entscheidenden Fall einschlägig oder eben nicht einschlägig sind (hierzu gleich unter **II.)**. Und ganz zum

Schluss werden wir unter **III.)** das Gelernte dann mal auf unser Fällchen mit den Kollegen aus dem Betrieb des U anwenden und demnach sehen, ob wir das Ganze auch verstanden haben. Alles klar?!

I.) Die Gestaltungsfaktoren im Arbeitsrecht

Vorab: Das, was jetzt kommt, bezeichnet man herkömmlicherweise als »Rechtsquellenpyramide« des Arbeitsrechts (*Lieb/Jacobs* Rz. 39); »Pyramide« übrigens deshalb, weil die unterschiedlichen Gestaltungsfaktoren und Rechtsquellen des Arbeitsrechts quasi von der Spitze bis runter zum Fundament eine entsprechende Rangfolge bzw. Rangordnung bilden, die eingehalten werden muss, wenn man keine Verstöße gegen die zwingend gültigen Wertungsprinzipien des Arbeitsrechts begehen will (*Junker* Rz. 63; *Brox/Rüthers/Henssler* Rz. 45 a; *Zöllner/Loritz/Hergenröder* § 6 Rz. 64; *Hanau/Adomeit* B I). Wer also bei der Suche nach der einschlägigen Rechtsquelle nicht an der Spitze (= Europarecht, gleich unter 1.) beginnt, übersieht unter Umständen die wichtigste Rechtsgrundlage für das zu lösende Problem und begeht damit einen erheblichen Aufbau- und damit im Zweifel auch einen Wertungsfehler (= falsche Lösung = miese Note). Das Einhalten der sogleich geschilderten Reihenfolge ist demnach auch kein Selbstzweck, sondern unabdingbare Voraussetzung für eine logische, in sich schlüssige Lösung eines jeden arbeitsrechtlichen Falles. Also dann:

1.) Europarecht

Man unterscheidet zwischen dem **primären** und dem **sekundären** Gemeinschaftsrecht (*Oppermann/Classen/Nettesheim* § 9 Rz. 19; *Herdegen* § 8 Rz. 4). Mit dem primären Gemeinschaftsrecht sind die Integrationsverträge, Änderungsverträge und Beitrittsabkommen gemeint: EUV, AEUV sowie die GRCh. Nach der Rechtsprechung des EuGH rechnen zum Primärrecht auch die ungeschriebenen Grundsätze des Unionsrechts (*Schaub/Linck* § 4 Rz. 7). Für das Arbeitsrecht von Bedeutung sind hier zwar nur wenige Bestimmungen, aber immerhin regelt Art. 45 AEUV die Freizügigkeit von Arbeitnehmern und Art. 157 **AEUV** die Lohngleichheit von Mann und Frau. Das sekundäre Gemeinschaftsrecht besteht aus dem von den Organen der EG erlassenen Recht, und zwar Verordnungen und Richtlinien. Lediglich Letztere haben im deutschen Arbeitsrecht (erhebliche!) Bedeutung erlangt. Die Umsetzung einiger Richtlinien beeinflusst die Gesetzgebung auf dem Gebiet des Arbeitsrechts und gewinnt vermittels der Rechtsprechung des EuGH bei der Auslegung spezifisch arbeitsrechtlicher Fragen Bedeutung (mit den Einzelheiten befassen wir uns unten im Fall Nr. 4). So hat der EuGH in jüngerer Zeit etwa die deutschen Regeln zur Urlaubsabgeltung auf Vorlagen des BAG und des OVG Berlin zu einem beachtlichen Teil für europarechtswidrig erklärt, und zwar namentlich wegen Verstoßes gegen Art. 7 Abs. 1 der Richtlinie 2003/88/EG und Art. 31 Abs. 2 GRCh (→ EuGH NZA **2018**, 1467; EuGH NZA **2018**, 1474; EuGH NZA **2018**, 1612; vgl. im Einzelnen dazu den Anhang zu Fall Nr. 5 unten sowie *Arnold/Zeh* in NZA 2019, 1).

2.) Verfassungsrecht

Auch das Verfassungsrecht ist im Arbeitsrecht von Bedeutung; zu der in **Art. 9 Abs. 3 GG** geregelten Koalitionsfreiheit sogleich unter 4.), zur grundsätzlichen Bedeutung von Grundrechten im Arbeitsrecht vgl. weiter unten Fall Nr. 12.

3.) (Zwingende) Gesetze

Es gibt zahlreiche spezifisch arbeitsrechtliche Gesetze (vgl. nur die dtv-Textausgabe von Beck!). Daneben sind aber auch viele Bestimmungen des BGB von arbeitsrechtlicher Relevanz. Neben der üblichen Unterteilung in zwingende (das sind die typischen Arbeitnehmerschutzgesetze wie KSchG, MuSchG, EntgeltfortzahlungsG) und dispositive Bestimmungen (hierzu gleich weiter unten) gibt es im Arbeitsrecht eine dritte Kategorie, nämlich das **tarifdispositive** Gesetzesrecht (ErfKomm/*Preis* § 611a BGB Rz. 207; *Schaub/Treber* § 199 Rz. 11 ff.). Das bedeutet, dass von der gesetzlichen Bestimmung (nur!) durch Tarifvertrag zuungunsten der Arbeitnehmer abgewichen werden darf. Ein Beispiel ist etwa das BUrlG mit Ausnahme der §§ 1, 2 und 3 Abs. 1; bitte lies dazu: § 13 Abs. 1 Satz 1 BUrlG.

4.) Tarifverträge

Während man sich normalerweise im Zivilrecht nur mit »normalen« Rechtsnormen und vertraglichen Bestimmungen beschäftigen muss, kommen im Arbeitsrecht zwei weitere Gestaltungsfaktoren (mit erheblicher Macht!) hinzu, nämlich: die Tarifverträge und die Betriebsvereinbarungen. Bei beiden handelt es sich um sogenannte **Kollektivregelungen**, die den Zweck haben, die typischerweise gegebene (Verhandlungs-) Schwäche des einzelnen Arbeitnehmers auszugleichen (*Schaub/Treber* § 196 Rz. 3). Dass es Tarifverträge und die damit verbundene rechtssetzende Kompetenz der Tarifverbände (= »Tarifautonomie«) überhaupt gibt, liegt an der in Art. 9 Abs. 3 GG grundrechtlich garantierten Koalitionsfreiheit und der daraus hergeleiteten Zuständigkeit der entsprechend gebildeten Koalitionen für Fragen des Arbeits- und Wirtschaftslebens (BVerfG NZA **2019**, 112; BVerfG NJW **1991**, 2549; *Dieterich* in AuR 2001, 390); das Ganze nennt man »Bestands- und Betätigungsgarantie«. Maßgebend für die Wirksamkeit und die Anwendbarkeit von Tarifverträgen ist das Tarifvertragsgesetz (TVG). Um die Bedeutung des Gesetzes zu verstehen, genügt es, sich die ersten fünf Paragrafen durchlesen. Danach bestimmen sich vor allem die Tarifvertragsparteien (§ 2 Abs. 1 TVG), die persönlichen Anwendbarkeitsvoraussetzungen (Tarifgebundenheit bzw. Allgemeinverbindlichkeit, §§ 3 und 5 Abs. 4 TVG) und die Wirkung der Rechtsnormen (§ 4 Abs. 1, 3 und 5 TVG); interessant ist schließlich vor allem der nachwirkende Einfluss von Tarifnormen gemäß § 4 Abs. 5 TVG. Die Bedeutung von Tarifverträgen zeigt sich an den ihnen zugesprochenen Funktionen (nach *Schaub/Treber* § 196 Rz. 3 ff.):

→ **Schutzfunktion** (zugunsten des Arbeitnehmers);

→ **Verteilungsfunktion** (Beteiligung der Arbeitnehmer am Sozialprodukt).

→ **Ordnungsfunktion** (die Arbeitsvertragsparteien können auf bestimmte Arbeitsbedingungen vertrauen);

→ **Friedensfunktion** (während der Laufzeit dürfen keine Arbeitskämpfe stattfinden).

Beachte: Mit Urteil vom 11. Juli **2017** (→ NJW **2017**, 2523) hat das BVerfG das im Jahre 2015 in Kraft getretene »Gesetz zur Tarifeinheit« (Tarifeinheitsgesetz), mit dem § 4a TVG eingeführt wurde, für weitgehend verfassungsgemäß erklärt. Unvereinbar war der § 4a TVG mit dem GG nur insoweit, als dass die Belange der Angehörigen einzelner Berufsgruppen oder Branchen bei der Verdrängung bestehender Tarifverträge einseitig vernachlässigt wurden. Das Bundesverfassungsgericht gab dem Gesetzgeber auf, insofern alsbald Abhilfe zu schaffen, was dieser tatsächlich in beachtlicher Geschwindigkeit erledigt hat, nämlich zum 1. Januar 2019. Bis zum Inkrafttreten der neuen Regelung durfte ein Tarifvertrag im Fall einer Kollision im Betrieb nur verdrängt werden, wenn plausibel dargelegt war, dass die Mehrheitsgewerkschaft die Belange der Angehörigen der Minderheitsgewerkschaft wirksam in ihrem Tarifvertrag berücksichtigt hatte (BVerfG NJW **2017**, 2523). Unter diesen Voraussetzungen blieb der alte § 4a TVG bis zum 1. Januar 2019 anwendbar. Seitdem ist die Norm den Maßgaben des BVerfG in § 4a Abs. 2 Satz 2 TVG entsprechend neu gefasst.

Mit Beschluss vom 14. November **2018** hat das BVerfG abermals klargestellt, dass eine unterschiedliche Behandlung von Gewerkschaftsmitgliedern und Nichtgewerkschaftsmitgliedern durch Tarifverträge verfassungsrechtlich grundsätzlich möglich ist und namentlich nicht gegen die negative Koalitionsfreiheit des Art. 9 Abs. 3 GG und auch nicht gegen die Berufsfreiheit aus Art. 12 GG verstößt. Wörtlich heißt es in der Entscheidung: »... *Die Tatsache, dass gewerkschaftlich organisierte Arbeitnehmer anders behandelt werden, als nicht organisierte Beschäftigte, bedeutet noch keine Grundrechtsverletzung, jedenfalls solange sich daraus nur ein eventueller faktischer Anreiz zum Beitritt ergibt, aber weder Zwang noch Druck entsteht ... Allein, dass individualrechtlich getroffene Vereinbarungen hinter tariflich geschlossenen Vereinbarungen zurückbleiben, genügt nicht, um eine individuelle Zwangswirkung bei den betroffenen Arbeitnehmern zum Gewerkschaftsbeitritt anzunehmen; dieser Umstand liegt in der Natur der Sache und gehört zu den rechtlich unbedenklichen Vorzügen eines Gewerkschaftsbeitritts ...*« (BVerfG NZA **2019**, 112; BVerfGE **31**, 297).

5.) Betriebsvereinbarungen

Die Betriebsvereinbarung ist, ähnlich dem Tarifvertrag, ein privatrechtlicher Normenvertrag, der nun aber nicht geschlossen wird zwischen den Tarifparteien, sondern zwischen **Betriebsrat** und **Arbeitgeber**. Die Betriebsvereinbarung gilt als »Gesetz des Betriebes« und wirkt von außen auf die Arbeitsverhältnisse ein, ohne deren Inhalt zu werden (BAG NZA **1990**, 351, 353 f.). In Abgrenzung dazu verpflichten sogenannte »Regelungsabreden« zwischen Arbeitgeber und Betriebsrat den Arbeitgeber lediglich im Innenverhältnis (BAG AP BetrVG 1972, § 77 Regelungsabrede; GK/*Kreutz* § 77 BetrVG Rzn. 8-22; *Schaub/Koch* § 231 Rz. 68). Die entscheidenden Normen sind die §§ 76, 77, 87 und 88 des BetrVG.

Beachte: Da der Inhalt einer Betriebsvereinbarung Normen für Abschluss, Inhalt und Beendigung von Arbeitsverhältnisses sowie überbetriebliche und betriebsverfassungsrechtliche Fragen setzt (BAG AP BetrVG 1972 § 77 Tarifvorbehalt; BAG-GS AP BetrVG 1972 § 77 Nr. 46), ergibt sich vielfach eine sachliche Überschneidung mit Regelungen von Tarifverträgen (lies: § 1 Abs. 1 TVG). Aus diesem Grund normiert § 77 Abs. 3 BetrVG zum Schutz der Tarifautonomie eine **Sperrwirkung** für Betriebsvereinbarungen, die sich auf Fragen beziehen, die in einem Tarifvertrag geregelt sind oder üblicherweise geregelt werden (ErfKomm/*Kania* § 77 BetrVG Rz. 43). Folglich genügt grundsätzlich die bloße Tarifüblichkeit, um eine Betriebsvereinbarung auszuschließen. Gemäß § 77 Abs. 3 Satz 2 BetrVG ist eine Betriebsvereinbarung allerdings trotz bestehender tariflicher Regelung zulässig, wenn der Tarifvertrag eine sogenannte »Öffnungsklausel« vorsieht (*Schaub/Koch* § 231 Rz. 27; *Brox/Rüthers/Henssler* Rz. 271). Etwas anderes gilt im Bereich der (zwingenden!) Mitbestimmung des Betriebsrats in sozialen Angelegenheiten nach **§ 87 Abs. 1 BetrVG**: Danach ist eine Betriebsvereinbarung nur ausgeschlossen, wenn tatsächlich eine tarifliche Regelung besteht und wegen der Tarifgebundenheit des Arbeitgebers – unabhängig von jener der Arbeitnehmer – Anwendung findet oder finden könnte (ErfKomm/*Kania* § 77 BetrVG Rz. 53 ff.). Die überwiegende Meinung nimmt einen Anwendungsvorrang des § 87 Abs. 1 BetrVG gegenüber § 77 Abs. 3 BetrVG an, sodass die Mitbestimmung in sozialen Angelegenheiten im Sinne des § 87 Abs. 1 BetrVG nicht schon bei bloßer Tarifüblichkeit oder bloß nachwirkender tariflicher Regelung ausgeschlossen ist (sogenannte »Vorrangtheorie«: BAG NZA **2006**, 1285; BAG NZA **1997**, 951; BAG **1996**, 532; BAG NZA **1992**, 317; BAG NZA **1987**, 639; *Richardi* in NZA 1992, 961; *Schaub/Koch* § 231 Rz. 23; anders aber: *Lieb/Jacobs* Rz. 781 ff.; *Waltermann* in RdA 1996, 129; GK/*Wiese* § 87 BetrVG Rz. 48: sogenannte »Zwei-Schranken-Theorie«).

6.) Der Arbeitsvertrag

Dass im Wirtschaftsleben – und somit auch in der Arbeitswelt – viele Fragen **vertraglich** geregelt werden, ist selbstverständlicher Ausdruck der Vertragsfreiheit. Diese ist im Arbeitsrecht allerdings vielfach eingeschränkt (durch Gesetze, Richterrecht, Tarifverträge oder Betriebsvereinbarungen), da der Arbeitnehmer im Vergleich zum Arbeitgeber strukturell schwächer und demzufolge schutzbedürftig ist. Zudem gibt es auf arbeitsvertraglicher Ebene drei besondere Faktoren, die Einfluss auf die Ausgestaltung des Arbeitsverhältnisses gewinnen können:

a) Das sind zunächst die sogenannten **Allgemeinen Arbeitsbedingungen** (ErfKomm/*Preis* § 611a BGB Rz. 216). Dieser Begriff kennzeichnet zum einen die Verwendung von für alle Arbeitnehmer gleichlautenden, vorformulierten vertraglichen Bestimmungen (Einheitsarbeitsvertrag) und zum anderen das Institut der Gesamtzusage, bei der der Arbeitgeber einseitig durch Aushang oder Rundschreiben Regelungen trifft, die für alle Beschäftigten oder eine bestimmte Gruppe gelten sollen. Interessant ist bei Einheitsarbeitsverträgen (seit der Schuldrechtsreform aus dem Jahre 2002) die Klauselkontrolle nach den §§ 305 ff. BGB (vgl. dazu den Fall Nr. 15 weiter unten)

b) Des Weiteren gibt es noch das Institut der **Betrieblichen Übung** (vgl. etwa BAG NZA **2013**, 40), das wir hier allerdings zunächst einmal ein wenig vernachlässigen wollen, um es uns dann im nächsten Fall (Nr. 3) in aller Ausführlichkeit anzusehen.

c) Und zuletzt ist der arbeitsrechtliche (also privatrechtliche, nicht verfassungsrechtliche!) **Gleichbehandlungsgrundsatz** von beachtlicher Bedeutung. Danach ist der Arbeitgeber verpflichtet, bei Maßnahmen, die seiner einseitigen Gestaltungsmacht unterliegen, vergleichbare Arbeitnehmer auch **gleich** zu behandeln; mit anderen Worten: Eine Differenzierung darf nicht willkürlich, sondern nur mit sachlichem Grund erfolgen (BAG NZA **2009**, 196; **2001**, 782; **1999**, 700; *Erman/Edenfeld* § 611 BGB Rz. 219 ff.). Der hauptsächliche Anwendungsfall sind freiwillige, generell gewährte, in der Regel soziale Leistungen (BAG NZA **2009**, 27; BAG NZA **2002**, 47; **1999**, 501).

Dieser Gleichbehandlungsgrundsatz hat in Verbindung mit dem Arbeitsvertrag sogar eine anspruchbegründende Wirkung (unstreitig: BAG NJW **2012**, 699; BAG NJW **2006**, 2875; BAG DB **2002**, 273; NZA **2001**, 782). Sein dogmatischer Ursprung ist gleichwohl nach wie vor umstritten – für eine Herleitung aus **Art. 3 GG:** *Hanau/Adomeit* B II 3: »Ausprägung von Art. 3 GG«; ähnlich auch BAG NZA **1993**, 215; BAG NZA **2010**, 273 und BAG EzA-SD **2012**, Nr 25, 13: »Der arbeitsrechtliche Gleichbehandlungsgrundsatz wird inhaltlich durch den Gleichheitssatz bestimmt«; dagegen: MünchArbR/*Richardi* § 9 Rz. 8 ff. Nicht anwendbar ist der Gleichbehandlungsgrundsatz, wenn es um individuell gestaltete Arbeitsbedingungen geht; da gilt dann der Vorrang der Vertragsfreiheit. Hierzu zählt grundsätzlich der vereinbarte Lohn. Folglich verstoßen beispielsweise teilweise vorgenommene Lohnerhöhungen nur dann gegen den Gleichbehandlungsgrundsatz, wenn sie einseitig generell angeordnet werden (BAG NZA **2001**, 782; BAG NZA **2000**, 1050). Räumlich gesehen ist schließlich unklar, ob der Gleichbehandlungsgrundsatz auch über die Grenzen des Betriebs hinaus (also quasi unternehmensweit) gilt; nach BAG NZA **1999**, 606 »spricht viel dafür«, wobei man zur Begründung heranziehen kann, dass der Gleichbehandlungsgrundsatz an eine Maßnahme des Arbeitgebers anknüpft, und der Arbeitgeber ist eben nicht der Betrieb (als arbeitstechnische organisatorische Einheit), sondern das Unternehmen, dem der Betrieb angehört. Dementsprechend gilt der Gleichbehandlungsgrundsatz nach BAG NZA **2009**, 367 »jedenfalls dann, wenn eine verteilende Entscheidung des Arbeitgebers nicht auf einen einzelnen Betrieb beschränkt ist, sondern sich auf alle oder mehrere Betriebe des Unternehmens bezieht«, betriebsübergreifend.

7.) Dispositive Gesetze

Neben den zwingenden und den tarifdispositiven Gesetzen, die wir bereits weiter oben kennengelernt haben, gibt es natürlich auch noch »normale« dispositive Gesetze. Dispositive Regelungen enthalten z.B. die §§ 612, 613 und 614 BGB. Diese unterliegen in vollem Umfang der Vertragsgestaltung der Parteien, soll heißen: Man kann im Arbeitsvertrag – oder auch in einer Betriebsvereinbarung – durchaus Abweichendes vorsehen und verstößt damit nicht gegen das Gesetz (ErfKomm/*Preis* § 611a BGB Rz. 208). Die meisten arbeitsrechtlichen Sondergesetze sind allerdings **zwingend**, denn sie sollen ja regelmäßig den Arbeitnehmer schützen und folglich nicht zu seinem Nachteil abgeändert werden können (*Zöllner/Loritz/Hergenröder* § 6 I 2; *Boemke* in NZA 1992, 532).

8.) Das Direktionsrecht des Arbeitgebers

Ganz zum Schluss ist das **Direktionsrecht** des Arbeitgebers ebenfalls von Bedeutung bei der Ausgestaltung des Arbeitsverhältnisses. Es wurde zum 1.1.2003 in § 106 GewO gesetzlich normiert und gilt nach § 6 Abs. 2 GewO für **alle** Arbeitnehmer. Es ergibt sich aber nach wie vor auch schon aus dem Arbeitsvertrag selbst (vgl. ErfKomm/*Preis* § 611a BGB Rz. 233) und damit auch aus dem neuen § 611a BGB; lies zudem: § 315 BGB. Hierdurch wird die arbeitsvertragliche Pflicht des Arbeitnehmers nach Zeit, Art und Ort konkretisiert (BAG NZA **2012**, 1433; BAG NZA **2001**, 780; BAG NZA **1999**, 384; ErfKomm/*Preis* § 611a BGB Rz. 233; *Schaub/Linck* § 45 Rz. 13 ff.).

1. Pause: So. Das waren jetzt die arbeitsrechtlichen Gestaltungsfaktoren, also die Quellen, die Grundlage der Entscheidungsfindung sein bzw. das Arbeitsverhältnis beeinflussen können. Man sollte diese Gestaltungsfaktoren kennen, auch wenn in kaum einem Fall jemals alle auf einmal einschlägig sein werden. Es handelt sich vielmehr um eine Art »**Checkliste**«, die im Kopf des Klausur- oder Hausarbeitsbearbeiters sein sollte. Leider ist unsere Arbeit damit aber noch lange nicht getan, denn wir müssen jetzt als Nächstes klären, wie die verschiedenen Faktoren zueinanderstehen. **Also**: Verdrängt der Tarifvertrag die Betriebsvereinbarung? Oder geht der Arbeitsvertrag allem vor? Und was ist, wenn der Tarifvertrag oder der Arbeitsvertrag für den Arbeitnehmer ungünstiger ist als etwa die gesetzliche Lage? Die Antworten auf diese und andere Fragen gibt das Verhältnis der Gestaltungsfaktoren zueinander. Und das geht so:

II.) Verhältnis der verschiedenen Gestaltungsfaktoren zueinander

1.) Konkurrenz auf verschiedenen Rangstufen

a) Wir haben eingangs erwähnt, dass man die Punkte 1–8 auch als »Rechtsquellenpyramide« bezeichnet. Die Stellung der einzelnen Gestaltungsfaktoren in dieser Pyramide entspricht nun logischerweise auch ihrem Rangverhältnis untereinander: Grundsätzlich gilt für die Konkurrenz von Regelungen verschiedener Ebenen das **Rangprinzip** (ErfKomm/*Preis* § 611a BGB Rz. 237; *Junker* Rz. 85). Das bedeutet beispielsweise, dass in der Regel eine arbeitsvertragliche hinter einer tarifvertraglichen Regelung zurücktritt, da der Tarifvertrag höherrangig ist.

b) Durchbrochen wird dieses Rangprinzip aber vom sogenannten »Günstigkeitsprinzip« (ErfKomm/*Preis* § 611a BGB Rz. 238). Danach gilt eine rangniedrigere Regelung anstelle der ranghöheren für das Arbeitsverhältnis, wenn sie für den Arbeitnehmer günstiger ist. Ausdrücklich normiert ist das für das Verhältnis von tarifvertraglichen zu rangniedrigeren Regelungen in § 4 Abs. 3 2. Alt. TVG (bitte prüfen); es gilt aber ausnahmslos für alle Konkurrenzverhältnisse (BAG AP BetrVG 1972 § 77 Nr. 17; AP BetrVG 1972 § 77 Nr. 23; *Brox/Rüthers/Henssler* Rz. 490).

> **Beachte:** Folglich können für manche Bereiche des Arbeitsverhältnisses Regelungen des Arbeitsvertrages Geltung beanspruchen, während für andere Fragen Kollektivregelungen maßgeblich sind. Das ist zulässig – das heißt, der Arbeitnehmer darf sich aus den unterschiedlichen Rechtsquellen »**die Rosinen herauspicken**« – sofern es sich um Fragen handelt, die unterschiedlichen Sachgruppen angehören (sogenannter Sachgruppenvergleich), was z.B. bei Lohn und Urlaub des Fall ist. Das BAG formuliert diesbezüglich, dass man nicht »Äpfel mit Birnen vergleichen« dürfe (BAG NZA **1999**, 887).

c) Problematisch ist allerdings das Verhältnis von vertraglichen Bestimmungen, die auf einer Einheitsregelung, einer Gesamtzusage oder einer Betrieblichen Übung beruhen (s. oben II. 6. a. und b.), zu Betriebsvereinbarungen. Als Grundsatz gilt auch hier das Günstigkeitsprinzip. Fraglich ist jedoch, ob dies auch dann so ist, wenn es sich um **freiwillige Sozialleistungen mit kollektivem Bezug** handelt. Ein typisches Beispiel hierfür sind die Betriebsrenten. Nach einer Auffassung (*Richardi* in NZA 1990, 329) gilt das Günstigkeitsprinzip auch insoweit, sodass Betriebsvereinbarungen nie (einheits-)arbeitsvertragliche Regelungen verschlechtern können. Nach der früheren Rechtsprechung des BAG und einem Teil der Lehre sollte das Günstigkeitsprinzip für solche Fälle aber nicht uneingeschränkt gelten (BAG-GS NZA **1987**, 168; **2000**, 49; BAG **1990**, 816; BAG DB **2002**, 380; ErfKomm/*Kania* § 77 BetrVG Rz. 70 ff.; *Schaub/Koch* § 231 Rz. 37). Die inhaltliche Besonderheit solcher freiwilligen Sozialleistungen, so das BAG, sei gerade ihr kollektiver Bezug. Deshalb sollte der einzelne Arbeitnehmer eine für ihn im Vergleich zu der einheitsarbeitsvertraglichen Regelung verschlechternde Betriebsvereinbarung in diesem Bereich hinnehmen müssen, wenn die Betriebsvereinbarung für die Belegschaft insgesamt nicht ungünstiger war (→ **kollektiver Günstigkeitsvergleich**), also der Dotierungsrahmen, der durch die vertragliche Einheitsregelung geschaffen wurde, insgesamt nicht verringert, sondern nur (zuungunsten einzelner Arbeitnehmer) umverteilt wurde (BAG a.a.O.).

Diese Rechtsprechung hat allerdings durch die Entscheidung BAG NZA **2013**, 916 (bestätigt für die betriebliche Alterversorgung durch BAG NZA-RR **2015**, 371) eine Einschränkung erfahren. Danach macht der Arbeitgeber dem Arbeitnehmer mit der Verwendung von Allgemeinen Geschäftsbedingungen deutlich, dass im Betrieb einheitliche Vertragsbedingungen gelten sollen. Eine betriebsvereinbarungsfeste Gestaltung der Arbeitsbedingungen stünde dem entgegen. Die Änderung und Umgestaltung von betriebseinheitlich gewährten Leistungen wäre nur durch den Ausspruch von Änderungskündigungen möglich. Der Abschluss von betriebsvereinbarungsfesten Abreden würde zudem den Gestaltungsraum der Betriebsparteien für zukünftige Anpassungen von Arbeitsbedingungen mit kollektivem Bezug einschränken. Da Allgemeine Geschäftsbedingungen ebenso wie Bestimmungen in einer Betriebsvereinbarung auf eine Vereinheitlichung der Regelungsgegenstände gerichtet seien, könne aus Sicht eines verständigen und redlichen Arbeitnehmers nicht zweifelhaft sein, dass es sich bei den vom Arbeitgeber gestellten Arbeitsbedingungen um solche handele, die einer Änderung durch Betriebsvereinbarung zugänglich seien. Etwas anderes soll nur dann gelten, wenn Arbeitgeber und Arbeitnehmer ausdrücklich Vertragsbedingungen vereinbaren, die unabhängig von einer für den Betrieb geltenden normativen Regelung Anwendung finden sollen (BAG NZA **2013**, 916).

> **Tipp**: Die Diskussion über die Bedeutung dieser Entscheidung(en) ist nach wie vor in vollem Gange. Aus unserer Sicht ließe sich eine damit zusammenhängende Prüfungsaufgabe zwar durchaus in eine Klausur »verpacken«, wahrscheinlicher erscheint aber eine Thematisierung im Rahmen von Schwerpunktseminaren. Dann müssen die hierzu vorhandenen – mehrheitlich kritischen – Literaturanmerkungen ausgewertet werden: vgl. etwa *Linsenmaier* in RdA 2014, 336; *Preis/Ulber* in NZA 2014, 6; *Meinel/Kiehn* in NZA 2014, 509; *Hromadka* in NZA 2013, 1061; *Säcker* in BB 2013, 2677; *Junker* Rzn. 732 f.

2.) Konkurrenz auf derselben Rangstufe

Auf derselben Rangstufe bestimmt sich das Verhältnis verschiedener Bestimmungen nach dem **Spezialitäts**- und dem **Ordnungsprinzip**. Danach geht die speziellere der allgemeineren Regelung vor (→lex specialis derogat legi generali), während über das Verhältnis zweier nacheinander ergehender Bestimmungen, die in keinem Spezialitätsverhältnis stehen, das Alter entscheidet, sodass die jüngere die ältere Regelung ablöst (Zeitkollisionsregel: → lex posterior derogat legi priori). Für das Günstigkeitsprinzip ist bei dieser Konkurrenz kein Raum (ErfKomm/*Preis* § 611a BGB Rz. 239).

2. Pause: Auch dieser Teil über das Konkurrenzverhältnis der verschiedenen Gestaltungsfaktoren sollte im günstigsten Fall behalten werden. Es kommt relativ häufig vor, dass Klausuren – mindestens als Nebenschauplatz – eines dieser Verhältnisse zum Thema nehmen; Probleme etwa des Günstigkeitsprinzips sind gängige Klausurmaterie, insbesondere wegen der geschilderten Ausnahmen, auf die die Kandidaten dann auch gerne – vom Prüfer durchaus beabsichtigt! – reinfallen.

So, und ob wir die ganze Sache wirklich kapiert haben, schauen wir uns jetzt im letzten Schritt mal am konkreten Fall an, also:

III.) Die Urlaubsansprüche von A, B und M

1.) Der Urlaubsanspruch des A

Wir fangen mit A an, weil das schlicht am einfachsten ist, nämlich: Mangels Gewerkschaftszugehörigkeit gilt der (**nicht** für allgemein verbindlich erklärte) Tarifvertrag für den A nicht. Auch sein Arbeitsvertrag enthält keinerlei Regelung des Urlaubs. Folglich gilt für ihn allein die gesetzliche Bestimmung des § 3 Abs. 1 BUrlG (aufschlagen!).

<u>ZE.</u>: Der A hat somit jährlich einen Anspruch auf 24 Werktage. Und das sind unter Hinzuziehung der Bestimmung des § 3 Abs. 2 BUrlG (bitte nachsehen) genau **4 Wochen** Urlaub.

2.) Urlaubsanspruch des B

Für den ebenfalls nicht in der Gewerkschaft organisierten B kommen zwei Regelungen in Betracht: Zum einen die Vorschrift des § 3 Abs. 1 BUrlG (24 Werktage), und zum anderen die arbeitsvertragliche Regelung (28 Werktage). Es handelt sich hier um eine Konkurrenz zweier Bestimmungen verschiedenerer Rangstufen, für die – wie wir jetzt wissen – grundsätzlich das Rangprinzip gilt. **Finte**! Da aber die rangniedrigere Regelung des Arbeitsvertrags günstiger ist, greift insoweit das **Günstigkeitsprinzip**. Ausschlaggebend ist damit der Arbeitsvertrag.

<u>ZE.</u>: B hat folglich einen Urlaubsanspruch von 28 Werktagen.

3.) Urlaubsanspruch des M

Die meisten konkurrierenden Regelungen bestehen im Hinblick auf den gewerkschaftszugehörigen M: Gesetzlich sind es 24 Werktage Urlaub, vertraglich sind es 32 Werktage und tarifvertraglich schließlich 30 (und früher 34 Werktage). Die vertragliche Regelung ist zwar rangniedriger, aber sichtbar günstiger als die gesetzliche. Auch die ranghöhere tarifvertragliche Regelung ist ungünstiger als der Arbeitsvertrag. Zwar war die alte tarifvertragliche Regelung am günstigsten, diese hat aber wegen des Ordnungsprinzips, das auch Ablösungsprinzip genannt wird, das für konkurrierende Regelungen auf einer Rangstufe gilt, keinerlei Bedeutung mehr. Verstanden!?

ZE.: Unser M hat also einen Anspruch auf 32 Tage Urlaub.

4.) Eine neue Regelung durch den Betriebsrat?

Der Betriebsrat beklagt diese Uneinheitlichkeit der Urlaubsregelung. Da die Arbeitnehmer selbst keinen Anspruch auf eine Gleichbehandlung in diesem Punkt haben, weil es sich nicht um freiwillige und generell gewährte Leistungen, sondern um individuell ausgehandelte Regelungen handelt (die offensichtlich auf der unterschiedlichen Stellung im Betrieb beruhen), kommt der Abschluss einer **Betriebsvereinbarung** in Betracht. Allerdings existiert eine tarifvertragliche Bestimmung, sodass die Regelungssperre des § 77 Abs. 3 BetrVG (aufschlagen!) eingreift. Eine Öffnungsklausel gemäß § 77 Abs. 3 Satz 2 BetrVG sieht der Tarifvertrag nicht vor. Auch unter Hinweis auf den Anwendungsvorrang des § 87 Abs. 1 BetrVG vor § 77 Abs. 3 BetrVG – unterstellt, es handelte sich lediglich um eine tarifübliche oder nachwirkende Bestimmung – wäre eine Betriebsvereinbarung in unserem Fall nicht möglich, da der Umfang des Urlaubsanspruchs nicht in die zwingende Mitbestimmungskompetenz des Betriebsrates nach § 87 Abs. 1 Nr. 5 BetrVG fällt.

ZE.: Der Betriebsrat kann mittels Betriebsvereinbarung keine Vereinheitlichung der Urlaubsdauer erreichen. Auch unter dem Gesichtspunkt des arbeitsrechtlichen Gleichbehandlungsgrundsatzes sind die unterschiedlichen Ergebnisse zu III. 1.–3. unbedenklich.

Ergebnis: A hat einen Anspruch auf 24 Werktage Urlaub, B auf 28 und M auf 32. Und das war's dann.

Zwei Anmerkungen noch zur Urlaubsregelung

1. Das BAG hatte im **Oktober 2014** (→ NJW **2015**, 1324) die interessante Frage zu klären, ob eine arbeitsvertraglich geregelte Urlaubsstaffelung nach dem **Lebensalter** zulässig ist oder gegen das Allgemeine Gleichbehandlungsgesetz (AGG) verstößt. Im konkreten Fall gewährte eine nicht tarifgebundene Firma, die fabrikmäßig Schuhe produzierte, den Mitarbeitern, die das 58. Lebensjahr vollendet hatten, arbeitsvertraglich garantierte 36 Urlaubstage, und damit **zwei** Tage mehr Erholung als allen übrigen (jüngeren) Arbeitnehmern, die nämlich »nur« 34 Tage erhielten. Eine 50-jährige Arbeitnehmerin klagte daraufhin auf Gleichbehandlung und erklärte, die Bevorzugung älterer Arbeitnehmer benachteilige sie unangemessen und sei daher rechtswidrig. **Frage**: Stimmt das?

Lösung: Zur allgemeinen Überraschung hielt das BAG die vertragliche Regelung für zulässig und begründete dies namentlich mit **§ 10 Satz 3 Nr. 1 AGG**. Da ältere Arbeitnehmer bei einer körperlich fraglos anspruchsvollen Tätigkeit naturgemäß höher belastet seien, sei es auch gerechtfertigt, durch die zusätzliche Gewährung zweier Urlaubstage dieser Belastung ausgleichend entgegenzuwirken. Die gewählte Altersgrenze von 58 Jahren sei zudem keinesfalls willkürlich, sondern entspreche wissenschaftlichen Erfahrungen über die abnehmende Leistungsfähigkeit im Alter. Eine arbeitsvertraglich geregelte Staffelung der Urlaubstage nach dem Lebensalter sei daher im konkreten Fall zulässig und verstoße insbesondere nicht gegen das Gleichbehandlungsgebot oder das AGG (BAG NJW **2015**, 1324; weitere Einzelheiten zum AGG gibt's übrigens weiter unten in Fall Nr. 7).

Beachte aber: In zwei jüngeren Entscheidungen aus dem Oktober und dem November 2016 erklärte das BAG demgegenüber eine an das Lebensalter gekoppelte, tariflich festgelegte Urlaubsstaffelung für unwirksam. Im ersten Fall (→ BAG NZA **2017**, 267) ging es um das **Hotel**-und **Gaststättengewerbe**. Dort gewährte die tarifliche Regelung Personen ab dem 40. Lebensjahr 27 Urlaubstage, ab 50 Lebensjahren sollten es dann 30 Urlaubstage sein. Den rechtfertigenden Hinweis der Arbeitgeber, die Berufe im Hotel- und Gaststättengewerbe seien typischerweise durch körperlich anstrengende Tätigkeiten und die Notwendigkeit, immer und jederzeit »erholt auszusehen«, gekennzeichnet, ließ das BAG nicht gelten. Insoweit, so die Richter, fehle es zum einen an wissenschaftlich fundierten Erhebungen darüber, dass gerade ab dem 50. Lebensjahr besondere Erholungszeiten nötig seien, insbesondere vor dem Hintergrund, dass es im Hotel- und Gaststättengewerbe unbestritten auch Tätigkeiten gebe, die weniger belastend seien als andere. Dass gleichwohl alle Arbeitnehmer, und zwar unabhängig von ihrer jeweiligen Beschäftigung, von dieser Regelung betroffen seien, sei widersprüchlich und demnach nicht nachvollziehbar. Zudem stelle sich die Frage, inwieweit überhaupt ein Bedürfnis bestehe und als Grundlage einer Urlaubsstaffelung dienen könne, im Hinblick auf die Kundschaft und das Gewerbe an sich jederzeit »erholt auszusehen«. Eine solche Behauptung und angebliche Notwendigkeit sei nicht tauglicher Gegenstand für die Rechtfertigung einer an das Alter gekoppelten Urlaubsregelung. Insgesamt könne daher auch nicht von einer Rechtfertigung der Benachteiligung jüngerer Arbeitnehmer, weder gemäß § 8 Abs. 1 AGG noch nach § 10 Satz 1 und Satz 2 AGG gesprochen werden. Die Benachteiligung sei daher unwirksam im Sinne des § 7 Abs. 2 AGG mit der Konsequenz, dass sämtlichen Arbeitnehmern, also auch denjenigen unter 50 Jahren, 30 Urlaubstage zu gewähren seien (→ BAG NZA **2017**, 267). In einem weiteren Fall aus dem **November 2016** (→ BAG NZA **2017**, 339) bestätigte das BAG diese Rechtsprechung: Dort ging es um einen Tarifvertrag für den Bereich der Pflegedienste in Kliniken, der ebenfalls pauschal die Altersgrenze für einen erhöhten Urlaubsanspruch bei 50 Lebensjahren setzte mit dem Hinweis, ab diesem Alter bestehe ein erhöhter Erholungsbedarf. Auch hier erklärten die Richter, dass diese Altersgrenze rein willkürlich sei und insbesondere ohne wissenschaftlichen Nachweis erfolge. Da aber die Arbeitgeber für die Rechtfertigung einer Benachteiligung im Sinne des § 10 AGG beweis- und darlegungspflichtig sind, genüge eine solche, pauschale Behauptung diesem Erfordernis nicht mit der Folge, dass die entsprechenden Regelungen gemäß § 7 Abs. 2 AGG nichtig seien (→ BAG NZA **2017**, 267). **Feinkost**: Stellt ein Gericht fest, dass der Arbeitgeber in der Vergangenheit zu Unrecht teilweise Urlaub nicht gewährt hat, steht dem Arbeitnehmer aus den §§ 275 Abs. 1 und 4, 280 Abs. 1 und 3, 283 Satz 1, 286 Abs. 1 Satz 1 in Verbindung mit Abs. 2 Nr. 3, 287 Satz 2, 249 Abs. 1 BGB ein Schadensersatzanspruch zu, der – Achtung! – die Gewährung von **Ersatzurlaub** zum Gegenstand hat (BAG NZA **2018**, 1480; BAG NZA **2017**, 339; BAG NZA **2017**, 267).

2. Im Oktober 2015 musste das BAG (→ NZA **2016**, 159) schließlich auch noch klären, unter welchen Voraussetzungen eigentlich die »Wartezeit« im Sinne des § 4 BUrlG erfüllt ist – Folgendes hatte sich zugetragen:

> Nach langjähriger Beschäftigung kündigte der Arbeitnehmer (AN) seinen Arbeitsvertrag gegenüber dem Arbeitgeber (AG) wirksam zum 30. Juni 2012 (= ein **Samstag**). Laut Arbeitsvertrag standen dem AN pro Jahr 26 Urlaubstage zu, von denen er aber zum Zeitpunkt der Kündigung erst **drei** Tage genommen hatte. Auf Initiative des AG hin schlossen die Parteien am 25. Juni 2012 dann einen neuen Arbeitsvertrag mit Wirkung/Inkrafttreten zum 2. Juli 2012 (= ein **Montag**), aus dem dem AN wiederum 26 Urlaubstage jährlich zustehen sollten. Diesen Arbeitsvertrag kündigt der AG nach erheblichen Unstimmigkeiten mit dem AN schließlich fristlos (und wirksam) am 12. Oktober 2012. Der AN forderte anschließend Abgeltung von nicht genommenen 23 Urlaubstagen für das Jahr 2012. **Zu Recht?**

Einstieg: Bei sorgfältiger Lektüre des Gesetzes ergibt sich daraus zunächst Erstaunliches: Gemäß § 5 Abs. 1 c) BUrlG (aufschlagen!) hat der AN aus dem ersten Arbeitsvertrag für das Jahr 2012 nur einen Anspruch auf Teilurlaub, nämlich auf 6/12 (= 13 Arbeitstage), da das Arbeitsverhältnis in der ersten Hälfte des Kalenderjahres, und zwar zum 30. Juni gekündigt wurde. Im Hinblick auf den zweiten Arbeitsvertrag gilt demgegenüber **§ 5 Abs. 1 a) BUrlG** mit der Folge, dass auch insoweit nur ein Teilanspruch von 3/12 (= 6,5 Tage, die wegen § 5 Abs. 2 BUrlG auf 7 Tage aufgerundet werden müssen) erwachsen konnte, da die sechsmonatige Wartezeit des § 4 BUrlG zum Zeitpunkt der fristlosen Kündigung im Oktober 2012 ja noch nicht erfüllt war.

ZE.: In der Summe ergibt sich nach strenger Anwendung der gesetzlichen Vorschriften auf die vorliegende vertragliche Konstruktion damit Folgendes: Dem AN stehen grundsätzlich nur 20 Urlaubstage für das Jahr 2012 (→ 13+7), abzüglich der bereits genommenen drei Tage, demnach also nur noch **17 Tage** (und **NICHT** die geforderten 23 Tage!) Urlaub zu, der gemäß § 7 Abs. 4 BUrlG entsprechend abzugelten wäre.

Oder?

Nein! Das BAG sprach dem AN unter Aufgabe seiner bisherigen Rechtsprechung die geforderten 23 Tage Urlaubsabgeltung zu und begründete dies so (→ NZA **2016**, 159):

> *»... Die lediglich eintägige Unterbrechung der Beschäftigung des AN ist für die Erfüllung der Wartezeit des § 4 BUrlG im vorliegenden Fall unerheblich. Soweit nach bisheriger Rechtsprechung des Senats die* ***rein rechtliche*** *(auch kurzfristige) Unterbrechung des Arbeitsverhältnisses stets zur Neuberechnung der Frist des § 4 BUrlG führte, kann daran jedenfalls für Konstellationen der vorliegenden Art, in denen das Arbeitsverhältnis nur extrem kurzfristig unterbrochen wird, nicht mehr festgehalten werden ... Das BUrlG gebietet die Auslegung, dass in den Fällen, in denen bereits vor Ablauf der Kündigungsfrist des alten Vertrages auf Initiative des AG ein neuer Arbeitsvertrag geschlossen wurde, der zudem unmittelbar an den alten Arbeitsvertrag anschließt, die Wartefrist des § 4 BUrlG als erfüllt anzusehen ist. Namentlich im*

*vorliegenden Fall, bei dem lediglich ein einziger Tag (**Sonntag**) zwischen dem alten und dem neuen Vertrag liegt, widerspräche eine andere Auslegung dem Sinn und Zweck der Urlaubsregelungen des Gesetzes. Dies zeigt sich zudem auch im Vergleich und im Wortlaut des Gesetzes: Selbst in den Fällen des **§ 1 Abs. 1 KSchG** nimmt die Rechtsprechung für kurzfristige Unterbrechungen an, dass die dort geforderte Wartezeit von sechs Monaten als erfüllt zu gelten hat, obwohl sich in § 1 KSchG sogar die ausdrückliche Formulierung ›**ohne Unterbrechung**‹ findet. Dann muss dies erst recht für § 4 BurlG gelten, bei dem der Gesetzgeber auf die Formulierung ›ohne Unterbrechung‹ sogar verzichtet hat. In Fallgestaltungen der vorliegenden Art ist somit der **ununterbrochene Bestand** des Arbeitsverhältnisses im Sinne des § 4 BUrlG anzunehmen mit der Konsequenz, dass zugunsten des AN der volle Urlaubsanspruch für das streitgegenständliche Jahr entstanden war und mithin – abzüglich der bereits genommenen drei Tage – abzugelten war ... Da der AN nach erfüllter Wartezeit in der zweiten Hälfte des Jahres aus dem Arbeitsverhältnis ausschied, fand insbesondere keine Zwölftelung des Urlaubsanspruchs gemäß § 5 Abs. 1 BUrlG statt, was sich aus dem Umkehrschluss zu § 5 Abs. 1c BUrlG ergibt. Dem AN stand folglich der ungekürzte, vertragliche Jahresurlaub von 26 Tagen zu ...«*

Merke: Nur kurzfristige Unterbrechungen des Arbeitsverhältnisses haben jedenfalls dann keine Auswirkungen auf die Berechnung der Wartezeit im Sinne des § 4 BUrlG, wenn bereits vor Ablauf der Kündigungsfrist des alten Vertrages ein neuer Arbeitsvertrag mit dem gleichen AG geschlossen wurde und zwischen beiden Verträgen nur eine sehr kurze Zeitspanne liegt. Die Anwendung der Zwölftelungsregel des § 5 BurlG ist in diesen Konstallationen ausgeschlossen, man hat vielmehr von einem ununterbrochen bestehenden Arbeitsverhältnis auszugehen (→ BAG NZA **2016**, 129).

Gutachten

Urlaubsansprüche von A, B und M

1.) Urlaubsanspruch des A

A gehört keiner Gewerkschaft an und ist mithin als nicht gewerkschaftszugehörig zu behandeln. Der im Sachverhalt genannte Tarifvertrag ist für sein Arbeitsverhältnis gemäß § 3 Abs. 1 TVG mangels Allgemeinverbindlichkeit (§ 5 TVG) somit nicht einschlägig. Auch dem Arbeitsvertrag sind keine Regelungen zum Urlaub zu entnehmen. Folglich gilt für den A allein die gesetzliche Bestimmung des § 3 Abs. 1 BUrlG. A hat somit einen Anspruch auf 24 Werktage Urlaub jährlich. Das sind unter Hinzuziehung der Bestimmung des § 3 Abs. 2 BUrlG im vorliegenden Fall genau vier Wochen.

2.) Urlaubsanspruch des B

Für den ebenfalls nicht in der Gewerkschaft organisierten B kommen zwei Urlaubsregelungen in Betracht: Zum einen die Regelung des § 3 Abs. 1 BUrlG, wonach 24 Werktage Urlaubsanspruch gewährt werden; und zum anderen die arbeitsvertragliche Bestimmung, wonach ein Anspruch auf 28 Werktage Urlaub für den B bestünde. Fraglich ist demnach, welche der beiden Grundlagen einschlägig ist.

Es handelt sich hier um eine Konkurrenz zweier Bestimmungen verschiedenerer Rangstufen, für die grundsätzlich das Rangprinzip gilt. Die gesetzliche Regelung wäre somit an sich vorrangig. Da die rangniedrigere Regelung des Arbeitsvertrags aber günstiger ist, greift insoweit das Günstigkeitsprinzip. B hat folglich einen Urlaubsanspruch von 28 Werktagen pro Jahr.

3.) Urlaubsanspruch des M

Als Rechtsgrundlage für den jährlichen Urlaubsanspruch des M kommen drei konkurrierende Regelungen in Betracht. Gesetzlich stehen M nur 24 Werktage Urlaub zu; vertraglich wären es 32 Werktage und tarifvertraglich schließlich 30 (früher waren das sogar 34) Werktage Urlaub im Jahr. Die vertragliche Regelung ist zwar rangniedriger, aber günstiger als die gesetzliche. Auch die ranghöhere tarifvertragliche Regelung ist ungünstiger als der Arbeitsvertrag. Zwar war die alte tarifvertragliche Regelung am günstigsten, diese hat aber wegen des Ordnungsprinzips (auch Ablösungsprinzip genannt), das für konkurrierende Regelungen auf einer Rangstufe gilt, keinerlei Bedeutung mehr. M hat also einen Anspruch auf 32 Tage Urlaub entsprechend der arbeitsvertraglichen Regelung.

4.) Regelung durch den Betriebsrat?

Möglicherweise kann der Betriebsrat vermittels einer Betriebsvereinbarung mit U als Arbeitgeber eine Vereinheitlichung der unterschiedlichen Urlaubsregelungen erreichen. Allerdings existiert eine tarifvertragliche Bestimmung, sodass die Regelungssperre des § 77 Abs. 3 BetrVG eingreift. Eine Öffnungsklausel gemäß § 77 Abs. 3 Satz 2 BetrVG sieht der Tarifvertrag nicht vor.

Auch unter Hinweis auf den Anwendungsvorrang des § 87 Abs. 1 BetrVG vor § 77 Abs. 3 BetrVG – unterstellt, es handelte sich lediglich um eine tarifübliche oder nachwirkende Bestimmung – wäre eine Betriebsvereinbarung nicht möglich, da der Umfang des Urlaubsanspruchs nicht in die zwingende Mitbestimmungskompetenz des Betriebsrates nach § 87 Abs. 1 Nr. 5 BetrVG fällt. Eine vereinheitlichende Regelung der Urlaubsansprüche durch Betriebsvereinbarung ist somit vorliegend ausgeschlossen.

Fall 3

Alle Jahre wieder!?

A ist seit 1986 Arbeitnehmer des nicht tarifgebundenen B. Der B zahlte allen seinen Arbeitnehmern bis 2017 Weihnachtsgeld, und zwar zunächst als Einmalbetrag am Jahresende, in den Jahren 2014 bis 2017 dagegen in jeweils drei Raten (November, Dezember und Januar). Im Arbeitsvertrag des A findet sich hierzu keine Regelung. Seit dem Jahre 2014 enthielten die Lohnabrechnungen für die Monate, in denen B seinen Arbeitnehmern Weihnachtsgeldraten zahlte, folgenden handschriftlichen Vermerk:

»Die Zahlung des Weihnachtsgeldes ist eine freiwillige Leistung und begründet keinen Rechtsanspruch.« Freiwilligkeitsvorbehalt!

Im Jahre 2018 zahlt B dann kein Weihnachtsgeld mehr aus. A meint, dass ihm auch für das Jahr 2018 die Zahlung zusteht.

Stimmt das?

Abwandlung: Wie ist die Rechtslage, wenn B das Weihnachtsgeld jedes Jahr unter den Vorbehalt eines künftigen Widerrufs gestellt hat und nunmehr wegen der tatsächlich bestehenden schwierigen wirtschaftlichen Lage die Zahlung einstellen will?

> **Schwerpunkte:** Die betriebliche Übung als Anspruchsgrundlage; Entstehungsvoraussetzungen; die Rechtsprechung des BAG zur sogenannten »negativen« betrieblichen Übung; der Freiwilligkeits- und der Widerrufsvorbehalt.

Lösungsweg

Einstieg: Mit diesem Fall lernen wir die »betriebliche Übung« (vgl. etwa BAG NJW **2019**, 385) als Rechtsquelle und vor allem als eigenständige Anspruchsgrundlage im Arbeitsrecht kennen. Wir haben uns dabei den – nur leicht abgeänderten – Original-Fall des BAG vom 18.03.2009 (= NZA **2009**, 601) ausgesucht, der sich nämlich mit dem Klassiker der betrieblichen Übung, und zwar der **Weihnachtsgratifikation** (→ Weihnachtsgeld), befasst und mit dem die jahrelang als gefestigt angesehene Rechtsprechung des BAG zur »negativen« oder auch »gegenläufigen betrieblichen Übung« aufgegeben wurde (seitdem: ein echter Prüfungsklassiker).

Noch ein **Tipp** vorab: Bei Fällen zur betrieblichen Übung ist es absolut unabdingbar, die Sachverhaltsangaben **sehr genau** zu lesen. Alle im Text aufgeführten Daten und Informationen stehen da nämlich nicht zur allgemeinen Belustigung oder Verwirrung, sondern weil es später selbstverständlich genau darauf ankommen wird. **Daher:** Die Daten müssen bekannt sein, am besten schreibt man sie sich auf ein separates Blatt und hat dieses Papier dann beim Lesen des Falles gleich neben sich liegen – dann muss man nämlich nicht dauernd zurückblättern.

1.) Anspruch des A gegen B auf Zahlung der Gratifikation für das Jahr 2018

AGL: § 611a Abs. 2 BGB in Verbindung mit dem Arbeitsvertrag in Verbindung mit der betrieblichen Übung

1.) Zwischen A und B existiert ein **Arbeitsvertrag.** Allerdings enthält dieser keine Regelung im Hinblick auf das von A begehrte Weihnachtsgeld.

2.) Auch sonstige »ausdrückliche« bzw. »eindeutige« Anspruchsgrundlagen (z.B. Tarifvertrag, Betriebsvereinbarung, Gesetz etc.) gibt es hier nicht.

Beachte: Ein Anspruch aus betrieblicher Übung kommt nur in Betracht, wenn es keine speziellere Anspruchsgrundlage gibt (BAG NZA **2015**, 992; BAG NZA **2013**, 40; BAG NJW **1972**, 1248; ErfKomm/*Preis* § 611a BGB Rz. 221; *Brox/Rüthers/Henssler* Rz. 49d; *Hromadka* in NZA 1984, 241).

Einstieg: Der A hat, wie die anderen Arbeitnehmer des B auch, von 1986 bis 2017 jedes Jahr Weihnachtsgeld von B erhalten. B war hierzu zwar eigentlich nicht verpflichtet; gleichwohl rechnet A nach mehrfacher Gewährung dieser freiwilligen Leistung – offensichtlich – jedes Jahr mit deren Fortsetzung, sonst würde er kaum die Zahlung für 2018 fordern. Im Zweifel plant A – wie die meisten Arbeitnehmer – dieses Geld zu Weihnachten sogar ausdrücklich in seine Weihnachtsgeschäfte oder Ausgaben ein.

Und genau diese Interessenlage des Arbeitnehmers, also das bei ihm erweckte Vertrauen auf die jährliche Sonderzahlung, muss nach einhelliger Ansicht berücksichtigt werden. Hierfür hat die Rechtsprechung das Institut der **betrieblichen Übung** entwickelt, das mittlerweile gewohnheitsrechtlich anerkannt ist (grundlegend BAGE **23**, 213 (219); BAGE **53**, 42 (56); jünger: BAG NZA **2013**, 40 oder BAG NZA **2009**, 310; ErfKomm/*Preis* § 611a BGB Rz. 220; *Lieb/Jacobs* Rz. 55; *Brox/Rüthers/Henssler* Rz. 49d; *Singer* in ZfA 1993, 487; *Pauly* in MDR 1997, 213; *Backhaus* in AuR 1983, 65). Das BAG (BAGE **23**, 213) formuliert das Ganze so: »… *Ansprüche der Arbeitnehmer gegen den Arbeitgeber können durch die regelmäßige Wiederholung bestimmter Verhaltensweisen (insbesondere Zahlungen) des Arbeitgebers begründet werden, wenn die Arbeitnehmer aus diesen Verhaltensweisen schließen können, ihnen solle ein Anspruch auf eine Leistung oder eine Vergünstigung auf Dauer eingeräumt werden …*« Das Rechtsinstitut der betrieblichen Übung verleiht dem Arbeitnehmer also einen echten – arbeitsvertraglichen (!) – Anspruch gegen den Arbeitgeber, man nennt es daher auch »schuldrechtlichen Verpflichtungstatbestand« (vgl. BAGE **23**, 213). Das sollte man sich bitte unbedingt merken, denn bei unbefangener Betrachtung könnte man sich durchaus auch auf den Standpunkt stellen, dass der Arbeitgeber das Weihnachtsgeld schließlich ursprünglich **freiwillig** erbringt und folglich kein echter Anspruch des Arbeitnehmers entstehen kann.

Die Begründung für diese unstreitig bestehende Bindungswirkung zulasten des Arbeitgebers ist allerdings umstritten:

Insbesondere das BAG vertritt die sogenannte **Vertragstheorie**, wonach die Verhaltensweisen des Arbeitgebers, die gemäß §§ 133, 157 BGB aus Sicht des Erklärungsempfängers auszulegen sind, ein konkludentes Vertragsangebot darstellen (unabhängig vom Verpflichtungswillen des Arbeitgebers!), das der Arbeitnehmer entsprechend § 151 Satz 1 BGB stillschweigend annimmt (BAG NZA **2015**, 992; BAG NZA **2013**, 40; BAG NZA **2004**, 1152; LAG Köln, NZA-RR **1998**, 506; *Brox/Rüthers/Henssler* Rz. 49d). Die Literatur hängt dagegen eher der **Vertrauenshaftungstheorie** an, da sie die vom BAG vermutete stillschweigende Willensübereinstimmung für eine Fiktion hält. Zurechnungsgrund sei vielmehr das bei dem Arbeitnehmer geweckte Vertrauen, das der Arbeitgeber nicht treuwidrig (§ 242 BGB) enttäuschen dürfe (*Hromadka* in NZA 1984, 241; *Lieb/Jacobs* Rz. 59; *Singer* in ZfA 1993, 487; MünchArbR/*Richardi* § 13 Rz. 14 ff.). Man kann insoweit unter Anlehnung an das auch über § 242 BGB hergeleitete Instrument der Verwirkung von »Erwirkung« sprechen.

Klausurtipp: Dieser Streit um die Herkunft bzw. Begründung für die Existenz der betrieblichen Übung ist für die meisten Fälle im Ergebnis tatsächlich irrelevant (vgl. ErfKomm/*Preis* § 611a BGB Rz. 220a). Aus den Formulierungen des BAG ergibt sich im Übrigen, dass es auch nach der Vertragstheorie – über den Umweg der Auslegung aus Sicht des Erklärungsempfängers – entscheidend auf die Frage ankommt, ob das **Vertrauen** des Arbeitnehmers schutzwürdig ist (BAG NJW **2019**, 385; BAG NZA **2015**, 992; BAG NZA **2013**, 40; BAG NZA **2004**, 1152, 1153). Interessant wurde der Theorienstreit in der Praxis früher erst, wenn dem Arbeitnehmer durch die sogenannte **negative** betriebliche Übung Rechte entzogen werden sollten (vgl. dazu *Brox/Rüthers/Henssler* Rz. 49d). Da das BAG seine diesbezügliche Rechtsprechung aber inzwischen – wie wir gleich noch im Einzelnen sehen werden – aufgegeben hat, wird sich der Streit künftig in der Praxis nicht mehr auswirken. In einer universitären Klausur schadet es gleichwohl nicht, wenn man in der Lage ist, etwas zur (dogmatischen) Herleitung der betrieblichen Übung zu sagen – jedenfalls dann, wenn hierauf der Schwerpunkt liegt.

Die Voraussetzungen der betrieblichen Übung:

a) Es muss sich um eine **freiwillige** Leistung des Arbeitgebers handeln (BAG NZA **2015**, 992; BAG NZA **2013**, 40; BAG NZA **2001**, 24). Die Definition der Freiwilligkeit ist dabei erfüllt, wenn der Arbeitgeber weder per Gesetz noch durch Tarifvertrag zur Erbringung der Leistung verpflichtet ist (BAG NZA **2001**, 25).

Zur Klarstellung: Von **betrieblicher** Übung spricht man dann, wenn es sich um Leistungen an mehrere, im Zweifel alle oder jedenfalls alle einer bestimmten, gleich zu behandelnden Gruppe Arbeitnehmer (eines Betriebs) handelt; man spricht dann von einem »kollektiven Bezug« (BAG NZA **2019**, 106). Denkbar ist es natürlich theoretisch auch, dass der Arbeitgeber sich nur einem Arbeitnehmer gegenüber (gleichförmig wiederholt) so verhält, dass dieser aus einem solchen »Verhalten mit Erklärungswert« Ansprüche erwirbt (vgl. etwa BAG NZA **2015**, 992). Das ist dann aber eigentlich keine arbeitsrechtliche Spezialität. **Und**: Für Ansprüche aus betrieblicher Übung ist es im Zweifel unerheblich, ob der betreffende, den Anspruch geltend machende Arbeitnehmer bisher selbst schon in die betriebliche Übung einbezogen war. Eine betriebliche Übung richtet sich grundsätzlich an alle Beschäftigten eines Betriebes oder zumindest an kollektiv abgrenzbare Gruppen. Das Vertragsangebot des Arbeitgebers ist regelmäßig so zu verstehen, dass er – vorbehaltlich besonderer Abreden – alle Arbeitnehmer zu den im Betrieb üblichen Bedingungen beschäftigen will (BAG NZA **2019**, 106 = NJW **2019**, 385).

b) Weiter muss deren Gewährung auf einem mehrmaligen gleichförmigen Verhalten beruhen, das den objektiven Tatbestand einer verbindlichen Zusage setzt. Das Merkmal »mehrmalig« – jedenfalls bei der Frage nach Weihnachtsgeld – ist nach allgemeiner Auffassung erst dann erfüllt, wenn der Arbeitgeber die Leistung **dreimal** erbracht hat (BAGE **129**, 164; BAG BB **1999**, 1924; BAG NZA **1998**, 423; *Schaub/Ahrendt* § 110 Rz. 11). Wichtig, bitte merken.

Aufgepasst: Das entscheidende Merkmal ist im Zweifel aber nicht diese dreimalige Leistung, sondern vielmehr die Gleichförmigkeit des Verhaltens. Wird die Gratifikation nämlich mal zu Weihnachten, mal zu Ostern, mal zum Erntedankfest und dann wieder überhaupt nicht gewährt, besteht **keine** objektive Grundlage für ein schutzwürdiges Vertrauen des Arbeitnehmers. Hierbei handelt es sich dann nur um eine Zuwendung, die dem alleinigen Belieben (»Gutdünken«, vgl. BAG NJW **1996**, 3166) des Arbeitgebers obliegt und demnach auch keinen Vertrauenstatbestand schafft (vgl. dazu *Schaub/Ahrendt* § 110 Rz. 11). Aber **Vorsicht:** Bislang wurde auch ein Unterschied bei der Leistungshöhe, die wir im vorliegenden Fall nicht haben, als Anhaltspunkt für eine nicht gleichförmige Zuwendung nach »Gutdünken« gesehen (BAG a.a.O.). Diesen Ansatz hat das BAG jetzt – allerdings nicht für die betriebliche Übung, sondern für die regelmäßige Gewährung von Sonderzahlungen an einen einzelnen Arbeitnehmer; der Gedanke ist aber übertragbar – eingeschränkt: jedenfalls dann, wenn es um vom Betriebsergebnis abhängige Zahlungen gehe, sei es gerade typisch, dass deren Höhe schwanke (BAG NZA **2015**, 992). **Beachte weiter:** Wenn der Arbeitgeber unmissverständlich bei jeder nicht vertraglich vorgesehenen Zusatzzahlung klar und deutlich macht, dass die Zuwendung freiwillig erfolgt (sogenannter »Freiwilligkeitsvorbehalt«, BAG NZA **1996**, 1028; BAG NZA **2000**, 944; BAG NZA **2001**, 24 – im Unterschied zum Widerrufsvorbehalt, dazu gleich die Abwandlung und der Nachschlag) oder immer nur auf das aktuelle Jahr bezogen ist, kann der Arbeitnehmer nicht ernsthaft auf deren fortwährende Gewährung vertrauen (BAG NZA **1998**, 423, 1. Leitsatz).

Hier: Der B gewährte seinen Arbeitnehmern mindestens seit 1986 und bis 2014 jedes Jahr zum Jahresende eine Sonderzahlung in immer gleicher Höhe. Damit liegt eine **freiwillige, mehrmalige** und **gleichförmige** Leistung des Arbeitgebers vor.

ZE: Der Anspruch des A aus § 611a BGB in Verbindung mit dem Arbeitsvertrag in Verbindung mit der betrieblichen Übung ist folglich entstanden.

c) Allerdings hat B seit dem Jahr 2014 seine Zahlungspraxis (drei Raten) geändert und außerdem auf den Lohnabrechnungen immer gleichlautende Einschränkungen im Zusammenhang mit der Gewährung der Gratifikation gemacht. Dem hat A **nicht** widersprochen. Damit stellt sich die Frage, ob der Arbeitgeber so (auf lange Sicht) seiner Verpflichtung zur Zahlung der Sonderzuwendung entgehen kann. Wenn der Arbeitgeber sich durch mehrmaliges gleichförmiges Verhalten verpflichten kann, so liegt die Überlegung, diese Verpflichtung durch eine mehrmalige »Umkehrung« seines Verhaltens abzuändern, eigentlich nahe. Das bezeichnete man dann bislang als »negative« (auch: »nachteilige« oder »gegenläufige«) betriebliche Übung (→ BAG NZA **2009**, 601; BAG NZA **1999**, 1162; LAG Köln NZA-RR **1998**, 506; *Becker* in BB 2000, 2095; *Goertz* in AuR 1999, 463; *Schaub/Ahrendt* § 110 Rz. 28).

Und genau hier wurden früher die oben genannten Theorien zur Entstehung bzw. Begründung der betrieblichen Übung relevant. Die **Vertragstheorie** hatte keine Probleme mit der Annahme einer negativen betrieblichen Übung. Das dreimalige gleichförmige – jetzt nachteilige – Verhalten des Arbeitgebers sollte ein (Abänderungs-) Angebot an die Arbeitnehmer darstellen; widersprachen diese dreimal nicht, so änderte sich stillschweigend die zuvor begründete Pflicht (vgl. insoweit BAG NZA **1997**, 1007 und LAG Köln NZA-RR **1998**, 506). Die Vertrauenshaftungstheorie war damit nun überhaupt nicht einverstanden: Es sei nämlich dogmatisch nicht begründbar, dass ein zum Vertragsbestandteil erhobener Anspruch der Arbeitnehmer durch deren Schweigen auf eine einseitig abändernde Handlung beseitigt werden könne (ErfKomm/*Preis* § 611a BGB Rz. 225; *Lieb/Jacobs* Rz. 59). Die Vertreter dieser Ansicht sahen sich angesichts dieser Konstellation in der Vermutung bestätigt, dass die Vertragstheorie auf bloßer Fiktion beruhte. Hiernach hätte der Arbeitgeber nur die Möglichkeit, mittels einer **Änderungskündigung** vom einmal (freiwillig!) geschaffenen Standard abzuweichen, wenn der Arbeitnehmer nicht mit einer Änderung einverstanden war (ErfKomm/*Preis* a.a.O.). Ob diese Kündigung gerechtfertigt wäre (lies: § 2 KSchG), war dann fraglich.

Durchblick: Bisher hätte man nun mit dem BAG diesen Fall wie folgt gelöst: Zunächst hätte man – unter Verwendung der Kritik der Vertrauenshaftungstheorie und der allgemeinen Rechtsgeschäftslehre – festgestellt, dass das bloße Schweigen grundsätzlich **keine** Willenserklärung darstellt (*Palandt/Ellenberger* vor § 116 BGB Rz. 7; *Medicus/Lorenz* AT Rz. 345). Dies kann nur dann anders sein, wenn der Vertragspartner des Schweigenden aus den Gesamtumständen und unter Berücksichtigung der Verkehrssitte nach Treu und Glauben annehmen darf, dass sein Gegenüber sich äußern werde, wenn er mit dem unterbreiteten »**Angebot**« nicht einverstanden ist (*Rüthers/Stadler* BGB AT § 17 Rz. 27). Da die betriebliche Übung nun typischerweise **stillschweigend** begründet wird (BAG NZA **2013**, 40), konnte sie nach bisheriger Auffassung des BAG nach Treu und Glauben eben auch stillschweigend geändert werden. Folglich musste ebenso, wie der Arbeitgeber durch ausdrückliche Freiwilligkeitsvorbehalte das Entstehen einer betrieblichen Übung verhindern konnte, der Arbeitnehmer der Abänderung der entstandenen betrieblichen Übung ausdrücklich widersprechen, um sie – die Abänderung – zu verhindern. Und ebenso wenig, wie es bei Begründung der betrieblichen Übung auf den Verpflichtungswillen des Arbeitgebers, sondern nur auf die **Auslegung** seines Verhaltens durch den Arbeitnehmer ankam, war es bei der negativen betrieblichen Übung erforderlich, dass der Arbeitnehmer sich über die rechtsgeschäftliche Bedeutung seines Verhaltens im Klaren war, sofern der Arbeitgeber sein Schweigen gemäß §§ 133, 157 BGB als Zustimmung deuten durfte (→ BAG NZA **1999**, 1162; BAG NJW **1998**, 475; *Speiger* in NZA 1998, 510). Es reichte daher, wenn der Arbeitgeber die Freiwilligkeit der Sonderzahlung mindestens dreimal **unmissverständlich** zum Ausdruck brachte, wobei die Rechtsprechung gerade die Frage, ob so etwas auch wirklich unmissverständlich formuliert wurde, recht streng kontrollierte, um auf diese Weise der Literaturkritik zumindest teilweise den Wind aus den Segeln zu nehmen (der Klassiker einer »**misslungenen**« negativen betrieblichen Übung ist die Entscheidung BAG DB **1999**, 1907).

Aber: Seit dem Jahre **2002** unterliegen Arbeitsverträge der AGB-Kontrolle nach §§ 305 ff. BGB (Einzelheiten zur AGB-Kontrolle im Arbeitsrecht siehe Fall 6 unten). Wertet man mit dem BAG die Erklärung des B gegenüber seinen Arbeitnehmern, dass die bisherige betriebliche Übung einer vorbehaltlosen Gratifikationszahlung beendet werden soll, als **Änderungsangebot**, handelt es sich dabei um eine für eine Vielzahl von Verträgen vorformulierte Vertragsbedingung im Sinne von **§ 305 Abs. 1 BGB**. Die bisher von der Rechtsprechung befürwortete Annahme, durch eine dreimalige widerspruchslose Entgegennahme einer in Verbindung mit einem Freiwilligkeitszusatz gezahlten Gratifikation werde die durch betriebliche Übung entstandene Verpflichtung des Arbeitgebers zur Gratifikationszahlung beendet, ist nun mit dem Klauselverbot des § 308 Nr. 5 BGB (lesen!) unvereinbar (BAGE **130**, 21). Auf diese Weise würde man dem Arbeitnehmer nämlich eine Erklärung unterschieben (fingieren!), obwohl es – wie die Literatur zu dieser Frage übrigens schon immer betont hat – ein wesentliches Prinzip des Privatrechts ist, dass das **Schweigen** im Regelfall eben keine Willenserklärung darstellt. Will man einem Schweigen Bedeutung zumessen, kann man das zwar, muss dies dann aber ausdrücklich unter Beachtung der Vorgaben des § 308 Nr. 5 BGB regeln. Und daran fehlt es vorliegend.

Wir sind damit allerdings noch nicht ganz am Ende des Falles, **denn:** Das BAG (und wir demnach hier auch) hatte es mit einem sogenannten »Alt-«Fall zu tun, bei dem nämlich der Beginn des Arbeitsverhältnisses weit vor der Schuldrechtsreform des Jahres 2002 und damit vor Geltung der §§ 305 ff. BGB im Arbeitsrecht lag. Die im Hinblick auf § 308 Nr. 5 BGB geänderte Rechtslage konnten A und B also ursprünglich noch gar nicht kennen; vielmehr haben sie ihr Arbeitsverhältnis im Vertrauen auf die Rechtslage und die Rechtsprechung **vor** der Schuldrechtsreform geschlossen. Allerdings mussten oder jedenfalls **konnten** A und B im Jahre 2014 – denn da begann ja der Versuch des B, die betriebliche Übung abzuändern – die verschärfte Rechtslage zur Unmissverständlichkeit des Freiwilligkeitszusatzes (siehe dazu schon weiter oben) längst kennen. Und unmissverständlich wäre es nur gewesen, wenn B gegenüber seinen Arbeitnehmern die Beendigung der betrieblichen Übung der vorbehaltlosen Zahlung erklärt hätte, um diese durch eine Leistung zu ersetzen, auf die kein Rechtsanspruch besteht. Mit anderen Worten: B hätte ausdrücklich auf die bisherige betriebliche Übung hinweisen und sein Änderungsangebot mit dem Anerkenntnis eines entstandenen Rechtsanspruchs der Arbeitnehmer auf die Gratifikation verbinden müssen. Insbesondere von einem schon entstandenen Anspruch hat B aber nichts gesagt – vermutlich wollte er keine schlafenden Hunde wecken, und das hat er jetzt davon.

Tipp: Für Klausuren dürfte davon auszugehen sein, dass dieser – dogmatisch eher schwer nachvollziehbare – Schwenk des BAG am Ende der Entscheidung eines Altfalles keine Rolle spielt. Es wird vielmehr so sein, dass der Klausursachverhalt in einem Zeitraum **nach** der Schuldrechtsreform spielt oder ein Bearbeitervermerk vorgibt, dass ausschließlich die aktuelle Rechtslage zugrunde zu legen ist. Und dann gilt es, mit § 308 Nr. 5 BGB zu arbeiten, wie wir das oben geschildert haben. Vorausgesetzt natürlich, man hat zur Begründung der betrieblichen Übung auf die **Vertragstheorie** abgestellt.

Ergebnis: A hat auch für das Jahr 2018 einen Anspruch auf Zahlung des Weihnachtsgeldes.

Abwandlung

Frage: Wie ist die Rechtslage, wenn B das Weihnachtsgeld jedes Jahr unter den Vorbehalt eines künftigen Widerrufs gestellt hat und nunmehr wegen der tatsächlich bestehenden schwierigen wirtschaftlichen Lage die Zahlung einstellen will?

Antwort: B hat hier jedes Jahr (mindestens von 1986 bis 2017) Weihnachtsgeld b[illegible] Dessen Auszahlung hat er allerdings jedes Jahr mit dem Zusatz verbunden, dass die Zuwendung **widerruflich** sei. Da es sich hierbei um ein mehrmaliges gleichförmiges Verhalten ohne Betonung von dessen Freiwilligkeit handelt, ist eine betriebliche Übung entstanden. Diese Gratifikation war allerdings stets nur widerruflich gewährt worden. Folglich haben sich A und B (stillschweigend) darüber geeinigt, dass der B sich zwar zur Gewährung der Zuwendung verpflichtet, diese aber widerrufen kann (= Vertragstheorie), bzw. der A konnte nur auf die Gewährung der Sonderzuwendung vorbehaltlich eines Widerrufs durch B vertrauen (= Vertrauenshaftungstheorie).

Achtung: Das ist der entscheidende Unterschied des Widerrufsvorbehalts zum Freiwilligkeitsvorbehalt. Es entsteht bei einem vereinbarten Widerrufsvorbehalt zwar eine betriebliche Übung, von dieser kann allerdings abgewichen werden (BAG NZA **2001**, 24; BAG NZA **1988**, 95). Indes unterliegt dies wieder der AGB-Kontrolle, und zwar insbesondere § 308 Nr. 4 BGB, denn B verhält sich wieder allen seinen Arbeitnehmern gegenüber gleichförmig. Nach BAG NZA **2005**, 465 ist angesichts dessen ein Widerrufsvorbehalt nur zumutbar, wenn mögliche »**sachliche Gründe**« für die

Ausübung des Widerrufsrechts ausdrücklich benannt sind (BAG NZA **2009**, 428). Daran fehlt es hier. Bei Altverträgen ist allerdings nach dem BAG davon auszugehen, dass die Vertragsparteien Entsprechendes vereinbart hätten, wenn sie bei Vertragsabschluss von der späteren Geltung des § 308 Nr. 4 BGB gewusst hätten. Ein Widerrufsvorbehalt ist damit bei Altverträgen nicht komplett unwirksam, sondern kann entsprechend ergänzend ausgelegt werden. Das BAG stellt zur Begründung übrigens darauf ab, dass das ein zu großer Eingriff in die Privatautonomie des Arbeitgebers wäre, der die Sonderzahlung eben nur erbringen wollte, weil er von ihr – auch nach alter Rechtslage: immer nur mit sachlichem Grund – wieder herunterkommen konnte. Hätten hier A und B also schon gewusst, dass es einmal den § 308 Nr. 4 BGB geben würde, hätte B sein Gratifikationsangebot an alle Arbeitnehmer direkt mit dem ausdrücklichen Zusatz verbunden, dass er die Gratifikation im Falle wirtschaftlicher Schwierigkeiten widerrufen werde. Darauf hätten sich die Arbeitnehmer billigerweise einlassen müssen – logisch, sie hätten ja sonst erst gar keinen Anspruch erworben. Zu guter Letzt: In jedem Fall – egal, ob alt oder neu – gibt es zusätzlich noch die sogenannte Ausübungskontrolle nach **§ 315 BGB.**

Damit besteht im vorliegenden Fall zwar grundsätzlich ein Anspruch des A auf Zahlung von Weihnachtsgeld aus § 611a Abs. 2 BGB in Verbindung mit dem Arbeitsvertrag in Verbindung mit der betrieblichen Übung. Der B kann die Auszahlung für das Jahr 2018 aber durch Ausübung des Widerrufrechts erfolgreich verhindern, da ihm mit der angespannten wirtschaftlichen Lage ein nachvollziehbarer Grund zur Seite steht.

Ergebnis der Abwandlung: A kann 2018 von B **kein** Weihnachtsgeld verlangen.

(Kniffliger!) Nachschlag

1.) Wir haben weiter oben schon gesehen, dass es auch einen Freiwilligkeitsvorbehalt gibt. Dieser hat den Zweck, eine betriebliche Übung erst gar nicht entstehen zu lassen. Wir sagten es bereits: Das ist der entscheidende Unterschied zum **Widerrufsvorbehalt**. Einen solchen Freiwilligkeitsvorbehalt gerichtsfest hinzubekommen, ist allerdings gar nicht so einfach, und zwar interessanterweise vor allem dann, wenn der Arbeitgeber versucht, schon im Arbeitsvertrag alles – nämlich einerseits die Sonderzahlung, andererseits deren Freiwilligkeit – zu regeln. Nach BAG NZA **2008**, 1173 ist zum Beispiel die folgende Klausel widersprüchlich und gemäß **§ 307 Abs. 1 Satz 2 BGB** intransparent:

»Der Angestellte erhält eine Weihnachtsgratifikation in Höhe des Bruttogehalts. Ein Rechtsanspruch auf eine Weihnachtsgratifikation besteht nicht. Wird eine solche gewährt, stellt sie eine freiwillige Leistung des Arbeitgebers dar.«

Wie gesagt, das geht nicht. Denn hier wird einerseits etwas versprochen, andererseits soll ein entsprechender Rechtsanspruch aber gleich wieder ausgeschlossen werden = unzulässig, vgl. BAG NZA **2008**, 1173.

2.) Möglich sein soll nach BAG NZA **2009**, 310 dagegen **Folgendes**:

»Der Arbeitnehmer erhält ein monatliches Gehalt von 3.250,00 DM brutto. Die Vergütung wird dem Arbeitnehmer jeweils bis zum 5. des Folgemonats ausbezahlt. Die Gewährung sonstiger Leistungen (z.B. Weihnachts- und Urlaubsgeld, 13. Gehalt etc.) durch den Arbeitgeber erfolgen freiwillig und mit der Maßgabe, dass auch mit einer wiederholten Zahlung kein Rechtsanspruch für die Zukunft begründet wird.«

Der Arbeitgeber schreibt hier nichts von einer Sonderzahlung in den Vertrag. Rein vorsorglich ist aber vermerkt, dass nicht verabredete Sonderzahlungen, wenn sie denn doch gezahlt werden, freiwillig und **ohne Rechtsanspruch** für die Zukunft erfolgen. Auf diesem Weg (und nur so!) kann der Arbeitgeber von vorneherein das Entstehen einer betrieblichen Übung unterbinden. Alternativ kann er natürlich auch im Vertrag gar nichts sagen, sondern **jede** außervertragliche Sonderzahlung mit einem Freiwilligkeitszusatz versehen (→ BAG NZA **2009**, 535; lesbar zum Ganzen ist der Aufsatz von *Preis* in der NZA 2009, 281).

3.) Schließlich ist nach BAG NZA **2011**, 628 (= BAGE **136**, 294) dafür aber die folgende Klausel intransparent und damit **unwirksam** wegen § 307 Abs. 1 Satz 2 BGB:

»Soweit der Arbeitgeber gesetzlich oder durch Tarifvertrag nicht vorgeschriebene Leistungen, wie Prämien, Zulagen, Urlaubsgeld, Gratifikationen, Weihnachtsgratifikationen gewährt, erfolgen sie freiwillig und ohne jede rechtliche Verpflichtung. Sie sind daher jederzeit ohne Wahrung einer besonderen Frist widerrufbar.«

Das geht nicht. **Begründung**: Diese Klausel enthält lediglich den Hinweis, dass es sich bei den von ihr erfassten Gratifikationen um nicht durch Gesetz oder Tarifvertrag vorgeschriebene Leistungen handelt, deren Leistung »freiwillig« erfolgen soll. Einen weitergehenden Hinweis, etwa dass auch bei einer **wiederholten** Zahlung kein Rechtsanspruch für die Zukunft begründet werde, enthält die Klausel aber **nicht**. Nur ein solcher Vorbehalt könnte aber einen Rechtsanspruch auf zukünftige Zahlung der entsprechenden Gratifikation ausschließen (vgl. dazu BAGE **129**, 164). Soweit eine Vertragsklausel einen derartigen Vorbehalt nicht ausdrücklich vorsieht, wird eine Bestimmung, nach der die Sonderzahlung »freiwillig« und »ohne jede rechtliche Verpflichtung« erfolgt, von einem verständigen Arbeitnehmer im Zweifel nur als Hinweis zu verstehen sein, dass sich der Arbeitgeber zur Zahlung einer Gratifikation bereit erklärt, ohne dazu durch andere Regelungen gezwungen zu sein (BAGE **124**, 259). Insbesondere kommt dem Nachsatz (»ohne jede rechtliche Verpflichtung«) keine eigenständige Bedeutung für einen zukünftigen Ausschluss einer vertraglichen Bindung durch spätere Erklärungen zu. Die Klausel verstärkt nur die Aussage der Freiwilligkeit und betont die fehlende rechtliche Verpflichtung des Arbeitgebers zu einer entsprechenden Zahlung. Die Klausel ist zudem auch deshalb unklar und **missverständlich**, weil Satz 2 eine Widerrufsmöglichkeit vorsieht. Hier wird also eine freiwillige Leistung unter einen Widerrufsvorbehalt gestellt. Bei einem Freiwilligkeitsvorbehalt entsteht aber schon gar kein Anspruch auf die Leistung (siehe oben unter Nr. 1), bei einem Widerrufsvorbehalt hingegen hat der Arbeitnehmer einen Anspruch, der Arbeitgeber behält sich aber vor, die versprochene Leistung einseitig zu ändern (BAGE **113**, 140). Die Kombination von Freiwilligkeits- und Widerrufsvorbehalt führt aber dazu, dass für den Vertragspartner nicht deutlich wird, dass auch bei mehrfachen, ohne weitere Vorbehalte erfolgten Zahlungen der Gratifikationen ein Rechtsbindungswille für die Zukunft weiterhin ausgeschlossen bleiben soll (LAG Hamm NZA-RR **2006**, 125; LAG Köln EzA-SD **2008**, Nr. 4 = AE **2008**, 274; vgl. auch *Preis*, Der Arbeitsvertrag, 2. Aufl. II V 70 Rz. 113). Für den Vertragspartner erschließt sich nicht, ob nun **jegliche** zukünftige Bindung ausgeschlossen oder lediglich eine Möglichkeit eröffnet werden soll, sich später wieder von einer vertraglichen Bindung loszusagen. Die vertragliche Formulierung ist somit nicht deutlich genug, um die mit der Zahlung der Gratifikation verbundenen Erklärungen zu relativieren und zu entwerten. Sie ist nicht klar und unmissverständlich und deshalb nicht geeignet, das Entstehen künftiger Ansprüche eindeutig auszuschließen (BAG NZA **2011**, 628 = BAGE **136**, 294).

Gutachten

Anspruch des A gegen B auf Zahlung von Weihnachtsgeld für das Jahr 2018

Mangels ausdrücklicher arbeitsvertraglicher oder tariflicher Regelung kann sich ein Anspruch des A auf Zahlung von Weihnachtsgeld nur aus § 611a BGB in Verbindung mit dem Arbeitsvertrag in Verbindung mit einer betrieblichen Übung ergeben.

1.) Das erforderliche Arbeitsverhältnis zwischen den Parteien existiert.

2.) Es müssen außerdem die Voraussetzungen einer betrieblichen Übung bezüglich der Gewährung von Weihnachtsgeld vorliegen. Hierbei handelt es sich um einen Verpflichtungstatbestand, aufgrund dessen dem Arbeitnehmer ein echter arbeitsvertraglicher Anspruch auf Leistung entsteht. Unter dogmatischen Gesichtspunkten ist umstritten, auf welchem Umstand die Bindungswirkung der betrieblichen Übung beruht (Vertragstheorie bzw. Vertrauenshaftungstheorie). Nach der Vertragstheorie stellt ein mehrmaliges gleichförmiges Verhalten des Arbeitgebers aus Sicht der Arbeitnehmer (§§ 133, 157 BGB) ein konkludentes Vertragsangebot dar, das der Arbeitnehmer entsprechend § 151 Satz 1 BGB stillschweigend annimmt. Auf den Verpflichtungswillen des Arbeitgebers kommt es insoweit nicht an. Nach Auffassung der Vertrauenshaftungstheorie ist die vermutete stillschweigende Willensübereinstimmung dagegen bloße Fiktion. Zurechnungsgrund sei vielmehr das bei dem Arbeitnehmer geweckte Vertrauen, das der Arbeitgeber nicht treuwidrig (§ 242 BGB) enttäuschen dürfe. Die Rede ist insoweit auch von »Erwirkung«. Die Frage der dogmatischen Begründung kann hier jedoch dahinstehen, weil nach beiden Ansichten weitgehend identische Voraussetzungen für eine Bindung des Arbeitgebers an eine betriebliche Übung ergeben:

a) Zunächst muss es sich um eine freiwillige Arbeitgeberleistung handeln. B gewährt das Weihnachtsgeld nicht aufgrund einer dezidierten arbeitsvertraglichen oder tariflichen Verpflichtung. Eine freiwillige Leistung liegt vor.

b) Diese Leistung muss mit einer gewissen Regelförmigkeit erfolgt sein. Erforderlich ist, dass A aufgrund der mehrfach geübten Praxis darauf vertrauen konnte, weiterhin Weihnachtsgeld zu erhalten. B hat A von 1986 bis 2017 jedes Jahr Weihnachtsgeld gewährt. Damit ist der objektive Tatbestand einer Zusage gesetzt. A konnte berechtigterweise von der Fortgewährung des Weihnachtsgeldes ausgehen.

Als Zwischenergebnis ist festzuhalten, dass ein Anspruch des A aus § 611a Abs. 2 BGB in Verbindung mit der betrieblichen Übung entstanden ist.

3.) Allerdings hat B seit dem Jahr 2014 Einschränkungen im Zusammenhang mit der Gewährung der Gratifikation gemacht. Damit stellt sich die Frage, ob der Arbeitgeber durch mehrmaliges gleichförmiges anderes Verhalten die Verpflichtung zur Zahlung der Sonderzuwendung beseitigen kann, sogenannte »negative betriebliche Übung«. Nach der bislang vom BAG vertretenen Vertragstheorie sollte das dreimalige gleichförmige – jetzt nachteilige – Verhalten des Arbeitgebers ein (Abänderungs-)Angebot an die Arbeitnehmer darstellen; widersprachen diese (dreimal) nicht, so ändert sich die zuvor begründete Pflicht. Eine negative betriebliche Übung war danach möglich, sofern der Arbeitgeber unmissverständlich zum Ausdruck gebracht hatte, dass ein Rechtsanspruch der Arbeitnehmer bestand, er diesen aber nunmehr für die Zukunft beseitigen wollte. Dem hielt die Vertrauenshaftungstheorie entgegen, dass ein zum Vertragsbestandteil erhobener Anspruch der Arbeitnehmer nicht durch deren Schweigen auf eine einseitig abändernde Handlung beseitigt werden könnte. Hiernach hätte der Arbeitgeber nur die Möglichkeit, mittels einer Änderungskündigung vom einmal geschaffenen Standard abzuweichen, wenn der Arbeitnehmer nicht mit einer Änderung einverstanden war. Ob diese Kündigung gerechtfertigt wäre (vgl. § 2 KSchG), ist aber fraglich.

Der Vertrauenshaftungstheorie ist zuzugeben, dass bloßes Schweigen grundsätzlich keine Willenserklärung ist. Dies findet im BGB (u.a.) in der Regelung des § 308 Nr. 5 BGB seinen Niederschlag. Angesichts dieser seit 2002 auch für Arbeitsverträge geltenden Regelung hat das BAG seine bisherige Rechtsprechung zur negativen betrieblichen Übung aufgegeben, sodass das bloße Schweigen des Arbeitnehmers mangels anderweitiger Vereinbarung trotz des dreimaligen Hinweises des Arbeitgebers auf die Freiwilligkeit der Gratifikationszahlung grundsätzlich nicht mehr ausreicht, um die entstandene betriebliche Übung zu beseitigen.

4.) Fraglich ist allerdings, ob diese geänderte Rechtsprechung auf den vorliegenden Fall anwendbar ist. Zwar handelt es sich bei dem Verhalten des B um ein für eine Vielzahl von Verträgen vorgesehenes Änderungsangebot im Sinne des § 305 Abs. 1 BGB, sodass § 308 Nr. 5 BGB greift; jedoch haben A und B ihr Arbeitsverhältnis noch im Vertrauen auf die Rechtslage und die Rechtsprechung vor Inkrafttreten der Schuldrechtsreform begründet. Weder A noch B hatten 1986 und in den Folgejahren Veranlassung, eine Regelung zu treffen, die einer Kontrolle anhand von § 308 Nr. 5 BGB standhält. Damit gelten die von der Rechtsprechung vor dem Inkrafttreten der Schuldrechtsreform zur negativen betrieblichen Übung entwickelten Grundsätze im vorliegenden Fall fort. Wie bereits ausgeführt, ist danach Voraussetzung für ein Entfallen des Anspruchs auf die Sonderzahlung, dass der Arbeitgeber unmissverständlich klarstellt, dass er einen bestehenden Rechtsanspruch des Arbeitnehmers beseitigen möchte. Hier hat B von 2014 bis 2017 jedoch lediglich erklärt, dass die Zahlung freiwillig erfolge und keinen Rechtsanspruch begründe; nicht klargestellt hat er indes, dass ein – zu beseitigender – Rechtsanspruch bereits entstanden war. Folglich scheitert die Beendigung der betrieblichen Übung durch B zwar nicht an § 308 Nr. 5 BGB, aber an der fehlenden Unmissverständlichkeit bei (dem Versuch der) Beseitigung des Anspruchs aus betrieblicher Übung.

Ergebnis: A hat auch für das Jahr 2018 einen Anspruch auf Zahlung des Weihnachtsgeldes.

Abwandlung

Fraglich ist auch hier das Bestehen einer in Verbindung mit dem Arbeitsvertrag anspruchsbegründenden betrieblichen Übung. B hat hier jedes Jahr (mindestens von 1986 bis 2017) Weihnachtsgeld bezahlt. Dessen Auszahlung hat er allerdings jedes Jahr mit dem Zusatz verbunden, dass die Zuwendung widerruflich sei. Hierbei handelt es sich um ein mehrmaliges gleichförmiges Verhalten ohne Betonung von dessen Freiwilligkeit. Folglich ist ein Anspruch aus betrieblicher Übung entstanden.

Die Gratifikation wurde allerdings stets nur widerruflich gewährt. Folglich haben sich A und B (stillschweigend) darüber geeinigt, dass der B sich zwar zur Gewährung der Zuwendung verpflichtet, diese aber widerrufen kann (Vertragstheorie) bzw. A konnte nur auf die Gewährung der Sonderzuwendung vorbehaltlich eines Widerrufs durch B vertrauen (Vertrauenshaftungstheorie). Damit besteht zwar grundsätzlich ein Anspruch des A auf Zahlung von Weihnachtsgeld aus § 611a Abs. 2 BGB in Verbindung mit dem Arbeitsvertrag in Verbindung mit der betrieblichen Übung. Der B kann die Auszahlung 2018 aber möglicherweise durch Ausübung seines Widerrufrechts erfolgreich verhindern. Dem könnte indes § 308 Nr. 4 BGB entgegenstehen. Bei dem an alle Arbeitnehmer gerichteten Angebot des B handelt es sich um allgemeine Geschäftsbedingungen im Sinne von § 305 Abs. 1 BGB. Nach § 308 Nr. 4 BGB ist die Möglichkeit, von einer einmal versprochenen Leistung abzuweichen, dadurch eingeschränkt, dass dies für den anderen Teil zumutbar ist. Dies ist grundsätzlich dann der Fall, wenn der Arbeitgeber bei Auskehrung der freiwilligen, widerruflichen Zusatzleistung zugleich auch Gründe für die evtl. Ausübung des Widerrufsrechts benennt. Hieran fehlt es vorliegend. Allerdings handelt es sich um einen Altfall; B konnte bei Abgabe des Angebots an seine Arbeitnehmer noch nicht wissen, dass der Widerrufsvorbehalt einmal einer AGB-Kontrolle würde standhalten müssen, während es den Arbeitnehmern, die andernfalls überhaupt keinen Anspruch gehabt hätten, zumutbar gewesen wäre, sich auf eine der AGB-Kontrolle standhaltende Klausel einzulassen. Dementsprechend ist der Widerrufsvorbehalt im Wege ergänzender Vertragsauslegung als wirksam anzusehen. B hat sein Widerrufsrecht auch nicht willkürlich ausgeübt, indem er sich auf die tatsächlich bestehende schwierige wirtschaftliche Lage berufen und damit einen nachvollziehbaren Grund vorgebracht hat.

Ergebnis der Abwandlung: A kann 2018 von B kein Weihnachtsgeld verlangen.

2. Abschnitt

Der Arbeitsvertrag: Das Zustandekommen und die Inhaltskontrolle

Fall 4

Wer fragt, bleibt dumm!

Die A beginnt am 2. Januar eine Tätigkeit als Sekretärin bei B. Im Rahmen des Einstellungsgesprächs hatte sie einige Tage vorher die Frage »Sind sie schwanger?« bewusst wahrheitswidrig verneint. Am 20. März legt A dem B ein ärztliches Attest vor, aus dem hervorgeht, dass sie im sechsten Monat schwanger ist. B fürchtet nun die Unannehmlichkeiten, die seiner »Erfahrung« nach durch Schwangerschaften entstehen. Insbesondere ist ihm klar, dass er wegen des Kündigungsverbotes des § 9 MuSchG keine Möglichkeit hat, der A, die im Übrigen einwandfreie Arbeit leistet, in nächster Zeit zu kündigen. Da er sich aber von A hintergangen fühlt, will er wissen, ob er das Arbeitsverhältnis durch Anfechtung beenden kann.

Kann er?

Schwerpunkte: Das Zustandekommen des Arbeitsverhältnisses; das Anfechtungsrecht nach § 123 Abs. 1 BGB und § 119 Abs. 2 BGB bei verschwiegener Schwangerschaft; das »Recht zur Lüge«; die Offenbarungspflicht des Arbeitnehmers; die Rechtsprechung des BAG und des EuGH zur Frage nach der Schwangerschaft.

Lösungsweg

Einstieg: Gefragt ist nach der Möglichkeit der Anfechtung des Arbeitsvertrages durch den B. Folglich befinden wir uns eigentlich im ganz »normalen« Zivilrecht und den dort geltenden Regeln zur Anfechtung nach den §§ 119 ff. BGB. Hier im Arbeitsrecht gibt es nun allerdings einige spezifische Besonderheiten, die man zur Vermeidung einer schlechten Note zwingend kennen muss. Beachte bitte, dass es sich bei dem vorliegenden Fall zudem um einen echten »**Klassiker**« aus dem Arbeitsrecht handelt: Die oben geschilderte Geschichte ist nämlich nachvollziehbar zeitlos, kam also schon vor 100 Jahren vor und wird auch in 100 Jahren noch vorkommen. Und wir schauen uns deshalb jetzt mal an, wie man das (nach heutigem Stand) auflöst.

Die Anfechtung des Arbeitsvertrages wegen der Lüge der A

1.) Die Anwendbarkeit der Anfechtungsregeln

Die Anfechtungsregeln sind auf den Arbeitsvertrag grundsätzlich anwendbar (BAG NZA **1996**, 371). Insbesondere wird das Recht zur Anfechtung nicht durch das Recht zur Kündigung aus wichtigem Grund nach § 626 BGB ersetzt (BAG NZA **2006**, 624; BAG AP Nr. 3 zu § 119 BGB; *Schaub/Linck* § 34 Rz. 24). Andernfalls würden Kündigungsverbote und Kündigungsbeschränkungen (z.B. der im Sachverhalt genannte § 9 MuSchG) sämtliche Willensmängel bei Abschluss des Arbeitsvertrages unbeachtlich machen. Der Schutz, den Kündigungsverbote beinhalten, wird folglich nur gewährt, wenn das Arbeitsverhältnis im Übrigen rechtsfehlerfrei zustande gekommen ist.

Feinkost: Die Anfechtung hat aber bei einem bereits aufgenommenen Arbeitsverhältnis grundsätzlich nicht die von § 142 Abs. 1 BGB vorgesehene Rückwirkung (»ex tunc«). Sie beendet das Arbeitsverhältnis vielmehr nur mit **ex-nunc-Wirkung** (also erst ab dem Zeitpunkt der Anfechtung), da eine Rückabwicklung bereits in Vollzug gesetzter Arbeitsverhältnisse nach den §§ 812 ff. BGB, die auf Verträge über einmaligen Leistungsaustausch zugeschnitten sind, unter anderem wegen der Schwierigkeiten, die erbrachte Arbeitsleistung zurückzugewähren, für nicht durchführbar gehalten wird (BAG NZA **2001**, 315; BAG NZA **1999**, 584; BAG AP BGB § 123 Nr. 27; BAG AP BGB § 123 Nr. 24; *Söllner/Waltermann* § 28 II; *Brox/Rüthers/Henssler* Rz. 66; *Lieb/Jacobs* Rz. 132 ff.). Das eben Gesagte gilt allerdings nach der Rechtsprechung des BAG dann nicht, wenn das Arbeitsverhältnis schon vor der Anfechtungserklärung des Arbeitgebers – egal aus welchem Grund – **außer Vollzug gesetzt** wurde (BAG AP Nr. 24 und 27 zu § 123 BGB). In diesem Fall soll die Anfechtung auf den Zeitpunkt zurückwirken, an dem der Arbeitnehmer tatsächlich aufgehört hat zu arbeiten, denn insoweit könnten keine Abwicklungsprobleme nach den §§ 812 ff. BGB entstehen (BAG a.a.O.; *Brox/Rüthers/Henssler* Rz. 66). Das ist übrigens auch der Fall, wenn der Arbeitnehmer in der Zwischenzeit arbeitsunfähig erkrankt war und demzufolge seine Arbeitsleistung nicht erbracht hat (BAG BB **1999**, 796). Eine Rückabwicklung ist dann kein Problem.

2.) Der Ausschluss der Anfechtung wegen § 9 Abs. 1 MuSchG?

Man könnte darüber nachdenken, ob es angesichts der aus Sicht der Schwangeren gleichen Wirkung von Kündigung und Anfechtung nicht angezeigt ist, das Kündigungsverbot des § 9 Abs. 1 MuSchG auf die Fälle der Anfechtung zu übertragen. Schließlich ist eine Kündigung auch bei schwersten Verfehlungen der Frau wegen der besonderen Schutzwürdigkeit während der Schwangerschaft ausgeschlossen (BAG DB **1993**, 1978). Hiergegen spricht allerdings der bereits unter 1.) genannte Unterschied: Die §§ 119 ff. BGB schützen die freie Willensentschließung des Arbeitgebers. Der Kündigungsschutz zugunsten der Arbeitnehmerin greift nur, wenn das Arbeitsverhältnis unter Berücksichtigung dieses durch §§ 119 ff. BGB gewährten Schutzes fehlerfrei zustande gekommen ist (ErfKomm/*Preis* § 611a BGB Rz. 346).

3.) Der Anfechtungsgrund

Es kommt im vorliegenden Fall eine Anfechtung wegen arglistiger Täuschung seitens der A nach **§ 123 Abs. 1 BGB** in Betracht.

Voraussetzungen:

a) Zunächst muss A den B **getäuscht** haben. Täuschung im Sinne des § 123 BGB ist das Hervorrufen eines Irrtums über Tatsachen (*Jauernig/Mansel* § 123 BGB Rz. 3; *Palandt/Ellenberger* § 123 BGB Rz. 2). Die A hat die Frage des B nach einer Schwangerschaft falsch beantwortet. Damit hat A einen Irrtum über Tatsachen hervorgerufen und den B folglich getäuscht.

b) Diese Täuschung war auch **arglistig**, denn A wusste von der Schwangerschaft. Es ist außerdem nicht auszuschließen, dass diese Falschangabe mitursächlich für die Einstellung geworden ist mit der Folge, dass auch die Kausalität der Täuschung für die Abgabe der Willenserklärung zu bejahen ist (BGH NJW **1964**, 811). Eine arglistige Täuschung im Sinne des § 123 BGB liegt somit vor.

c) Die Täuschung muss nun zudem auch **rechtswidrig** sein (bitte prüfen in § 123 BGB). Dieses Merkmal bezieht sich im Gesetz bei § 123 BGB zwar ausdrücklich nur auf die Drohung, was daran liegt, dass der Gesetzgeber ursprünglich davon ausging, dass arglistige Täuschungen grundsätzlich immer widerrechtlich sind (BGHZ **25**, 217). Diese Regel kann aber – gerade im Arbeitsverhältnis – dann nicht zwingend gelten, wenn der die Anfechtung Erklärende die Täuschung durch eigenes rechtswidriges Verhalten herbeigeführt hat (BAG AP Nr. 35 zu § 123 BGB; ErfKomm/*Preis* § 611a BGB Rz. 361; MünchArbR/*Richardi* § 46 Rz. 39). Deshalb muss das Merkmal der Widerrechtlichkeit bzw. Rechtswidrigkeit in der Klausur bei der Täuschung ausdrücklich erwähnt und logischerweise dann auch geprüft werden (teleologische Reduktion).

Und genau an dieser Stelle bei der Rechtswidrigkeit bzw. Widerrechtlichkeit der arglistigen Täuschung im Rahmen des § 123 BGB liegt der Prüfungsstandort der Probleme um die geflunkerten Antworten des Arbeitnehmers beim Einstellungsgespräch. Das werden wir uns jetzt am Beispiel der verschwiegenen Schwangerschaft in den Einzelheiten anschauen und beginnen mit dem wichtigsten Prinzip, das man zu beachten hat, nämlich:

Grundsatz: Die bewusste Falschbeantwortung einer Frage im Einstellungsgespräch ist nur dann eine rechtswidrige Täuschung im Sinne des § 123 BGB, wenn die vom Arbeitgeber gestellte Frage zulässig war. Ist die Frage unzulässig, steht dem Arbeitnehmer das sogenannte **»Recht zur Lüge«** zu (BAG NZA **2013**, 1087; BAG NZA **2012**, 34; MünchArbR/*Buchner*, § 38 Rz. 184). Das muss ihm dann übrigens auch zustehen, denn wenn er auf eine unzulässige Frage bloß schweigen oder das Ganze explizit nicht beantworten würde bzw. dürfte (z.B. mit einem Satz wie: »Dazu sage ich nichts!«), würde selbst der dämlichste Arbeitgeber verstehen, wo der Hase lang läuft mit der sehr wahrscheinlichen Folge, dass er den Arbeitnehmer nicht einstellt. Und damit das nicht passiert, darf man auf unzulässige Fragen eben flunkern, was das Zeug hält. Wie gesagt, ansonsten fragt nämlich der Arbeitgeber alles, was ihn so interessiert und man müsste sich dann durch Schweigen oder Nichtbeantworten selbst verraten.

Nach dem soeben Gesagten lautet die entscheidende Frage somit, welche Fragen des Arbeitgebers denn nun **zulässig** und welche **nicht zulässig** sind. Die Beantwortung dessen ergibt sich aus einer Abwägung der widerstreitenden Interessen: Der Arbeitgeber will möglichst viel erfahren, da das Arbeitsverhältnis ja regelmäßig zu einer lang andauernden Beziehung führt; der Arbeitnehmer will aber nicht alles von sich *Preis*geben, wobei hier vor allem das Allgemeine Persönlichkeitsrecht eine Rolle spielt.

Und deshalb darf der Arbeitgeber nur Fragen stellen, an deren wahrheitsgemäßer Beantwortung er ein berechtigtes, billigens- und schützenswertes Interesse hat. Das ist regelmäßig der Fall, wenn die Antwort für das angestrebte Arbeitsverhältnis von Bedeutung ist (MünchArbR/*Buchner* § 41 Rz.1; *Linnenkohl* in AuR 1983, 129; *Moritz* in NZA 1987, 329). Zu berücksichtigen ist im Übrigen, dass die Frage des Arbeitgebers selbst bei einem vorliegenden **objektiven Bezug** zum Arbeitsplatz nicht in Widerstreit zu gesetzgeberischen Grundentscheidungen stehen darf. Das ist insbesondere bei Diskriminierungsverboten von Bedeutung (z.B. geschlechtsspezifisches Diskriminierungsverbot, § 611a BGB a.F. – ersetzt durch die Regelungen des AGG, dazu noch später – oder dem Verbot der Diskriminierung Schwerbehinderter, § 81 Abs. 2 Satz 1 SGB IX; zu Letzterem besteht seit der Einführung im Jahr 2001 ein Meinungsstreit, ob weiterhin die – zuvor überwiegend für zulässig erachtete – Frage nach der Schwerbehinderteneigenschaft im Sinne des SGB IX gestellt werden darf, s. u.a. *Joussen* in NJW 2007, 174 m.w.N.; das BAG hat diese Frage bislang ausdrücklich offen gelassen, vgl. BAG NZA **2012**, 34 und nur festgehalten, dass im **bestehenden** Arbeitsverhältnis danach gefragt werden darf, um z.B. zu erfahren, ob für den evtl. schwerbehinderten Arbeitnehmer bspw. die Sonderregeln der §§ 85 ff. SGB IX greifen; siehe BAGE **141**, 1). Im Hinblick auf das AGG, mit dem wir uns später noch näher befassen werden, kann man sich merken, dass an der Beantwortung von Fragen nach den in § 1 AGG genannten Eigenschaften grundsätzlich kein schützenswertes Interesse des Arbeitgebers besteht, es sei denn, die Frage erscheint nach den Maßstäben der §§ 8–10 AGG gerechtfertigt (*Schaub/Linck* § 26 Rz. 16; lies bitte insoweit auch § 32 Bundesdatenschutzgesetz – BDSG).

In unserem Fall ergibt sich daraus folgendes Bild: Zwar hat der Arbeitgeber ein Interesse daran, von einer Schwangerschaft zu erfahren, denn eine solche stellt ihn regelmäßig vor finanzielle und personelle Belastungen. Allerdings betrifft die Frage naturgemäß eher die Frauen dieser Welt und verstößt deshalb grundsätzlich und eindeutig gegen § 3 Abs. 1 Satz 2 AGG (= Allgemeines Gleichbehandlungsgesetz → löste im Jahr 2006 den damaligen § 611a BGB ab). Die Frage nach der Schwangerschaft ist damit **unzulässig** (BAG NZA **2003**, 848; LAG Köln DB **2012**, 2872).

Durchblick: Insoweit übrigens hat die Rechtsprechung des Europäischen Gerichtshofs (EuGH) eine erhebliche Rolle bei der Entwicklung der Rechtslage in Deutschland gespielt. Der durch das AGG obsolet gewordene § 611a BGB beruhte nämlich auf der europäischen Richtlinie 76/207/EWG vom 09.02.1976 und hat in Verbindung mit diversen Urteilen des EuGH zu einer stetigen Fortentwicklung der BAG-Rechtsprechung im Hinblick auf die Geschichte mit der Befragung der Bewerberinnen nach einer Schwangerschaft geführt: Während das BAG die Frage nach der Schwangerschaft wegen des durchaus gegebenen Interesses des Arbeitgebers bis in die 70er-Jahre hinein für zulässig hielt (BAG AP BGB § 123 Nr. 15; vgl. dazu schon kritisch Falkenberg in BB 1970, 1015), entschied das Gericht nach Einführung des § 611a BGB am 21.08.1980 (BGBl. I S. 1308), dass die Frage nur dann zulässig sei, wenn sich ausnahmslos Frauen auf den Arbeitsplatz beworben hätten (BAG NZA **1986**, 739; BAG NJW **1989**, 929). Das allerdings wurde mit Rücksicht auf ein Urteil des EuGH (EuGH BB **1991**, 693) aufgegeben und fortan danach differenziert, ob die Schwangerschaft mit der zu verrichtenden Tätigkeit unvereinbar ist und der Schutz des ungeborenen Kindes oder der Mutter in Frage steht (BAG NJW **1994**, 148). Dem wiederum trat die Literatur mit dem zutreffenden Hinweis entgegen, dass die Schwangerschaft ja nur ein vorübergehender Zustand sei und deshalb die Argumentation des BAG in jedem Falle bei unbefristeten Tätigkeiten nicht greifen könne (Schulte/Westenberg in NJW 1995, 761). Im Anschluss an zwei Urteile des EuGH aus dem Jahre 2001 (EuGH NZA **2001**, 2451 und EuGH NZA **2001**, 1243) hat sich dem auch das BAG angeschlossen und mit Urteil vom **06.02.2003** die Frage nach der Schwangerschaft – zumindest bei **unbefristeten** Arbeitsverhältnissen – grundsätzlich für unzulässig erklärt (NZA **2003**, 848 = DB **2003**, 1795). Inwieweit dies dann auch für **befristete** Arbeitsverhältnisse gelten soll, bei denen die Arbeitnehmerin unter Umständen für einen beachtlichen Zeitraum der Vertragsdauer dem Beschäftigungsverbot des MuSchG unterliegt und folglich den Vertrag nicht erfüllen kann, bleibt abzuwarten. Der EuGH hat insoweit aber bereits im Jahre 2001 entschieden, dass die Unterscheidung zwischen befristeten und unbefristeten Verträgen – zumindest in Dänemark, dort spielte der Fall – unzulässig ist (NZA **2001**, 1243). Das würde demnach vermutlich vom EuGH auch in Anwendung auf deutsches Recht nicht anders beurteilt werden (vgl. dazu auch EuGH NZA **2001**, 2451 sowie *Paul* in DB 2000, 974 und *Thüsing* in DB 2001, 2453). Mit Urteil vom 11. Oktober **2012** hat übrigens das LAG Köln festgestellt, dass auch bei einer befristeten Anstellung die Schwangerschaft nicht offenbart werden müsse (DB **2012**, 2872). Besonders pikant: Die Bewerberin hatte sich als – Achtung! – **Schwangerschaftsvertretung** beworben, obwohl sie selbst schwanger war. Das LAG Köln meinte gleichwohl: Auch bei der Bewerbung als Schwangerschaftsvertretung muss die eigene Schwangerschaft nicht offenbart werden (→ DB **2012**, 2872).

Zurück zum Fall: Vorliegend ist die ganze Sache aber kein Problem, denn in unserem Fall steht nix von einem befristeten Vertrag oder einem möglichen Beschäftigungsverbot, zumal die A als Sekretärin kaum einem im MuSchG normierten Verbot unterliegen würde. Die Frage des B nach der Schwangerschaft war demnach auf jeden Fall unzulässig. Deren Falschbeantwortung durch A stellt deshalb **keine** rechtswidrige arglistige Täuschung im Sinne des § 123 Abs. 1 BGB dar.

ZE: Somit scheidet eine Anfechtung nach § 123 Abs. 1 BGB aus.

b) Weiterhin kann eine Anfechtung nach **§ 119 Abs. 2 BGB** in Betracht kommen. Dann müsste die Schwangerschaft der A eine verkehrswesentliche Eigenschaft sein. Verkehrswesentliche Eigenschaften einer Person sind neben ihren körperlichen Merkmalen auch die tatsächlichen und rechtlichen Verhältnisse und Beziehungen zur Umwelt, soweit sie nach der Verkehrsanschauung – für die Arbeit – von Bedeutung und nicht nur vorübergehender Natur sind (*Palandt/Ellenberger* § 119 BGB Rz. 24). In Bezug auf eine Schwangerschaft fehlt es vor allem an Letzterem, da die Schwangerschaft der Frau nicht auf Dauer »anhaftet« (ErfKomm/*Preis* § 611a BGB Rz. 352). Ferner handelt es sich bei der Schwangerschaft um einen natürlichen Zustand und nicht um eine Eigenschaft der Frau (BAG NJW **1992**, 2173).

> **Wichtig:** Im Rahmen der Anfechtung nach § 119 Abs. 2 BGB ist im Übrigen noch zu beachten, dass die Anfechtungsfrist des § 121 Abs. 1 BGB im Arbeitsrecht in Anlehnung an die Kündigungserklärungsfrist des § 626 Abs. 2 BGB **zwei Wochen** beträgt. Dies wird mit der im Ergebnis vergleichbaren Wirkung von Anfechtung und außerordentlicher Kündigung begründet (ErfKomm/*Preis* § 611a BGB Rz. 356 f.). Merken.

ZE.: Auch eine Anfechtung nach § 119 Abs. 2 BGB ist ausgeschlossen.

Ergebnis: B kann das Arbeitsverhältnis mit der A nicht durch eine Anfechtung des Arbeitsvertrages beenden.

Nachschlag: Die Offenbarungspflicht

Ob auf unzulässige Fragen beim Einstellungsgespräch wahrheitsgemäß geantwortet werden muss, ist die eine Seite der Medaille. Ob der Arbeitnehmer von sich aus bestimmte Angaben zu seiner Person machen muss, ist allerdings eine ganz andere Frage. Tatsächlich kann es im Einzelfall die Pflicht geben, einige Dinge ungefragt zu offenbaren. Wird diese Offenbarungspflicht verletzt, liegt eine Täuschung durch **Unterlassen** vor, die zur Anfechtung nach § 123 BGB berechtigt (*Palandt/Ellenberger* § 123 BGB Rz. 5). Eine Offenbarungspflicht des Arbeitnehmers besteht aber nur dann, wenn die betreffenden Umstände entweder dem Bewerber die Erfüllung seiner vorgesehenen arbeitsvertraglichen Leistungspflicht von vornherein unmöglich machen oder für die Eignung für den in Betracht kommenden Arbeitsplatz von ausschlaggebender Bedeutung sind, sodass der Arbeitgeber deren Mitteilung nach Treu und Glauben erwarten darf (BAG NJW **2013**, 1115; NZA **1996**, 371). Das ist der Fall, wenn diese Umstände die Erfüllung der Arbeitsleistung unmöglich machen oder sonst ausschlaggebende Bedeutung für den Arbeitsplatz haben: So ist der Bewerber z.B. verpflichtet, etwa bestehende Wettbewerbsverbote zu offenbaren; oder wer sich für einen Bäckerjob bewirbt und eine Mehlstauballergie hat, muss diese ebenso offenbaren wie ein Fernfahrer seine Alkoholabhängigkeit (vgl. auch BAG NJW **1991**, 2723 → zur Frage, ob ein Transsexueller sein wahres Geschlecht offenbaren muss; BAG AP Nr. 35 zu § 123 BGB; MünchArbR/*Buchner* § 41 Rz. 164). Merken kann man sich insoweit die Regel, dass eine Offenbarungspflicht dann **nicht** besteht, wenn eine entsprechende Frage des Arbeitgebers unzulässig wäre, wie etwa bei der Schwangerschaft (LAG Köln DB **2012**, 2872). Die Fälle der Offenbarungspflicht sind damit begrenzter als jene des Fragerechts. Schließlich lässt sich festhalten, dass bei Fehlen der Offenbarungspflicht und damit Verneinen einer Täuschung im Sinne des § 123 BGB gleichwohl ein Irrtum im Sinne des § 119 Abs. 2 BGB vorliegen kann, da der Begriff der verkehrswesentlichen Eigenschaft weiter ist als jener der aufklärungspflichtigen Tatsache. Um auch hier die Verbindung zum Fragerecht herzustellen: Darf der Arbeitgeber nach bestimmten Dingen nicht fragen, so sind diese in aller Regel auch nicht verkehrswesentlich im Sinne des § 119 Abs. 2 BGB (vgl. aktuell auch den interessanten Fall des BAG aus der NJW **2015**, 1899, wo eine Arbeitnehmerin dem Chef ihre zukünftige Schwangerschaft bzw. den Wunsch dazu ankündigt, zu diesem Zeitpunkt aber bereits schwanger ist).

Übrigens: Die Offenbarungspflicht besteht vice versa, also auch der Arbeitgeber muss einen Stellenbewerber von sich aus auf Umstände hinweisen, die für die Durchführung des Arbeitsverhältnisses von Bedeutung sind (z.B. schon konkret geplanter späterer Abbau der ausgeschriebenen Stelle, vgl. etwa BAG NZA **2005**, 1298).

Gutachten

B kann seine auf Abschluss eines Arbeitsvertrages mit A gerichtete Willenserklärung beseitigen, wenn die Voraussetzungen für eine Anfechtung vorliegen.

1.) Grundvoraussetzung hierfür ist, dass die Anfechtungsregeln auf den Arbeitsvertrag überhaupt Anwendung finden können. Zweifelhaft ist dies deswegen, weil es sich bei dem Recht zur Kündigung aus wichtigem Grund (§ 626 BGB) um eine Spezialregelung handeln könnte. Zudem besteht bei einer Anfechtung die Gefahr, dass Kündigungsverbote und -beschränkungen umgangen werden. Letztlich überzeugen diese Bedenken jedoch nicht. Zum einen muss eine Möglichkeit bestehen, Willensmängel beim Abschluss des Arbeitsvertrages zu berücksichtigen. Zum anderen besteht ein Schutzbedürfnis hinsichtlich des Eingreifens von Kündigungsverboten nur, wenn das Arbeitsverhältnis rechtsfehlerfrei zustande gekommen ist.

2.) Möglicherweise ist die Anwendbarkeit der Anfechtungsregeln jedoch wegen § 9 Abs. 1 MuSchG ausgeschlossen. Aus Sicht der Schwangeren macht es keinen Unterschied, ob das Arbeitsverhältnis infolge Anfechtung oder Kündigung beendet wird. Schließlich ist eine Kündigung regelmäßig auch bei schwersten Verfehlungen der Frau wegen der besonderen Schutzwürdigkeit während der Schwangerschaft ausgeschlossen. Für eine Anfechtungsmöglichkeit auch gegenüber der Schwangeren spricht jedoch der bereits vorstehend angesprochene unterschiedliche Schutzzweck. Die §§ 119 ff. BGB schützen die freie Willensentschließung des Arbeitgebers. Der Kündigungsschutz zugunsten der Arbeitnehmerin greift dagegen nur dann, wenn das Arbeitsverhältnis im Rahmen der allgemeinen rechtsgeschäftlichen Regeln fehlerfrei zustande gekommen ist.

3.) Sind die Anfechtungsregeln vorliegend anwendbar, so muss B ein Anfechtungsgrund zur Seite stehen. In Betracht kommt zunächst eine Anfechtung wegen arglistiger Täuschung gemäß § 123 Abs. 1 BGB.

a) Dann muss A den B getäuscht haben. Täuschung bedeutet das Hervorrufen eines Irrtums über Tatsachen. Die A hat die Frage des B nach einer Schwangerschaft unrichtig beantwortet. Aufgrund dessen ging B bei der Einstellung von dem Nichtbestehen einer Schwangerschaft aus. Damit ist eine Täuschung gegeben.

b) A muss arglistig, das heißt mit Täuschungswillen, gehandelt haben. A wusste von der Schwangerschaft. Es ist außerdem nicht auszuschließen, dass die Falschangabe mitursächlich für die Einstellung geworden ist und A hiermit gerechnet hat. Damit ist eine arglistige Täuschung insgesamt zu bejahen.

c) Die Täuschung muss außerdem rechtswidrig sein. Dieses Erfordernis ergibt sich aus einer Gleichstellung der Drohungs- und der Täuschungsvariante im Rahmen von § 123 BGB. Der Gesetzgeber ging nämlich davon aus, dass arglistige Täuschungen immer widerrechtlich sind. Das kann aber – gerade im Arbeitsverhältnis – dann nicht sein, wenn der Anfechtende die Täuschung durch eigenes rechtswidriges Verhalten herbeigeführt hat. Es kommt somit für die Rechtswidrigkeit der Täuschung darauf an, ob B ein rechtlich schützenswertes Interesse an einer wahrheitsgemäßen Antwort hatte. Dies ist regelmäßig der Fall, wenn die Antwort für das angestrebte Arbeitsverhältnis von Bedeutung ist. Zu berücksichtigen ist allerdings, dass die Frage des Arbeitgebers selbst bei einem vorliegenden objektiven Bezug zum Arbeitsplatz nicht in Widerstreit zu gesetzgeberischen Grundentscheidungen stehen darf. Dies ist insbesondere bei gesetzlichen Diskriminierungsverboten von Bedeutung. Nach dem Gesagten hat B infolge der durch den monatelangen Ausfall der Schwangeren entstehenden betrieblichen Belastungen zwar ein Interesse, das Bestehen einer Schwangerschaft im Einstellungsgespräch zu klären. Jedoch ist dieses Interesse rechtlich nicht schützenswert, weil naturgemäß nur Frauen betroffen sind und daher ein Verstoß gegen das Verbot der geschlechtsbezogenen Diskriminierung im Sinne des § 3 Abs. 1 Satz 2 AGG vorliegt. A ist insoweit grundsätzlich ein Recht zur Lüge zuzubilligen. Aus diesem Grunde liegt eine rechtswidrige Täuschung nicht vor. Eine Anfechtung gemäß § 123 Abs. 1 BGB scheidet damit aus.

4.) Möglicherweise kann sich B auf ein Anfechtungsrecht aus § 119 Abs. 2 BGB berufen. Voraussetzung hierfür ist, dass er sich bei dem Abschluss des Arbeitsvertrags über eine verkehrswesentliche Eigenschaft der Person geirrt hat. Dann muss die Schwangerschaft der A als eine verkehrswesentliche Eigenschaft angesehen werden können. Verkehrswesentliche Eigenschaften einer Person sind neben ihren körperlichen Merkmalen auch die tatsächlichen und rechtlichen Verhältnisse und Beziehungen zur Umwelt, soweit sie nach der Verkehrsanschauung von Bedeutung und nicht nur vorübergehender Natur sind. In Bezug auf eine Schwangerschaft fehlt es vor allem an Letzterem, da die Schwangerschaft der Frau nicht auf Dauer »anhaftet«. Ferner handelt es sich bei der Schwangerschaft um einen natürlichen Zustand und nicht um eine Eigenschaft der Frau. Ein Anfechtungsrecht nach § 119 Abs. 2 BGB besteht somit ebenfalls nicht.

Ergebnis: B kann das Arbeitsverhältnis mit der A nicht durch eine Anfechtung des Arbeitsvertrags beenden.

Fall 5

Er war jung – und brauchte das Geld

A ist im Dezember 17 Jahre alt geworden und hat beschlossen, anstelle des nervenden Schulbetriebs lieber auf eigenen Füßen zu stehen. Er beginnt deshalb zum Januar – ohne Wissen seiner Eltern – eine Tätigkeit in der Cafeteria im Möbelhaus des B. Bei Unterzeichnung des Arbeitsvertrages hat A dem B erzählt, dass seine Eltern nichts dagegen hätten, wenn ihr Sprössling endlich eigenes Geld verdiene. Als Ende Juli auf dem Schulzeugnis dann 150 Fehlstunden erscheinen, stellen die verwunderten Eltern den A zur Rede. Nachdem der seinen Alleingang gestanden hat, begibt sich sein Vater am 2. August zu B und erklärt, dass A ab sofort nicht mehr erscheinen werde.

A will nun wissen, ob er den für Juli noch nicht ausbezahlten Lohn verlangen kann. Im Übrigen hatte A bislang auch keinen Urlaub genommen und fragt, ob er insoweit Anspruch auf eine »Entschädigung« hat. **Rechtslage?**

Schwerpunkte: Das faktische (fehlerhafte) Arbeitsverhältnis; Folgen der Minderjährigkeit einer Vertragspartei; die unbeschränkte Geschäftsfähigkeit nach § 113 BGB; der Urlaubsabgeltungsanspruch; die Grundlagen des Urlaubsrechts nach dem BUrlG; der Verfall des Urlaubsanspruchs.

Lösungsweg

I.) Der Lohn für den Monat Juli

<u>AGL.</u>: § 611a Abs. 2 BGB in Verbindung mit dem Arbeitsvertrag

1.) Der A kann für den Monat Juli den Lohn verlangen, wenn ein wirksamer Arbeitsvertrag besteht. Aufgrund der Minderjährigkeit des A ist der zwischen A und B im Januar geschlossene Arbeitsvertrag nach Maßgabe des § 108 Abs. 1 BGB schwebend **unwirksam** (*Rüthers/Stadler* BGB AT § 23 Rz. 21; *Palandt/Ellenberger* § 108 BGB Rz. 1). Und mit der Verweigerung der Genehmigung seitens des Vaters im August wird dieser Vertrag dann endgültig unwirksam (vgl. etwa BGHZ **13**, 179).

> **Beachte:** Hier handelt es sich übrigens nicht um einen Fall der unbeschränkten Geschäftsfähigkeit des Minderjährigen im gesetzlichen Ausnahmefall nach **§ 113 Abs. 1 Satz 1 BGB**. Von dieser Norm sind nur Rechtshandlungen im Rahmen eines Arbeitsverhältnisses erfasst, wenn der Minderjährige vorher die Zustimmung des gesetzlichen Vertreters hatte, in Dienst oder Arbeit zu treten (bitte das Gesetz lesen, da steht

»Ermächtigt der gesetzliche Vertreter den Minderjährigen, in Dienst oder Arbeit zu treten, ...«). Erst und nur wenn diese Voraussetzung vorliegt, ist der Minderjährige nunmehr insoweit unbeschränkt geschäftsfähig im Hinblick auf entsprechende Rechtsgeschäfte, unter anderem zur Eingehung oder Aufhebung eines Arbeitsverhältnisses (BAG AP Nr. 7; BAG NJW **1964**, 1641). Liegt eine solche Ermächtigung nicht vor, findet § 113 Abs. 1 BGB keine Anwendung.

ZE: In unserem Fall war A von seinen Eltern nicht ermächtigt, ein Dienst- oder Arbeitsverhältnis einzugehen mit der Folge, dass der Arbeitsvertrag zwischen A und B unwirksam bleibt.

2.) Allerdings hat A seine Dienste für den Monat Juli bereits erbracht. Die Frage ist nun, wie dies angesichts der Unwirksamkeit des der Leistung zugrundeliegenden Vertrages zu beurteilen ist. Wir haben insoweit bereits im letzten Fall gelernt, dass die bereicherungsrechtliche Rückabwicklung nach den §§ 812 ff. BGB von in Vollzug gesetzten Arbeitsverhältnissen ungeeignet ist und daher auch allgemein abgelehnt wird (BAG NZA **2004**, 313; BAG NZA **2001**, 315; BAG NZA **1999**, 584; *Junker* Rz. 193–195; *Söllner/Waltermann* § 28 II; *Brox/Rüthers/Henssler* Rz. 66; *Lieb/Jacobs* Rz. 132 ff.). Während es im letzten Fall allerdings um die Frage der Wirkung einer Anfechtung des Arbeitsvertrages ging – nämlich ausnahmsweise nur **ex nunc**, sodass das in Vollzug gesetzte Arbeitsverhältnis von ihr nicht tangiert und eine Rückabwicklung vermieden wird – geht es hier jetzt darum, wie ein von Anfang an unwirksames Arbeitsverhältnis behandelt werden soll (*Palandt/Weidenkaff* vor § 611 BGB Rz. 29).

Lösung: Die Rechtsprechung hat für solche Fälle in Übereinstimmung mit der Lehre das Institut des sogenannten »faktischen Arbeitsverhältnisses« entwickelt (BAG NZA **1998**, 199; ErfKomm/*Preis* § 611a BGB Rz. 145; *Brox/Rüthers/Henssler* Rz. 67). Und dieses Rechtsinstitut, das auch unter der Bezeichnung »fehlerhaftes Arbeitsverhältnis« behandelt wird, besagt Folgendes:

Sofern eine Willenseinigung der Parteien dahingehend besteht, dass die eine Partei für die andere entgeltlich arbeiten soll und auch dementsprechend die Arbeit aufgenommen hat, liegt bei Nichtigkeit des Vertrages ein sogenanntes »faktisches Arbeitsverhältnis« vor: Dessen Folge ist es, dass das durch einen fehlerhaften Arbeitsvertrag zustande gekommene Arbeitsverhältnis grundsätzlich wie ein aufgrund eines **wirksamen** Arbeitsvertrages zustande gekommenes Arbeitsverhältnis behandelt wird (BAGE **12**, 104). Diese Regel gilt nur dann nicht, wenn eine der beiden Parteien die Nichtigkeit des Arbeitsvertrages kennt; dann kann sie sich wegen des Verbots des venire contra factum proprium nicht auf die Ansprüche aus dem faktischen Arbeitsverhältnis berufen. Ansonsten aber hat der Arbeitnehmer trotz fehlender vertraglicher Grundlage unter den eben beschriebenen Voraussetzungen für die Vergangenheit einen sogenannten »quasi-vertraglichen« Anspruch auf Lohnzahlung, auf Urlaub, auf Fürsorge, auf ein Zeugnis sowie sämtliche sonstigen Leistungen, die aus einem wirksamen Vertrag resultieren würden (BAG AP LohnFG § 1 Nr. 66). Für die **Zukunft,** also den Zeitpunkt ab Kenntniserlangung der Nichtigkeit des Vertrages, besteht hingegen keine Bindung der Vertragsparteien, sodass beide Seiten das faktische Arbeitsverhältnis durch eine einfache einseitige Erklärung – beachte hier § 131 Abs. 2 Satz 1 BGB! – mit sofortiger Wirkung beenden können (aber nicht müssen), ohne dass die Voraussetzungen einer außerordentlichen Kündigung vorzuliegen brauchen (BAGE **12**, 104; BAG NZA **2001**, 945; ErfKomm/*Preis* § 611a BGB Rz. 147; *Schaub/Linck* § 34 Rz. 51).

Beachte: Der Inhalt des grauen Kastens von soeben gehört zu den absoluten Klassikern bzw. Grundregeln des deutschen Arbeitsrechts und sollte dementsprechend bitte gekannt und vor allem für die Zukunft auch behalten werden. Das ist gängige Klausurmaterie und wird insbesondere auch in Abgrenzung zu den im letzten Fall gelernten Regeln über die Anfechtung eines Arbeitsvertrages und deren Folgen abgefragt. Wir haben ja dort gelernt, dass die Anfechtung eines Arbeitsvertrages bei in Vollzug gesetzten Arbeitsverhältnissen nur **ex-nunc-Wirkung** hat, der Vertrag somit bis zur Anfechtungserklärung gültig ist. Hier nun beim faktischen Arbeitsverhältnis ist der Vertrag wegen rechtsgeschäftlicher Mängel demgegenüber von Anfang an nichtig, gleichwohl stehen dem Arbeitnehmer »quasi-vertragliche« Ansprüche zu, die sich an dem unwirksamen Arbeitsverhältnis orientieren. Beachte insoweit schließlich bitte auch noch einmal den Unterschied, dass das faktische Arbeitsverhältnis durch eine einfache einseitige Erklärung für die Zukunft beendet werden kann, während die Anfechtung nur mit einem entsprechenden Grund aus den §§ 119 ff. BGB diese Wirkung herbeiführt (BAG NZA **1999**, 584). Merken.

Noch ein Problem zum Schluss: Klären müssen wir aber gerade noch die Frage, ob der Grundsatz des faktischen Arbeitsverhältnisses mit dem Minderjährigenschutz der §§ 106 ff. BGB vereinbar ist. Immerhin nämlich begründen sich mithilfe dieses Rechtsinstituts – wie wir soeben gelernt haben – quasi-vertragliche Ansprüche, die dem Minderjährigen entgegen der Regel des § 107 BGB einen rechtlichen Nachteil zufügen können. Er ist ja z.B. unter anderem verpflichtet, seine Arbeitsleistung zu erbringen.

Durchblick: Ein faktisches Arbeitsverhältnis kann unstreitig dann nicht angenommen werden, wenn es gegen überwiegende öffentliche Interessen oder schutzwürdige Belange des Einzelnen verstößt (*Brox/Rüthers/Henssler* Rz. 67); dies wurde z.B. angenommen bei der arbeitsvertraglichen Verpflichtung eines Ehepaars zum Geschlechtsverkehr auf der Bühne eines Nachtclubs und der damit einhergehenden Sittenwidrigkeit gemäß § 138 Abs. 1 BGB (BAG NJW **1976**, 1958). Auch der Minderjährigenschutz der §§ 106 ff. BGB, um den es sich hier bei uns dreht, ist nun fraglos ein tragender Gedanke unserer Rechts- und Werteordnung, sodass man über die Ablehnung eines faktischen Arbeitsverhältnisses nachdenken muss, wenn **Minderjährige** daran beteiligt sind. Allerdings würde dies in dem Fall, in dem der minderjährige Arbeitnehmer Ansprüche wegen bereits geleisteter Dienste geltend macht, den Interessen des Minderjährigen nicht gerecht, denn er könnte ja dann diese Ansprüche unter Umständen gar nicht einklagen (MünchArbR/*Richardi* § 44 Rz. 70). Und da das nicht sein kann, sagt man, dass das faktische Arbeitsverhältnis auch bei Minderjährigen (Arbeitnehmern) insoweit Geltung hat, wie es dem Minderjährigen Ansprüche zugesteht. Umgekehrt gilt dann logischerweise Folgendes: Sofern der **Arbeitgeber** gegenüber dem Minderjährigen Ansprüche aus einem unwirksamen Arbeitsverhältnis nach den eben beschriebenen Grundsätzen geltend machen will (also etwa auf die Erbringung der Arbeitsleistung oder auch vertragliche Schadensersatzansprüche), kann er das faktische Arbeitsverhältnis zu seinen Gunsten nicht für sich anführen (*Brox/Rüthers/Henssler* Rz. 67). Dem Arbeitgeber ist wegen des Minderjährigenschutzes dieser Weg verschlossen; er ist insoweit dann allein auf mögliche deliktsrechtliche Ansprüche aus den §§ 823 ff. BGB beschränkt, was aber die Verletzung absoluter Rechte voraussetzen würde.

Im vorliegenden Fall geht es nun um die Geltendmachung von Ansprüchen des Minderjährigen aus einem faktischen Arbeitsverhältnis mit der Konsequenz, dass nach dem soeben Erläuterten die Grundsätze des faktischen Arbeitsverhältnisses uneingeschränkt anwendbar sind.

Ergebnis: A hat dementsprechend einen quasi-vertraglichen Anspruch aus dem faktischen Arbeitsverhältnis auf den Lohn für den Monat Juli gegen B.

II.) Die »Entschädigung« für nicht genommenen Urlaub

<u>AGL.</u>: **§ 7 Abs. 4 BUrlG i.V.m. § 19 Abs. 4 Satz 1 JArbSchG**

Einstieg: Nach den §§ 1 Abs. 1 Nr. 2, 2 Abs. 2 JArbSchG gelten für die Beschäftigung Jugendlicher die Bestimmungen des JArbSchG. Die Urlaubsansprüche der Jugendlichen sind in § 19 JArbSchG geregelt. Im Vergleich zu dem für die übrigen Arbeitnehmer gültigen BUrlG ist insbesondere die Zahl der Urlaubstage in § 19 Abs. 2 JArbSchG deutlich anders ausgestaltet als in § 3 Abs. 1 BUrlG, da Jugendliche besonders schutzbedürftig sind und ihnen der Übergang in die Arbeitswelt erleichtert werden soll (*Henssler/Willemsen/Kalb/Tillmanns* Arbeitsrecht, § 19 JArbSchG Rz. 1). Für alle Fragen im Zusammenhang mit dem Urlaub des jugendlichen Arbeitnehmers, die § 19 JArbSchG selbst nicht regelt, verweist § 19 Abs. 4 JArbSchG dann auf das BUrlG.

In unserem Fall geht es nun nicht um die Frage der Urlaubsdauer; vielmehr verlangt A eine »Entschädigung« in Geld für den nicht genommenen Urlaub. Hierfür verweist § 19 Abs. 4 Satz 1 JArbSchG (auch) auf **§ 7 Abs. 4 BUrlG**, der mithin auch für Jugendliche Gültigkeit hat.

Beachte: Das Urlaubsrecht ist als einer der wenigen Teilbereiche des Arbeitsrechts nicht so wirklich spannend und problematisch. Und das liegt daran, dass hier nahezu alles umfassend und vor allem in **einem** Gesetz geregelt ist (BUrlG). In den Klausuren und Hausarbeiten wird dieser Teil daher auch nur vergleichsweise selten abgefragt oder spielt nur eine Nebenrolle. Dann allerdings müssen die Grundregeln unbedingt beherrscht werden, denn wenn es schon nicht viel zu lernen gibt, muss das Wenige dann aber sitzen. Alles andere macht einen extrem schlechten Eindruck – und wer will das schon? Wir werden daher hier jetzt unseren Fall erst noch gerade zu Ende lösen, in einem Nachschlag weiter unten dann aber noch die verbliebenen Standardfragen aus dem Bereich des Urlaubsrechts auflisten und in gebotener Kürze erläutern. Dem

Leser sei schon hier ans Herz gelegt, diesen Nachschlag gleich sehr sorgfältig und aufmerksam durchzusehen und insbesondere die dort zitierten Paragrafen nachzuschlagen. Es ist nur wenig Aufwand, und es lohnt sich. Versprochen.

Zurück zum Fall: Es geht um den Abgeltungsanspruch des A für nicht genommenen Urlaub. Dieser ist in § 7 Abs. 4 BUrlG geregelt (bitte prüfen). Als Ersatz für nicht genommenen Urlaub setzt der Abgeltungsanspruch dessen Bestehen voraus. Der Urlaubsanspruch entsteht in voller Höhe erstmals nach **sechs Monaten** (§ 4 BUrlG). Diese Wartezeit hat unser A erfüllt. Da A erst in der zweiten Jahreshälfte ausscheidet, kann der Urlaubsanspruch auch nicht gemäß § 5 Abs. 1c BUrlG gekürzt werden. Voraussetzung des § 7 Abs. 4 BUrlG ist weiter, dass der Urlaub wegen Beendigung des Arbeitsverhältnisses nicht mehr gewährt werden kann. Hier endet das Arbeitsverhältnis zwischen A und B sofort mit der verweigerten Zustimmung des Vaters zum Arbeitsvertrag am 2. August. Eine Auslauffrist gibt es daher nicht, sodass keine Möglichkeit für A mehr besteht, den Urlaub zu nehmen (bzw. für B, ihn zu gewähren).

Ergebnis: B muss den nicht genommenen Urlaub des A in Geld nach Maßgabe des § 7 Abs. 4 BUrlG in Höhe der gewöhnlichen Urlaubsvergütung (§ 11 BUrlG) abgelten.

Nachschlag

Klausurtechnisch und im Übrigen auch im richtigen Leben von Bedeutung sind im Hinblick auf den Urlaub vor allem noch zwei Dinge: Zum einen die Frage, ob und wann der Urlaubsanspruch verfällt, und zum anderen die Frage nach der Auswirkung von Krankheiten des Arbeitnehmers auf den Urlaubsanspruch:

Der Verfall des Urlaubsanspruchs

Der Urlaubsanspruch ist gemäß den §§ 1, 7 Abs. 3 BUrlG grundsätzlich auf das jeweilige Kalenderjahr bezogen. Eine Übertragung des Urlaubs ist nach Maßgabe des § 7 Abs. 3 Satz 2 BUrlG nur zulässig, wenn dies durch dringende betriebliche Erfordernisse oder in der Person des Arbeitnehmers liegende Gründe bedingt ist. In diesem Fall muss der Urlaub aber gemäß **§ 7 Abs. 3 Satz 3 BUrlG** bis zum 31.03. des Folgejahres vom Arbeitnehmer beantragt und genommen werden; ansonsten verfällt der Anspruch auf Erholungsurlaub ersatzlos. Beachte insoweit, dass der Arbeitnehmer kein Recht zur Selbstbeurlaubung hat, auch wenn der Arbeitgeber keine Anstalten macht, ihm den Urlaub noch rechtzeitig zu gewähren (BAG NZA **1998**, 708; *Schaub/Linck* § 104 Rz. 94; *Junker* Rz. 259). Der eigenmächtige Urlaubsantritt kann sogar einen »wichtigen Grund« im Sinne des § 626 BGB darstellen und zur außerordentlichen Kündigung berechtigen (*Schaub/Linck* § 104 Rz. 94). **Aber**: Falls der Arbeitgeber den Urlaub trotz rechtzeitigen Antrags nicht bis zum 31.03. des Folgejahres gewährt, macht er sich nach den §§ 275 Abs. 1 und 4, 280 Abs. 1 und 3, 283 Satz 1, 286 Abs. 1 Satz 1 in Verbindung mit Abs. 2 Nr. 3, 287 Satz 2, 249 Abs. 1 BGB schadensersatzpflichtig. Dieser Schadensersatzanspruch des Arbeitnehmers ist bei Bestehen des Arbeitsverhältnisses dann gerichtet auf nicht befristeten **Ersatzurlaub** (BAG NZA **2017**, 271; BAGE **138**, 58; BAG

NZA **1999**, 1116; BAG NZA **1996**, 254), bei Beendigung des Arbeitsverhältnisses indessen gemäß § 7 Abs. 4 BUrlG auf finanzielle Abgeltung (BAG NZA **1997**, 897). Hat der Arbeitnehmer seinen ihm gewährten Urlaub einmal angetreten, steht dem Arbeitgeber übrigens kein »Rückrufrecht«, etwa bei dringenden betrieblichen Erfordernissen/Notwendigkeiten, zu; sollte gleichwohl ein solcher »Rückruf« vom Arbeitgeber ausgesprochen werden, handelt es sich dabei lediglich um ein Angebot, das der Arbeitnehmer annehmen, aber auch sanktionsfrei ablehnen kann (BAGE **95**, 104).

Feinkost: Ziemlich umstritten und vor allem europarechtlich hochbrisant ist die knifflige Frage, ob es eigentlich eine Pflicht des Arbeitgebers zur »aktiven Urlaubsgewährung« gegenüber urlaubsunwilligen Arbeitnehmern gibt. Es geht um Folgendes: Arbeitnehmer A arbeitet aufgrund befristeten Arbeitsvertrages für zwei Jahre bei B. Ende September des zweiten Jahres hat A lediglich fünf der ihm für dieses Jahr zustehenden 24 Tage Urlaub genommen. B fordert den A daher Anfang Oktober auf, bis zum Ende des Jahres bzw. zum Ende des Arbeitsverhältnisses doch bitte die restlichen 19 Tage Urlaub noch zu nehmen, worauf A aber nicht reagiert und B anschließend auch keine weiteren Maßnahmen trifft. Nach dem Ende des Arbeitsverhältnisses fordert A von B dann die Abgeltung der nicht genommenen 19 Urlaubstage. **Zu Recht?**

Einstieg: Um das Problem zu verstehen, müssen wir uns zunächst noch mal vor Augen führen, dass ein Urlaubsanspruch ersatzlos verfällt, wenn der Urlaub vom Arbeitnehmer nicht innerhalb des Kalenderjahres (oder des Übertragungszeitraums → 31.03. des Folgejahres) beantragt bzw. genommen wird (BAG NZA **2017**, 271; BAG NZA **2012**, 29). Und für einen verfallenen Urlaubsanspruch gibt es grundsätzlich auch keine finanzielle Abgeltung, es sei denn, es liegen die Voraussetzungen des **§ 7 Abs. 4 BUrlG** vor, der Urlaub also wegen Beendigung des Arbeitsverhältnisses nicht mehr gewährt werden kann (BAG NZA **2015**, 989). Einen Abgeltungsanspruch gibt es also immer nur dann, wenn der Arbeitgeber trotz eines rechtzeitigen Antrages des Arbeitnehmers den Urlaub nicht innerhalb des Bezugszeitraums gewährt hat und das Arbeitsverhältnis beendet ist (BAGE **138**, 58). Das Problem unseres Falles liegt nun offenkundig darin, dass der A trotz Aufforderung seitens des Arbeitgebers (!) seinen Urlaub weder beantragt, geschweige denn angetreten und der Arbeitgeber ihm demzufolge auch keinen Urlaub (wann auch?) zugeteilt bzw. gewährt hat. **Frage**: Kann der Arbeitnehmer dann anschließend gleichwohl die Abgeltung unter Berufung auf § 7 Abs. 4 BUrlG fordern, und zwar nach dem Prinzip »Was nicht beantragt ist, kann auch nicht verfallen!«? Oder anders ausgedrückt: Gibt es sogar unter Umständen eine »**Pflicht**« des Arbeitgebers zur aktiven Urlaubsgewährung, die bei Verletzung dazu führt, dass der Arbeitgeber nach § 7 Abs. 4 BUrlG zur Abgeltung verpflichtet ist?

Antwort: Das BAG hatte diese Frage am 13. Dezember 2016 dem EuGH zur Entscheidung vorgelegt, und zwar deshalb, weil es der nachvollziehbaren Meinung ist, dass dem Arbeitnehmer in einem solchen Fall **kein** Anspruch auf Abgeltung zustehe. Man könne von einem Arbeitgeber nicht verlangen, dem urlaubsunwilligen Arbeitnehmer den Urlaub zuzuteilen und damit quasi »aufzuzwingen«, um so den Verlust seines Abgeltungsanspruchs zu verhindern (BAG NZA **2017**, 271). Mindestvoraussetzung für einen Urlaubs- und damit auch einen Abgeltungsanspruch sei, so das BAG, dass der Arbeitnehmer selbst einen Antrag auf Urlaub mit entsprechender zeitlicher Eingrenzung gestellt habe. Andernfalls müsse in solchen Fällen nämlich immer der **Arbeitgeber** tätig werden und von sich aus die Urlaubstage des Arbeitnehmers festlegen, um damit den späteren Anspruch des Arbeitnehmers auf Abgeltung zu erhalten. Dies aber widerspreche dem Grundgedanken des Urlaubsrechts und insbesondere dem Sinn des § 7 BUrlG (BAG NZA **2017**, 271). Blöderweise gibt es auf europäischer Ebene nun aber Vorschriften, die einer solchen Auslegung des § 7 BUrlG möglicherweise entgegenstehen und gleichwohl eine entsprechende Pflicht des Arbeitgebers begründen könnten (→ Art. 7 Abs. 1 der Richtlinie 2003/88/EG und Art. 31 Abs. 2 GRC), weswegen auch eine Entscheidung des EuGH notwendig ist. Namentlich hat das BAG dem EuGH am 13. Dezember 2016 die folgende Frage zur Entscheidung vorgelegt (→ NZA **2017**, 271):

»Stehen der Art. 7 Abs. 1 EGRL 88/2003 oder der Art. 31 Abs. 2 GCR der Regelung des § 7 BUrlG entgegen, die als Modalität für die Wahrnehmung des Anspruchs auf Erholungsurlaub vorsieht, dass der Arbeitnehmer unter Angabe seiner Wünsche bezüglich der zeitlichen Festlegung des Urlaubs diesen ***beantragen muss****, damit der Urlaub am Ende des Bezugszeitraums nicht ersatzlos untergeht – und die den Arbeitgeber damit nicht verpflichtet, von sich aus einseitig und für den Arbeitnehmer bindend die zeitliche Lage des Urlaubs festzulegen?«*

Der EuGH hat am **6. November 2018** ein salomonisches Urteil gefällt – und Folgendes festgestellt (NZA **2018**, 1474):

»… Art. 7 der Richtlinie 2003/88 und Art. 31 Abs. 2 der Charta sind dahin auszulegen, dass sie einer nationalen Regelung – wie der im Ausgangsverfahren fraglichen des deutschen Rechts – ***entgegenstehen****, wonach ein Arbeitnehmer, der im betreffenden Bezugszeitraum keinen Antrag auf Wahrnehmung seines Anspruchs auf bezahlten Jahresurlaub gestellt hat, am Ende des Bezugszeitraums die ihm gemäß diesen Bestimmungen für den Bezugszeitraum zustehenden Urlaubstage und entsprechend seinen Anspruch auf eine finanzielle Vergütung für den bei Beendigung des Arbeitsverhältnisses nicht genommenen Urlaub verliert, und zwar automatisch und ohne vorherige Prüfung, ob er vom Arbeitgeber z. B. durch angemessene Aufklärung tatsächlich in die Lage versetzt wurde, diesen Anspruch wahrzunehmen. Es ist insoweit Sache des vorlegenden Gerichts, unter Berücksichtigung des gesamten innerstaatlichen Rechts und unter Anwendung der darin anerkannten Auslegungsmethoden zu prüfen, ob es in der Lage ist, zu einer Auslegung dieses Rechts zu gelangen, mit der die volle Wirksamkeit des Unionsrechts gewährleistet werden kann …«*

Und auf Deutsch heißt da: Es darf nach Meinung des EuGH keinen Automatismus geben, wonach jeder Arbeitnehmer, der keinen eigenen Urlaubsantrag gestellt hat, anschließend und ohne weitere Prüfung der Umstände des Einzelfalles seinen Abgeltungsanspruch aus § 7 Abs. 4 BUrlG verliert. Es muss vom jeweiligen Gericht stets untersucht werden, ob der Arbeitgeber – mithilfe von Aufklärung des Arbeitnehmers und in Form umfassender Prüfung der konkreten Umstände – seiner vertraglichen Pflicht nachgekommen ist, dem Arbeitnehmer den ihm zustehenden Urlaub tatsächlich zu gewähren bzw. ihm die Möglichkeit dazu zu verschaffen. Und wie das gehen kann/soll, präzisiert der EuGH auch:

»... *Insoweit ist zunächst darauf hinzuweisen, dass die Beachtung der Verpflichtung des Arbeitgebers aus Art. 7 der Richtlinie 2003/88 nicht so weit gehen kann, von diesem zu verlangen, dass er seine Arbeitnehmer* ***zwingt****, ihren Anspruch auf bezahlten Jahresurlaub tatsächlich wahrzunehmen. Er muss den Arbeitnehmer jedoch in die Lage versetzen, einen solchen Anspruch wahrzunehmen. Der Arbeitgeber ist in Anbetracht des zwingenden Charakters des Rechts auf bezahlten Jahresurlaub und angesichts des Erfordernisses, die praktische Wirksamkeit von Art. 7 der Richtlinie 2003/88 zu gewährleisten, unter anderem verpflichtet, konkret und in* ***völliger Transparenz*** *dafür zu sorgen, dass der Arbeitnehmer tatsächlich in der Lage ist, seinen bezahlten Jahresurlaub zu nehmen. Hierzu muss er ihn – notfalls förmlich – auffordern, dies zu tun, und ihm, damit sichergestellt ist, dass der Urlaub ihm noch die Erholung und Entspannung bieten kann, zu denen er beitragen soll,* ***klar*** *und* ***rechtzeitig*** *mitteilen, dass der Urlaub, wenn er ihn nicht nimmt, am Ende des Bezugszeitraums oder eines zulässigen Übertragungszeitraums verfallen wird. Die Beweislast trägt insoweit der* ***Arbeitgeber****. Kann er nicht nachweisen, dass er mit aller gebotenen Sorgfalt gehandelt hat, um den Arbeitnehmer tatsächlich in die Lage zu versetzen, den ihm zustehenden bezahlten Jahresurlaub zu nehmen, verstießen das Erlöschen des Urlaubsanspruchs am Ende des Bezugs- oder zulässigen Übertragungszeitraums gegen Art. 7 Abs. 1 und gegen Art. 7 Abs. 2 der Richtlinie 2003/88. Ist der Arbeitgeber hingegen in der Lage, den ihm insoweit obliegenden Beweis zu erbringen, und zeigt sich daher, dass der Arbeitnehmer aus freien Stücken und in voller Kenntnis der sich daraus ergebenden Konsequenzen darauf verzichtet hat, seinen bezahlten Jahresurlaub zu nehmen, steht Art. 7 Abs. 1 und 2 der Richtlinie 2003/88 dem Verlust dieses Anspruchs und – bei Beendigung des Arbeitsverhältnisses – dem entsprechenden Wegfall der finanziellen Vergütung für den nicht genommenen bezahlten Jahresurlaub* ***nicht*** *entgegen. Wie der Generalanwalt in seinem Schlussantrag ausgeführt hat, wäre jede Auslegung von Art. 7 der Richtlinie 2003/88, die den Arbeitnehmer dazu veranlassen könnte, aus freien Stücken in den betreffenden Bezugs- oder zulässigen Übertragungszeiträumen keinen bezahlten Jahresurlaub zu nehmen, um seine Vergütung bei Beendigung des Arbeitsverhältnisses zu erhöhen, mit den durch die Schaffung des Rechts auf bezahlten Jahresurlaub verfolgten Zielen unvereinbar ...*« (EuGH NZA **2018**, 1474)

Und: In einem zweiten Urteil – ebenfalls vom 6. November 2018 – hat der EuGH auf Vorlage des OVG Berlin vom September 2016 – konsequent – entschieden, dass einem Arbeitnehmer, der während des laufenden Arbeitsverhältnisses keinen Urlaubsantrag gestellt und daher auch keinen Urlaub genommen hat (siehe oben), anschließend ein Anspruch auf Urlaubsabgeltung in Geld zusteht (EuGH NZA **2018**, 1612). Dies sei nur anders, wenn der Arbeitgeber nachweisen kann, dass er den Arbeitnehmer durch angemessene Aufklärung tatsächlich in die Lage versetzt hat, den Urlaubsanspruch vor Beendigung des Arbeitsverhältnisses wahrzunehmen. Mit beiden Urteilen vom 6. November 2018 sind die Fragen der deutschen Gerichte im Hinblick auf Urlaubsgewährung und Abgeltung damit beantwortet (kritisch *Arnold/Zeh* in NZA 2019, 1).

Weiteres Problem: Verfall des Urlaubsabgeltungsanspruchs beim Tod des Arbeitnehmers?

Im November 2018 hat der EuGH zudem abermals klargestellt, dass im Falle des Todes des Arbeitnehmers dem Erben ein Abgeltungsanspruch für nicht genommenen Jahresurlaub des Verstorbenen zusteht (EuGH NZA **2018**, 1467). Dies widerspricht eigentlich den deutschen Regeln der §§ 7 Abs. 4 BUrlG, 1922 BGB, was aber nach Meinung des EuGH gegen Art. 7 der Richtlinie 2003/88/EG aus dem Jahre 2003 verstößt und daher nicht anzuwenden ist. Die EuGH-Entscheidung erging übrigens auf Vorlage des BAG, das die bereits bestehende Rechtsprechung des EuGH (→ NJW **2014**, 2415) anzweifelte und daher überprüft wissen wollte mit dem Argument, der Sinn und Zweck des Urlaubs sei mit dem Tode ganz offensichtlich erloschen, was dann aber auch zwingend die Urlaubsabgeltung umfassen müsse – dieser Abgeltungsanspruch könne daher auch nicht nach § 1922 BGB vererblich sein (BAG ErbR **2017**, 85; vgl. auch NZA **2013**, 678). Der EuGH sieht das allerdings nach wie vor anders und stellte am 6. November 2018 fest (NZA **2018**, 1467):

»… Der Grund für die Beendigung des Arbeitsverhältnisses spielt für den in Art. 7 Abs. 2 der Richtlinie 2003/88 vorgesehenen Anspruch auf eine finanzielle Vergütung bei nicht genommenem Urlaub keine Rolle. Der Tod des Arbeitnehmers hat zwar, wie das vorlegende Gericht (BAG) zutreffend ausführt, unvermeidlich zur Folge, dass ihm jede tatsächliche Möglichkeit genommen ist, die Entspannungs- und Erholungszeiten wahrzunehmen, die mit dem Anspruch auf bezahlten Jahresurlaub, der ihm zum Zeitpunkt seines Todes zustand, verbunden sind. Doch ist nicht anzunehmen, dass dieser Umstand rückwirkend zum vollständigen Verlust des einmal erworbenen Anspruchs führt, der, wie im vorliegenden Urteil bereits ausgeführt, einen zweiten Aspekt von gleicher Bedeutung umfasst, nämlich den Anspruch auf Bezahlung … Dieser Anspruch auf Bezahlung ist daher auch vererblich …«

> **Merke:** Stirbt der Arbeitnehmer im laufenden Arbeitsverhältnis und stünde ihm zu diesem Zeitpunkt noch Jahresurlaub zu, kann der Erbe einen entsprechenden Abgeltungsanspruch für nicht genommenen Jahresurlaub des Verstorbenen geltend machen (EuGH NZA **2018**, 1467; BAG vom 22.1.2019, Az.: 9 AZR 45/16).

Krankheit im Urlaub

Gemäß § 9 BUrlG werden auf den Jahresurlaub Tage innerhalb des gewährten Urlaubszeitraums, während der der Arbeitnehmer nachweislich arbeitsunfähig erkrankt ist, nicht angerechnet. Dies gilt allerdings nicht für übergesetzlichen Urlaub, also bei mehr als 24 Werktagen, § 3 Abs. 1 BUrlG (vgl. BAG NZA **1999**, 80). Ist der Arbeitnehmer länger als bis zum 31.03. des Folgejahres erkrankt, erlischt der Urlaubsanspruch gemäß § 7 Abs. 3 Satz 3 BUrlG nach einem Urteil des Europäischen Gerichtshofs aber **nicht** (EuGH NJW **2009**, 495). Da der Urlaubsabgeltungsanspruch ein Surrogat für den Urlaubsanspruch ist, bedeutet das zudem, dass in solchen Fällen auch der Abgeltungsanspruch des § 7 Abs. 4 BUrlG über den 31.03. hinaus erhalten bleibt (EuGH a.a.O.) und – siehe soeben – sogar vererblich ist (EuGH NZA **2018**, 1467; EuGH NZA **2014**, 651).

Gutachten

I.) Lohn für den Monat Juli

A kann einen Anspruch auf den Julilohn aus § 611a Abs. 2 BGB i.V.m. dem Arbeitsvertrag haben.

1.) Hierfür muss ein wirksamer Arbeitsvertrag bestehen. A war zum Zeitpunkt des Vertragsschlusses mit B minderjährig. § 113 Abs. 1 Satz 1 BGB, der dem Minderjährigen ausnahmsweise unbeschränkte Geschäftsfähigkeit im Rahmen eines Arbeitsverhältnisses verleiht, ist nicht einschlägig, da es vorliegend um das Rechtsgeschäft zur Begründung des Arbeitsverhältnisses geht, für das der Minderjährige die Zustimmung des gesetzlichen Vertreters braucht. Folglich ist der Arbeitsvertrag nach Maßgabe des § 108 Abs. 1 BGB schwebend unwirksam; mit der Verweigerung der Genehmigung seitens des Vaters von A im August wird er endgültig unwirksam.

2.) Aufgrund der Nichtigkeit des Vertrages könnte sich aber ein Bereicherungsausgleichsanspruch für in der Vergangenheit geleistete Dienste ergeben. A hat seine Dienste für den Monat Juli erbracht. Allerdings kann die Rückabwicklung von in Vollzug gesetzten Arbeitsverhältnissen problematisch sein, da es einerseits um ein komplexes Austauschverhältnis geht und der Arbeitnehmer, der auf die Entlohnung regelmäßig wirtschaftlich angewiesen ist, andererseits nicht mit der Entreicherungseinrede des Arbeitgebers nach § 818 Abs. 3 BGB konfrontiert werden soll.

Deshalb haben Rechtsprechung und Lehre für die Fälle der Arbeitsaufnahme trotz anfänglicher Unwirksamkeit des Arbeitsvertrages das Institut des faktischen Arbeitsverhältnisses entwickelt. Danach wird das durch einen fehlerbehafteten Arbeitsvertrag zustande gekommene Arbeitsverhältnis wie ein aufgrund eines wirksamen Arbeitsvertrages zustande gekommenes Arbeitsverhältnis behandelt, wenn der Willen der Parteien übereinstimmend auf die entgeltliche Arbeitsleistung gerichtet ist und die Arbeitsaufnahme aufgrund der Vorstellung der Parteien vom Bestehen eines Arbeitsverhältnisses erfolgt. Hier sind sich A und B einig, dass A für B entgeltlich arbeiten soll; nur daraufhin hat A die Arbeit aufgenommen. Tatsächlich haben A und B in den vergangenen Monaten so gehandelt, als läge ein wirksames Arbeitsverhältnis vor. Folglich hat A einen Anspruch auf Lohn für den Monat Juli nach den Grundsätzen über das faktische Arbeitsverhältnis.

3.) Fraglich ist allerdings, ob der Annahme eines faktischen Arbeitsverhältnisses der Minderjährigenschutz der §§ 106 ff. BGB entgegensteht. Das faktische Arbeitsverhältnis darf nicht gegen überwiegende öffentliche Interessen oder schutzwürdige Belange des Einzelnen verstoßen. Auch der Minderjährigenschutz ist ein tragender Gedanke unserer Rechts- und Werteordnung. Die Nichtanwendung der Grundsätze über das faktische Arbeitsverhältnis würde allerdings hier, wo es allein um die Frage des Entgelts für geleistete Dienste geht, dazu führen, dass der minderjährige A Ansprüche wegen bereits geleisteter Dienste jedenfalls aus dem Arbeitsvertrag nicht geltend machen könnte. Dieses Ergebnis ist vom

Minderjährigenschutz auch nicht bezweckt. Folglich stehen die Grundsätze des Minderjährigenrechts der Annahme eines faktischen Arbeitsverhältnisses hier nicht entgegen.

Ergebnis: A hat dementsprechend einen Anspruch auf den Juli-Lohn gegen B nach den Grundsätzen über das faktische Arbeitsverhältnis.

II.) Geld statt Urlaub

A kann gegen B einen Anspruch auf Urlaubsabgeltung nach § 19 Abs. 4 Satz 1 JArbSchG i.V.m. § 7 Abs. 4 BUrlG haben.

Voraussetzung für den Abgeltungsanspruch ist, dass der Urlaubsanspruch entstanden ist. Der Urlaubsanspruch entsteht gemäß § 19 Abs. 4 Satz 1 JArbSchG i.V.m. § 4 BUrlG in voller Höhe erstmals nach sechs Monaten. Diese Wartezeit hat A erfüllt. A scheidet außerdem erst in der zweiten Jahreshälfte aus. Folglich muss der Urlaubsanspruch auch nicht nach § 19 Abs. 4 Satz 1 JArbSchG i.V.m. § 5 Abs. 1c BUrlG gekürzt werden. Voraussetzung des § 19 Abs. 4 Satz 1 JArbSchG i.V.m. 7 Abs. 4 BUrlG ist weiter, dass der Urlaub wegen Beendigung des Arbeitsverhältnisses nicht mehr gewährt werden kann. Hier endet das Arbeitsverhältnis zwischen A und B sofort mit der verweigerten Zustimmung des Vaters zum Arbeitsvertrag am 2. August. Eine Auslauffrist gibt es daher nicht, sodass für B keine Möglichkeit mehr besteht, dem A Urlaub zu gewähren.

Ergebnis: B muss den nicht genommenen Urlaub des A in Geld nach Maßgabe des § 19 Abs. 4 Satz 1 JArbSchG i.V.m. 7 Abs. 4 BUrlG in Höhe der gewöhnlichen Urlaubsvergütung abgelten.

Fall 6

Ich steh' auf Berlin!

A ist Diplomdolmetscher und unterschreibt am 7. Februar bei der Großhandelsfirma des B in Köln einen von B vorformulierten, für alle Arbeitnehmer verwendeten Arbeitsvertrag. In diesem ist unter anderen festgelegt, dass A seine Arbeit als Übersetzer zum 1. März aufnehmen soll. Am 10. Februar erhält A dann überraschend ein Arbeitsangebot des Auswärtigen Amtes in Berlin, bei dem er 50 % mehr als bei B verdienen würde und sofort anfangen könnte. A sagt begeistert zu – und dem B noch am selben Tag ab. B teilt dem A daraufhin mit, dass durch Unterzeichnung des Vertrages ein Arbeitsverhältnis zustande gekommen und A daher zur Arbeitsleistung ab dem 1. März verpflichtet sei. Außerdem weist er den A auf eine Klausel des Vertrages hin, die für den Fall des Nichtantritts der Stelle eine »Sanktion« in Höhe von einem Monatsgehalt vorsieht. A erwidert, die Klausel halte er für unwirksam, und außerdem sei mangels Arbeitsantritts sowieso noch kein Arbeitsverhältnis zustande gekommen.

Rechtslage?

Schwerpunkte: Der Beginn des Arbeitsverhältnisses; die Vertrags- und die Eingliederungstheorie; die Rechtsfolgen bei Nichtantritt der Arbeit; Zulässigkeit einer Vertragsstrafe bei Nichtantritt der Arbeit; die Allgemeinen Geschäftsbedingungen (AGB) im Arbeitsrecht; die »Besonderheiten des Arbeitsrechts« im Sinne von § 310 Abs. 4 Satz 2 Halbsatz 1 BGB; Klauselkontrolle nach den §§ 305 ff. BGB.

Lösungsweg

Einstieg: In diesem Fall sind zwei Rechtsfragen zu klären, nämlich zum einen, ob trotz bisherigen Nichterbringens der tatsächlichen Arbeitsleistung bereits ein Arbeitsverhältnis zwischen den Beteiligten (A und B) besteht, aus dem der A dann unter anderem zum Dienst bei B ab dem 1. März verpflichtet wäre. Zum anderen müssen wir klären, ob bei Bestehen eines Arbeitsverhältnisses bzw. eines gültigen Vertrages die in dem Vertrag fixierte Strafe für den Nichtantritt der Arbeit Wirksamkeit entfalten kann (sogenannte »Klauselkontrolle«). Beachte bitte bei diesem Fall die enorme **Praxisrelevanz**, die sich daraus erklärt, dass jeder Arbeitssuchende natürlich unzählige Bewerbungen an verschiedene Arbeitgeber verschickt, und oft passieren dann genau solche Sachen wie in unserem Fall dem A: Der kriegt nämlich zeitlich früher ein vermeintlich gutes Angebot, das er zusagt, um dann blöderweise am nächsten Tag aus dem Briefkasten eine deutlich bessere Offerte eines anderen Arbeitgebers zu ziehen. Und die Frage ist dann natürlich: Wie komme ich jetzt aus der einen Nummer wieder raus und in die andere möglichst schnell und problemlos rein? Die Antworten darauf gibt es jetzt:

I.) Besteht trotz bisherigen Nichtantritts ein Arbeitsverhältnis?

Es gibt grundsätzlich **zwei** Möglichkeiten, wie ein Arbeitsverhältnis zur Entstehung gelangen kann: Entweder bereits mit Abschluss des Arbeitsvertrages oder aber erst mit der Aufnahme der Arbeit.

Beachte: Nach der früher teilweise vertretenen sogenannten **Eingliederungstheorie** genügt der Arbeitsvertrag für sich genommen nicht, um ein Arbeitsverhältnis zur Entstehung gelangen zu lassen. Dieser verpflichte den künftigen Arbeitgeber lediglich schuldrechtlich zur Einstellung und den Arbeitnehmer zum Dienstantritt. Ein Arbeitsverhältnis entstehe aber erst mit dem rein tatsächlichen Akt der Einstellung des Arbeitnehmers in den Betrieb, also mit seiner Eingliederung in die Betriebsabläufe (vgl. *Nikisch* I § 19 II). Danach läge hier noch kein Arbeitsverhältnis vor.

Das hätte allerdings vor allem aus Sicht des Arbeitnehmers unangenehme Folgen. Der Arbeitgeber könnte dann nämlich durch Verweigerung der Einstellung das Entstehen eines Arbeitsverhältnisses und die damit verbundenen Rechtsfolgen zu Gunsten des Arbeitnehmers dauerhaft verhindern. Deshalb wird heute einhellig die sogenannte **Vertragstheorie** vertreten, wonach schon der Abschluss des Arbeitsvertrages das Arbeitsverhältnis entstehen lässt (BAG NZA **1998**, 752; MünchArbR/*Richardi* § 42 Rz. 1 ff.; *Junker* Rz. 169; *Herbert/Oberrath* in NZA 2004, 121). Allerdings gelten für dieses Arbeitsverhältnis **vor** Arbeitsantritt zum Teil andere Regeln als nach Arbeitsantritt, was daran liegt, dass gewisse Rechtsfolgen aus dem Arbeitsvertrag erst mit Arbeitsaufnahme Sinn machen (z.B. das Entstehen des Urlaubsanspruchs). Deshalb berechnet man beispielsweise die sechsmonatige Wartefrist des § 4 BUrlG nicht schon von dem Tag des Vertragsabschlusses, sondern vielmehr erst vom vertraglich vereinbarten Dienstantritt an (ErfKomm/*Gallner* § 4 BUrlG Rz. 3). Gleiches gilt für die Wartefrist des § 1 Abs. 1 KSchG (*Herbert/Oberrath* in NZA 2004, 121) Man kann insoweit dann auch von einer »Aktualisierung« des Arbeitsverhältnisses durch den Arbeitsantritt sprechen (BAG NZA **1998**, 752; MünchArbR/*Richardi* § 42 Rz. 1).

Ergebnis: In unserem Fall hat der A den Vertrag am 7. Februar unterschrieben mit der Folge, dass ab diesem Zeitpunkt das Arbeitsverhältnis mit B entstanden ist.

Durchblick: Dieses Ergebnis überrascht nicht wirklich. Denn natürlich ist man an Verträge, die man abschließt, auch gebunden; schließlich muss sich der andere Vertragsteil ja darauf verlassen können. Während man nun aber bei einem nicht erfüllten Kaufvertrag über ein Auto die Zahlung des Kaufpreises oder die Lieferung des Autos problemlos einklagen und aus einem entsprechenden Urteil vollstrecken kann, funktioniert das bei einem Arbeitsverhältnis im Hinblick auf die Arbeitsleistung nicht so einfach. Denn selbstverständlich kann (und will!) man niemanden per Gerichtsurteil zu einer Arbeitshandlung zwingen. Vgl. bitte hierzu unbedingt auch **§ 888 Abs. 3 ZPO!** Im Zweifel hätte der Arbeitgeber daran übrigens auch gar kein Interesse, denn wer seine Arbeitnehmer nur per Urteil zur Arbeitsleistung zwingen kann, braucht sich nachher sicher nicht über das Ergebnis zu wundern. Die Rechte des Arbeitgebers bei Verweigerung des Arbeitnehmers in Bezug auf die Arbeitsleistung beschränken sich daher in der Regel auf Schadensersatzansprüche aus dem Vertragsverhältnis (§ 280 BGB) oder aber – wie hier bei uns gefragt – auf Ansprüche aus einer **Vertragsstrafenregelung.** Diese Vertragsstrafenregelungen kommen übrigens relativ häufig in Arbeitsverträgen vor, denn damit umgeht man als Arbeitgeber das schwierige Problem des bei dem Anspruch aus § 280 BGB nachzuweisenden Schadens durch die Arbeitsverweigerung seitens des Arbeitnehmers.

Und wir schauen uns jetzt mal an, ob ein solches Ding denn auch wirksam ist und insbesondere der Überprüfung nach dem BGB standhält:

II.) Die Wirksamkeit der Klausel

Mit der Schuldrechtsreform aus dem Jahre 2002 wurden die Klauselkontrollvorschriften des alten AGB-Gesetzes (AGBG) ins BGB eingegliedert und auch teilweise geändert. Für das Arbeitsrecht interessant ist, dass die Bereichsausnahme des § 23 Abs. 1 AGBG, wonach unter anderem Arbeitsverträge der Kontrolle nicht unterworfen waren, nicht übernommen wurde mit der Folge, dass auch Arbeitsverträge der AGB-Kontrolle nach den §§ 305 ff. BGB unterliegen (→ BAG NZA **2018**, 1480; BAGE 152, 82; BAG NZA **2011**, 89; *Palandt/Grüneberg* § 310 BGB Rz. 11). Hierbei müssen allerdings »arbeitsrechtliche Besonderheiten« gemäß § 310 Abs. 4 Satz 2 BGB hinreichend berücksichtigt werden (BAG NZA **2011**, 89); § 305 Abs. 2 und 3 BGB gilt nicht. Nicht kontrollfähig sind weiterhin Tarifverträge und Betriebsvereinbarungen (§ 310 Abs. 4 Satz 1 BGB); diese sind vielmehr nach § 310 Abs. 4 Satz 3 BGB den **Rechtsvorschriften** im Sinne des § 307 Abs. 3 BGB gleichgestellt.

Die hier in Rede stehende Sanktionsklausel muss somit einer AGB-rechtlichen Überprüfung, die die erwähnten »arbeitsrechtlichen Besonderheiten« im Sinne des § 310 Abs. 4 Satz 2 BGB hinreichend würdigt, standhalten.

Tipp: Der Klausursteller geht im Zweifel davon aus, dass der Student, der bis zum Arbeitsrecht vorgedrungen ist, die »normale« AGB-Prüfung beherrscht. Folglich ist vor allem interessant und dann später auch argumentationsaufwendig, ob besagte »arbeitsrechtliche Besonderheiten« im Sinne des § 310 Abs. 4 Satz 2, 1. Halbsatz BGB zu einem anderen Ergebnis führen als gewohnt. Die Prüfung beginnt aber gleichwohl erstmal nach dem herkömmlichen Aufbau bei der Überprüfung einer Klausel nach den §§ 305 ff. BGB, und zwar:

1.) Vorliegen von AGB, § 305 Abs. 1 BGB

Allgemeine Geschäftbedingungen sind nach der Legaldefinition des § 305 Abs. 1 Satz 1 BGB Vertragsbedingungen, die für eine Vielzahl von Verträgen vorformuliert sind und die die eine Vertragspartei (Verwender) der anderen Vertragspartei bei Abschluss eines Vertrages stellt. Vorliegend verwendet B denselben Formularvertrag für alle seine Arbeitnehmer. Folglich handelt es sich um AGB (vgl. etwa BAG NZA **2018**, 1480; BAG NZA **2012**, 908; BAG NZA **2009**, 49).

Exkurs: Hier ließe sich als zusätzliche Variante für den Klausurenersteller noch die Frage einbauen, ob ein Arbeitnehmer Verbraucher im Sinne von § 13 BGB ist. Da dies nach der Rechtsprechung der Fall ist (BAG NZA **2010**, 939; BAG NZA **2005**, 1112), wie wir später (Fall 17) sehen werden, gilt § 310 Abs. 3 Nr. 2 BGB, wonach die allermeisten AGB-Vorschriften auch schon bei nur einmaliger Verwendung vorformulierter Klauseln durch den Arbeitgeber Anwendung finden.

2.) Einbeziehung in den Vertrag, § 305 Abs. 2, 3 BGB?

Gemäß § 310 Abs. 4 Satz 2, 2. Halbsatz BGB muss man die Einbeziehung der AGB bei Arbeitsverträgen nicht besonders prüfen. Der Grund für diese Regelung liegt darin, dass der Gesetzgeber insofern die Nachweispflichten des NachwG für ausreichend erachtete (ErfKomm/*Preis* § 310 BGB Rz. 26). Das ist unter systematischen Gesichtspunkten zwar angreifbar, da diese Nachweispflichten keine Wirksamkeitsvoraussetzung sind, sondern lediglich der Rechtssicherheit und Rechtsklarheit dienen (ErfKomm/*Preis* Einf. NachwG Rz. 1; kritisch deshalb bzgl. § 310 Abs. 4 Satz 2, 2. Halbsatz BGB *Annuß* in BB 2002, 458; *Richardi* in NZA 2002, 1057); der Wille des Gesetzgebers ist aber so eindeutig, dass auch eine analoge Anwendung der §§ 305 Abs. 2, 3 BGB ausscheidet (BAG NZA **2014**, 1076; ErfKomm/*Preis* § 310 BGB Rz. 26; *Gotthardt* in ZIP 2002, 277, 280).

3.) Vorrang der Individualabrede, § 305b BGB

Es darf keine vorrangige Individualabrede existieren (BAG NZA **2017**, 58). Eine solche geht den allgemeinen Geschäftsbedingungen stets vor und kann auch gegeben sein, wenn es letztlich bei genau den vorformulierten Klauseln bleibt, sofern der Verwender sie ernsthaft zur Disposition gestellt hat (BGH NJW **2000**, 1110). Vorliegend haben wir allerdings keine vorrangige Individualabrede.

4.) § 305c BGB

a) Gemäß § 305c Abs. 1 BGB darf die Sanktionsklausel nicht überraschend sein. Es handelt sich in unserem Fall um eine typische Vertragsstrafenregelung, wie sie sich auch in § 339 BGB findet (BAG NZA **2016**, 945; BAG NZA **2015**, 1447). Solche Vertragsstrafen sind nicht überraschend, sondern im Gegenteil – wie wir oben schon mal erwähnt haben – recht häufig (BAG NZA **2009**, 370; ErfKomm/*Preis* § 310 BGB Rz. 97). Auch aus anderen arbeitsrechtlichen Vorschriften ergibt sich die grundsätzliche Anerkennung von Vertragsstrafenregelungen im Arbeitsrecht. So enthält **§ 75c HGB** ausdrücklich Vertragstrafenregelungen (bitte prüfen), während man im Übrigen auch noch § 12

Abs. 2 Nr. 2 BBiG anführen kann, wonach eine Vertragsstrafenregelung bei Ausbildungsverhältnissen nicht zulässig ist. Im Einzelfall kann höchstens eine sogenannte »formale Überraschung« vorliegen, wenn sich die Klausel z.B. an untypischer Stelle ohne Hervorhebung oder sogar unter falscher Überschrift im Vertrag findet (ErfKomm/*Preis* § 310 BGB Rz. 29; siehe auch BAG DB **2014**, 1143). Mangels Vorliegens solcher Besonderheiten, ist die hier in Rede stehende Vertragsstrafenklausel nicht überraschend.

> **Beachte**: Ein Beispiel für eine typischerweise überraschende Klausel ist [illegible] nannte »Ausgleichsquittung«, also tatsächlich ein Klageverzicht: Im Fall de[illegible] aus der NZA **2015**, 350 etwa versteckt sich eine solche Erklärung in der Quittung zum Erhalt der Arbeitspapiere nach der Kündigung. Lesenswert.

b) Auch eine Mehrdeutigkeit im Sinne von § 305c Abs. 2 BGB liegt nicht vor.

5.) Inhaltskontrolle, §§ 307–309 BGB

Da es sich bei der Vertragsstrafenvereinbarung auch nicht um eine deklaratorische, also lediglich das Gesetz wiederholende Klausel im Sinne des § 307 Abs. 3 BGB handelt und es nicht um die vertragliche Bestimmung der Hauptleistungspflichten geht, ist sie der Inhaltskontrolle nach den §§ 307 Abs. 1 und 2, 308, 309 BGB zugänglich. Wir beginnen bei dieser Kontrolle immer von hinten, also mit § 309 BGB, da dieser Klauselverbote ohne Wertungsmöglichkeit betrifft und folglich das schärfste (Kontroll-)Mittel ist (*Palandt/Grüneberg* § 307 BGB Rz. 2).

a) Und in der Tat findet sich in § 309 BGB etwas über Vertragsstrafen, nämlich in der **Nr. 6**. Danach ist eine Bestimmung, durch die dem Verwender für den Fall der Nichtabnahme oder verspäteten Abnahme der Leistung, des Zahlungsverzugs oder für den Fall, dass der andere Vertragsteil sich vom Vertrag löst, Zahlung einer Vertragsstrafe versprochen wird, unwirksam (bitte lesen: § 309 Nr. 6 BGB).

Nach dem hier geschilderten Fall soll A eine Strafe in Höhe von einem Monatsgehalt zahlen, wenn er die Arbeit nicht antritt. Das lässt sich unproblematisch unter die **Lösung** vom Vertrag im Sinne des § 309 Nr. 6 BGB subsumieren (BGH NJW-RR **1998**, 1595; *Palandt/Grüneberg* § 309 BGB Rz. 36), und auch das BAG hat – anders als der eine oder andere Autor – keine Bedenken gegen die grundsätzliche Einschlägigkeit von § 309 Nr. 6 BGB gehabt, denn schließlich entspricht die Anwendbarkeit der §§ 305 ff. BGB ja gerade dem Willen des Gesetzgebers (BAG NZA **2004**, 727, 729; diese grundlegende Entscheidung lohnt sich übrigens zur Lektüre. Rechtshistorisch Interessierte finden dort auch Fundstellen zu der unseres Erachtens in der Klausur nicht zu erwähnenden, soeben aber kurz angedeuteten Literaturauffassung). Bliebe es dabei, dann wäre die Vertragsstrafenklausel unwirksam (§ 306 Abs. 1 BGB). **Bitte beachte noch:** Der vereinzelt in der Literatur vertretenen Auffassung, dass im Arbeitsrecht über den Wortlaut von § 309 Nr. 6 BGB hinaus jede Form von Vertragsstrafe (also beispielsweise auch für den Fall des Verstoßes gegen ein Wettbewerbsverbot oder gegen Geheimhaltungspflichten – und nicht nur für den Fall der Lösung von dem Vertrag) nach § 309

Nr. 6 BGB unwirksam sei (so etwa von *Koppenfels* in NZA **2002**, 598, 602), hat das BAG eine Absage erteilt (NZA **2006,** 34, 36). Solche Klauseln unterliegen von vorne herein nur der allgemeinen Klauselkontrolle nach § 307 BGB.

b) Wir haben oben allerdings bereits die Vorschrift des § 310 Abs. 4 Satz 2, 1. Halbsatz BGB kennengelernt, wonach bei der Klauselkontrolle die »Besonderheiten des Arbeitsrechts« zu beachten sind. Dies gilt auch für die Klauselverbote ohne Wertungsmöglichkeit im Sinne von § 309 BGB (BT-Drs. 14/6857, S. 53 ff.; BAG NZA **2011**, 89; BAG NZA **2004**, 727, 731) Möglicherweise ist die Vertragsstrafenklausel unter diesem Gesichtspunkt für wirksam zu erachten. Feinschmecker wollen bitte noch beachten, dass das BAG in der schon erwähnten Grundsatzentscheidung NZA **2004**, 727, 731 dahinstehen lässt, ob hiermit auch tatsächliche Besonderheiten gemeint sind. Denn das, was gleich als Begründung folgt, lässt sich auch zwanglos unter rechtliche Besonderheitenen fassen. In der Entscheidung NZA **2005**, 1111 hat das BAG dann allerdings festgehalten, dass im Rahmen von § 310 Abs. 4 Satz 2, 1. Halbsatz BGB auch tatsächliche Besonderheiten zu berücksichtigen sein sollen (kritisch hierzu etwa ErfKomm/*Preis* § 310 BGB Rz. 11, nach dessen Auffassung eine eigentlich anwendbare Norm nicht mit dem Verweis auf Usancen im Arbeitsleben beiseitegeschoben werden könne).

Ansatz: Zunächst sollte man sich zur Lösung des Problems vergegenwärtigen, für welche Fälle die Bestimmung des § 309 Nr. 6 BGB primär gedacht ist: Das ist nämlich die Bestrafung eines die Annahme einer Waren- oder Dienstleistung verweigernden **Geld**schuldners. Im Arbeitsrecht geht es aber regelmäßig um die Strafe für den **Dienstleistungs**schuldner, der seine Leistung verweigert, konkret bei Nichtantritt der Arbeit wegen anderweitiger Beschäftigungsaufnahme (*Lingemann* in NZA 2002, 181, 191). Insoweit könnte man nun die Unanwendbarkeit des § 309 BGB auf das Arbeitsverhältnis und damit dann eben auch die Wirksamkeit der Klausel folgern.

Das alleine aber spricht noch nicht gegen die Anwendung des § 309 Nr. 6 BGB auf den Arbeitsvertrag. Schließlich sind die alten Bestimmungen des AGBG fast wortgleich in das BGB integriert worden, und wie wir schon wissen, galt das AGBG für Arbeitsverträge nach § 23 AGBG nicht, sodass ein Zuschnitt der Bestimmungen auf arbeitsrechtliche Situationen nicht erwartet werden kann. Vielmehr muss man die Interessenlage der Vertragspartner in normalen zivilrechtlichen Fällen mit jener im Arbeitsrecht vergleichen und überlegen, ob sich Abweichungen ergeben, die eine Nichtanwendung einzelner Kontrollnormen rechtfertigen (ErfKomm/*Preis* § 310 BGB Rz. 11). Ausweislich der Gesetzesbegründung sind hierbei die »besonderen Bedürfnisse eines Arbeitsverhältnisses« zu berücksichtigen (BT 14/6857, S. 53 ff.). Gegen die Unwirksamkeit von Vertragsstrafenregelungen lässt sich unter diesem Gesichtspunkt vor allen Dingen der weiter oben schon mal erwähnte Umstand anführen, dass der Arbeitgeber, anders als der Warenschuldner, in der Regel erhebliche Beweisschwierigkeiten im Rahmen der §§ 280, 283 BGB haben wird, ob tatsächlich ein Schaden entstanden ist (ArbG Duisburg DB **2002**, 1943; *Gotthardt* in ZIP 2002, 277, 283; *Conein-Eikelmann* in DB 2003, 2546, 2548; *Lingemann* in NZA 2002, 181, 191; *Joost* in Zip 2004, 1981, 1984; so auch das BAG zur Rechtslage vor der Schuldrechtsreform, EzA Nr. 8 zu § 339 BGB). Denn zumeist kann, je nach Struktur des Betriebes, Nichtarbeit durch andere Arbeitnehmer aufgefangen werden. Der Anteil des Einzelnen an Umsatz und Gewinn ist dementsprechend kaum feststellbar. Außerdem fehlt es, und hierauf hat das BAG seine nun schon mehrfach erwähnte Entscheidung NZA **2004**, 727 ff. maßgeblich gestützt, wegen § 888 Abs. 3 ZPO an der Möglichkeit, die Verpflichtung zur Arbeitsleistung zu vollstrecken (so auch ErfKomm/*Preis* § 310 BGB Rz. 97). Das BAG dazu wörtlich und einleuchtend:

»*... Dem Arbeitgeber fehlt im Gegensatz zu anderen Gläubigern die Möglichkeit, den vertraglichen Primäranspruch, die Leistung der Arbeit, durchzusetzen; daher besteht ein Bedürfnis an Sanktionsinstrumenten, um zur Erfüllung der vertraglichen Hauptpflicht anzuhalten. Die Vertragsstrafe stellt in vielen Fällen die einzig wirksame Möglichkeit dar, um dies zu erreichen, denn obgleich durch den Nichtantritt der Arbeit (...) nicht selten hohe Schäden entstehen, scheitert die Durchsetzung von Ersatzansprüchen häufig daran, dass die Kausalität der Pflichtverletzung für den Schaden oder dessen Höhe nicht nachgewiesen werden können ...*« (→ BAG NZA **2004**, 727; vgl. zustimmend BAG NZA **2011**, 89)

<u>ZE.</u>: Danach ist die Vertragsstrafenklausel trotz der Bestimmung des § 309 Nr. 6 BGB aufgrund arbeitsrechtlicher Besonderheiten im Sinne des § 310 Abs. 4 Satz 2 BGB als **wirksam** zu betrachten. Das entspricht im Übrigen auch der wohl überwiegenden Auffassung der arbeitsrechtlichen Literatur (vgl. etwa *Henssler* in RdA 2002, 598; *Lingemann* in NZA 2002, 181; *Leder/Morgenroth* in NZA 2002, 181; *Annuß* in BB 2002, 456).

An dieser Stelle ein allgemeiner **Tipp:** Wer sich – z.B. in der Klausurvorbereitung oder bei einer Hausarbeit – auf den neuesten Stand der Rechtsprechung des BAG oder der einschlägigen LAGs bringen will und nun aus Versehen nicht jeden Monat die NZA auf dem Schreibtisch liegen oder den prima (aber kostenpflichtigen) Juris-Zugang installiert hat, kann sich unter **www.bundesarbeitsgericht.de** vergleichsweise entspannt und vor allem kostenlos informieren. Gleiches funktioniert mit den diversen Suchmaschinen im Internet (z.B. google), wenn man dort das Aktenzeichen, die Nummer der Pressemitteilung oder auch nur das Datum der gesuchten Entscheidung als Such-Begriff eingibt; häufig gibt's dann sogar noch Hinweise auf Aufsätze und weitere Fundstellen.

Zurück zum Fall:

c) Die Klausel muss natürlich jetzt zum Schluss auch noch der allgemeinen Angemessenheitskontrolle nach **§ 307 Abs. 1, 2 BGB** standhalten. Auch hier gilt es wieder, die Besonderheiten des Arbeitsrechts zu berücksichtigen. Das bedeutet vor allem, dass die Strafe nicht unangemessen (hoch) sein darf; insbesondere darf sie aufgrund ihrer Höhe nicht faktisch das Kündigungsrecht des Arbeitnehmers beeinträchtigen (vgl. auch § 622 Abs. 6 BGB). **Ein** Monatsgehalt kann insofern grundsätzlich als zulässig betrachtet werden (BAG NZA **2001**, 274; LAG Berlin AP Nr. 8 zu § 339 BGB), auch wenn dies, z.B. bei der beabsichtigten Einstellung eines Spezialisten für ein ganz bestimmtes Projekt, keine generelle Höchstgrenze sein soll (BAG NZA **2009**, 370, 3. Leitsatz). Bedenken gegen die Transparenz der Klausel bestehen angesichts der eindeutigen Festlegung von Voraussetzung und Höhe der Strafe nicht.

Vorsicht: Dieser Richtwert von *einem* Monatsgehalt orientiert sich an der üblicherweise bestehenden Kündigungsfrist von **vier Wochen** aus § 622 Abs. 1 BGB. In der Entscheidung BAG NZA **2004**, 727 ff. scheiterte die Vertragsstrafe allerdings als »unangemessen« im Sinne von § 307 BGB, weil es sich um ein Probearbeitsverhältnis mit nur **zweiwöchiger Kündigungsfrist** handelte. Wörtlich heißt es in der Entscheidung des BAG (NZA **2004**, 727, 734):

»... *Zur Feststellung der Angemessenheit einer Vertragsstrafe ist die maßgebliche Kündigungsfrist von erheblicher Bedeutung. Denn hierin kommt zum Ausdruck, in welchem zeitlichen Umfang der Arbeitgeber Arbeitsleistungen vom Arbeitnehmer verlangen kann und welches Interesse er an der Arbeitsleistung hat* ...«

Wir merken uns demnach folgendes Prinzip: Die Höhe der Vertragsstrafe hat sich im Hinblick auf ihre Angemessenheit im Sinne des § 307 BGB grundsätzlich an dem Gehalt zu orientieren, das man bekäme, wenn man sich an die im konkreten Fall geltende Kündigungsfrist halten würde. Wer also eine Kündigungsfrist von vier Wochen hat (§ 622 Abs. 1 BGB), muss sich bei Nichtantritt der Arbeit eine Vertragsstrafe in Höhe eines Bruttomonatsgehaltes gefallen lassen. Bei zwei Wochen dann eben nur die Hälfte. Ist die Vertragsstrafe dagegen zu hoch – wie im Originalfall des BAG – dann ist die Klausel komplett unwirksam; einer geltungserhaltenden Reduktion auf die noch angemessene Höhe erteilt das BAG in NZA **2004,** 727, 734 eine klare Absage.

In unserem Fall war die ganze Sache dagegen nicht weiter problematisch, denn der A hatte in Ermangelung anderer Abreden eine eben benannte 4-wöchige Kündigungsfrist einzuhalten, sodass die Höhe der Vertragsstrafe – das war ja genau ein Monatsgehalt – **angemessen** im Sinne des § 307 BGB gewesen ist.

Ergebnis: Damit hält die Klausel der AGB-Kontrolle stand. Weitere Unwirksamkeitsgründe sind nicht ersichtlich. Folglich muss A in den sauren Apfel beißen und die Vertragsstrafe in Höhe von einem Monatsgehalt an B bezahlen.

Nachschlag

Wir haben jetzt festgestellt, dass A die Vertragsstrafe zahlen muss. Wir hatten weiter oben aber auch gesagt, dass das Arbeitsverhältnis zwischen A und B wirksam zustande gekommen ist. Dieses Arbeitsverhältnis besteht nun natürlich unabhängig von der Zahlung der Vertragsstrafe grundsätzlich erst mal weiter fort, es ist vor allem nicht automatisch dadurch erloschen oder untergegangen, dass der A nicht zur Arbeit erscheint und/oder die Vertragsstrafe zahlt. Dieses nach wie vor bestehende Arbeitsverhältnis kann nunmehr an sich nur durch die üblichen Beendigungsgründe, namentlich die Kündigung, rein rechtlich aus der Welt geschafft werden. Der Arbeitgeber kann dies zumeist durch eine **außerordentliche** Kündigung erreichen, denn die anfängliche und dauerhafte Verweigerung der Arbeitsleistung stellt regelmäßig einen wichtigen

Grund im Sinne des § 626 BGB dar – das Arbeitsverhältnis wäre ja bei einem Fortbestehen sozusagen »sinnentleert«, wenn der Arbeitnehmer von Anfang an deutlich macht, dass er unter keinen Umständen erscheinen wird, um seinen Teil der Vertragspflichten zu erfüllen (BAG NJW **1997**, 274; ErfKomm/*Preis* § 611a BGB Rz. 706; *Palandt/Weidenkaff* § 626 BGB Rz. 44; *Herbert/Oberrath* in NZA 2004, 121, 126). Der **Arbeitnehmer** seinerseits kann hingegen im Zweifel nur ordentlich kündigen, denn das kurzfristige Auftun einer besseren Stelle ist für sich genommen natürlich **kein** wichtiger Grund im Sinne des § 626 BGB (*Herbert/Oberrath* in NZA 2004, 121, 126). Und das bedeutet für den Arbeitnehmer, dass er sich an die in § 622 Abs. 1 BGB normierte Kündigungsfrist von **vier Wochen** zu halten hat – mindestens für diese Zeit (vereinbarter Arbeitsbeginn plus vier Wochen) existiert also ein Arbeitsverhältnis. Der Arbeitnehmer, der nicht zu dieser Arbeit erscheint, macht sich nach **§ 280 BGB** schadensersatzpflichtig. Wir hatten allerdings schon gesagt, dass das mit dem Schadensnachweis im Rahmen des Ersatzanspruchs aus § 280 BGB durch den Arbeitgeber so eine Sache ist, aber rein theoretisch wäre dies für den Arbeitgeber dann möglich.

Schlusswort: Eigentlich ist klar, dass die soeben geschilderten Ausführungen zur Kündigung – soweit es um den Nichtantritt der Arbeit durch den Arbeitnehmer geht – ziemlich theoretischer Natur sind. Denn selbstverständlich kümmert die Vertragsparteien die mögliche Kündigung des niemals angetretenen Vertrages im richtigen Leben nicht (mehr), sobald nämlich sicher feststeht, dass der Arbeitnehmer die Stelle nicht antritt. Der Arbeitgeber hat dann genug damit zu tun, zügig einen anderen Arbeitnehmer für die Stelle zu finden und vor allem hat er überhaupt keine Lust, sich noch eine einzige Minute länger mit dieser für ihn unangenehmen Geschichte zu befassen. Der Arbeitnehmer seinerseits wird im (Irr-)Glauben, dass eh noch kein Vertrag bestand, selbstredend auch keine Kündigung erklären, zumal er auch kaum ein Interesse haben wird, sich jetzt noch irgendwie beim Arbeitgeber zu melden. Und aus diesen Gründen unterbleibt dann in 99 von 100 Fällen hier jede Kündigungserklärung, man lässt die Sache quasi »im Sand verlaufen«. Wie gesagt, so geht das in der Praxis, die rechtlichen Hintergründe interessieren im Zweifel niemanden mehr.

Anders kann dies indessen dann sein, wenn nicht – wie hier – der Arbeitnehmer den Dienst gar nicht antritt, sondern vielmehr der **Arbeitgeber** vor Dienstantritt den durchaus arbeitsbereiten Arbeitnehmer schon loswerden möchte. Eine Kündigung ist in diesem Falle natürlich auch grundsätzlich mal erforderlich (ein Arbeitsvertrag liegt ja vor!), es können sich indessen jetzt Probleme im Hinblick auf die **Frist** dieser Kündigung ergeben, nämlich: Es fragt sich, ob die Kündigungsfrist bereits mit Zugang des Kündigungsschreibens oder erst ab dem vereinbarten Dienstantritt zu laufen beginnt. Hier gilt folgende Regel: Ist im Interesse des Arbeitnehmers vertraglich eine längere als die gesetzliche Kündigungsfrist (§ 622 BGB) vereinbart, so beginnt der Lauf der Kündigungsfrist erst am vereinbarten Arbeitsantritt, selbst wenn die Kündigung schon vorher zugangen ist. Ansonsten, also bei normalen Kündigungsfristen nach § 622 BGB, läuft die Frist ab dem **Zugang** des Schreibens, unter Umständen demnach also schon vor dem Beginn des vereinbarten Arbeitsantritts (BAG NZA **2004**, 1089, 1090; BAG DB **1986**, 1681; KR/*Spilger* § 622 BGB Rz. 128; vgl. auch *Herbert/Oberrath* in NZA 2004, 121).

Gutachten

I.) Bestehen eines Arbeitsverhältnisses zwischen A und B

Fraglich ist, ob aufgrund des Arbeitsvertragsschlusses zwischen A und B bereits ein Arbeitsverhältnis zustande gekommen ist. Maßgebend ist dabei, ob auf den Zeitpunkt des Vertragsschlusses oder den einer späteren Aktualisierung durch Aufnahme der Arbeit, d.h. durch Eingliederung in den Betrieb, abzustellen ist.

1.) Nach der früher teilweise vertretenen Eingliederungstheorie genügt der Arbeitsvertrag für sich genommen nicht, um ein Arbeitsverhältnis zur Entstehung gelangen zu lassen. Dieser verpflichte den künftigen Arbeitgeber lediglich schuldrechtlich zur Einstellung und den Arbeitnehmer zum Dienstantritt. Ein Arbeitsverhältnis entstehe aber erst mit dem rein tatsächlichen Akt der Einstellung des Arbeitnehmers in den Betrieb, also mit seiner Eingliederung in die Betriebsabläufe. Danach läge hier noch kein Arbeitsverhältnis vor.

2.) Nach der heute verbreiteten Vertragstheorie genügt zum Entstehen eines Arbeitsverhältnisses der Abschluss eines hierauf gerichteten Vertrags. Vor Arbeitsantritt gelten zum Teil lediglich andere Regeln als danach (z.B. Erfüllung von Wartezeiten als Voraussetzungen für einen Urlaubsanspruch oder gesetzlichen Kündigungsschutz, vgl. § 4 BUrlG, § 1 Abs. 1 KSchG). Hiernach besteht bereits ein wirksames Arbeitsverhältnis zwischen A und B.

3.) Die Vertragstheorie hat sich heute mit Recht allgemein durchgesetzt. Anderenfalls hätte es der Arbeitgeber ungeachtet des Vertragsschlusses in der Hand, das Zustandekommen eines Arbeitsverhältnisses einseitig durch Verweigerung der Zuweisung eines Arbeitsplatzes zu verhindern.

Zwischen A und B besteht schon vor dem 1. März ein Arbeitsverhältnis, nämlich seit dem Vertragsschluss vom 7. Februar.

II.) Wirksamkeit der Vertragsstrafenklausel

B kann von A die Zahlung der Vertragsstrafe in Höhe von einem Monatsgehalt verlangen, wenn die betreffende Klausel wirksamer Bestandteil des Arbeitsvertrags zwischen den Parteien geworden ist. Dies ist nicht der Fall, wenn ein Klauselverstoß gemäß §§ 305 ff. BGB vorliegt.

1.) Zunächst muss der Anwendungsbereich der AGB-Kontrollvorschriften eröffnet sein. Die §§ 305 ff. BGB finden grundsätzlich auch im Arbeitsrecht Anwendung, vgl. § 310 Abs. 4 S. 2 BGB. Voraussetzung hierfür ist allerdings, dass es sich bei der betreffenden Klausel um Allgemeine Geschäftsbedingungen im Sinne des § 305 Abs. 1 BGB handelt. Dies ist, da B einen in seinem Betrieb vielfach eingesetzten Standard-Arbeitsvertrag verwendet hat, der Fall. Der Anwendungsbereich der §§ 305 ff. BGB ist somit eröffnet. Die Sanktionsklausel muss einer AGB-rechtlichen Überprüfung standhalten.

2.) Gemäß § 305b BGB darf keine vorrangige Individualabrede zwischen A und B hinsichtlich der Vertragsstrafe existieren, die die standardvertragliche Regelung verdrängt. Dies ist nicht der Fall.

3.) Die Vertragsstrafenabrede muss ferner wirksam in den Arbeitsvertrag einbezogen worden sein. Die besonderen Einbeziehungsvoraussetzungen des § 305 Abs. 2, 3 BGB finden auf Arbeitsverträge gemäß § 310 Abs. 4 S. 2 BGB keine Anwendung. Allerdings darf es sich bei der hier in Rede stehenden formularmäßigen Bestimmung nicht um eine überraschende Klausel handeln, die nach § 305c Abs. 1 BGB nicht Vertragsbestandteil wird. Entscheidend ist, ob die Klausel nach Inhalt und Erscheinungsbild so ungewöhnlich ist, dass A mit deren Aufnahme in den Formularvertrag nicht zu rechnen brauchte. Dies kann vorbehaltlich besonderer Einzelfallumstände nicht angenommen werden, weil die Vertragsstrafenabreden im Arbeitsverhältnis gang und gäbe sind (vgl. § 75c HGB sowie § 12 Abs. 2 Nr. 2 BBiG, arg. ex). Anhaltspunkte dafür, dass die Klausel hier deswegen als überraschend anzusehen ist, weil sie sich im Vertrag an versteckter Stelle befindet, sind nicht ersichtlich. § 305c Abs. 1 BGB ist mithin nicht einschlägig.

4.) Die Inhaltskontrolle anhand der §§ 307 ff. BGB ist gemäß § 307 Abs. 3 BGB eröffnet. In Betracht kommt ein Verstoß gegen das besondere Klauselverbot des § 309 Nr. 6 BGB.

a) Gemäß § 309 Nr. 6 BGB ist das formularmäßige Versprechen einer Vertragsstrafe grundsätzlich unwirksam. Bliebe es dabei, so wäre die betreffende Klausel vorliegend hinfällig und nur der übrige Vertrag wirksam (§ 306 Abs. 1 BGB).

b) Möglicherweise ergibt sich aus § 310 Abs. 4 Satz 2, 1. Halbsatz BGB etwas anderes. Nach dieser Vorschrift sind bei der Inhaltskontrolle von Arbeitsverträgen die im Arbeitsrecht geltenden Besonderheiten angemessen zu berücksichtigen. Ob Vertragsstrafenklauseln vor diesem Hintergrund Bestand haben können, wird nicht einheitlich beurteilt. Zum Teil wird an einer uneingeschränkten Anwendung von § 309 Nr. 6 BGB ausdrücklich festgehalten. Arbeitsrechtliche Besonderheiten sollen dem nicht entgegenstehen, weil der Arbeitnehmer als Verwendungsgegner insoweit nicht weniger schutzbedürftig sei als bei anderen Vertragstypen. Nach dieser Auffassung käme ein auf die Klausel gestützter Zahlungsanspruch des B gegen A nicht in Betracht. Anderer Ansicht zufolge können Vertragsstrafenversprechen in Standardarbeitsverträgen grundsätzlich wegen arbeitsrechtlicher Besonderheiten Bestand haben. Hierfür wird angeführt, dass der Arbeitgeber, anders als der Warenschuldner, in der Regel Beweisschwierigkeiten im Rahmen der §§ 280, 286 BGB haben wird, ob ihm durch die Nichtaufnahme der Arbeit tatsächlich ein Schaden entstanden ist. Danach hätte die hier in Rede stehende Klausel vor dem Maßstab des § 309 Nr. 6 BGB Bestand.

Der letztgenannten Auffassung gebührt der Vorzug. Die Vertragsstrafenabrede will der im Arbeitsrecht typischerweise gegebenen Gefahr begegnen, dass sich der Schuldner es nach Vertragsschluss anders überlegt und die Tätigkeit nicht aufnimmt. Die Gefahr eines Vertragsbruches ist deshalb im Arbeitsrecht besonders hoch, weil der Anspruch auf Arbeitsleistung nicht vollstreckt werden kann (§ 888 Abs. 3 ZPO). Auch konstruktiv mögliche Schadensersatzansprüche des Arbeitgebers können dieses Risiko nicht kompensieren, weil ein messbarer Schaden durch den Arbeitsausfall in der betreuungsintensiven Einarbeitungszeit entweder gar nicht entsteht oder aber nicht nachgewiesen werden kann, weil dieser durch Mehrarbeit anderer Kräfte kompensiert wird. Schließlich ist der Arbeitnehmer bei einem Verfall der Vertragsstrafe nicht schutzbedürftig, wenn er wie hier im vollen Bewusstsein der eingegangenen Verpflichtung zum Zwecke des Antritts einer besser dotierten Stelle vertragsbrüchig wird.

Die Vertragsstrafenklausel ist somit trotz der Bestimmung des § 309 Nr. 6 BGB aufgrund arbeitsrechtlicher Besonderheiten im Sinne des § 310 Abs. 4 Satz 2 BGB als wirksam anzusehen.

c) Schließlich muss die hier in Rede stehende Abrede auch einer (allgemeinen) Angemessenheitskontrolle anhand von § 307 Abs. 1, 2 BGB standhalten. Auch hierbei sind die Besonderheiten des Arbeitsrechts zu berücksichtigen. Die Strafe darf nicht unangemessen hoch sein; insbesondere darf sie aufgrund ihrer Höhe nicht faktisch das Kündigungsrecht des Arbeitnehmers beeinträchtigen. Ein Monatsgehalt wird insofern in Anlehnung an § 622 Abs. 1 BGB grundsätzlich als zulässige Höchstgrenze betrachtet. Bedenken gegen die Transparenz der Klausel bestehen angesichts der eindeutigen Festlegung von Voraussetzung und Höhe der Strafe nicht. Damit hält die zwischen A und B getroffene Abrede auch einer Kontrolle anhand von § 307 Abs. 1, 2 BGB stand.

Ergebnis: Durch die einseitige Vertragsaufgabe hat A die – wie festgestellt – rechtsgültige Vertragsstrafe verwirkt. Er schuldet dem B aus dieser Abrede die entsprechende Summe.

3. Abschnitt

Die Rechte und Pflichten im Arbeitsverhältnis

Fall 7

Emanzen-Tango

Frau A ist auf der Suche nach neuen beruflichen Herausforderungen. Als sie im Internet eine Stellenanzeige des Bauunternehmers B findet, der nach »Lagerarbeitern« sucht, bewirbt sie sich. Kurz darauf erhält sie per Post eine Absage: Hierin erklärt B der A, dass er im Lager schon immer nur Männer beschäftigt habe und auch weiterhin keine Frauen einzustellen gedenke, da diese für die schwere körperliche Arbeit nicht geeignet seien. Im Übrigen sei es so, dass die anderen, allesamt männlichen Lagerarbeiter Frauen bei der Arbeit erfahrungsgemäß nicht als ihresgleichen akzeptieren würden. Es sei mit Getuschel, Unruhe und zotigen Witzen zu rechnen. Dies wolle er A und sich selbst ersparen. Frau A ist empört und meint, sie könne alleine entscheiden, was sie sich zumuten wolle.

Rechte der A?

Schwerpunkte: Das »Allgemeine Gleichbehandlungsgesetz« (AGG); Einführung; Anwendungsbereich; Rechte und Pflichten; Begriff der unmittelbaren und der mittelbaren Benachteiligung; Rechtfertigung einer Benachteiligung; Rechtsfolgen einer Benachteiligung; Durchsetzung von Ansprüchen.

Lösungsweg

Vorweg: Unsere A fühlt sich im Verhältnis zu ihren männlichen Mitbewerbern offensichtlich benachteiligt. Für solche möglichen (und auch diverse andere) »Benachteiligungen« gibt es seit dem Jahr **2006** das »Allgemeine Gleichbehandlungsgesetz« (AGG), in dem Rechte und Pflichten von Arbeitnehmern und Arbeitgebern – der interessierte Leser entnimmt bitte § 2 Abs. 1 Nr. 5–8 AGG, dass dieses Gesetz übrigens keineswegs nur im Arbeitsrecht Bedeutung hat – in einem solchen Zusammenhang geregelt sind. Mit dem AGG wurden auf einen Schlag gleich vier (!) EG-Richtlinien umgesetzt und die damaligen §§ 611a, 611b und 612 Abs. 3 BGB obsolet – und deshalb logischerweise auch gleich gestrichen (der § 611a ist erst seit dem 1. April 2017 wieder neu gefasst). Ziel des Gesetzes ist es, Benachteiligungen aus Gründen der Rasse oder wegen der ethnischen Herkunft (vgl. dazu LAG Hessen ArbRB **2015**, 257), des Geschlechts, der Religion oder Weltanschauung, einer Behinderung (BAG NZA **2018**, 519), des Alters (BAG NZA **2018**, 585; LAG Hessen NZA-RR **2018**, 584), was übrigens auch die Diskriminierung **junger** Menschen meinen kann (LAG Hessen NZA-RR **2018**, 584), oder der sexuellen Identität zu verhindern oder zu beseitigen. Anhand des vorliegenden Falles und unserer bedauernswerten Frau A wollen wir uns nun mal ansehen, welche beachtlichen Konsequenzen das AGG für das Arbeitsrecht hat:

Die Rechte der A aus § 15 AGG

AGL.: § 15 Abs. 1 AGG

Wenn wir das AGG durchblättern (es hat übrigens tatsächlich nur 33 Paragrafen), finden wir im 3. Unterabschnitt bei den §§ 13 ff. AGG die Bestimmungen über die »Rechte der Beschäftigten«. Da das Beschwerderecht bei den zuständigen Stellen des Betriebs (§ 13 AGG) oder das Leistungsverweigerungsrecht (§ 14 AGG) für A nicht interessant sind – sie ist ja gar nicht im Betrieb des B gelandet, und ohne Arbeitspflicht diesem gegenüber macht natürlich die Verweigerung der Arbeitsleistung wenig Sinn –, wollen wir uns den **§ 15 AGG** genauer anschauen, denn da geht es um die zentralen Worte »Entschädigung und Schadensersatz« (→ § 15 Abs. 1 und 2 AGG).

> **Achtung:** Einen Schadensersatz gibt es bei einer Nichteinstellung allerdings immer nur in **Geld**. Der benachteiligte Bewerber hat insbesondere keinen Anspruch auf Einstellung – so bitter das für ihn im Einzelfall auch sein mag. Bitte lies § 15 Abs. 6 AGG.

Um unserer A einen möglichen Ersatzanspruch in Geld zu verschaffen, müssen wir nun zunächst prüfen, ob hier die Voraussetzungen eines Schadensersatzanspruchs gemäß § 15 Abs. 1 AGG gegeben sind:

1.) Anwendungsbereich des AGG

Damit man in den Genuss eines Anspruchs aus § 15 AGG kommen kann, muss das AGG natürlich erst einmal anwendbar sein. Schließlich, wir haben das eben schon mal gesagt, haben A und B haben ja noch gar kein Arbeitsverhältnis geschlossen. Dass dies keinen Hinderungsgrund darstellt, ergibt sich indessen aus den §§ 2 und 6 AGG, wonach auch die **Bewerbungsphase** in den sachlichen und persönlichen Anwendungsbereich des AGG fällt (→ § 2 Abs. 1 AGG und § 6 Abs. 1 Satz 2 AGG).

> **Beachte:** Die Kündigung von Arbeitsverhältnissen wird vom AGG nicht geregelt. Das ergibt sich aus § 2 Abs. 4 AGG (aufschlagen!). Ein »Antidiskriminierungskündigungsschutz« nach dem AGG existiert also nicht, denn der deutsche Gesetzgeber wollte verhindern, dass das AGG neben dem Kündigungsschutzgesetz (KSchG) quasi ein »zweites Kündigungsrecht« bildet. Ob das europarechtskonform ist – wir haben ja bereits weiter oben gesehen, dass wir das AGG mehreren Richtlinien zu verdanken haben –, ist allerdings fraglich (vgl. etwa *Hein* in NZA 2008, 1033). Das BAG behilft sich insofern mit einer sogenannten europarechtskonformen Auslegung, wörtlich heißt es (BAG NZA **2015**, 1899): »… *Die Diskriminierungsverbote des AGG sind bei der Auslegung der unbestimmten Rechtsbegriffe des Kündigungsschutzgesetzes in der Weise zu beachten, dass sie*

Konkretisierungen des Begriffs der Sozialwidrigkeit im Sinne von § 1 Abs. 1 KSchG darstellen …« (→ BAG NJW **2015**, 1899; vgl. auch BAG NZA **2017**, 902; BAG NZA **2009**, 361; zweifelnd aber z.B. LAG Hamm NZA-RR **2010**, 410). Im Zuge dessen hat das LAG Bremen dann auch festgestellt, dass eine diskrimierende Kündigung den Entschädigungsanspruch aus § 15 AGG **nicht** ausschließt (LAG Bremen NZA-RR **2010**, 510; anders aber noch LAG Köln vom 01.09.**2009** → LAGE § 15 AGG Nr 10). Vor dem LAG Bremen ging es übrigens um die Kündigung einer (deutschen) Frau, die in einem Speditionsunternehmen arbeitete und einen russischen Akzent hatte. Der Arbeitgeber kündigte und musste anschließend wegen einer nicht widerlegten Diskrimierung mehr als 5.000 Euro Entschädigung nach dem AGG zahlen (LAG Bremen NZA-RR **2010**, 510). Inzwischen hat auch das BAG anerkannt, dass die Regelung des § 2 Abs. 4 AGG den Entschädigungsanspruch aus § 15 Abs. 2 AGG **nicht** sperrt (BAG NJW **2014**, 2061). Einen ähnlichen Fall hatte das LAG Berlin-Brandenburg zu entscheiden und dabei die Anwendung des § 134 BGB und eine damit begründete Unwirksamkeit einer ordentlichen Kündigung wegen Verstoßes gegen die § 7 Abs. 1 in Verbindung mit § 1 und 3 AGG angenommen (LAG Berlin-Brandenburg BB **2015**, 2420). Unstreitig findet das AGG uneingeschränkt Anwendung, wenn die KSchG im konkreten Fall – etwa wegen zu geringer Arbeitnehmerzahl – nicht anwendbar ist (vgl. BAG NZA **2015**, 1380 und BAG NJW **2015**, 1899).

2.) Verstoß gegen ein Benachteiligungsverbot

a) Bei näherer Betrachtung erkennt man, dass Ansprüche auf Schadensersatz (§ 15 Abs. 1 AGG) und Entschädigung (§ 15 Abs. 2 AGG) gleichermaßen einen Verstoß gegen das sogenannte »Benachteiligungsverbot« voraussetzen (BAG NZA **2018**, 585; BAG NZA **2018**, 519; BAG NZA **2015**, 1380; BAG NJW **2014**, 2061). Was das ist, steht in **§ 7 AGG**, und der wiederum verweist auf § 1 AGG, den wir oben schon mal angesehen haben und in dem alle Kriterien (sogenannte »Diskriminierungsmerkmale«) aufgelistet sind, deretwegen man grundsätzlich nicht benachteiligt werden darf. Wir wollen uns bitte einprägen, dass es sich bei § 7 AGG um eine, wenn nicht sogar **die** zentrale Norm dieses kleinen Gesetzes handelt. Die Vorschrift ist vor allem deshalb wichtig, weil sie (in Verbindung mit § 1 AGG) dokumentiert, dass eine Ungleichbehandlung im Arbeitsleben jedenfalls im Sinne und mit den Rechtsfolgen des AGG nicht schlechterdings verboten ist, sondern nur – aber eben auch nur dann! – wenn eine Benachteiligung im Zusammenhang mit einem der unzulässigen Diskriminierungsmerkmale nach § 1 AGG erfolgt. So begegnet es beispielsweise keinen Bedenken, wenn ein Arbeitgeber bevorzugt Nichtraucher einstellt, denn von Rauchern steht in § 1 AGG nichts. Dasselbe gilt für die Ablehnung eines Bewerbers als »Ossi«; hierin mag eine Diskriminierung liegen, mangels Zugehörigkeit zu einer Ethnie im Sinne von § 1 AGG führt das aber nicht zu Ansprüchen nach § 15 AGG (vgl. ArbG Stuttgart NZA-RR **2010**, 344).

b) Des Weiteren muss der **§ 3 AGG** beachtet werden. Diese Norm definiert nämlich unter anderem, was man sich unter einer unmittelbaren, einer mittelbaren, einer normalen und unter einer sexuellen Belästigung vorzustellen hat (bitte lies die Absätze 1–4 des § 3 AGG).

Durchblick. Wie immer kann der Teufel auch hier im Detail stecken mit der Folge, dass etwa eine auf den ersten Blick komplett neutral anmutende Regelung tatsächlich durchaus für bestimmte Arbeitnehmergruppen benachteiligend ist, weil nämlich nicht direkt, wohl aber **mittelbar** nach einem Diskriminierungsmerkmal unterschieden wird (BAG NZA **2018**, 519; LAG Hessen NZA-RR **2018**, 584). Eine solche mittelbare Benachteiligung ist – wie man § 3 Abs. 2 AGG entnehmen kann – aber genauso wenig gewollt wie die »offene« Diskriminierung. **Beispiel:** Wenn ein Arbeitgeber verspricht, seinen Arbeitnehmern nach 20 Jahren »ununterbrochener Beschäftigungszeit« ein Jubiläumsgeld zu zahlen, so liegt darin zwar keine unmittelbare, aber sehr wohl eine (versteckte!) mittelbare Benachteiligung von Frauen, **denn:** In Deutschland sind Elternzeitler ganz überwiegend Frauen, weswegen Arbeitnehmerinnen nach dieser gerade genannten Zusage deutlich schlechtere Chancen auf das Jubiläumsgeld haben als ihre männlichen Kollegen. Wenn der Arbeitgeber also benachteiligungsfreies Jubiläumsgeld zahlen will, muss er dessen Voraussetzungen an die »ununterbrochene Betriebs**zugehörigkeit**« knüpfen, die bleibt nämlich auch bei einem ruhenden Arbeitsverhältnis und damit während der beschäftigungsfreien Elternzeit erhalten. In dem Beispiel hier könnte eine Arbeitnehmerin dann trotz der (mittelbar) benachteiligenden Zusage des Arbeitgebers eine Jubiläumsgeldzahlung verlangen, da sich Arbeitgeber auf eine diskriminierende Regelung nicht berufen können (bitte lies: **§ 7 Abs. 2 AGG**).

Zurück zum Fall: Die Absage erfolgte bei unserer Geschichte oben offensichtlich deswegen, weil A eine Frau ist. Eine (unmittelbare) Benachteiligung wegen ihres Geschlechts und damit ein Verstoß gegen das Benachteiligungsverbot sind damit gegeben.

c) Damit ist der Fall aber noch nicht zu Ende. Unser B hat sich ja durchaus Gedanken gemacht, und es scheint nicht so zu sein, als könne er Frauen generell nicht leiden. Er ist nur aus verschiedenen Gründen der Meinung, sie seien als Lagerarbeiterinnen in seinem Betrieb nicht geeignet. Und in der Tat kennt das AGG ein eigenes Rechtfertigungskonzept für Benachteiligungen, das wir uns jetzt anschauen wollen. Es funktioniert folgendermaßen:

→ Zunächst muss beachtet werden, dass die schon erwähnte normale und die sexuelle Belästigung im Sinne von § 3 Abs. 3 und 4 AGG, die in unserem Fall keine Rolle spielen, gar nicht gerechtfertigt werden können. Leuchtet ein, bitte merken.

→ Die **mittelbare** Benachteiligung (das Beispiel oben mit dem Jubiläumsgeld) liegt schon tatbestandlich nicht vor, wenn die Differenzierung »durch ein rechtmäßiges Ziel sachlich gerechtfertigt und die Mittel zur Erreichung des Ziels angemessen und erforderlich sind«. Das steht in § 3 Abs. 2, 2. Halbsatz AGG und bedeutet für uns gegebenenfalls, dass wir in einer Klausur das Vorliegen eines sachlichen Grundes für die Unterscheidung zu prüfen hätten.

→ Die – bei uns ja in Rede stehende – **unmittelbare** Benachteiligung kann unter strengen Voraussetzungen gerechtfertigt sein (→ § 8 AGG).

→ Schließlich regeln die §§ 9 und 10 AGG besondere Rechtfertigungsvorschriften für die Ungleichbehandlung wegen der Religion/Weltanschauung bzw. wegen des Alters (vgl. etwa BAG NZA **2018**, 585; BAG NJW **2014**, 104). Der Katalog von Rechtfertigungsmöglichkeiten in § 10 AGG ist übrigens nicht abschließend, was aus dem kleinen Wörtchen »insbesondere« in Absatz 1 Satz 3 der Vorschrift folgt.

Hier: Wir haben ja schon gesagt, dass vorliegend eine unmittelbare geschlechtsbedingte Benachteiligung in Betracht kommt. Die könnte aber gerechtfertigt sein (→ § 8 Abs. 1 AGG), wenn das männliche Geschlecht eine für die Ausübung der Tätigkeit eines Lagerarbeiters wesentliche und entscheidende berufliche Anforderung wäre. Das ist natürlich ziemlich abstrakt, weshalb wir uns auch einfach die Frage stellen können: Wäre die Erfüllung der vertraglichen Arbeitnehmerpflichten durch A unmöglich, weil sie eine Frau ist? Zur Lösung dessen gibt es ein paar eingängige und merkfähige Beispielsfälle. So ist es vollkommen in Ordnung, wenn für die Rolle der »Königin der Nacht« in Mozarts Zauberflöte nur eine Frau gesucht und eingestellt wird (*Willemsen/Schweibert* in NJW 2006, 2583, 2585) oder wenn zwecks Vorführung von Männermode ein Dressman, aber kein Mannequin gewollt ist (*Richardi* in NZA 2006, 881, 883). Dagegen ist das weibliche Geschlecht natürlich z.B. kein Hinderungsgrund für den Dienst an der Waffe beim Militär (EuGH NJW **2000**, 497). Umgekehrt soll das weibliche Geschlecht Voraussetzung für eine Stelle als Arzthelferin in einer gynäkologischen Praxis sein, die ganz überwiegend von Patientinnen mohammedanischen Glaubens aufgesucht wird (ArbG Hamburg PflR **2001**, 322–324).

So. Und wie ist das nun mit dem Argument unseres B, dass Frauen die schwere körperliche Arbeit im Lager nicht verrichten könnten? Damit wird er, man ahnt es, natürlich nicht durchkommen. Denn unbestritten kommt es bei schwerer körperlicher Arbeit auf die körperliche Leistungsfähigkeit des Bewerbers/der Bewerberin an. Körperliche Leistungsfähigkeit ist aber nicht zwingend nur bei Männern vorhanden (so entschieden zum Beispiel vom LAG Köln NZA-RR **2001**, 232).

Ebenso wenig Erfolg versprechend ist natürlich auch das Argument des B, dass die A zotige Witze zu befürchten habe. B kann sich insofern keineswegs hinter seinen männlichen Arbeitnehmern verstecken, sondern ist vielmehr sogar dazu verpflichtet, eventuelle weibliche Mitarbeiter vor Belästigungen zu schützen. Unterlässt er das, begeht er selbst eine **Vertragspflichtverletzung** (BT-Drs. 16/1780 Seite 30). Er ist nämlich gemäß § 12 Abs. 1 AGG dazu verpflichtet, Maßnahmen zum Schutz seiner Arbeitnehmer vor Benachteiligungen zu treffen. Dies kann er beispielsweise tun, indem er seine Arbeitnehmer schult (§ 12 Abs. 2 AGG), ihnen also beibringt, wie sie sich im Arbeitsalltag diskriminierungsfrei verhalten. Kommt es ansonsten zu Belästigungsvorfällen im Betrieb (z.B. zwischen Mitarbeitern untereinander) und kann ein Arbeitgeber nicht nachweisen, dass er alles Erforderliche getan hat, um dies zu unterbinden oder abzustellen, etwa durch Versetzung oder Kündigung des »Täters«, dann macht sich der Arbeitgeber gegenüber dem Opfer selbst schadensersatzpflichtig. Die Schadensersatzpflicht folgt in diesem Fall aus § 280 Abs. 1 BGB – Verletzung einer (arbeits-)vertraglichen Schutzpflicht. Der Arbeitgeber ist übrigens auch verpflichtet, seine Mitarbeiter vor Belästigungen am Arbeitsplatz durch Dritte (z.B. Kunden) zu schützen. Diskutiert wird auch, ob es dem Arbeitgeber in einem solchen Fall zugemutet werden kann, die Kundenbeziehung abzubrechen, oder ob er die Belästigung auf andere Weise unterbinden kann (z.B. durch Abziehen des betroffenen Mitarbeiters aus der Kundenbeziehung, was aber ein Betroffener aus beruflichen Gründen unter Umständen nicht immer will). Hier ist eine sorgfältige Abwägung der beteiligten Interessen gefordert.

d) Jetzt weiter zum Fall: Beachten wollen wir im Rahmen der Begründung eines Schadensersatzanspruchs noch den **§ 22 AGG** (aufschlagen!). Dort ist eine für unsere A ausgesprochen hilfreiche **Beweislastumkehr** geregelt (vgl. dazu BAG NZA **2018**, 585; BAG NZA **2018**, 519; BAG NZA **2015**, 1380; BAG NJW **2015**, 1899). Da sie hier ja nach dem Sachverhalt bestimmte Indizien für eine geschlechtsbedingte Diskriminierung – nicht geschlechtsneutrale Stellenausschreibung, Begründung der Absage – vortragen und beweisen kann, etwa durch Vorlage des Zeitungsausschnitts und des Absageschreibens im Prozess, müsste B nunmehr nach der Regel des § 22 AGG darlegen und beweisen, dass er gerade **nicht** gegen das Benachteiligungsverbot verstoßen hat und die Absage nicht erfolgte, weil A eine Frau ist. Das wird ihm nach seinem vorherigen Verhalten bei der Stellenausschreibung und der Absage im Zweifel nicht gelingen.

3.) Verschulden des B

Da es sich um einen Schadensersatzanspruch handelt, ist des Weiteren grundsätzlich auch ein »Verschulden« des Anspruchsgegners erforderlich. Mit diesem Verschulden brauchen wir uns aber nicht unnötig aufzuhalten, denn gemäß § 15 Abs. 1 Satz 2 AGG wird das Verschulden des Arbeitgebers **vermutet.** Und Anhaltspunkte für eine Entlastung des B haben wir nicht.

4.) Schaden

Auch ein Schaden liegt vor, denn A steht ja weiterhin ohne Job da.

5.) Kausalität

Allerdings könnte A dann keinen Schadensersatz verlangen, wenn sie auch ohne die geschlechtsspezifische Benachteiligung gar nicht eingestellt worden wäre, etwa weil sie nicht so gut qualifiziert war wie ihre männlichen Mitbewerber (z.B. schlechtere Zeugnisse). Die dann entfallende Ersatzpflicht begründet sich damit, dass der Verstoß gegen das Benachteiligungsverbot in diesem Falle nicht kausal geworden ist für die Nichteinstellung der A, sondern eben die fehlende, vollkommen geschlechtsneutrale Qualifikation. Der Anspruch aus § 15 Abs. 1 AGG setzt also voraus, dass der eigentlich am besten qualifizierte Bewerber nur wegen des Verstoßes gegen das Benachteiligungsverbot nicht genommen wurde (wobei es natürlich auch den Fall des überqualifizierten Bewerbers gibt: Wenn der Arbeitgeber den berechtigten Eindruck erlangt, für einen eigentlich für bessere Jobs qualifizierten Bewerber erfolge die Bewerbung allein »aus der Not heraus«, während die Stelle auf andere Bewerber genau passt, können natürlich auch nach der Papierform schlechter Qualifizierte, die aber für den konkreten Job besser geeignet sind, eingestellt werden; instruktiv insoweit LAG Nürnberg NZA **2009**, 148). Allerdings ist es Sache des Arbeitgebers nachzuweisen, dass die Einstellung z.B. an der Qualifikation scheiterte. In unserem Fall gibt es dafür keinerlei Anhaltspunkte.

Merken wollen wir uns in diesem Zusammenhang aber bitte auch schon mal, dass es den Entschädigungsanspruch aus **§ 15 Abs. 2 AGG** – mit dem wir uns gleich näher beschäftigen – im Gegensatz zum Schadensersatzanspruch nach Absatz 1 bei Verstoß gegen ein Benachteiligungsverbot **immer** gibt, also auch für den nicht am besten qualifizierten Bewerber (BAG NZA **2018**, 515). Das liegt daran, dass dort eben nicht Ersatz für die nicht erfolgte Einstellung – den man nur verlangen kann, wenn man tatsächlich ohne Benachteiligung den Job bekommen hätte –, sondern eine Entschädigung **immaterieller** Beeinträchtigungen erfolgt, die durch die objektiv diskriminierende Verhaltensweise des Arbeitgebers eingetreten ist. Wie gesagt, die Einzelheiten gibt's gleich; das gerade Gesagte aber bitte schon mal vormerken.

6.) Rechtsfolgen

Der Schaden (= kein Job) wird der A nicht dadurch ersetzt, dass sie nunmehr einen Anspruch auf Einstellung hätte (→ **§ 15 Abs. 6 AGG**). Sie kann aber – neben der Geltendmachung des Beschwerderechts aus § 13 AGG – einen Schadensersatz in Geld für die Nichtanstellung verlangen. Dieser Anspruch bemisst sich logischerweise nach dem entgangenen Verdienst, wobei sich unsere A aber wohl evtl. anderweitige Einkünfte, z.B. Arbeitslosengeld, auf ihren Ersatzanspruch anrechnen lassen muss.

Fraglich kann allerdings sein, für welchen **Zeitraum** der Ersatz entgangenen Verdienstes beansprucht werden kann, eine entsprechende Regelung gibt es nämlich im AGG nicht. So könnte man etwa annehmen, es könne nur der Verdienst bis zum nächsten theoretischen Kündigungszeitpunkt verlangt werden. Dagegen kann man aber anführen, dass die Kündigung zu Beginn eines Arbeitsverhältnisses – wo ja oftmals eine Probezeit mit einer nur zweiwöchigen Kündigungsfrist vereinbart wird – schon nach ganz kurzer Zeit möglich ist, sodass es nicht allzu viel Geld gäbe, was im Zweifel den dem AGG zugrundeliegenden Gleichbehandlungsrichtlinien zuwiderliefe. Das LAG Berlin-Brandenburg hat deshalb mit Urteil vom 26.11.2008 (→ ArbuR **2009**, 134–136) eine zeitliche Begrenzung abgelehnt. Die hiergegen eingelegte Revision zum BAG (→ NZA **2011**, 93) war zwar erfolgreich, freilich aus anderen Gründen: Es ging dort um die Frage, ob Statistiken zur Geschlechterverteilung in Führungspositionen eine sogenannte »gläserne Decke« belegen können. Hinzu kommt, dass es eine vergleichbare zeitliche Begrenzung außerhalb des Diskriminierungsrechts ebenfalls nicht gibt (vgl. etwa BAG NZA **2008**, 1016 zu Konkurrentenstreitigkeiten gemäß Art. 33 Abs. 2 GG).

ZE.: A kann jedenfalls Schadensersatz in Geld gemäß § 15 Abs. 1 AGG verlangen.

AGL.: § 15 Abs. 2 AGG (→ Anspruch auf Ersatz des **immateriellen** Schadens)

Diese Norm, die neben dem Anspruch aus § 15 Abs. 1 AGG bestehen kann (BT-Drs. 16/1780 Seite 30; BAG NZA **2018**, 519), kommt vorliegend auch in Betracht. Folgende Voraussetzungen müssen erfüllt sein:

1.) Dass das AGG anwendbar ist, haben wir oben schon geprüft.

2.) Auch der Verstoß gegen das Verbot unmittelbarer Benachteiligung steht nach dem oben Gesagten fest.

3.) Ein Verschulden ist – im Unterschied zu § 15 Abs. 1 AGG – für § 15 Abs. 2 AGG nicht erforderlich.

4.) Rechtsfolgen

Achtung: Während A aus § 15 Abs. 1 AGG den materiellen Schaden ersetzt verlangen kann, der ihr durch den Verdienstausfall entstanden ist (wie hoch auch immer man den konkret bewertet), erhält sie aus § 15 Abs. 2 AGG ihren möglichen **immateriellen** Schaden ersetzt (BAG NZA **2018**, 585; BAG NZA **2018**, 519; BAG NJW **2014**, 2061). Es handelt sich also um eine Art »Schmerzensgeld« (vgl. BT-Drs. 16/1780 Seite 38) dafür, dass die Integrität des Bewerbers durch die unzulässige Benachteiligung beschädigt worden ist. Auch insofern gibt es natürlich keine festen Regeln für die Höhe des Ersatzanspruchs (ErfKomm/*Schlachter* § 15 AGG Rz. 10; *Bauer/Evers* in NZA 2006, 893, 896); denn wer kann schon abstrakt bestimmen, wie sehr der Bewerber gelitten hat?

> **Tipp**: An dieser Stelle wollen wir übrigens bitte beachten, dass der Anspruch aus § 15 Abs. 2 AGG als Spezialregelung den Anspruch auf Ersatz wegen Verletzung des allgemeinen Persönlichkeitsrechts aus § 823 Abs. 1 BGB ausschließt, da ein solcher nur dann in Betracht kommt, wenn der Verletzte nicht anderweitig Ersatz seines Schadens verlangen kann (BVerfG NJW **2004**, 2371). Merken.

Geregelt ist in § 15 Abs. 2 **Satz 2** AGG freilich, dass der Anspruch auf den Ersatz immaterieller Schäden bei Nichteinstellungen höchstens **drei** Monatsgehälter beträgt, wenn der Bewerber auch ohne den Verstoß gegen das Benachteiligungsverbot nicht eingestellt worden wäre. Das heißt: Der immaterielle Schaden des abgelehnten Bewerbers ist 1.) zwar auch dann ersatzfähig, wenn die Benachteiligung gar nicht kausal geworden ist – beträgt aber 2.) höchstens bis zu drei Monatsgehältern. Und beachte noch: Will ein Arbeitsgericht bei der Bemessung des Anspruchs aus § 15 Abs. 2 AGG unter der Obergrenze von drei Monatsgehältern bleiben, muss es die Unterschreitung stets besonders und ausdrücklich begründen (BAG NZA **2012**, 1345). Besonderheiten gelten übrigens überraschend auch im umgekehrten Fall: Verlangt der abgelehnte Bewerber mehr als drei Monatsgehälter als Entschädigung, muss der **Arbeitgeber** (!) bei entsprechendem Vortrag des Bewerbers nachweisen, dass der Bewerber auch bei benachteiligungsfreier Auswahl nicht eingestellt worden wäre – und daher gemäß § 15 Abs. 2 Satz 2 AGG die Obergrenze der Entschädigung bei drei Monatsgehältern liegt. Gelingt ihm dies nicht, kann unter Umständen ein höherer Entschädigungsanspruch als drei Monatsgehälter fällig werden (lies: LAG Hessen NZA-RR **2018**, 584!).

Feinkostabteilung: Bei dieser Gelegenheit wollen wir uns noch die Spezies der sogenannten »AGG-Hopper« anschauen: Besonders clevere Zeitgenossen kommen immer noch auf die Idee, Stellenanzeigen in der lokalen Tagespresse oder im Internet auf benachteiligende Kriterien zu durchforsten und sich dann gezielt auf die Stellen zu bewerben, die laut Ausschreibung gar nicht zu ihnen passen (z.B. Bewerbung eines Mannes auf eine Stelle als **Sekretärin**). Wenn sie dann nicht eingestellt werden, können sie den Arbeitgeber jedenfalls auf immateriellen Schadensersatz gemäß § 15 Abs. 2 AGG in Anspruch nehmen, denn eine objektive Benachteiligung liegt natürlich vor, warum sollten z.B. Männer nicht in die Tastatur tippen können?! Und das geht, wie wir seit eben wissen, theoretisch selbst dann, wenn es andere Gründe für die Nichteinstellung – z.B. bessere Qualifikation der weiblichen Bewerberinnen – gibt. Keinen Erfolg wird allerdings derjenige haben, dessen Bewerbung nicht auch die notwendigen Kriterien einer solchen erfüllt. Da es nämlich ähnliche Fälle auch schon zum alten Recht (also vor der Zeit des AGG) gab, das ebenfalls eine Entschädigungsregelung über maximale drei Monatsgehälter enthielt, hatte auch das BAG bereits mit Fällen zu tun, wo sich Leute »blind« auf Stellen beworben haben, die für sie gar nicht in Betracht kamen. Das BAG hat dann den Grundsatz aufgestellt, dass nicht jeder, der ein Bewerbungsschreiben einreicht, auch ein **Bewerber** ist. Vielmehr ist nur der Bewerber, der objektiv für die zu besetzende Stelle in Betracht kommt und sich subjektiv ernsthaft beworben hat (vgl. instruktiv BAG NZA **2015**, 1063 sowie *Junker* Rz. 159). Wer sich also als Jurastudent im dritten Semester auf eine Stelle als Rechtsanwalt bewirbt, ist schon mangels Staatsexamina objektiv ungeeignet und damit kein Bewerber in diesem Sinne. Und wer es offenkundig nicht ernst meint mit der Bewerbung, der bekommt eben auch nix (in dem vom BAG entschiedenen Fall, wo es übrigens um die Stelle eines/einer Gleichstellungsbeauftragten in NRW ging, ergab sich das daraus, dass die Bewerbung keinerlei formalen Anforderungen entsprach, insbesondere fehlte ein Lebenslauf sowie Angaben zu Vorbildung und bisherigen Tätigkeiten). Auf der anderen Seite kann man die mangelnde Ernsthaftigkeit der Bewerbung nicht unbedingt schon daraus schließen, dass sich der Kandidat schon häufig vergeblich auf diverse Stellen beworben und anschließend Entschädigungsprozesse geführt hat (so das BAG in NZA **2015**, 1063 und auch NZA **2013**, 498). Der EuGH hat mit Urteil vom **28. Juli 2016** diese Rechtsprechung des BAG nun auch bestätigt bzw. für europarechtskonform erklärt und festgestellt, dass »ohne ernsthaften Zugangswillen zur jeweiligen Beschäftigung« keinerlei Anspruch auf Entschädigung nach dem AGG bestehen kann (EuGH NZA **2017**, 1014; vgl. dazu auch instruktiv: LAG Hessen NZA-RR **2018**, 584).

Ergebnis: Für unseren Fall spielt das gerade Gesagte zum Glück keine entscheidungserhebliche Rolle. Wir halten deshalb als Ergebnis fest, dass A zwar nicht ihre Einstellung, aber den Ersatz ihres materiellen und immateriellen Schadens verlangen kann. Zur Durchsetzung dessen muss sie sich übrigens zunächst schriftlich an B wenden, und zwar gemäß § 15 Abs. 4 AGG innerhalb von zwei Monaten, wobei die Frist erst zu laufen beginnt, wenn dem Bewerber die Ablehnung **zugegangen** ist und er Kenntnis hiervon erlangt hat (BAGE **148**, 138); schweigt der Anspruchsgegner/potentielle Arbeitgeber lediglich auf die Bewerbung, beginnt auch keine Frist zu laufen (LAG Hessen ArbRB **2015**, 257). Wenn B in unserem Fall ihre Ansprüche zurückweist, muss sie übrigens binnen weiterer drei Monate dann Klage erheben, vgl. § 61b ArbGG.

Gutachten

A kann gegen B Ansprüche auf Ersatz ihres materiellen und ihres immateriellen Schadens gemäß § 15 Abs. 1 und 2 AGG haben.

Anspruch aus § 15 Abs. 1 AGG

1.) Anwendungsbereich des AGG

Dafür muss das AGG zunächst einmal anwendbar sein. Gemäß den §§ 2 Abs. 1 Nr. 1 und 6 Abs. 1 Satz 2, Abs. 2 Satz 1 AGG fällt auch die Bewerbungsphase in den sachlichen und persönlichen Anwendungsbereich des AGG. Das AGG ist folglich anwendbar.

2.) Verstoß gegen ein Benachteiligungsverbot

Der Anspruch auf Schadensersatz setzt des Weiteren einen Verstoß gegen das sogenannte »Benachteiligungsverbot« im Sinne von § 7 AGG voraus. Kriterien, deretwegen eine Benachteiligung nicht erfolgen darf, regelt § 1 AGG, während der Begriff der Benachteiligung in § 3 AGG definiert ist. Vorliegend erfolgte die Absage, weil A eine Frau und der B der Meinung ist, dass Frauen für die Tätigkeit in seinem Lager nicht geeignet seien. Eine (unmittelbare) Benachteiligung im Sinne von § 3 Abs. 1 AGG wegen des Geschlechts und damit ein Verstoß gegen das Benachteiligungsverbot sind demnach gegeben. Fraglich ist allerdings, ob diese Benachteiligung nicht ausnahmsweise gemäß § 8 Abs. 1 AGG gerechtfertigt ist. Dann müsste das männliche Geschlecht eine für die Ausübung der Tätigkeit eines Lagerarbeiters wesentliche und entscheidende berufliche Anforderung sein. Zwar kommt es bei der hier geforderten schweren körperlichen Arbeit auf die körperliche Leistungsfähigkeit des Bewerbers/der Bewerberin an. Allerdings ist die körperliche Leistungsfähigkeit kein geschlechtsspezifisches Merkmal. Die Nichteinstellung der A aufgrund ihres Geschlechts ist also nicht gemäß § 8 Abs. 1 AGG gerechtfertigt. Eine Rechtfertigung ergibt sich auch nicht aus dem Argument des B, dass die A zotige Witze zu befürchten habe. B ist vielmehr dazu verpflichtet, eventuelle weibliche Mitarbeiter vor Belästigungen zu schützen. Unterlässt er das, begeht er selbst eine Vertragspflichtverletzung. Er ist gemäß § 12 Abs. 1 AGG verpflichtet, Maßnahmen zum Schutz seiner Arbeitnehmer vor Benachteiligungen zu treffen. Abgesehen davon hat B hier nichts vorgetragen, was ein anderes Ergebnis begründen könnte. Hierzu wäre er aber aufgrund der Beweislastumkehr gemäß § 22 AGG angesichts der vorliegenden Indizien für eine geschlechtsbedingte Diskriminierung – nicht geschlechtsneutrale Stellenausschreibung, Begründung der Absage – verpflichtet.

3.) Verschulden des B

B muss weiterhin schuldhaft gehandelt haben. Gemäß § 15 Abs. 1 Satz 2 AGG wird das Verschulden des Arbeitgebers vermutet. Vorliegend gibt es keine Anhaltspunkte für eine Entlastung des B.

4.) Schaden

Außerdem muss ein Schaden entstanden sein. A ist nicht eingestellt worden. Folglich liegt ihr Schaden darin, dass sie aus einer Tätigkeit bei B keinen Verdienst erzielen kann.

5.) Kausalität

Der Verstoß des B gegen das Benachteiligungsverbot muss überdies kausal für den eben genannten Schaden der A geworden sein. Voraussetzung hierfür ist, dass A ohne diesen Verstoß eingestellt worden wäre. Anhaltspunkte dafür, dass die Einstellung der A bei benachteiligungsfreiem Bewerbungsverfahren ebenfalls nicht erfolgt wäre, liegen jedoch nicht vor. Insbesondere ist nicht ersichtlich, dass A schlechter qualifiziert war als ihre männlichen Mitbewerber. Es ist mithin davon auszugehen, dass A lediglich aufgrund ihres Geschlechts nicht eingestellt wurde. Der Verstoß gegen das Benachteiligungsverbot ist damit kausal geworden für den Schaden – die Nichteinstellung – der A.

6.) Rechtsfolge

Gemäß § 15 Abs. 1 AGG kann A demnach Schadensersatz in Geld für die Nichtanstellung verlangen; § 15 Abs. 6 AGG schließt einen Anspruch auf Begründung des Arbeitsverhältnisses aus. Dieser Geldersatzanspruch bemisst sich nach dem entgangenen Verdienst, wobei offen ist, wo insofern die Höchstgrenze liegt. Mangels anderer Fixpunkte liegt eine Orientierung an dem Zeitraum bis zur nächsten Kündigungsmöglichkeit nahe, wobei hiergegen angeführt wird, dass die EG-Gleichbehandlungsrichtlinien eine abschreckende Sanktion bei Diskriminierungen erfordern.

A kann außerdem einen Anspruch auf Ersatz ihres immateriellen Schadens gemäß § 15 Abs. 2 AGG haben.

1.) Das AGG ist anwendbar.

2.) Ein Verstoß gegen das Verbot unmittelbarer Benachteiligung steht nach dem oben Gesagten fest.

3.) Rechtsfolge

Daraus folgt gemäß § 15 Abs. 2 AGG, unabhängig von einem schuldhaften Verhalten des B und unabhängig davon, ob A die bestqualifizierte Bewerberin war, ein Anspruch auf Ersatz des immateriellen Schadens, den die A durch die sie benachteiligende Absage zu erleiden hatte. Dieser Anspruch ist jedoch gemäß § 15 Abs. 2 Satz 2 im hier gegebenen Fall der Nichteinstellung auf höchstens drei Monatsgehälter begrenzt.

Ergebnis: A kann zwar nicht ihre Einstellung, wohl aber den Ersatz ihres materiellen und immateriellen Schadens gemäß § 15 Abs. 1 und 2 AGG verlangen, wobei die Höhe des Ersteren mangels anderer Anhaltspunkte an dem entgangenen Verdienst bis zum erstmöglichen Kündigungszeitpunkt gemessen werden kann und die Höhe des Letzteren auf maximal drei Monatsgehälter begrenzt ist.

Fall 8

Seniorensport

Der 60-jährige A arbeitet seit Jahren im Verlagshaus des V als Abteilungsleiter und ist zudem leidenschaftlicher Rennradfahrer. Über dieses Hobby hatte sich V gegenüber A in letzter Zeit mehrfach kritisch geäußert und A gebeten, angesichts seines Alters und seiner gehobenen Stellung vorsichtig zu sein und »kürzer zu treten«. A hatte dies aber unter Hinweis auf sein Privatleben stets zurückgewiesen. Eines Tages stürzt A aus Unachtsamkeit bei einer Trainingsfahrt derart schwer, dass er vier Wochen stationär behandelt werden muss und anschließend auch noch zwei weitere Wochen krankgeschrieben ist. Als er V über die Fehlzeiten das Attest vorlegt und Entgeltfortzahlung fordert, lehnt V dies ab – er habe den A schließlich gewarnt.

Steht A ein Anspruch auf Lohnzahlung zu?

> **Schwerpunkte:** Die Entgeltfortzahlung im Krankheitsfall; der Grundfall; Begriff der »Krankheit« aus § 3 Abs. 1 EntgeltfortzahlungsG; Ursächlichkeit der Krankheit für den Arbeitsausfall; der Verschuldensbegriff aus § 3 Abs. 1 EntgeltfortzahlungsG.

Lösungsweg

Der Anspruch auf Entgeltfortzahlung

AGL: § 3 Abs. 1 EntgeltfortzahlungsG

Einstieg: A verlangt hier nicht die normale Vergütung aus § 611a Abs. 2 BGB in Verbindung mit dem Arbeitsvertrag, sondern er verlangt Arbeitsentgelt, obwohl er nicht gearbeitet hat. Daher kommt hier als speziellere Anspruchsgrundlage nur § 3 Abs. 1 EntgeltfortzahlungsG in Betracht (aufschlagen!).

Voraussetzungen:

1.) A ist Arbeitnehmer, sodass das EntgeltfortzahlungsG hier Anwendung findet (§ 1 EntgeltfortzahlungsG).

2.) Zwischen dem Anspruchssteller und dem Anspruchsgegner muss ein Arbeitsvertrag bestehen, bei dem die vierwöchige Wartezeit des § 3 Abs. 3 EntgeltfortzahlungsG abgelaufen ist. Dies ist hier der Fall.

3.) Der A muss des Weiteren gemäß § 3 Abs. 1 Satz 1 EntgeltfortzahlungsG durch »Arbeitsunfähigkeit infolge Krankheit« an der Erbringung seiner Arbeitsleistung verhindert gewesen sein. Nicht ausreichend ist also das Vorliegen einer Krankheit an sich. Die Krankheit muss außerdem **alleinige** Ursache der Arbeitsunfähigkeit sein (BAG NZA **2002,** 610; BAG NZA **2000**, 771; BAG NZA **1996**, 1087). Und das ist auch logisch, denn: Der Arbeitgeber muss den Lohn zahlen, obwohl er keine Gegenleistung dafür erhält. Das ist nur gerechtfertigt, wenn der Arbeitnehmer ohne die Krankheit auch tatsächlich gearbeitet hätte. Wäre die Arbeit sowieso ausgefallen, ist es nicht gerechtfertigt, den Arbeitgeber mit dem Entgeltfortzahlungsrisiko zu belasten (BAG NZA **2000**, 771; ErfKomm/*Reinhard* § 3 EntgeltfortzahlungsG Rz. 14: »Monokausalität«).

> **Beispiele:** Wird ein Fußballprofi krank, erhält er dann keine Entgeltfortzahlung (hier: Siegprämie), wenn ihn der Trainer sowieso nicht aufgestellt hätte (BAG NZA **2000**, 771). In Zeiten, in denen der Arbeitnehmer freiwilligen Arbeitsausfall ohne Entgeltfortzahlung nimmt, erfolgt keine Entgeltfortzahlung im Krankheitsfall (BAG DB **1984**, 2099). Ist die Arbeitszeit mit vollem Vergütungsausgleich einvernehmlich verlegt worden, so besteht an den durch Verlegung freigestellten Tagen kein Entgeltfortzahlungsanspruch, weil dort sowieso nicht gearbeitet worden wäre (BAG NZA **1989**, 53).

Die **Ursache** für die Erkrankung ist für die Begriffsbestimmung im Rahmen des § 3 EntgeltfortzahlungsG zunächst mal ohne Bedeutung. Es spielt somit im Hinblick auf den Begriff der »Krankheit« nach § 3 Abs. 1 EntgeltfortzahlungsG auch keine Rolle, ob der Zustand etwa durch Veranlagung, Geburtsfehler, Infekt, Selbstverstümmelung (!), Selbstmordversuch oder sonstige Begebenheiten eingetreten ist (ErfKomm/*Reinhard* § 3 EntgeltfortzahlungsG Rz. 6; *Reinecke* in DB 1998, 130). Hier gilt insoweit vielmehr die ursachenneutrale und allumfassende

> **Definition:** Eine **Krankheit** im Sinne des § 3 Abs. 1 EntgeltfortzahlungsG liegt vor bei jedem regelwidrigen Körper- und Geisteszustand, der einer Heilbehandlung bedarf; »regelwidrig« ist ein Zustand, wenn er nach allgemeiner Erfahrung unter Berücksichtigung eines natürlichen Verlaufs des Lebens nicht bei jedem anderen Menschen gleichen Alters und Geschlechts zu erwarten ist (BAG NZA **1992**, 69; **1990**, 140; *Junker* Rz. 279; *Kaiser/Dunkl/Hold/Kleinsorge* § 3 EntgeltfortzahlungsG Rz. 27; ErfKomm/*Reinhard* § 3 EntgeltfortzahlungsG Rz. 5; *Schaub/Linck* § 98 Rz. 10)

Beachte: Was das jetzt im Einzelnen zu bedeuten hat, hängt natürlich am konkreten Fall. Und während das in der Praxis gelegentlich dann auch zu Schwierigkeiten führen kann (**Beispiel:** Ist Heiserkeit beim Bauarbeiter auch eine »Krankheit« oder nur beim Opernsänger?), findet man in den universitären Übungsarbeiten hier eher selten ein Problem. Im Normalfall steht in der Sachverhaltsschilderung nämlich, dass der betroffene Arbeitnehmer in der zu prüfenden Zeit arbeitsunfähig krank gewesen ist und es hierfür auch ein entsprechendes ärztliches Attest gibt (so wie bei uns ja auch). Für den Bearbeiter gibt es in diesem Fall nix zu mucken, hier stellt man dann das Vorliegen einer »Krankheit« im Sinne des § 3 EntgeltfortzahlungsG fest – und Schluss. Wer an dieser Stelle anfängt, an der Krankheit des Arbeitnehmers zu zweifeln, begeht einen groben Fehler, denn das darf man nur machen, wenn der Sachverhalt eben einen entsprechenden Hinweis gibt (das wäre z.B. die Geschichte gerade mit dem heiseren Bauarbeiter). Ansonsten gilt die Regel, dass an einem im Fall geschilderten bzw. erwähnten Attest nicht gezweifelt werden darf. Merken.

ZE.: A ist fraglos »krank« im Sinne des § 3 EntgeltfortzahlungsG, es liegt ein entsprechendes Attest vor. Dass die Krankheit des A vorliegend die Folge eines Unfalls ist, bleibt zumindest bei der Begriffsbestimmung »Krankheit« unerheblich (BAG NJW **1987**, 2253).

ZE: A ist durch die Folgen des Unfalls, also **infolge** Krankheit, arbeitsunfähig geworden und war dadurch an seiner Arbeitsleistung verhindert; andere Ursachen für die Arbeitsunfähigkeit sind nicht ersichtlich.

4.) Dass das noch nicht das letzte Wort in unserem Fall gewesen sein kann, ist logisch. Unbedingt beachtet werden muss nun nämlich das bei Fällen der Entgeltfortzahlung im Krankheitsfall im Zweifel entscheidende Merkmal des »Verschuldens«. Den Arbeitnehmer darf gemäß § 3 Abs. 1 Satz 1 EntgeltfortzahlungsG kein Verschulden an seiner Krankheit treffen. Nur unter dieser Voraussetzung kann der Anspruch aus § 3 Abs. 1 Satz 1 EntgeltfortzahlungsG gewährt werden. Andernfalls entfällt er, und es muss unter Umständen sogar bereits gezahlter Lohn nach den §§ 812 ff. BGB zurück gewährt werden, wenn sich nämlich nachträglich das Verschulden des Arbeitnehmers an der Krankheit herausstellt (*Schaub/Linck* § 98 Rz. 41).

> **Beachte**: Das Problem liegt nun selbstverständlich bei der Frage, was denn genau mit »Verschulden« im Sinne des § 3 EntgeltfortzahlungsG gemeint ist. Insoweit könnte man zunächst an **§ 276 BGB** denken, wonach gemäß Abs. 1 der gerade genannten Norm der Schuldner Vorsatz und Fahrlässigkeit zu vertreten hat. Und nach § 276 Abs. 2 BGB handelt fahrlässig, wer die im Verkehr erforderliche Sorgfalt außer Acht lässt. Demnach wäre jede – selbst durch leichte Fahrlässigkeit – verursachte Krankheit (z.B. eine Grippe, weil die nassen Haare nicht geföntwurden) »verschuldet« im Sinne des § 3 Abs. 1 EntgeltfortzahlungsG in Verbindung mit § 276 Abs. 1 BGB – und der Lohnfortzahlungsanspruch wäre auch schon in solchen Fällen ausgeschlossen. Ob das vom Gesetzgeber so gewollt ist?

Wohl kaum. Und weil das nicht so gewollt ist, muss man nun wissen und sich bitte unbedingt merken, dass das Verschulden im Sinne des § 3 Abs. 1 EntgeltfortzahlungsG nicht nach § 276 BGB beurteilt wird; diese Norm bestimmt bei genauer Betrachtung nur das Verschulden im Verhältnis zu dritten Personen. Beim Verschuldensbegriff der hier geforderten Art geht es indessen immer um ein – Achtung! – Verschulden »gegen sich selbst« (vgl. nur *Junker* Rz. 281). Die Frage lautet nämlich, unter welchen Umständen ein Arbeitnehmer gegenüber seiner eigenen Person (bzw. Gesundheit) derart unvorsichtig war, dass der Abeitgeber dieses unvorsichtige Verhalten nicht noch durch Lohnfortzahlung finanzieren soll. Im Hinblick auf die Frage nach dem Verschulden gemäß § 3 EntgeltfotzahlungsG gilt daher eine andere Definition als die aus § 276 BGB, und zwar diese hier:

Definition: Als Verschulden im Sinne des § 3 EntgeltfortzahlungsG gilt nach allgemeiner Ansicht nur ein **gröblicher Verstoß** gegen das von einem verständigen Menschen im eigenen Interesse zu erwartende Verhalten, sodass es unbillig wäre, die Folgen dieses Verstoßes auf den Arbeitgeber abzuwälzen. Als gröblicher Verstoß ist nur besonders leichtfertiges, außerordentlich grob fahrlässiges oder vorsätzliches Verhalten anzusehen (BAG NZA **2015**, 801; BAG NZA **1988**, 537; BAG NZA **1987**, 452; LAG Hessen BB **2013**, 2966; ErfKomm/*Reinhard* § 3 EntgeltfortzahlungsG Rz. 23; *Schaub/Linck* § 98 Rz. 30; *Kunz/Wedde* § 3 EFZG Rz. 94)

Also: Einfach nur das Föhnen vergessen, reicht nicht. Das passiert jedem mal – und das macht auch keiner absichtlich, wer hat schon Lust, deshalb krank zu werden? Vorliegen muss vielmehr ein beachtlicher (»gröblicher«) Verstoß gegen einfachste Sorgfaltsregeln. Besondere Beachtung verdient in der Definition bitte noch einmal, dass der gröbliche Verstoß ein Verstoß gegen das im **eigenen** Interesse zu erwartende Verhalten sein muss (»Verschulden gegen sich selbst«). Man muss also schon seine eigene Person und die Gesundheit derart missachten, dass ein verständiger Mensch nur noch mit dem Kopf schütteln würde, weil dieser verständige Mensch so etwas nämlich nicht anstellen würde. Und bitte beachte insoweit auch den Unterschied zu § 277 BGB, also der Haftung für Sorgfalt in eigenen Angelegenheiten: Auszugehen ist stets von einem **objektiven** Maßstab (→ BAG NZA **2015**, 801).

> **Beispiele:** Wer besoffen oder grob verkehrswidrig Auto fährt und dann bei einem Unfall verletzt wird, handelt schuldhaft im Sinne des § 3 EntgeltfortzahlungsG (BAG DB **1987**, 1495; LAG Hessen NZA-RR **1999**, 15); wer andere Leute provoziert und sich daraufhin Prügel einhandelt, handelt schuldhaft (BAG AP 45 zu § 616 BGB; LAG Baden-Württemberg NZA-RR **2000**, 349); wer einen Bullterrier streichelt, obwohl er vom Hundehalter gewarnt wurde, handelt schuldhaft, wenn der Racker zubeißt (ArbG Wetzlar BB **1995**, 2325).

Wer so etwas, wie gerade geschildert, anstellt, dem kann man bei vernünftiger Betrachtung nicht mehr helfen. Und wer infolge solcher Geschichten dann auch noch krank wird, soll nun verständlicherweise nicht mehr das Recht haben, seine eigene Dämlichkeit auf dem Rücken des Arbeitgebers auszutragen. Weniger salopp ausgedrückt heißt das, dass bei diesen **gröblichen** Verstößen gegen eigene Interessen der Lohnfortzahlungsanspruch aus § 3 Abs. 1 Satz 1 EntgeltfortzahlungsG wegen Verschuldens des Arbeitnehmers entfällt. Hier soll der Arbeitgeber nicht für Risiken einstehen, die allein der Arbeitnehmer geschaffen hat und bei verständiger Würdigung der Umstände hätte vermeiden können und vor allem auch müssen (BAG DB **1988**, 1403; LAG Hessen BB **2013**, 2996).

Besondere Vorsicht ist allerdings bei **Suchterkrankungen** angezeigt: Nach allgemeiner Ansicht in der Bevölkerung gelten Fehlzeiten etwa wegen Alkoholismus grundsätzlich und immer als verschuldet, denn schließlich weiß jeder, dass man besser nicht im Übermaß trinkt, raucht usw. Überraschenderweise ist nach der Rechtsprechung des Bundesarbeitsgerichts allerdings das genaue Gegenteil die Wahrheit: Es kommt (nur) darauf an, worin die Suchtursachen liegen, ob also im Vorfeld der Suchterkrankung ein Verschulden im Sinne des Entgeltfortzahlungsgesetzes auszumachen ist (BAG NZA **2015**, 801; *Junker* Rz. 281); das Risiko der Unaufklärbarkeit dieser Fragen im Prozess um die Entgeltfortzahlung trägt dann übrigens der Arbeitgeber (vgl. nur ErfKomm/*Reinhard* § 3 EntgeltfortzahlungsG Rz. 27), was im Zweifel für ihn nachteilig ausfallen wird. Merken.

Und: Ein weiteres Problem kann sich im Zusammenhang mit »Krankheiten« und deren Entstehung ergeben, wenn sich der Arbeitnehmer **freiwillig** einer OP unterzieht, etwa um als Organspender zu fungieren. **Frage**: Verschuldete Krankheit oder nicht? Hier hat inzwischen zum Glück der Gesetzgeber eingegriffen und mit Gesetz vom 21.07.2012 durch § 3a Abs. 1 EntgeltfortzahlungsG, dessen geschmeidige Überschrift seit dem 16.07.2015 übrigens lautet: »Anspruch auf Entgeltfortzahlung bei Spende von Organen, Geweben oder Blut zur Separation von Blutstammzellen oder anderen Blutbestandteilen«, klargestellt, dass auch in diesem Fall die Fortzahlung des Entgelts beansprucht werden kann. **Aber**: Der Arbeitgeber kann seinerseits auf einen entsprechenden Antrag hin die Erstattung der Lohnausfallkosten von der Krankenkasse des Organspendeempfängers beanspruchen (→ § 3a Abs. 2 EntgeltfortzahlungsG). Anders ist dies wohl aber wiederum, wenn man sich einer medizinische nicht indizierten OP unterzieht, um danach beispielsweise eine kleinere Nase oder nicht mehr so abstehende Ohren zu haben (ErfKomm/*Reinhard* § 3 EntgeltfortzahlungsG Rz. 28).

Zurück zu unserem Fall: Unser 60-jähriger A fährt gerne Rennrad. Das dürfte wegen der beachtlichen Geschwindigkeiten und der ständigen Gefahr eines Unfalls auf der Straße durchaus gefährlich sein. Und wenn er hierbei aus Unachtsamkeit (dieses Wort steht im Sachverhalt!) bei einem Sturz erheblich verletzt wird, erfüllt dies sicher die Voraussetzungen des § 276 Abs. 1, Abs. 2 BGB, namentlich der Fahrlässigkeit. Dies aber reicht noch (lange) nicht für den Verschuldensbegriff des § 3 Abs. 1 EntgeltfortzahlungsG. Dafür bedarf es vielmehr eines »gröblichen Verstoßes« gegen das von einem verständigen Menschen im eigenen Interesse zu erwartende Verhalten, sodass es unbillig wäre, die Folgen dieses Verstoßes auf den Arbeitgeber abzuwälzen. Als gröblicher Verstoß ist nur besonders leichtfertiges, außerordentlich grob fahrlässiges oder vorsätzliches Verhalten anzusehen. Und insoweit kann und muss angemerkt werden, dass Rennradfahren – auch für 60-Jährige – keinesfalls einen solchen Verstoß darstellt. Das machen in Deutschland zigtausende Menschen, um sich im Alter knochen- und gelenkschonend fit und ihre persönliche Leistungsfähigkeit aufrechtzuhalten. Dass dabei Unfälle geschehen, liegt im allgemeinen Lebensrisiko und kann – soweit keine Sorgfaltsregeln grob verletzt werden (z.B. das Fahren ohne funktionstaugliche Bremsen) – keinesfalls dazu führen, hier ein Verschulden im Sinne des § 3 Abs. 1 Satz 1 EntgeltfortzahlungsG anzunehmen.

Feinkost: Gerade solche Sportunfälle beschäftigen die Gerichte in schöner Regelmäßigkeit, weil die Arbeitnehmer in ihrer Freizeit selbstverständlich eine Menge Sport treiben und es dabei dann eben zu Verletzungen kommt. Hier haben sich mittlerweile allerdings vergleichsweise straffe Regeln gebildet, was den Verschuldensbegriff des EntgeltfortzahlungsG angeht, **nämlich**: Nur bei Sportunfällen, die auf völliger **Missachtung** der in der jeweiligen Sportart anerkannten Regeln und Sorgfaltspflichten beruhen oder bei denen der Arbeitnehmer seine eigenen Fähigkeiten und Kräfte erkennbar deutlich überschätzt, ist ein Verschulden im Sinne des § 3 Abs. 1 Satz 1 EntgeltfortzahlungsG anzunehmen. In allen anderen Fällen steht dem Arbeitnehmer bei Sportunfällen ein Anspruch nach dem EntgeltfortzahlungsG zu. Rein formal wollen die Gerichte zwar die Möglichkeit offenhalten, den Anspruch zu versagen, wenn es sich um eine sogenannte »gefährliche« Sportart handelt; bisher wurde aber noch keine Sportart in diesem Zusammenhang als gefährlich eingestuft (kritisch deshalb zu dieser vermeintlichen Differenzierung ErfKomm/*Reinhard* § 3 EntgeltfortzahlungsG Rz. 26). Nicht gefährlich waren und sind insbesondere: Motorradrennen (BAG NJW **1972**, 1215), Amateurboxen (BAG AP LFG § 1 Nr. 42), Drachenfliegen (BAG AP § 1 LFG Nr. 45), Fallschirmspringen (LAG Berlin DB **1970**, 1838), Karate (ArbG Saarbrücken EEK 1/439), Moto-Cross-Rennen (BAG AP § 1 LFG Nr. 18), Skispringen (LAG Bayern BB **1972**, 1324). Noch Fragen?

Also: Völlig egal, welchen Sport man betreibt, solange die Regeln eingehalten werden und man nicht die eigenen Fähigkeiten eklatant überschätzt, handelt man bei erlittenen Verletzungen nicht schuldhaft im Sinne des § 3 Abs. 1 Satz 1 EntgeltfortzahlungsG (vgl. *Junker* Rz. 282). Und das gilt dann selbstverständlich auch für unseren A, der ist ja »nur« Rennrad gefahren und hat hierbei aus Unachtsamkeit einen Sturz mit Folgen erlitten. Das aber reicht keinesfalls für den Verschuldensbegriff des EntgeltfortzahlungsG.

Und bei diesem Ergebnis spielt es selbstverständlich auch keine Rolle, dass der V den A in letzter Zeit auf sein potenziell gefährliches Hobby kritisch angesprochen und zum Kürzertreten ermahnt hat. Die Freizeitgestaltung gehört nämlich ausnahmslos zur **Privatsphäre** des Arbeitnehmers und geht den Arbeitgeber demzufolge nichts an. Dürfte der Arbeitgeber neben der Arbeitszeit auch noch über die Freizeit bestimmen bzw. Vorschriften machen, müsste man das wohl Leibeigenschaft nennen, und die gibt es glücklicherweise im deutschen Recht nicht. Arbeitgeber und Arbeitnehmer sind ausnahmslos durch den Arbeitsvertrag verbunden, und Gegenstand dieses Vertrages ist immer nur »Arbeit« und die entsprechende Arbeitszeit; keinesfalls jedoch die Freizeit (*Henssler/Willemsen/Kalb/Schliemann*, § 3 EntgeltfortzahlungsG Rz. 70). So dürfen konsequenterweise Freizeitregelungen z.B. auch nicht Gegenstand von Betriebsvereinbarungen sein, entsprechende Regelungen, in denen der Arbeitgeber etwa die Teilnahme am Betriebsausflug vorschreiben will, sind zwingend unwirksam (ArbG Marburg AP BGB § 611 Lehrverhältnis Nr. 20; GK/*Kreutz* § 77 BetrVG Rz. 359).

ZE.: Die Voraussetzungen des § 3 Abs. 1 Satz 1 EntgeltfortzahlungsG liegen in Bezug auf die sechswöchige Fehlzeit des A vor. Der Entgeltfortzahlungsanspruch ist damit

entstanden. Gemäß § 3 Abs. 1 Satz 1 EntgeltfortzahlungsG ist der Anspruch auf sechs Wochen begrenzt und entspricht nach § 4 Abs. 1 EntgeltfortzahlungsG dem eigentlichen Arbeitslohn (Einschränkung durch § 4 Abs. 1a EntgeltfortzahlungsG).

5.) Dem V steht schließlich auch kein Leistungsverweigerungsrecht nach § 7 Abs. 1 Nr. 1 EntgeltfortzahlungsG zu, da A das nach § 5 Abs. 1 EntgeltfortzahlungsG geforderte ärztliche Attest vorgelegt hat.

Ergebnis: A kann für die sechs Wochen nach §§ 3 Abs. 1, 4 Abs. 1 EntgeltfortzahlungsG volle 100 % seines ausgefallenen Arbeitslohnes verlangen.

Kurzer, aktueller Nachtrag zur Krankheit und Arbeits(un)fähigkeit

Wenn ein Arbeitnehmer wegen Krankheit die Anforderungen seines bisherigen Arbeitsplatzes vorübergehend nicht erfüllen kann, heißt das noch lange nicht, dass er damit zwingend »arbeitsunfähig« sein muss. Im Gegenteil: Gemäß § 241 Abs. 2 BGB (aufschlagen!) kann der Arbeitgeber verpflichtet sein, auf Verlangen des erkrankten Arbeitnehmers diesen auf einen – Achtung! – »leidensgerechten« Arbeitsplatz im Betrieb umzusetzen. **Und**: Kommt der Arbeitgeber diesem Verlangen schuldhaft nicht nach, kann dem Arbeitnehmer aus § 280 Abs. 1 BGB ein Schadensersatzanspruch wegen entgangener Vergütung zustehen. Dieser Anspruch setzt freilich voraus, dass der Arbeitnehmer nachweist, dass er im fraglichen Zeitraum für diesen möglichen »leidensgerechten« Arbeitsplatz auch tatsächlich objektiv leistungsfähig war. Genau dies war in einem spektakulären Fall im Sommer 2018 vor dem BAG fraglich: Eine Mitarbeiterin (M) der DEUTSCHEN POST hatte sich schwer an der Schulter verletzt und war laut Auskunft des Betriebsarztes der Post für ein ganzes Jahr insgesamt arbeitsunfähig. Die M wollte aber arbeiten und ging privat zu einem Facharzt, der sie für bestimmte (andere) Tätigkeiten bei der Post – namentlich Arbeiten ohne größere körperliche Belastung – überraschend und ab sofort für arbeitsfähig erklärte. **Problem**: Auf wessen ärztliches Attest kommt es an? **Lösung**: Das BAG widersprach dem LAG Nürnberg, das als Vorinstanz die Meinung des **Betriebsarztes** ungeprüft als verbindlich angenommen und die Meinung des von M privat aufgesuchten Arztes kommentarlos verworfen hatte. Der Betriebsarzt sei, so das BAG, bei genauer Betrachtung ein privat von der Post beauftragter und auch bezahlter Arzt und damit keinesfalls neutral und schon gar kein »Sachverständiger« im Sinne der Zivilprozessordnung. Seine Meinung sei daher nur eine von mehreren, und wenn die M einen anderen Arzt mit der Bewertung ihres Zustandes beauftragt habe, hätte das Gericht beide Meinungen/Atteste prüfen und abwägen müssen. Da dies nicht geschehen sei, sei die M durch das Urteil des LAG Nürnberg in ihrem Anspruch auf rechtliches Gehör aus Art. 103 Abs. 1 GG (!) verletzt und das Urteil des LAG Nürnberg sei daher aufzuheben (→ BAG NZA **2019**, 30). Falls eine neuerliche Prüfung der Atteste ergebe, dass M für einen anderen Arbeitsplatz arbeitsfähig gewesen sei, stehe ihr gegen den Arbeitgeber ein Schadensersatzanspruch aus § 280 Abs. 1 BGB zu.

Gutachten

Anspruch auf Bezahlung während der sechs Wochen Fehlzeit

A hat während der sechs Wochen nicht gearbeitet. Ein Lohnanspruch aus § 611a Abs. 2 BGB in Verbindung mit dem Arbeitsvertrag besteht insoweit nicht. Allerdings kann A ein Anspruch auf Lohn ohne Arbeit aus § 3 Abs. 1 EntgeltfortzahlungsG zustehen.

1.) A ist Arbeitnehmer, sodass das EntgeltfortzahlungsG Anwendung findet, vgl. § 1 EntgeltfortzahlungsG.

2.) Zwischen dem Anspruchssteller und dem Anspruchsgegner muss ein Arbeitsvertrag bestehen, bei dem die vierwöchige Wartezeit des § 3 Abs. 3 EntgeltfortzahlungsG abgelaufen ist. Dies ist hier der Fall.

3.) A muss durch Arbeitsunfähigkeit (ausschließlich) infolge Krankheit an der Erbringung seiner Arbeitsleistung verhindert gewesen sein, § 3 Abs. 1 Satz 1 EntgeltfortzahlungsG. Die Ursache für die Erkrankung ist insoweit ohne Bedeutung. Dass die Krankheit vorliegend die Folge eines Unfalls ist, ist somit unerheblich. Krankheitsbedingte Arbeitsunfähigkeit lag damit für den Zeitraum des Arbeitsausfalls vor.

4.) Den Arbeitnehmer darf kein Verschulden an seiner Krankheit treffen, vgl. § 3 Abs. 1 Satz 1 EntgeltfortzahlungsG. Die Verletzung entstand hier nach einem Sturz mit dem Rennrad. Rennradfahren ist eine Sportart mit einem nicht unerheblich hohen Verletzungsrisiko. Zu überlegen ist somit, ob A eigenes Verschulden im Sinne des § 276 Abs. 2 BGB (Fahrlässigkeit) an seiner Verletzung trifft. Ein Anspruch auf Lohnfortzahlung nach § 3 Abs. 1 EntgeltfortzahlungsG wäre sodann ausgeschlossen.

Allerdings ist das Verschulden nach § 3 Abs. 1 EntgeltfortzahlungsG untechnisch zu verstehen. In Rechtsprechung und Literatur ist anerkannt, dass der Entgeltfortzahlungsanspruch nur dann zu versagen ist, wenn dem Arbeitnehmer ein grober Verstoß gegen das von einem verständigen Menschen im eigenen Interesse zu erwartende Verhalten zur Last gelegt werden kann. Anderenfalls müsste der Arbeitnehmer seine gesamte Freizeitgestaltung so ausrichten, dass seine Arbeitsfähigkeit unter keinen Umständen gefährdet wird. Eine derartige Einschränkung der persönlichen Freiheit verlangt das EntgeltfortzahlungsG nicht. Verschulden gemäß § 3 Abs. 1 EntgeltfortzahlungsG ist somit als grobes Verschulden gegen sich selbst zu verstehen, wobei bloße Leichtsinnigkeit nicht genügt, sondern ein besonders leichtfertiges oder gar vorsätzliches Verhalten gegeben sein muss. Gemessen an diesem Maßstab kann A das Rennradfahren als allfällige sportliche Betätigung nicht als grobes Verschulden gegen sich selbst angelastet werden. A hat auch keine Regeln (z.B. Verkehrsregeln) verletzt, sodass ein Anspruchsausschluss nicht in Betracht kommt.

Bei diesem Ergebnis spielt es schließlich keine Rolle, dass V den A in letzter Zeit auf sein potenziell gefährliches Hobby kritisch angesprochen und zum Kürzertreten ermahnt hat. Die Freizeitgestaltung gehört ausnahmslos zur Privatsphäre des Arbeitnehmers und entzieht sich vollständig der Dispositionsbefugnis des Arbeitgebers.

5.) Der Entgeltfortzahlungsanspruch ist mithin entstanden. Gemäß § 3 Abs. 1 Satz 1 EntgeltfortzahlungsG ist der Anspruch auf sechs Wochen begrenzt und entspricht nach § 4 Abs. 1 EntgeltfortzahlungsG dem eigentlichen Arbeitslohn.

6.) V steht auch kein Leistungsverweigerungsrecht nach § 7 Abs. 1 Nr. 1 EntgeltfortzahlungsG zu, da A das nach § 5 Abs. 1 EFZG geforderte ärztliche Attest vorgelegt hat. Der Anspruch ist somit auch durchsetzbar.

Ergebnis: A kann für die sechs Wochen nach §§ 3 Abs. 1, 4 Abs. 1 EntgeltfortzahlungsG 100 % seines ausgefallenen Arbeitslohnes verlangen.

Fall 9

Besser im Bett geblieben!

Arbeitnehmer A möchte montagmorgens zur Arbeit und muss feststellen, dass wegen eines Streiks der Verkehrsbetriebe die Bahn nicht fährt. Da A über kein eigenes Auto verfügt und alle Taxen ausgebucht sind, kommt er anstatt um 8:00 Uhr erst gegen 10:00 Uhr zu seinem Betrieb (des B). Um 11:00 Uhr fällt dann wegen eines Fehlers der Stadtwerke der Strom aus mit der Folge, dass der gesamte Betrieb bis 13:00 Uhr still liegt. Ab 14:00 Uhr kommt es schließlich überraschend zu einer streikbedingten Arbeitsniederlegung eines Großteils der Arbeitnehmer. B schickt daraufhin den keiner Gewerkschaft angehörenden A nach Hause, da eine vernünftige Beschäftigung nicht mehr möglich sei. A, der an diesem Tag demzufolge tatsächlich nur zwei Stunden gearbeitet hat, will wissen, ob ihm dennoch der volle Lohnanspruch zusteht.

Rechtslage?

2h zu spät | 1h Arb | 2h Ausfall | 1 Arbeit |
ab 14 Streik – Nach Hause

Schwerpunkte: Lohn ohne Arbeit: Fixschuldcharakter der Arbeitsleistung; Unmöglichkeit der Leistung nach § 275 Abs. 1 BGB; Entfallen des Lohnanspruchs gemäß den §§ 326 Abs. 1 Satz 1, 441 Abs. 3 BGB; Anspruchserhaltung nach § 616 BGB; das Wegerisiko; Anspruchserhaltung nach § 615 BGB; Begriff des Annahmeverzuges; Begriff der Betriebsstörung; die Betriebsrisikolehre; das Arbeitskampfrisiko bei Lohnfortzahlung. Im Anhang: Fernwirkung eines Streiks.

Lösungsweg

Vorab: In diesem Fall werden wir uns mit einem der am häufigsten gestellten Probleme aus dem Arbeitsrecht befassen. Es betrifft die Frage der Lohnzahlung, wenn rein tatsächlich gar keine Arbeit erbracht wurde. Das Ganze firmiert unter der Formulierung bzw. dem Grundsatz »**Kein Lohn ohne Arbeit**« und beinhaltet eine Reihe von problematischen Fragen, die wir uns gleich anschauen werden. Bevor wir das tun, wollen wir uns aber erst mal das Grundprinzip, das hinter der umgekehrten Formulierung »Ohne Arbeit kein Lohn« steckt, etwas genauer ansehen. Das ist wichtig, denn ohne die Grundregel werden wir die für Klausuren interessanten Ausnahmen nicht verstehen. **Also**: Zunächst mal leuchtet ein, dass man als Arbeitnehmer nur dann sein Geld verlangen kann, wenn man auch tatsächlich gearbeitet hat. Immerhin ist auch der Arbeitsvertrag ein gegenseitiger Vertrag im Sinne des § 320 BGB mit der Folge, dass selbstredend beide Seiten (haupt-)leistungspflichtig sind. Es gelten auch für den Arbeitsvertrag neben den §§ 611 ff. BGB die Regeln des Allgemeinen Schuldrechts, namentlich die der **§§ 320 ff. BGB**. Erbringt der Arbeitnehmer nun die geschuldete Arbeitsleistung nicht, stellt sich die Frage, wie angesichts dessen der Vergütungsanspruch zu behandeln ist. Vorausgesetzt, dass keine spezielle Regelung – wie etwa der § 3 EntgeltfortzahlungsG bei Krankheit, vgl. insoweit den vorherigen Fall – zur Verfügung steht, richtet sich der Fortbestand bzw. der Untergang des Vergütungsanspruchs bei nicht erbrachter Arbeitsleistung nach den allgemeinen Vorschriften des BGB, und zwar so:

> Die Arbeitsleistung hat nach allgemeiner Meinung grundsätzlich absoluten **Fixschuldcharakter** (BAG NZA **2018**, 646; BGH NJW **2015**, 3678; *Bamberger/Roth/Fuchs* § 611 BGB Rz. 83; *Schaub/Linck* § 49 Rz. 5) mit der Folge, dass bei Ausbleiben der Arbeit durch den Arbeitnehmer die Unmöglichkeit der Leistung eintritt (BAG NZA **2018**, 646). Beachte bitte, dass deshalb kein Verzug vorliegt, weil der Arbeitnehmer die ausgefallene Arbeit nicht nachholen kann (BAG NJW **2015**, 3678); an der Nachholbarkeit fehlt es nämlich typischerweise im Arbeitsrecht, weil der Arbeitnehmer in seinen Dienststunden immer ***neue*** Arbeit erledigen muss, sodass ihm für die Nachholung der alten Arbeit keine Zeit bleibt (wichtiger Satz, bitte mindestens noch einmal lesen!).

Aus der gerade beschriebenen Unmöglichkeit wegen des absoluten Fixschuldcharakters folgt nun, dass bei Ausbleiben der Arbeit auf den Arbeitnehmer die Vorschrift des **§ 275 Abs. 1 BGB** Anwendung findet. Der Schuldner (Arbeitnehmer) wird demnach in Bezug auf die ausgefallene Arbeit von seiner Leistungspflicht frei (BAG NZA **2018**, 646). Das Blöde für den Arbeitnehmer ist dann aber, dass nun auch **§ 326 Abs. 1 Satz 1, 2. Halbsatz BGB** (in Verbindung mit § 441 Abs. 3 BGB) gilt, wonach der Arbeitnehmer seinerseits den Anspruch auf die Gegenleistung (= Arbeitslohn) für die Zeit der Nichtarbeit verliert. Es treten mithin die klassischen Folgen der Unmöglichkeit ein, nämlich die Befreiung beider Parteien von ihrer Hauptleistungspflicht (knifflig, aber extrem instruktiv BAG NJW **2015**, 3678, wo ein Arbeitsverhältnis per Gerichtsurteil rückwirkend für abgeschlossen erklärt wird und die Arbeitnehmerin anschließend rückständigen Lohn für tatsächlich nicht geleistete Arbeit fordert).

Wir merken uns: Grundsätzlich hat der Arbeitnehmer den Anspruch auf seinen Lohn aus § 611a Abs. 2 BGB nur, wenn er auch tatsächlich arbeitet, sprich seine geschuldete Leistung erbringt. Arbeitet er nicht, wird er zwar von seiner diesbezüglichen Leistungspflicht nach § 275 Abs. 1 BGB frei; die Arbeitsleistung ist wegen des absoluten Fixschuldcharakters nämlich nicht nachholbar und damit unmöglich. Allerdings verliert der Arbeitnehmer gemäß § 326 Abs. 1 Satz 1 BGB in Verbindung mit § 441 Abs. 3 BGB dann auch seinen Anspruch auf die Gegenleistung (= Arbeitslohn) für die Zeit der Nichtarbeit.

Das war die Erklärung der Grundregel »Kein Lohn ohne Arbeit«. Und wenn wir das verstanden haben, können wir uns nun im Fall mal den möglichen Ausnahmen bzw.

Problemfeldern zuwenden und beginnen dabei mit der Frage, was denn mit dem Lohnzahlungsanspruch aus § 611a Abs. 2 BGB passiert, wenn der Arbeitnehmer wegen eines Streiks der Verkehrsbetriebe und überfüllten Taxen zu spät zur Arbeit kommt.

I.) Anspruch auf Lohn trotz Verspätung

AGL: § 611a Abs. 2 BGB in Verbindung mit dem Arbeitsvertrag

1.) Zwischen A und B besteht ein Arbeitsvertrag. Der Lohnanspruch des A aus § 611a Abs. 2 BGB in Verbindung mit dem Arbeitsvertrag ist somit entstanden.

2.) Er kann aber im Fall der Verspätung wegen des Streiks der Bahn gemäß § 326 Abs. 1 Satz 1, 2. Halbsatz in Verbindung mit § 441 Abs. 3 BGB wegen teilweiser **Unmöglichkeit** der Arbeitsleistung im Sinne von § 275 Abs. 1 BGB untergegangen sein. Wie eben gesehen, liegt wegen der Qualifizierung der Arbeitsleistung als absolute Fixschuld Unmöglichkeit vor. Beachte insoweit übrigens, dass es bei § 275 Abs. 1 BGB und auch bei § 326 Abs. 1 BGB nicht um Fragen des Verschuldens geht, weshalb ein solches hinsichtlich der Rechtsfolgen der Normen zunächst unbeachtlich bleibt (BAG NZA **2018**, 646; BAG NZA **2017**, 124). Dass der A hier im vorliegenden Fall vermutlich gar nichts dafür kann, weil er auf den Streik keinen Einfluss hat und auch die Taxen nicht verfügbar waren, spielt demnach für den Untergang der Zahlungspflicht keine Rolle.

ZE.: Unser A hat an sich den Anspruch auf die Lohnzahlung aus § 611a Abs. 2 BGB für die nicht geleisteten Stunden wegen § 326 Abs. 1 Satz 1 BGB in Verbindung mit § 441 Abs. 3 BGB verloren.

Aber: Vorliegend könnte die Sonderregelung des § 616 Satz 1 BGB – sogenannte »rechtserhaltende Ergänzungsnorm« – eingreifen, um dem A seinen Lohnanspruch auch ohne geleistete Arbeit zu sichern (bitte die Norm lesen). Der § 616 BGB schließt bei Vorliegen seiner Voraussetzungen den § 326 Abs. 1 BGB aus (BAG AP Nr. 23 zu § 616 BGB).

Voraussetzungen:

1.) A muss zunächst für eine verhältnismäßig nicht erhebliche Zeit an der Arbeit verhindert gewesen sein. Dies ist hier der Fall, A kam nur zwei Stunden zu spät. Insoweit können durchaus auch einzelne Tage in Betracht kommen (BAG VersR **1977**, 1115; *Palandt/Weidenkaff* § 616 BGB Rz. 9).

2.) Der Grund für diese Verhinderung muss in seiner Person liegen, ohne dass er diesen verschuldet hat (Krankheit fällt **nicht** darunter, diese wird vom EntgeltfortzahlungsG erfasst).

Beispiele: Notwendige Pflege des erkrankten Kindes (BAG NJW **1980**, 903) – für die Pflege Angehöriger legt das nicht allzu alte Pflegezeitgesetz (zuletzt geändert durch Gesetz vom 23.12.2014) in § 2 Abs. 1 fest, dass zehn Tage noch eine verhältnismäßig nicht erhebliche Zeit im Sinne des § 616 BGB, der weiterhin die Anspruchsgrundlage für die Entgeltzahlung bleibt (vgl. § 2 Abs. 3 Satz 1 PflegeZG), sind, wobei in der Praxis insoweit noch vieles umstritten ist, vgl. etwa ErfKomm/*Preis* § 616 BGB Rz. 9); Niederkunft der Ehefrau (BAG NJW **1974**, 663); Todesfall im Familienkreis (Palandt/Weidenkaff § 616 BGB Rz. 8); Teilnahme an einer seltenen Familienfeier (BAG NJW **1974**, 663); unter Umständen auch Umzug (BAGE **9**, 179); Einberufung zum Laienrichteramt (BAG AP Nr. 1 zu § 26 ArbGG); Ladung zu Behörden (LAG Hamm BB **1972**, 177); gerichtliche Termine etwa als Zeuge (BAG NZA **1986**, 784); unschuldig erlittene U-Haft (BAG AP Nr. 31 zu § 63 HGB).

Achtung: Alle gerade genannten Beispiele haben gemeinsam, dass sie den Arbeitnehmer persönlich, also als Einzelperson betreffen, demnach nicht nur allgemeiner Natur sind. Und genau da steckt die Finte des § 616 BGB: Im Gesetz steht nämlich, dass der Hinderungsgrund in seiner Person (also der des Arbeitnehmers) liegen muss. Das bedeutet, dass sich der Grund **speziell** auf den Arbeitnehmer beziehen muss und nicht etwa die Allgemeinheit oder einen größeren unbestimmten Personenkreis betrifft (*Palandt/Weidenkaff* § 616 BGB Rz. 8). So ist der hier in Frage stehende Ausfall der Straßenbahnen demnach auch kein Leistungshindernis, das den A allein betrifft. Davon sind vielmehr sämtliche Benutzer der Bahn betroffen, potenziell damit sogar alle Verkehrsteilnehmer. Es handelt sich dabei um ein sogenanntes »objektives« Hindernis, für das die Regelung des § 616 BGB nicht greift (BAG AP Nr. 58 und 59 zu § 616 BGB; *Staudinger/Oetker* § 616 BGB Rz. 76; LAG Hamm DB **1980**, 311).

> **Merke:** Der Arbeitnehmer trägt grundsätzlich das sogenannte »Wegerisiko«. Das ist das allgemeine Risiko, das alle Teilnehmer des Straßenverkehrs in gleicher Weise betrifft und demnach nichts speziell mit der Person des Arbeitnehmers zu tun hat (BAG AP BGB § 616 Nr. 58 und 59; ErfKomm/*Preis* § 616 BGB Rz. 3). Hierunter fallen neben dem eben benannten Ausfall der Straßenbahn wegen Streiks z.B. auch **Witterungseinflüsse** wie Glatteis (BAG AP Nr. 58 zu § 616 BGB) oder andere die Witterung betreffende Hindernisse bei der Anreise (BAG AP Nr. 59 zu § 616 BGB). Beachte insoweit auch den schönen Fall des LAG Hamm aus dem Jahre 1980 (BB **1981**, 367), in dem das Gericht Folgendes festgestellt hat: »... *Der Arbeitnehmer trägt selbst dann das Wegerisiko (=* ***kein*** *§ 616 BGB!), wenn der Arbeitgeber die Busse zur Verfügung stellt, die die Arbeitnehmer zur Arbeit bringen sollen, und diese Busse dann im Schnee stecken bleiben. Auch hier nämlich handelt es sich um keinen den Arbeitnehmer selbst und speziell betreffenden Hinderungsgrund im Sinne des § 616 BGB ...*« (LAG Hamm BB **1981**, 367). Und: Wenn ein Arbeitnehmer nicht aus dem Urlaub wieder heim – und zur Arbeit – kommen kann, weil eine Aschewolke nach dem Ausbruch eines isländischen Vulkans den Flugverkehr in halb Europa zum Erliegen bringt, hilft § 616 BGB auch nicht weiter (vgl. Forst in BB 2010, 1213).

ZE.: A kann sich somit im vorliegenden Fall nicht auf die rechtserhaltende Vorschrift des § 616 Satz 1 BGB berufen, da der Hinderungsgrund nicht in seiner Person liegt, sondern objektiver Natur ist.

Erg.: Und das hat zur Folge, dass der Lohnanspruch des A gegen seinen Arbeitgeber aus § 611a Abs. 2 BGB endgültig nach § 326 Abs. 1 Satz 1 BGB in Verbindung mit § 441 Abs. 3 BGB für die 2 Stunden morgendliche Verspätung untergegangen ist.

II.) Lohnzahlung während des Stromausfalls

Einstieg: Wir werden jetzt die neben § 616 BGB zweite wichtige Norm aus dem BGB kennenlernen, die bei der Frage nach »Lohn ohne Arbeit« von Bedeutung sein kann. Es ist **§ 615 BGB**, der ausweislich seiner Überschrift den Vergütungsanspruch bei Annahmeverzug und Betriebsrisiko regelt. Bevor wir in die konkrete Frage mit dem Stromausfall einsteigen und prüfen, ob dies unter § 615 BGB fällt, wollen wir uns zunächst anhand eines einfachen Beispielsfalles die Funktion des § 615 BGB ansehen.

Fall: Arbeitgeber (Autowerkstatt-Inhaber) schickt morgens einen seiner Arbeitnehmer wieder nach Hause mit der Begründung, er habe für diesen Tag nicht genügend Aufträge. **Frage**: Kann der Arbeitnehmer (A) dennoch Lohn verlangen?

Lösung: Hier könnte zunächst wegen des Fixschuldcharakters der Arbeitsleistung Unmöglichkeit nach § 275 Abs. 1 BGB anzunehmen sein mit der Folge, dass der Entgeltanspruch des Arbeitnehmers gemäß § 326 Abs. 1 Satz 1, 2. Halbsatz BGB in Verbindung mit § 441 Abs. 3 BGB entfällt (vgl. insoweit unsere Ausführungen oben). Möglicherweise ergibt sich nun jedoch aus **§ 615 Satz 1 BGB** etwas anderes (aufschlagen!). Danach kann der Dienstverpflichtete Vergütung verlangen, ohne zur Nachleistung verpflichtet zu sein, wenn der Dienstberechtigte mit der Annahme der Dienste in **Verzug** gerät. Und das wäre an sich kein Problem, denn der A hat seine Arbeit angeboten und der Arbeitgeber sie nicht angenommen, dies erfüllt die Voraussetzungen des Annahmeverzuges aus den §§ 293 ff. BGB (→ § 615 Satz 1 BGB +).

Problem: Bekannt und uralt ist aus dem Zivilrecht allerdings das Dogma, dass sich Verzug und Unmöglichkeit grundsätzlich gegenseitig ausschließen (RGZ **97**, 9). Jetzt haben wir aber weiter oben bereits festgestellt, dass nicht geleistete Arbeit wegen ihres absoluten **Fixschuldcharakters** nicht nachholbar ist und folglich unmöglich wird (BAG NZA **2018**, 646; BAG NJW **2015**, 3678). Liegt in Bezug auf die Arbeitsleistung aber Unmöglichkeit vor, kann nicht gleichzeitig (Annahme-)Verzug eintreten. Beließe man es nun bei dieser streng dogmatischen Betrachtung, wäre § 615 Satz 1 BGB im Arbeitsrecht demnach faktisch bedeutungslos, denn Verzug liegt ja nie vor bei Arbeitsverhältnissen; der § 615 BGB wäre demnach nur für »normale« Dienstverträge anwendbar. Und der Arbeitnehmer wäre mithin seinen Vergütungsanspruch los, denn es würden nun wieder die §§ 326 Abs. 1 Satz 1, 441 Abs. 3 BGB Anwendung finden.

Beachte: Dass das im Ergebnis nicht sein kann, ist unstreitig. Problematisch ist aber die Begründung für die Anwendbarkeit des § 615 Satz 1 BGB, wenn die Arbeit ausgefallen ist. In der Literatur wird vertreten, dass das Dogma der Ausschließlichkeit von Unmöglichkeit und Verzug im Arbeitsrecht eben nicht gelte (MüKo/*Henssler* § 615

BGB Rz. 8; *Picker* in JZ 1979, 285; *Staudinger/Richardi/Fischinger* § 615 BGB Rz. 34 f.). Lägen die Voraussetzungen des Annahmeverzugs (also der §§ 293 ff. BGB) vor, stelle der Arbeitgeber also insbesondere keinen Arbeitsplatz zur Verfügung (= Mitwirkungshandlung nach § 295 BGB), so sei § 615 Satz 1 BGB immer einschlägig. Das **BAG** hingegen (BAG NZA **2018**, 646; BAG NZA **2010**, 1119; BAG AP Nr. 18 und 20 zu § 615 BGB) hält am Dogma der Ausschließlichkeit von Verzug und Unmöglichkeit fest und differenziert anhand einer besonderen arbeitsrechtlichen Bedeutung des Begriffs »Annahmeverzug«. Dieser Annahmeverzug sei nur dann gegeben, wenn die Arbeitsleistung unterbleibe, weil der Arbeitgeber die vom Arbeitnehmer angebotene und mögliche Arbeitsleistung ablehne. Unmöglichkeit liege demgegenüber vor, wenn die Arbeitsleistung dem Arbeitnehmer unmöglich gewesen ist, obwohl der Arbeitgeber zu deren Annahme bereit und in der Lage war. Folglich seien Fälle der **Annahmeunwilligkeit** unter § 615 Satz 1 BGB zu subsumieren, Fälle der **Annahmeunfähigkeit** – wenn der Arbeitgeber also zur Entgegennahme der Arbeitsleitung nicht in der Lage war – nicht; hier kommt dann § 615 Satz 3 BGB in Betracht (BAG NZA **2017**, 124; BAGE **148**, 16; BAG NZA **2010**, 119; BAG AP Nr. 18 und 20 zu § 615 BGB).

Beachte: Das eben Gesagte ist fraglos ziemlich kompliziert. Am einfachsten und besten lässt sich mit den beiden zuletzt genannten Begriffen der »Annahmeunwilligkeit« und der »Annahmeunfähigkeit« arbeiten (machen wir gleich). Im Prinzip ist diese Begrifflichkeit des BAG auch Gesetz geworden: Die Fälle der Annahmeunfähigkeit, für die das BAG früher eine Regelungslücke angenommen hat, unterliegen jetzt nämlich – wenn die entsprechenden Voraussetzungen vorliegen – dem neu gefassten § 615 Satz 3 BGB (*Palandt/ Weidenkaff* § 615 BGB Rz. 21).

Zum Fall: Unser A war im Betrieb erschienen und wollte arbeiten (= tatsächliches Angebot, § 294 BGB). Der Arbeitgeber war auch zur Annahme der Leistung des A imstande: Die Erklärung, es seien nicht genügend Aufträge eingegangen, ist insoweit irrelevant, denn: Das Risiko, dass die ordnungsgemäß erbrachten Leistungen der Arbeitnehmer nicht wirtschaftlich verwendet werden können, muss der Arbeitgeber alleine tragen – ihm kommt deren Mehrwert im Normalfall ja schließlich auch zugute. Wenn die Fortsetzung des Betriebes wegen Auftrags- oder Absatzmangels wirtschaftlich sinnlos wird, spricht man vom **Wirtschaftsrisiko**, das der Arbeitgeber stets selbst zu tragen hat (BAG AP Nr. 70 zu Art. 9 GG – Arbeitskampf –; *Schaub/Linck* § 101 Rz. 9). Betriebstechnisch nämlich bleibt in solchen Fällen die Arbeit möglich (ErfKomm/*Preis* § 615 BGB Rz. 120). Es handelt sich allein um die Frage, ob der Gläubiger noch eine Verwendungsmöglichkeit für die Leistung hat. Der Arbeitgeber gerät bei Nichtbeschäftigung aus diesem Grund in Annahmeverzug und ist gemäß § 615 Satz 1 BGB weiterhin zur Lohnzahlung verpflichtet (BAG NZA **2018**, 646; BAG DB **1994**, 2552; *Staudinger/Richardi/Fischinger* § 615 BGB Rz. 179). Folglich handelt es sich um einen Fall der Annahmeunwilligkeit, sodass nach der Rechtsprechung des BAG § 615 Satz 1 BGB einschlägig ist (BAG DB **1994**, 2552; BAG AP Nr. 70 zu Art. 9 GG – Arbeitskampf). Der A kann mithin im vorliegenden Fall trotz ausgefallener Arbeit dennoch Lohn verlangen.

So, das war das Prinzip von § 615 Satz 1 BGB. Der Arbeitgeber trägt grundsätzlich das Risiko, dass die ihm angebotene Arbeitsleistung auch verwertet werden kann. Wenn nicht, hat er eben Pech gehabt, und er muss dann wegen § 615 Satz 1 BGB dennoch den Lohn zahlen, er trägt das **Wirtschaftsrisiko**. Und nun wollen wir mit diesem Wissen im Hinterkopf mal das Problem mit dem Stromausfall (zwei Stunden) anschauen und prüfen, ob A dennoch Lohn verlangen kann.

Ansatz: Auch im Fall des Stromausfalls könnte § 326 Abs. 1 Satz 1, 2. Halbsatz BGB in Verbindung mit § 441 Abs. 3 BGB zu einem Untergang der Lohnzahlungspflicht des B aus § 611a Abs. 2 BGB geführt haben. Die Frage, die sich nun allerdings stellt, ist die, ob sich aus § 615 BGB etwas anderes ergibt:

> **Durchblick:** Die Regel des § 615 Satz 1 BGB kann hier indessen jetzt nicht mehr herhalten. Denn es handelt sich bei dem Stromausfall sicher nicht um ein Problem des eben erläuterten Wirtschaftsrisikos; der Arbeitgeber hätte die Leistung ja angenommen, wenn es möglich gewesen wäre. Der Arbeitgeber ist hier demnach nicht annahmeunwillig gewesen; in Betracht kommt vielmehr ein Fall der **Annahmeunfähigkeit**, für den aber nicht § 615 Satz 1 BGB gilt, sondern bei Vorliegen der entsprechenden Voraussetzungen § 615 Satz 3 BGB in Betracht kommt (BAG AP Nr. 18 und 20 zu § 615 BGB).

§ 615 Satz 3 BGB kodifiziert die in Analogie zu dem bis Ende 2001 geltenden § 615 BGB entwickelte Lehre vom **Betriebsrisiko** (vgl. die Überschrift der Norm). Danach behält in den Fällen, in denen der Arbeitgeber das Risiko des Arbeitsausfalls trägt, der Arbeitnehmer seinen Lohnanspruch, ohne dass er zur Nachleistung verpflichtet ist. ***Wann*** genau der Arbeitgeber das Risiko des Arbeitsausfalls trägt, regelt § 615 Satz 3 BGB allerdings nicht. Insofern können und müssen die Grundsätze der eben schon benannten Betriebsrisikolehre herangezogen werden. Nach den Grundsätzen der Betriebsrisikolehre müssen die Gründe für die Störung in der betrieblichen Sphäre liegen und dürfen weder vom Arbeitgeber noch vom Arbeitnehmer zu vertreten sein (BAG NZA **2017**, 124; BAG NZA **1991**, 67; BAG NJW **1972**, 342; ErfKomm/*Preis* § 615 BGB Rz. 120; *Richardi* in NJW 1987, 1231). In erster Linie handelt es sich dabei klassischerweise um **technische** Störungen wie etwa Stromausfall, Heizungsausfall, Zerstörung von Arbeitsmaterialien durch Brand oder Explosion (*Palandt/ Weidenkaff* § 615 BGB Rz. 21a).

Geschichte: Der Gesetzgeber hat mit Einführung des § 615 Satz 3 BGB die durch das BAG entwickelte **Betriebsrisikolehre** zum 01.01.2002 in den Gesetzestext des BGB aufgenommen (*Junker* Rz. 290). Diese Betriebsrisikolehre musste vom BAG entwickelt werden, da seit jeher zweifelhaft und gesetzlich nicht ausdrücklich geregelt war, wie sich Betriebsstörungen der eben benannten Art rechtlich einordnen lassen, insbesondere ob der Lohnanspruch erhalten bleibt. Das BAG hat daher in Analogie zu dem alten § 615 BGB entschieden, dass nach den Grundsätzen des sogenannten »Betriebsrisikos« diese Störungen grundsätzlich – trotz fehlenden Verschuldens – dem **Arbeitgeber** zuzurechnen sind und mithin der Lohnanspruch des Arbeitnehmers erhalten bleibt (BAG AP Nr. 2 und Nr. 15 zu § 615 BGB »Betriebsrisiko«; BAG

NZA **1999**, 1166). Mit der Gesetzesänderung aus dem Jahre 2002 hat das BGB diese vom BAG entwickelte Betriebsrisikolehre in den Satz 3 des § 615 BGB aufgenommen (*Junker* Rz. 290).

Zum Fall: Vorliegend trifft weder A noch B eine Verantwortung für den Stromausfall; es handelt sich vielmehr um eine betriebstechnische Störung. Diese Störung muss nach der Lehre vom Betriebsrisiko der Arbeitgeber alleine verantworten.

ZE.: Folglich findet § 615 Satz 3 BGB Anwendung mit der Konsequenz, dass A nach Maßgabe des § 615 Satz 1 BGB den ihm aus § 611a Abs. 2 BGB in Verbindung mit dem Arbeitsvertrag zustehenden Lohn für die beiden ausgefallenen Stunden verlangen kann. Sein Anspruch wird durch § 615 Satz 3 BGB **erhalten**.

III.) Der Arbeitsausfall wegen des Streiks

Einstieg: Auch in den Stunden des Streiks im Betrieb des B hat unser A seine Arbeitsleistung nicht erbracht und verlangt gleichwohl Lohnzahlung. Und zunächst gelten wieder grundsätzlich die §§ 326 Abs. 1 Satz 1, 441 Abs. 3 BGB mit der Folge, dass der Anspruch aus § 611a Abs. 2 BGB wegen nicht erbrachter Arbeit untergeht. Denkbar ist aber auch hier die Anwendung des § 615 Satz 3 BGB, also der Lehre vom Betriebsrisiko. Schließlich war A arbeitswillig; B hat ihn aber wegen des Streiks nach Hause geschickt. Dass eine vernünftige Arbeit nicht möglich war, ist eigentlich ein Problem des Arbeitgebers (ähnlich wie bei technischen Störungen) mit der Folge, dass der Anspruch an sich erhalten werden müsste, zumal B den A auch noch selbst weggeschickt hatte.

Aber: Im Fall des streikbedingten Arbeitsausfalls ist aufgrund einer Gesamtbetrachtung der Situation anders, und zwar zugunsten des **Arbeitgebers** zu entscheiden: Während früher vom BAG als Begründung insoweit darauf verwiesen wurde, dass diese Betriebsstörung aus der Sphäre der Arbeitnehmer stamme (sogenannte »Sphärentheorie«, vgl. BAG vom 25.07.1957 AP BGB § 615 Betriebsrisiko Nr. 3), wird heute mit gleichem Ergebnis auf die besonderen Grundsätze der sogenannten »Arbeitskampfrisikolehre« verwiesen (BAG NJW **1981**, 937 = BAG AP Nr. 70 und 71 zu Art. 9 GG »Arbeitskampf«). Danach darf der Arbeitgeber des (teil-)bestreikten Betriebes als Reaktion auf die Arbeitsniederlegung den eigenen Betrieb vorübergehend **komplett** stilllegen (BAG AP Nr. 129, 138 und 139 zu Art. 9 GG »Arbeitskampf«). Sämtliche Arbeitnehmer verlieren dadurch ihren Lohnanspruch. Diese Arbeitskampfrisikolehre betrifft allerdings im Hinblick auf den Lohnausfall naturgemäß nur die Nichtstreikenden; die streikenden Arbeitnehmer, die absichtlich nicht arbeiten, haben sowieso keinen Lohnanspruch, das ist nämlich ein normaler Fall der §§ 326 Abs. 1 Satz 1, 2. Halbsatz 441 Abs. 3 BGB wegen Unmöglichkeit nach § 275 Abs. 1 BGB (vgl. insoweit bitte auch weiter unten Fall Nr. 20 sowie umfassend MüKo/*Henssler* § 615 BGB Rzn. 102–107).

Erklärung: Der Arbeitgeber kann bei einem Streik, der nur einen Teil seines Betriebes betrifft, nicht gezwungen werden, den Betrieb mit den verbliebenen Arbeitnehmern weiterzuführen, wenn die wirtschaftliche Belastung zu einer Störung der Verhandlungs- und Kampfparität führte. Diese Störung lässt sich nämlich auch durch vergleichsweise geringen Aufwand seitens der Arbeitnehmer erreichen. Je nachdem, wie die streikenden Arbeitnehmer vorgehen, handelt es sich entweder um sogenannte »Schwerpunktstreiks«, wo also durch zahlenmäßig unter Umständen unerhebliche Nichtarbeit an besonders wichtigen Stellen der gesamte Betrieb beeinträchtigt wird, oder um sogenannte »Wellenstreiks«, wo die Arbeitnehmer unangekündigt wiederholt für kürzere Zeit die Arbeit niederlegen, sodass der Arbeitgeber sich nicht darauf einstellen kann (*Schaub/Treber* § 194 Rz. 20 ff.; *Palandt/Weidenkaff* § 615 BGB Rz. 22 ff.; MüKo/*Henssler* § 615 BGB Rzn. 102–107). Die Störung der Verhandlungs- und Kampfparität der Tarifparteien liegt dann darin, dass die Arbeitnehmer zu einem großen Teil arbeitsbereit bleiben, der Arbeitgeber sie aber nicht sinnvoll einsetzen kann. Müsste er jetzt allen angetretenen Arbeitnehmern den Lohn zahlen und nur den wenigen Streikenden nicht, hätte ein kleiner Aufwand eine bedeutsame wirtschaftliche Wirkung mit einer entsprechend hohen Drucksituation in den Tarifverhandlungen für den Arbeitgeberverband, dem der bestreikte Betrieb angehört (vgl. zum Ganzen MüKo/*Henssler* § 615 BGB Rzn. 102–107; *Henssler/Willemsen/Kalb/Hergenröder* Art. 9 GG Rz. 211 ff.).

Übrigens: Dies gilt unabhängig davon, ob die betroffenen Arbeitnehmer gewerkschaftlich organisiert sind. Zum einen weiß der Arbeitgeber dies in der Regel gar nicht, zum anderen kann man sich merken, dass Erfolge eines Arbeitskampfes (→ bessere Tarifbedingungen!) regelmäßig auch Verbesserungen für die mangels Gewerkschaftszugehörigkeit nicht tarifgebundenen Arbeitnehmer zur Folge haben (BAG-GS AP Art. 9 GG, Arbeitskampf Nr. 43). Um Unfrieden und auch Fragen bei der Einstellung zu vermeiden, sind in Arbeitsverträgen vielfach Klauseln zu finden, die auf einen bestimmten Tarifvertrag verweisen.

ZE.: Die Arbeitnehmer des bestreikten Betriebes tragen das sogenannte »Arbeitskampfrisiko« mit der Folge, dass eine Ausnahme bzw. Anspruchserhaltung nach § 615 Satz 3 BGB im Verhältnis zu den §§ 326 Abs. 1 Satz 1, 2. Halbsatz 441 Abs. 3 BGB **nicht** vorliegt. Auch der Anspruch der arbeitsbereiten Arbeitnehmer geht folglich nach den §§ 326 Abs. 1 Satz 1, 441 Abs. 3 BGB unter.

Ergebnis: Unser A hat deshalb für die wegen des Streiks ausgefallenen Stunden keinen Lohnanspruch aus § 611a Abs. 2 BGB.

Gesamtergebnis: Der A erhält keinen Lohn für die zwei verspäteten Stunden morgens (**kein** § 616 BGB), des Weiteren keinen Lohn für den Arbeitsausfall wegen des Streiks (**kein** § 615 Satz 3 BGB), dafür aber die Vergütung für die zwei Stunden Stromausfall (§ 615 Satz 3 BGB +). Da A im Übrigen zwei Stunden »normal« gearbeitet hat, steht ihm Vergütung nur für vier Stunden des Tages zu.

Vertiefungshinweis zum Arbeitskampf

Ein weiteres Problem stellt sich, wenn der Lohn fordernde Arbeitnehmer nicht im bestreikten Betrieb selbst beschäftigt ist, sondern in einem in der Zulieferkette nachfolgenden Betrieb, der aufgrund der Nichtproduktion im Streikbetrieb seinerseits die Arbeit vorläufig einstellen muss (das ist die sogenannte **Fernwirkung** eines Streiks). Hier kann man sich merken, dass das Lohnrisiko theoretisch zwar grundsätzlich beim Arbeitgeber bleibt, da eine Zwangssolidarisierung der Arbeitnehmer, wie sie die frühere Sphärentheorie für diese Fälle teilweise angenommen hat, angesichts der heutigen Arbeitswelt merkwürdig erschiene (vgl. *Schaub/Treber* § 194 Rz. 22 ff.). Anders ist dies allerdings, wenn es durch den Streik in einem Zuliefererbetrieb zu einer **konkreten** Störung der Kampfparität kommt. Das soll nach einer typisierenden Betrachtung dann der Fall sein, wenn durch den Streik eines anderen Betriebes ein Einfluss auf den Arbeitskampfverlauf tatsächlich zu befürchten ist; insbesondere dann, wenn der durch die Fernwirkung betroffene Betrieb demselben Arbeitgeberverband angehört wie der bestreikte Betrieb – logisch, man kann sich unschwer vorstellen, auf welches Ergebnis der Verhandlungen der nicht selbst bestreikte Unternehmer hinwirken würde. In diesem Fall tragen die Arbeitnehmer das Lohnrisiko, erhalten folglich keine Vergütung (BAG NZA **2016**, 47; BAG NZA **1999**, 552; BAG AP Nr. 70 und 71 zu Art. 9 GG »Arbeitskampf«; BAG NZA **1997**, 393). Die **Literatur** schließlich (z.B. *Zöllner/Loritz/Hergenröder* § 18 V 2, 3; *Lieb* in NZA 1990, 289; *Otto* in RdA 1987, 4) hält von dieser Differenzierung nichts: Die »typisierende Betrachtung« sei unpraktikabel; auch gebe es keinen Grund für eine Abweichung von § 326 Abs. 1 Satz 1 BGB – nach dieser Auffassung tragen auch bei Fernwirkungen allein die Arbeitnehmer das Lohnrisiko.

Prüfungsverdächtiges zum Schluss

Im Zusammenhang mit der Frage nach der Lohnzahlung ohne tatsächlich geleistete Arbeit lag dem BAG im **September 2016** ein Fall zur Entscheidung vor, der sich ziemlich prima als Prüfungsaufgabe sowohl für den universitären Betrieb als auch das Examen anbietet – und den wir uns deshalb hier jetzt zur Abrundung noch anschauen wollen. Die Geschichte spielt in einem »**METRO**«-Großmarkt im schönen Mannheim in Baden-Württemberg, wo sich – leicht vereinfacht – Folgendes zugetragen hatte (→ BAG NZA **2017**, 124):

> Der A war bei der Reinigungsfirma des F, die hauptsächlich mit der Reinigung von Großmärkten im Raum Mannheim ihr Geld verdient, als Reinigungskraft eingestellt. A sollte – so hatten es A und F ausdrücklich im Arbeitsvertrag festgehalten – nur in einem ganz bestimmten »**METRO**«-Großmarkt in der Innenstadt von Mannheim eingesetzt werden. Eine Beschäftigung des A an einem anderen Arbeitsplatz hatten A und F vertraglich ausdrücklich ausgeschlossen. Eines Tages erschien A wie üblich morgens früh im besagten METRO-Großmarkt und geriet aus ungeklärten Gründen in einen Streit mit dem Marktleiter M, an dessen Ende A von M aus dem Großmarkt verwiesen wurde. Noch am gleichen Tag erhielt A ein Schreiben von M,

in dem M dem A ein »dauerhaftes Hausverbot« erteilte und bei einer Zuwiderhandlung mit einer Strafanzeige wegen Hausfriedensbruchs drohte. A erschien gleichwohl am nächsten Morgen am Großmarkt und wollte arbeiten; ein Mitarbeiter des M verweigerte aber wegen des Hausverbotes den Zugang zum Markt. Im weiteren Verlauf dieses Tages erhielt A von seinem Arbeitgeber F dann die fristlose Kündigung ausgehändigt. Eine von A gegen diese Kündigung erhobene Kündigungsschutzklage gewann A vier Jahre später in letzter Instanz und verklagte anschließend den F auf Lohnnachzahlung für den gesamten Zeitraum. Der F verweigert allerdings die Zahlung, da er den A wegen des Hausverbots im METRO-Großmarkt des M nicht mehr habe beschäftigen können und folglich auch kein Anspruch auf die Vergütung bestehe. **Frage**: Stimmt das?

Einstieg: Anspruchsgrundlage für das Zahlungsbegehren des A gegen F kann im vorliegenden Fall nur der **§ 611a Abs. 2 BGB** in Verbindung mit dem Arbeitsvertrag des A sein. Der Arbeitsvertrag bestand fort, A hat den Kündigungsschutzprozess letztlich gewonnen. Der Anspruch auf Lohnzahlung ist demnach auf jeden Fall entstanden. **Aber**: Es fragt sich natürlich, welche Auswirkungen das von M ausgesprochene Hausverbot auf diesen Zahlungsanspruch des A hat; insbesondere stand ja im Arbeitsvertrag des A, dass er tatsächlich nur in genau **DIESEM** Großmarkt, den er aufgrund des Hausverbotes nun nicht mehr betreten darf, einsetzbar und eine Beschäftigung auf einem anderen Arbeitsplatz ausdrücklich ausgeschlossen gewesen ist.

Ansatz: Dadurch, dass es dem A nicht mehr gestattet war, den Großmarkt zu betreten, er aber aufgrund der arbeitsvertraglichen Regelung nur und ausschließlich dort seine Arbeitsleistung erbringen konnte, liegt ein Fall des § 275 Abs. 1 BGB in Form eines **UNVERMÖGENS** vor: (nur) der A konnte die geschuldete Leistung nicht mehr erbringen, jeder andere Arbeitnehmer des F hätte die Leistung noch erbringen können (= Unvermögen). **Folge**: Der A ist demnach von der Verpflichtung zur Leistung seiner Arbeit gemäß § 275 Abs. 1 BGB wegen Unvermögens frei geworden. Beachte insoweit bitte, dass es innerhalb der Bestimmung von Unmöglichkeit und Unvermögen bei § 275 BGB auf ein Verschulden des Leistungsverpflichteten nicht ankommt (vgl. nur *Erman/Westermann* § 275 BGB Rz. 1) und deshalb auch unerheblich ist, warum dem A ein Hausverbot erteilt wurde. **Nächster Schritt:** Aus der Befreiung von der Leistungspflicht gemäß § 275 Abs. 1 BGB folgt, dass A grundsätzlich gemäß § 326 Abs. 1 Satz 1 BGB (aufschlagen!) dann aber auch seinen Anspruch auf die Gegenleistung/Lohnzahlung verloren hat.

ZE.: Der Anspruch des A auf Zahlung seines Lohns ist zwar gemäß § 611a Abs. 2 BGB in Verbindung mit dem Arbeitsvertrag entstanden, dieser Anspruch ist aber wegen Unvermögens der Leistungserbringung nach § 326 Abs. 1 Satz 1 BGB in Verbindung mit § 275 Abs. 1 BGB wieder untergegangen.

Problem: Ist der Anspruch gleichwohl erhalten geblieben?

> **Achtung**: Insoweit wollen wir bitte zunächst beachten, dass ein Anspruchserhalt nach § 615 Satz 1 BGB ganz offensichtlich ausscheidet, denn es liegt kein Fall von Annahmeunwilligkeit, sondern höchstens ein Fall von **Annahmeunfähigkeit** vor. Der Arbeitgeber ist im vorliegenden Fall zur Entgegennahme der Arbeitsleistung wegen des ausgesprochenen Hausverbots rein faktisch außerstande gewesen = Annahmeunfähigkeit. In solchen Fällen aber – das haben wir weiter oben gelernt – kann sich der Erhalt des Anspruchs innerhalb des § 615 BGB nur nach § 615 Satz 3 BGB richten (BAG NZA **2017**, 124; BAGE **148**, 16; BAG NZA **2010**, 119). Also:

1.) Anspruchserhalt nach § 615 Satz 3 BGB (aufschlagen!)?

Überraschende Antwort: Nein!

Das BAG ordnete das von M gegenüber A ausgesprochene Hausverbot gleichwohl nicht den Fällen zu, in denen der Arbeitgeber (F) das Risiko des Arbeitsausfalls im Sinne des § 615 Satz 3 BGB zu tragen habe. Wörtlich heißt es:

»… Kann ein Arbeitnehmer wegen eines Hausverbots eines Kunden seines Arbeitgebers die vertraglich geschuldete Leistung nicht erbringen, beruht dies ***nicht*** *auf betriebstechnischen Umständen, wie etwa dem Ausfall von Produktionsmitteln oder einem von außen auf den Betrieb einwirkenden Geschehen (›höhere Gewalt‹), das die Beschäftigung der Belegschaft oder Teile davon unmöglich macht. Der § 615 Satz 3 BGB ist eine gesetzlich angeordnete Analogie, mit der – abweichend von den §§ 275, 326 BGB – nur bei einem Umstand, der dem* ***Betriebsrisiko*** *unterfällt, § 615 Satz 1 und 2 BGB Anwendung findet. Nimmt der Arbeitgeber, ohne dass ihn betriebstechnische Umstände daran hindern, die ihm angebotene Arbeitsleistung nicht an, bestimmt sich die Rechtsfolge nach § 615 Satz 1 BGB i.V.m. §§ 293 ff. BGB. Liegt hingegen ein Fall des* ***Unvermögens*** *des Arbeitnehmers vor, regelt allein der* ***§ 326 BGB,*** *ob der Vergütungsanspruch entfällt (→ § 326 Abs. 1 BGB) oder erhalten bleibt (→ § 326 Abs. 2 BGB) …«*

Also: Das von M gegenüber A ausgesprochene Hausverbot ist – wie oben schon mal erwähnt – als **UNVERMÖGEN** des A in Bezug auf die Leistungspflicht gegenüber F zu werten und demnach kein Fall des § 615 Satz 3 BGB. Dies hat zur Folge, dass ein Erhalten des Zahlungsanspruchs aus dieser Norm nicht in Frage kommt. Wir müssen vielmehr den § 326 Abs. 2 BGB (aufschlagen!) heranziehen, und der hat zwei mögliche Varianten zur Auswahl, und zwar:

2.) Anspruch erhalten aus § 326 Abs. 2 Satz 1, 1. Alt. BGB wegen Verschuldens/Verantwortlichkeit des Gläubigers (= F)?

Antwort: Nein!

Dem F kommt im vorliegenden Fall (natürlich) keine Verantwortlichkeit für das Unvermögen des A zur Arbeitsleistung zu. Insoweit taugt als Ansatzpunkt im Zweifel nur die sonderbare vertragliche Abrede zwischen F und A, wonach A nur in einem bestimmten Großmarkt beschäftigt werden sollte. Das aber reicht nicht. Hierzu wörtlich das BAG:

»... Der F hat mit dem Abschluss des Arbeitsvertrages in der hier vorliegenden Form – ausschließliche Beschäftigung im Großmarkt des M – ***nicht*** *das Risiko für den Fall übernommen, dass der Großmarkt die Arbeitsleistung des A – aus welchen Gründen auch immer – nicht zulässt. Dies wäre nur dann anders zu beurteilen gewesen, wenn der Arbeitgeber den Arbeitnehmer einstellt in Kenntnis eines etwaigen Hausverbots, er also Kenntnis vom möglichen Leistungshindernis hatte. Der Umstand,* ***warum*** *ein Arbeitnehmer nur für eine bestimmte Tätigkeit an einem bestimmten Ort eingestellt wird, kann im Übrigen vielfältige Gründe haben und auch im Interesse des* ***Arbeitnehmers*** *liegen. Er rechtfertigt indes allein nicht die Annahme, der Arbeitgeber wolle damit vertraglich das Vergütungsrisiko übernehmen für den Fall, dass der Kunde dem Arbeitnehmer ein aus dessen Sphäre resultierendes Hausverbot erteilt ...«*

ZE.: Der einmal gemäß § 611a Abs. 2 BGB in Verbindung mit dem Arbeitsvertrag entstandene, dann gemäß § 326 Abs. 1 Satz 1 BGB wieder untergegangene Zahlungsanspruch wird jedenfalls nicht von § 326 Abs. 2 Satz 1, 1. Alt BGB wegen Verschuldens bzw. der Verantwortlichkeit des Gläubigers für das Leistungshindernis erhalten.

3.) Anspruch erhalten gemäß § 326 Abs. 2 Satz 1, 2. Alt. BGB wegen Annahmeverzuges des F?

Antwort: Auch **NEIN**!

Zwar ist der Annahmeverzug gemäß den §§ 293 ff. BGB grundsätzlich an kein Verschulden gebunden, der Gläubiger kommt also auch ohne eigenes Verschulden in Verzug, sofern er nur die ihm angebotene Leistung nicht annimmt (unstreitig: BGHZ **24**, 91; BGH NJW-RR **1994**, 1469; NK/*Schmidt-Kessel* § 293 BGB Rz. 15; MüKo/*Ernst* § 293 BGB Rz. 18; *Staudinger/Löwisch/Feldmann* vor § 293 BGB Rz. 1). Demzufolge müsste hier somit eigentlich der Annahmeverzug des F und damit auch der Anspruchserhalt gemäß § 326 Abs. 2 Satz 1, 2. Alt BGB zu bejahen sein.

Aber: Etwas anderes ergibt sich im vorliegenden Fall aus **§ 297 BGB** (aufschlagen!). Das BAG sieht die Voraussetzungen der Norm als gegeben an und begründet dies wie folgt:

»... Unbeschadet der sonstigen Voraussetzungen kommt der Arbeitgeber nach § 297 BGB ***nicht*** *in Annahmeverzug, wenn der Arbeitnehmer außer Stande ist, die Arbeitsleistung zu bewirken. Die Leistungsfähigkeit ist – neben dem Leistungswillen – eine vom Leistungsangebot und dessen Entbehrlichkeit unabhängige Voraussetzung, die während des gesamten Annahmeverzugszeitraums vorliegen muss. Unerheblich ist dabei die Ursache für die Leistungsunfähigkeit des Arbeitnehmers. Das Unvermögen kann auf tatsächlichen Umständen (wie z.B. Arbeitsunfähigkeit) beruhen oder ihre Ursache im Rechtlichen haben, etwa wenn ein gesetzliches Beschäfti-*

gungsverbot besteht oder eine erforderliche Erlaubnis für das Ausüben der geschuldeten Tätigkeit fehlt (BAGE ***153****, 85). Nach diesen Grundsätzen bedingte ein an den A gerichtetes, aus seiner Sphäre resultierendes Hausverbot des METRO-Großmarktes ein Unvermögen im Sinne des § 297 BGB (vgl. HWK/Krause 7. Aufl. § 615 BGB Rn. 55; Schaub/Linck ArbR-Hdb 16. Aufl. § 95 Rn. 44). Ein Hausverbot bringt den einem Betreten des geschützten Raums entgegenstehenden Willen des Hausrechtsinhabers zum Ausdruck. Damit ist der A, wollte er sich nicht strafbar machen, aufgrund des ihm erteilten Hausverbots, wenn nicht tatsächlich, so doch jedenfalls rechtlich gehindert, an die Arbeitsstelle zu gelangen und die dort geschuldete Arbeitsleistung zu erbringen. Weil nach § 294 BGB die Leistung so angeboten werden muss, wie sie zu bewirken ist, also am rechten Ort, zur rechten Zeit und in der rechten Art und Weise entsprechend dem Inhalt des Schuldverhältnisses (BAGE* ***149****, 144), liegt* ***Unvermögen*** *im Sinne des § 297 BGB auch dann vor, wenn der Arbeitnehmer an sich arbeitsfähig ist, aber nicht an den Arbeitsplatz gelangen kann … Dem A stand daher auch kein Anspruch auf Lohnzahlung aus § 326 Abs. 2 Satz 1, 2. Alt BGB zu, es mangelt an den Voraussetzungen des Annahmeverzuges …«* (BAG NZA **2017**, 124).

Schlussbemerkung: Damit geht der A tatsächlich leer aus und trägt namentlich das Risiko der Unerbringlichkeit der Leistung wegen des Hausverbots. Im Ergebnis scheint das auch irgendwie gerecht, denn schließlich hat der A die sonderbare Vertragskonstruktion, wonach er nur in einem ganz bestimmten Markt arbeiten sollte, unterschrieben (und demnach wohl auch gewollt!). Dem F das Risiko aufzubürden, dass A im besagten METRO-Markt ein Hausverbot erhält, wäre zudem auch wenig nachvollziehbar, denn schließlich hat F darauf keinerlei Einfluss, das Hausverbot liegt im konkreten Fall eindeutig in der »Sphäre« des A begründet. Im Original war der Fall übrigens noch etwas komplizierter, denn unser A war bedauerlicherweise auch noch ein schwerbehinderter Arbeitnehmer (was vermutlich auch der Grund für die Beschränkung auf den Markt des M war) und die Umstände des Hausverbots zwischen den Parteien ziemlich streitig: Der A hat bis zum Schluss bestritten, dass ihm das Schreiben des M mit dem Hausverbot überhaupt zugegangen ist. Das BAG hat die Sache daher zur weiteren Aufklärung wieder an das LAG Baden-Württemberg zurückverwiesen, stellte aber klar, dass im Falle eines tatsächlich ausgesprochenen und dem A zugegangenen Hausverbots dem A keinerlei Ansprüche auf Lohnzahlung zuständen (→ BAG NZA **2017**, 124). Beachtlich.

Das Allerletzte: Annahmeverzug in den Betriebsferien?

Merke: Grundsätzlich gerät der Arbeitgeber während der Betriebsferien nicht in Annahmeverzug (BAG BB **1976**, 1419). **Aber:** Das gilt nicht, wenn ein Arbeitnehmer – etwa während der Probezeit – noch gar nicht urlaubsberechtigt ist und tatsächlich arbeiten möchte. In diesem Fall ist der Arbeitgeber im Zweifel nicht berechtigt, den Arbeitnehmer (unbezahlt) von der Arbeit freizustellen. Er gerät vielmehr in Annahmeverzug und ist daher zur Lohnzahlung während der Betriebsferien verpflichtet (LAG Rheinland-Pfalz AuA **2017**, 546).

Gutachten

I.) Anspruch des A auf Lohnfortzahlung trotz Verspätung

Ein Anspruch auf Arbeitslohn kann sich aus § 611a Abs. 2 BGB in Verbindung mit dem Arbeitsvertrag ergeben.

1.) Zwischen A und B besteht ein Arbeitsvertrag. Der Lohnanspruch des A aus § 611a Abs. 2 BGB in Verbindung mit dem Arbeitsvertrag ist entstanden. Der Anspruch kann aber im Fall der Verspätung gemäß den §§ 326 Abs. 1 Satz 1 2. Halbsatz, 441 Abs. 3 BGB wegen teilweiser Unmöglichkeit der Arbeitsleistung im Sinne von § 275 Abs. 1 BGB untergegangen sein. Bei der Arbeitsleistung handelt es sich um einen Fall der absoluten Fixschuld und somit bei der Nichterbringung um eine Unmöglichkeit. Die Frage des Vertretenmüssens ist für das Problem des Entfallens der Leistungspflicht des Arbeitnehmers nach § 275 Abs. 1 BGB sowie des korrespondierenden Entfallens der Lohnzahlungspflicht nach § 326 Abs. 1 Satz 1 BGB unerheblich. Der Anspruch wäre demnach nach den §§ 326 Abs. 1 Satz 1, 441 Abs. 3 BGB untergegangen.

2.) Möglicherweise kann A den Lohnanspruch jedoch auf die Sonderregelung des § 616 BGB stützen. Dann muss A für eine verhältnismäßig nicht erhebliche Zeit an der Arbeit verhindert gewesen sein. Dies ist hier der Fall. Der Grund für diese Verhinderung muss in der Person des A liegen, ohne dass er diesen verschuldet hat. Die Verspätung wegen der Verzögerungen im öffentlichen Nahverkehr beruht aber auf äußeren Umständen, die nicht in der Person des Dienstberechtigten begründet liegen. Ein Leistungshindernis im Sinne des § 616 BGB liegt somit nicht vor. Das Wegerisiko trägt A als Arbeitnehmer.

Ergebnis: Der Lohnanspruch des A ist damit nach § 326 Abs. 1 Satz 1, 2. HS BGB in Verbindung mit § 441 Abs. 3 BGB wegen Teilunmöglichkeit untergegangen.

II.) Anspruch trotz Stromausfalls

Möglicherweise hat der Stromausfall gemäß den §§ 326 Abs. 1 Satz 1, 441 Abs. 3 BGB zu einem Untergang der Lohnzahlungspflicht des B geführt. A hat nicht gearbeitet mit der Folge, dass an sich die Voraussetzungen der genannten Normen erfüllt sind.

Ein anderes Ergebnis kann sich aus der Sonderregelung des § 615 Satz 3 BGB ergeben. Hiernach finden § 615 S. 1 und 2 BGB entsprechende Anwendung, wenn der Arbeitgeber das Risiko des Arbeitsausfalls trägt. Wann der Arbeitgeber das genannte Risiko trägt, regelt § 615 Satz 3 BGB nicht. Die Regelung ist jedoch als Kodifizierung der sogenannten Betriebsrisikolehre zu verstehen. Hiernach trägt der Arbeitgeber das Lohnrisiko, wenn eine Betriebsstörung vorliegt und weder Arbeitgeber noch Arbeitnehmer den Arbeitsausfall zu vertreten haben. Vorliegend ist der Arbeitsausfall durch eine technische Störung bedingt, die in der betrieblichen Sphäre wurzelt. Weder B noch die Beschäftigten trifft hinsichtlich des Stromausfalls ein Verschulden. Damit liegt eine Betriebsstörung im Sinne der Betriebsrisikolehre vor. Das Lohnrisiko obliegt allein dem Arbeitgeber.

Folglich findet § 615 Satz 3 BGB Anwendung mit der Folge, dass A nach Maßgabe des § 615 Satz 1 BGB den ihm aus § 611a Abs. 2 BGB in Verbindung mit dem Arbeitsvertrag zustehenden Lohn für die Zeit des Stromausfalls beanspruchen kann.

III.) Anspruch trotz streikbedingten Arbeitsausfalls

Am Nachmittag ab 14:00 Uhr hat A seine Arbeitsleistung wegen des Streiks nicht erbracht. Damit ist ein Vergütungsanspruch an sich nach dem Grundsatz »Ohne Arbeit kein Lohn« ausgeschlossen, wenn sich nicht unter dem Gesichtspunkt des § 615 Satz 3 BGB in Verbindung mit der Betriebsrisikolehre etwas anderes ergibt.

1.) Es muss ein Anwendungsfall der Betriebsrisikolehre vorliegen. Dies ist zweifelhaft, weil die Störung hier nicht auf betriebstechnischen Umständen, sondern auf dem Streik einiger Arbeitnehmer beruht. Dass die Beschäftigung wirtschaftlich nicht sinnvoll ist, vermag den B gleichwohl nicht zu entlasten. Das Wirtschaftsrisiko trägt grundsätzlich der Arbeitgeber. Hiernach wäre ein Lohnanspruch des A aus § 611a Abs. 2 BGB in Verbindung mit dem Arbeitsvertrag und §§ 615 Satz 1, 293 ff. BGB begründet.

2.) Etwas anderes kann sich hier aus dem Umstand ergeben, dass der Betrieb des B bestreikt wird. Während früher angenommen wurde, dass die Betriebsstörung bei einem Streik aus der Sphäre der Arbeitnehmer stammt (sogenannte Sphärentheorie) und die nicht streikenden Arbeitnehmer somit ihren Lohnanspruch automatisch verloren, hat sich heute eine differenzierte Betrachtung allgemein durchgesetzt. Nach den Grundsätzen der sogenannten Arbeitskampfrisikolehre hat der Arbeitgeber das Lohnrisiko für die nicht an dem Streik teilnehmenden Arbeitnehmer dann nicht zu tragen, wenn die wirtschaftliche Belastung zu einer Störung der Verhandlungs- und Kampfparität führte. Hiernach schuldete B dem A dann keine Vergütung, wenn sich die Aufrechterhaltung des Betriebes mit den verbleibenden arbeitswilligen Arbeitnehmern als nach dem geschilderten Maßstab unzumutbar darstellte. Anhaltspunkte für eine insoweit erforderliche Störung der Kampfparität sind hier allerdings nicht ersichtlich. B bliebe gegenüber A zu einer Lohnzahlung verpflichtet.

3.) Allerdings ist der unmittelbar betroffene Arbeitgeber im Falle eines Teilstreiks der Belegschaft unabhängig von der wirtschaftlichen Zumutbarkeit der Betriebsfortführung berechtigt, den Betrieb für die Streikdauer einzustellen, sogenannte einseitige Stilllegungsbefugnis des Arbeitgebers. Von diesem Recht hat der B durch einseitige Erklärung gegenüber A wirksam Gebrauch gemacht. Die Rechtsfolge der vorübergehenden Betriebsstilllegung ist, dass die arbeitswilligen Arbeitnehmer das Arbeitskampfrisiko tragen müssen.

Ergebnis: A hat deshalb für die Zeit des streikbedingten Ausfalls keinen Lohnanspruch gegen B.

Fall 10

Wer zahlt was?

A ist Auslieferungsfahrer im Betrieb des B. Eines Abends soll A noch eine dringende Sendung zu einem Kunden bringen. Obwohl A von seinem Arbeitstag ziemlich erschöpft ist, willigt er aus Angst um seinen Arbeitsplatz ein. Entsprechend der Dienstvorschriften fährt ein zweiter Arbeitnehmer des B, der M, mit. An einer Kreuzung übersieht A dann aus Unachtsamkeit die Vorfahrtsregeln sowie das Fahrzeug des F. Es kommt zu einem Unfall. Am Transporter des B entsteht ein Schaden in Höhe von 5.000 €; außerdem erleidet M diverse Verletzungen. Auch das Fahrzeug des F wird beschädigt (2.000 €). Am nächsten Tag fordert B den A dann auf, den Schaden zu begleichen. Das Fahrzeug sei nämlich für solche Unfälle nicht kaskoversichert. Auch F fordert von A Schadensersatz. M schließlich macht keinerlei Ansprüche geltend, da seine Unfallversicherung U die Kosten gedeckt hatte. Allerdings fragt U jetzt, ob sie Regress bei A wegen der an M erbrachten Leistungen nehmen kann.

Rechtslage? Das StVG bleibt außer Betracht.

Schwerpunkte: Die Arbeitnehmerhaftung; innerbetrieblicher Schadensausgleich bei Schäden des Arbeitgebers; die BAG-Rechtsprechung zur Schadensquotelung; Anwendbarkeit auf jede betrieblich veranlasste Tätigkeit; Einzelfall-Lösung bei normaler Fahrlässigkeit; Haftung des Arbeitnehmers bei Schädigung von im selben Betrieb Tätigen; Haftung bei Schädigung Dritter; Freistellungsanspruch gegen den Arbeitgeber. Nachschlag: die sogenannte »Mankohaftung«.

Lösungsweg

Vorweg: Aufgepasst, hier kommt ein weiterer »Klassiker«, nämlich die Haftung des Arbeitnehmers für während des Dienstes verursachte Schäden. Nicht wirklich schwer, aber absolut Standardprogramm für das Studium des Arbeitsrechts. Und das auch aus gutem Grund: Unfälle während des Dienstes kommen nämlich im richtigen Leben täglich zu zigtausenden vor, unzählige Arbeitnehmer verursachen Schäden beim Umgang mit den Arbeitsmitteln, etwa wie hier in unserem Fall mit dem Auto. Und die Frage ist dann natürlich, wer für den entstandenen Schaden haften muss. Dass das nicht alleine auf dem Arbeitnehmer sitzen bleiben darf, ist – auch ohne, dass wir es uns schon näher angesehen haben – klar. Denn zum einen arbeitet der Arbeitnehmer ja auf Veranlassung des Arbeitgebers und zum anderen würde eine komplette Einstandspflicht des

Arbeitnehmers diesen im Zweifel wirtschaftlich ruinieren. Und nach allem, was wir in diesem Buch zu den Rechten des Arbeitnehmers bislang gelernt haben, darf das natürlich nicht sein. Und weil das nicht sein darf, gibt es eben besondere Regeln, die die Haftung des Arbeitnehmers bei Arbeitsunfällen regeln. Die schauen wir uns anhand des vorliegenden Falles jetzt mal in aller Ruhe an und gehen dabei – wie immer bei einer Falllösung – schön dogmatisch, also in der klassischen Anspruchsprüfung vor:

I.) Anspruch des B gegen A wegen des Schadens am Transporter

AGL: § 280 Abs. 1 BGB (Schadensersatz wegen Pflichtverletzung)

1.) Schuldverhältnis: Der zwischen den Parteien geschlossene Arbeitsvertrag im Sinne des § 611a Abs. 1 BGB ist ein Schuldverhältnis nach § 280 Abs. 1 BGB (Palandt/ Grüneberg § 280 BGB Rz. 16).

2.) Pflichtverletzung: Hieraus trifft den A die Pflicht, den Transporter unter Beachtung der im Straßenverkehr erforderlichen Sorgfalt zu fahren und die Verkehrsvorschriften zu beachten. Diese Pflicht hat A verletzt, indem er unter Missachtung der Vorfahrtsregelungen einen Unfall mit dem Fahrzeug des F verursacht hat.

3.) Vertretenmüssen: Für das Arbeitsverhältnis bestehen im Rahmen der §§ 611a ff. BGB keine besonderen Regelungen dahingehend, was der Arbeitnehmer zu vertreten hat. Somit ist auch im Arbeitsrecht der allgemeine Haftungsmaßstab des § 276 Abs. 1 Satz 1 BGB anzuwenden (*Brox/Rüthers/Henssler* Rz. 99; *Schaub/Linck* § 59 Rz. 16).

Feinkost: Allerdings normiert **§ 619a BGB** eine Beweislastumkehr in Abweichung zu § 280 Abs. 1 Satz 2 BGB, sodass das Verschulden des Arbeitnehmers nicht zu vermuten ist – mit anderen Worten: Es ist nicht Aufgabe des Arbeitnehmers, sein Nichtvertretenmüssen zu beweisen. Der Arbeitgeber trägt vielmehr die Darlegungs- und Beweislast für das Verschulden des Arbeitnehmers. Für die Prüfung in der Klausur ist das insofern wichtig, als zum Vertretenmüssen dann ein paar Worte verloren werden müssen, während man ja ansonsten das Verschulden mangels entgegenstehender Hinweise im Sachverhalt vermuten darf. Der § 619a BGB, der zum 01.01.2002 in das BGB eingefügt wurde, entspricht übrigens der Rechtsprechung des BAG vor Änderung des Gesetzes (vgl. BAG NZA **1999**, 141).

Unser A hat den Unfall fahrlässig verursacht, indem er einem anderen Fahrzeug die Vorfahrt genommen hat. Verschulden im Sinne der §§ 280, 276 BGB liegt demnach vor.

4.) Schaden und Kausalität: Durch die schuldhafte Pflichtverletzung ist dem B ein Schaden in Höhe von 5.000 € entstanden.

ZE.: Der A müsste deshalb eigentlich gemäß § 280 Abs. 1 BGB nach Maßgabe der §§ 249 ff. BGB Schadensersatz in entsprechender Höhe leisten.

5.) Haftungserleichterung?

So, bis hierhin war das jetzt kein Problem. Wir haben einfach den § 280 BGB durchgeprüft und festgestellt, dass A an sich zahlen muss, weil er innerhalb eines Schuldverhältnisses (Arbeitsvertrag) einen Schaden aufgrund einer Pflichtverletzung schuldhaft verursacht hat.

Weil wir hier aber im Arbeitsrecht sind, ist das natürlich noch nicht das letzte Wort. Wir haben ja oben in der Einleitung des Falles schon gesagt, dass bei der Haftung des Arbeitnehmers **Sonderregelungen** gelten. Insbesondere stellt sich die Frage, ob es gerecht ist, dem Arbeitgeber einen Schadensersatzanspruch in voller Höhe gegen seinen Arbeitnehmer wegen Beschädigung des Arbeitsmaterials zuzusprechen. Darüber, dass im Arbeitsrecht eine Haftungserleichterung stattfinden muss, besteht Einigkeit. Zum einen ist zu berücksichtigen, dass der Arbeitnehmer eine fremdbestimmte Tätigkeit ausübt und dem Arbeitgeber der Mehrwert (Nutzen) der Arbeitsleistung zufließt. Zum anderen ist nicht auszuschließen, dass auch der sorgfältigste Arbeitnehmer irgendwann einen Schaden verursacht. Außerdem hätte die volle Haftung für das oftmals teure Arbeitsgerät eine Existenzgefährdung für den Arbeitnehmer zur Folge. Daher ist es unangemessen, dem Arbeitnehmer das (volle) Risiko von Schäden an den Arbeitsmitteln aufzubürden (allgemeine Ansicht: BAG NZA **1999**, 263; ErfKomm/*Preis* § 619a BGB Rz. 9).

Um diesem Problem nun gerecht zu werden, zieht die herrschende Meinung die Vorschrift des **§ 254 BGB analog** heran mit der möglichen Folge einer Minderung oder eines kompletten Ausschlusses der Haftung (BAG NZA **2011**, 345; BAG NZA **2000**, 715; BAG NJW **1995**, 212; *Brox/Rüthers/Henssler* Rz. 102; *Blomeyer* in JuS 1993, 903).

Beachte: Diskutiert wird außerdem, ob man die Haftungserleichterung nicht auch unmittelbar aus **§ 276 Abs. 1 Satz 1 BGB** (aufschlagen!) herleiten kann (*Henssler* in RdA 2002, 129). Dagegen spricht jedoch zum einen, dass es sich dann um eine vertragliche Haftungsbeschränkung handeln würde, die dementsprechend abdingbar wäre, was das BAG indessen grundsätzlich verneint (BAG NZA **2004**, 649; *Schwab* in NZA-RR 2006, 449, 453). Zum anderen ist beachtlich, dass der Maßstab des Vertretenmüssens der falsche Ansatzpunkt wäre, da das Ergebnis dann nur volle Haftung oder gar keine Haftung lauten könnte. Das ist aber bei der Arbeitnehmerhaftung gerade nicht gewollt (sehen wir gleich noch). Der Gesetzgeber hat zudem ausdrücklich offengelassen, auf welche dogmatische Grundlage das Konzept der Arbeitnehmerhaftung fortan zu stellen ist (BT-Drs. 14/6857 Seite 48.), sodass auch weiterhin § 254 BGB analog herangezogen werden kann.

Bevor wir uns nun die Voraussetzungen der Haftungserleichterung im Einzelnen anschauen, wollen wir zum leichteren Verständnis noch einen ganz kurzen Blick auf die historische Entwicklung der Haftung des Arbeitnehmers werfen:

Rechtsgeschichte: Die Rechtsprechung hatte nämlich zur Haftungsbegrenzung des Arbeitnehmers über viele Jahrzehnte hinaus verlangt, dass es sich bei der Tätigkeit des

Arbeitnehmers um eine sogenannte »gefahrgeneigte Arbeit«, demnach um eine Tätigkeit handelt, bei der der Arbeitnehmer besonderen Schadensrisiken ausgesetzt ist (BAG NJW **1958**, 235 bis BAG NJW **1983**, 1693). Dieser Begriff der »Gefahrgeneigtheit« bestimmte demzufolge fast 40 Jahre die Rechtsprechung des BAG zur Haftung des Arbeitnehmers, bis das Gericht im Jahre **1994** mit einer Leitentscheidung diese Voraussetzung aufgegeben hat (BAG vom **27.9.1994** = BAGE **78**, 56 = NZA **1994**, 1083). Hintergrund war, dass zunehmende Kritik dahingehend laut wurde, der Begriff der Gefahrgeneigtheit sei zu unbestimmt, benachteilige einzelne Berufsgruppen und führe letztlich nicht zu sachgerechten Ergebnissen (vgl. dazu ErfKomm/*Preis* § 619a BGB Rz. 9; *Schaub/Linck* § 59 Rz. 24 ff.). Das BAG hat sich dem dann angeschlossen mit der Konsequenz, dass die Gefahrgeneigtheit seit dem September 1994 **keine** Voraussetzung mehr für die Haftungserleichterung des Arbeitnehmers ist, wenngleich sie bei der Frage, wie die Schadenslast konkret zu verteilen ist, durchaus noch eine Rolle spielen kann (*Schaub/Linck* § 59 Rz. 49 f.; hierzu noch im Folgenden).

In der Entscheidung aus dem besagten September 1994 hat das BAG dann die bis heute gültigen Leitlinien zu der Frage aufgestellt, unter welchen Voraussetzungen die Haftungsbeschränkungen Gültigkeit haben, und zwar:

Ausreichend für eine Beschränkung der Arbeitnehmerhaftung im sogenannten »innerbetrieblichen Schadensausgleich« ist, dass eine »betrieblich veranlasste Tätigkeit« des Arbeitnehmers zu dem Schaden geführt hat; es ist insbesondere **nicht** notwendig, dass die in Frage stehende Tätigkeit »gefahrgeneigt« ist (BAG NZA **2011**, 406; BAG NZA **2011**, 345; BAG NZA **1994**, 1083; ErfKomm/*Preis* § 619a BGB Rz. 10, 12). Denn immer dann, wenn der Arbeitnehmer im Interesse des Arbeitgebers eine betriebliche Tätigkeit übernimmt, erhöht sich bereits das Schadensrisiko, ohne dass der Arbeitnehmer diesem ausweichen könnte, was übrigens nach der Rechtsprechung des BAG auch dann gelten kann, wenn der Arbeitnehmer außerhalb seiner Dienstzeit – und sogar an einem Sonntag! – in die Geschäftsräume des Arbeitgebers gelangt und dort Schaden anrichtet (lesenswerte Geschichte: BAG NZA **2011**, 345).

Und bezüglich der Haftung des Arbeitnehmers für Schäden, die in Ausführung einer betrieblichen Tätigkeit verursacht worden sind, gilt nun folgende Aufteilung (BAG NZA **2011**, 345; ErfKomm/*Preis* § 619a BGB Rz. 13 ff.):

→ Bei Vorsatz haftet der Arbeitnehmer unbeschränkt.

→ Bei grober Fahrlässigkeit haftet der Arbeitnehmer ebenfalls unbeschränkt. Grob fahrlässig handelt, wer die im Verkehr erforderliche Sorgfalt nach den gesamten Umständen des Einzelfalles in ungewöhnlich hohem Maße verletzt und unbeachtet lässt, was im gegebenen Fall jedem hätte einleuchten müssen (BAG DB **2013**, 705); hierbei muss sich die grobe Fahrlässigkeit sowohl auf die **schädigende Handlung** als auch auf den **Schadenseintritt** als solchen beziehen (BAG NZA **2011**, 406; BAG NZA **2011**, 345; BAG NZA **1998**, 310; BAG NZA **1990**, 97).

Beachte: Allerdings schließt das BAG eine Schadensteilung bzw. eine Haftungsbegrenzung auch bei grober Fahrlässigkeit nicht kategorisch aus. Ob eine Entlastung des Arbeitnehmers in Betracht kommt, ist auf Grund einer Abwägung zu entscheiden (BAG NZA **2007**, 1230) – was in einer juristischen Prüfungssituation (mal wieder) bedeutet, dass der Sachverhalt genau gelesen werden muss und **alle** Angaben daraus für die Abwägung zu verwerten sind. Insbesondere dann, wenn der Verdienst des Arbeitnehmers im deutlichen Missverhältnis zum Schadensrisiko und/oder zum tatsächlich eingetretenen Schaden steht, hält das BAG eine Haftungsbegrenzung für möglich und angebracht. Allerdings gibt es keine bestimmten Haftungsobergrenzen, denn das BAG steht – nachvollziehbar – auf dem Standpunkt, dass es Aufgabe des Gesetzgebers wäre, solche einzuführen (BAG DB **2013**, 705). Das BAG hat übrigens bislang einzelne Entscheidungen der Instanzgerichte bestätigt, die eine Haftung zwischen 3,5 und 12 Monatsgehältern für noch zumutbar erachtet haben (BAG DB **2013**, 705; BAG NZA **2011**, 345; BAG NZA **2007**, 1230; BAG NZA **1990**, 97; BAG NZA **1998**, 140). **Aber**: Sofern der Arbeitnehmer eine gesetzlich vorgeschriebene Haftpflichtversicherung hat, kann er sich **nicht** auf eine solche Haftungsobergrenze berufen (→ BAG NZA **2011**, 345).

→ Bei normaler (= mittlerer) Fahrlässigkeit wird regelmäßig eine **Schadensteilung** (Quotelung) angenommen, wobei für den Umfang der Haftung die Umstände des Einzelfalles maßgeblich sind. Mittlere Fahrlässigkeit liegt vor, wenn der Arbeitnehmer ohne Vorwurf besonderer Schwere die im Verkehr erforderliche Sorgfalt außer Acht gelassen hat, der rechtlich missbilligte Erfolg bei Anwendung der gebotenen Sorgfalt also voraussehbar und vermeidbar gewesen wäre (ErfKomm/*Preis* § 619a BGB Rz. 16; LAG Bremen NZA-RR **2000**, 126). Hinsichtlich der Quotelung zu berücksichtigende Umstände des Einzelfalles sind insbesondere: Gefahrgeneigtheit der Tätigkeit, Verhalten des Arbeitnehmers in der Vergangenheit und das Verhalten des Arbeitgebers (ErfKomm/*Preis* § 619a BGB Rz. 16). Gerade bei Unfällen mit Kraftfahrzeugen spielt auch die Versicherbarkeit des Schadensrisikos eine Rolle, denn wenn der Arbeitgeber eine zumutbare Versicherung nicht abschließt, dann ist er so zu behandeln, als ob eine solche Versicherung bestünde, und die Haftung des Arbeitnehmers ist auf die fiktive Selbstbeteiligung des Versicherungsnehmers im Schadensfall begrenzt (BAG AP Nr. 92 zu § 611 BGB »Arbeitnehmerhaftung«; *Schaub/Linck* § 59 Rz. 48).

→ Bei leichter Fahrlässigkeit (culpa levissima) haftet der Arbeitnehmer nicht. Leichte Fahrlässigkeit liegt vor, wenn es sich um geringfügige und leicht entschuldbare Pflichtwidrigkeiten handelt, die jedem Arbeitnehmer unterlaufen können, wie z.B. Fälle des »Sich-Vergreifens«, »Sich-Versprechens«, »Sich-Vertuns« (vgl. BGH NJW **1972**, 440; MünchArbR/*Blomeyer* § 59 Rz. 45)

Also: Das sind die unbedingt (!) zu lernenden und vor allem zu behaltenden Regeln der Haftung des Arbeitnehmers für die von ihm verursachten Schäden, der sogenannte

»innerbetriebliche Schadensausgleich«, der übrigens auch bei der Beschädigung an **eigenen** Sachen des Arbeitnehmers funktioniert, vornehmlich am eigenen PKW des Arbeitnehmers, wenn dieser auf Anweisung des Chefs zum Dienst verwendet wird (vgl. dazu BAG NZA **2011**, 406 und BAG NZA **2011**, 91).

Und jetzt zurück zu unserem Fall: Der A hat den in Frage stehenden Unfall nicht vorsätzlich, sondern fahrlässig herbeigeführt. Es liegt offensichtlich keine culpa levissima vor, da A an der Kreuzung die Vorfahrt hätte beachten müssen. Aber auch grobe Fahrlässigkeit kann mangels weiterer Anhaltspunkte nicht angenommen werden. Das wäre vom Kaliber her etwa das Telefonieren ohne Freisprechanlage zum Unfallzeitpunkt gewesen; oder auch eine erhebliche Geschwindigkeitsüberschreitung; oder das Missachten des Rotlichts an der Ampel; oder auch starke Alkoholisierung am Steuer (BAG AP BGB § 611 Haftung des Arbeitnehmers Nr. 117; LAG Köln NZA **1999**, 991; LAG Rheinland-Pfalz NZA-RR **1996**, 443). Einfach nur unachtsam zu sein, reicht für eine grobe Fahrlässigkeit nicht aus. Demzufolge liegt hier nur eine normale (mittlere) Fahrlässigkeit vor mit der Konsequenz, dass eine **Schadensteilung** nach den Umständen des Einzelfalles vorzunehmen ist.

Dabei ist zunächst zu berücksichtigen, dass A die Fahrt nach einem langen Arbeitstag nur aus Angst um seinen Arbeitsplatz angenommen hat. Außerdem muss das Fehlen einer üblichen **Kaskoversicherung** in die Schadensteilung mit einbezogen werden. B ist es als Arbeitgeber zuzumuten, das Schadensrisiko seiner Fahrer durch eine Kaskoversicherung abzumildern. Andernfalls bestünde für die Arbeitnehmer bei jedem Schaden die Gefahr des finanziellen Ruins, da sie sich die wahrscheinlich kostspielige Reparatur oder gar die Neuanschaffung eines Transporters nicht leisten könnten. Insoweit ist es dem Arbeitgeber als Mitverschulden bei der Entstehung eines entsprechenden Schadens zuzurechnen, wenn er ein versicherbares Risiko nicht versichert hat (BAG AP Nr. 37 und 39 zu § 611 BGB Haftung des Arbeitnehmers; *Brox/Rüthers/Henssler* Rz. 102). Der Arbeitnehmer haftet in solchen Fällen nur bis zur Höhe des fiktiven Selbstbehaltes (s. vorherige Seite und vgl. dazu auch *Hübsch* in BB 1998, 690).

Daraus folgt, dass die Haftung des A auf den Betrag der (üblichen) fiktiven Selbstbeteiligung des Versicherungsnehmers im Schadensfalle zu begrenzen ist.

Erg.: A haftet dem B aus § 280 Abs. 1 BGB nur in Höhe der üblichen Selbstbeteiligung bei einer fiktiven Kaskoversicherung, da aufgrund der Haftungsbeschränkung im innerbetrieblichen Schadensausgleich eine entsprechende Quotelung vorzunehmen ist. Die 5.000 € erhält B daher nicht von A.

<u>AGL.</u>: § 823 Abs. 1 BGB (unerlaubte Handlung)

A hat durch Missachten der Vorfahrt (= Fahrlässigkeit) das Eigentum des B verletzt. Er handelte dabei auch rechtswidrig und schuldhaft. Die Tatbestandsvoraussetzungen des § 823 Abs. 1 BGB liegen vor. Indes gelten logischerweise auch bei § 823 Abs. 1 BGB die dargelegten Grundsätze über den innerbetrieblichen Schadensausgleich. Andernfalls liefe die Haftungserleichterung des Arbeitnehmers leer (*Brox/Rüthers/Henssler*

Rz. 102). B hat somit gegen A keinen Anspruch auf Zahlung der 5000 € aus § 823 Abs. 1 BGB, sondern auch hier nur im Hinblick auf die Selbstbeteiligung.

Ergebnis: B hat gegen A aus § 280 Abs. 1 BGB und aus § 823 Abs. 1 BGB nur einen Anspruch auf Zahlung eines Betrages in Höhe der üblichen Selbstbeteiligung bei einer fiktiven Kaskoversicherung. Den tatsächlich erlittenen Schaden in Höhe von 5.000 € kann B nicht von A verlangen.

II.) Anspruch des F gegen A wegen Beschädigung des Autos

AGL.: § 823 Abs. 1 BGB (unerlaubte Handlung)

Die Voraussetzungen der Deliktshaftung aus § 823 Abs. 1 BGB liegen auch hier unproblematisch vor. Es stellt sich aber die Frage, ob die Grundsätze der Arbeitnehmerhaftung nicht auch hier – also im **Außenverhältnis** – dazu führen müssen, dass A lediglich anteilig haftet. Insoweit nun zwar nicht wegen der fehlenden Kaskoversicherung, aber wegen der übrigen gegen den B sprechenden Umstände → Einsatz des A zu später Stunde nach einem langen Arbeitstag, bisherige ordentliche Erfüllung der übertragenen Aufgaben etc.

Die Antwort ist allerdings: **Nein!**

Das sollte man sich unbedingt merken: Eine Haftungsbeschränkung im Außenverhältnis findet grundsätzlich nicht statt. Zum Merken hilfreich kann insoweit die für den Begriff der Arbeitnehmerhaftung verwandte Formulierung des »**inner**betrieblichen Schadensausgleichs« sein. Das Ding nennt sich **inner**betrieblich, weil es eben nur im **Innen**verhältnis gilt. Der Arbeitnehmer haftet demnach logischerweise im **Außen**verhältnis unbeschränkt (BGHZ **108**, 305; BGH NJW **1994**, 852; ErfKomm/*Preis* § 619a BGB Rz. 23).

Beachte: Er hat allerdings nach den oben dargelegten Grundsätzen in analoger Anwendung von §§ 670, 675, 257 Satz 1 BGB einen **Freistellungsanspruch** gegen den Arbeitgeber (*Henssler/Willemsen/Kalb/Krause* § 619a BGB Rz. 62); aufgrund dieses Freistellungsanspruchs hat der Arbeitgeber den Arbeitnehmer von dessen Haftung gegenüber Dritten insoweit durch Leistung freizustellen, wie der Arbeitnehmer den Schaden nicht zu tragen hätte, falls er beim Arbeitgeber eingetreten wäre (schwerer Satz, bitte mindestens noch einmal lesen!). Aufgrund dieses Freistellungsanspruchs kann sich der Arbeitnehmer an den Arbeitgeber wenden und ihn verpflichten, den Ersatzanspruch des Geschädigten zu befriedigen. Wenn der Arbeitnehmer indessen an den Dritten bereits vollständig gezahlt hat, hat er dann einen Ausgleichsanspruch in der Höhe der gefundenen Haftungsquote gegen den Arbeitgeber (BAG AP BGB § 611 Haftung des Arbeitnehmers Nr. 104; ErfKomm/*Preis* § 619a BGB Rz. 26). Dass der Arbeitnehmer damit letztlich das Risiko der Insolvenz des Arbeitgebers trägt, muss hingenommen werden – andernfalls trüge es nämlich der Geschädigte, für den die aus seiner Sicht regelmäßig zufällige Arbeitnehmereigenschaft des Schädigers

> aber keine den Anspruch beeinträchtigende Wirkung haben kann. Arbeitgeber und Arbeitnehmer sind übrigens im Außenverhältnis zum Geschädigten Gesamtschuldner (BAG NJW **1986**, 3104).

Ergebnis: F hat daher gegen A einen Anspruch auf Ersatz der 2.000 € aus § 823 Abs. 1 BGB. A kann insoweit von B anteilig die Freistellung verlangen mit der Folge, dass B an A zahlen muss. Wenn A die 2.000 € an F zahlt, hat er dann einen entsprechenden Zahlungsanspruch gegen B.

III.) Regressmöglichkeit der U bei A

Situation: Die Unfallversicherung U hat die Kosten ihres Versicherungsnehmers M gezahlt und will nun natürlich ihre Aufwendungen vom Schadensverursacher A zurückholen (= normaler Vorgang). Die U hat allerdings zunächst mal keinen eigenen Anspruch gegen A, denn der A hat nur den M, nicht aber die U in einem absoluten Recht verletzt. Indessen gehen etwaige Ansprüche des M nach Maßgabe des **§ 116 Abs. 1 SGB X** (bitte lesen, abgedruckt im *Schönfelder* bei § 823 BGB, leider nicht im dtv-Text) auf sie über. Es ist daher zu prüfen, ob M gegen A Ersatzansprüche hat. In Betracht kommt wieder ein Anspruch auf Ersatz des entstandenen Personenschadens gemäß § 823 Abs. 1 BGB, der seinen Voraussetzungen nach problemlos vorliegt.

Aber: Hier muss man nun weitere, arbeitsrechtlich relevante und außerordentlich prüfungsbeliebte Normen aus einem der vielen Sozialgesetzbücher kennen, und zwar die §§ 104 ff. SGB VII (die stehen jetzt aber im dtv-Text Arbeitsrecht → Nr. 46).

> **Tipp:** Deren Systematik macht man sich am besten anhand § 104 SGB VII klar (auch wenn hier ersichtlich § 105 SGB VII einschlägig ist). Danach haftet der Arbeitgeber seinem bei einem Arbeitsunfall (Definition: § 8 Abs. 1 SGB VII) zu Schaden gekommenen Arbeitnehmer nur, wenn er den Unfall vorsätzlich herbeigeführt hat oder es sich um einen sogenannten »Wegeunfall« im Sinne des § 8 Abs. 2 SGB VII handelt (wobei das BAG hier sehr genau hinschaut, wie der »Weg« zurückgelegt wurde – handelt es sich nicht um einen privaten, sondern um einen vom Arbeitgeber organisierten Sammeltransport, bspw. von einer Baustelle nach Hause, greift der Haftungsausschlus doch wieder ein, denn es handelt sich um eine Betriebsfahrt und damit um einen Arbeits-, keinen Wegeunfall, vgl. BAG VersR **2005**, 1439). Andernfalls hat der geschädigte Arbeitnehmer keine Ansprüche gegen den Arbeitgeber. Das ist aus seiner Sicht auch gar nicht erforderlich, da er einen Anspruch auf Ausgleich durch die gesetzliche Unfallversicherung hat. Der Arbeitgeber seinerseits hat durch die alleinige Erbringung der Beiträge hierzu im Vorfeld genug für den später geschädigten Arbeitnehmer getan, der mit dem Versicherungsträger einen solventen Schuldner erhält (»Finanzierungsargument«; *Schaub/Koch* § 61 Rz. 6; weiter wird dort das »Friedensargument« angeführt, da sich auf diese Weise innerbetriebliche Rechtsstreitigkeiten vermeiden lassen).

Hier bei uns geht es allerdings um einen Anspruch gegen einen Arbeitskollegen. Insofern kommt **§ 105 Abs. 1 SGB VII** zur Anwendung, der ebenfalls zu einer Haftungsbeschränkung bei Personenschäden führt, nämlich auf die Fälle der vorsätzlichen Schädigung oder Wegeunfälle (vgl. aktuell etwa BAG NZA **2015**, 1057 oder LAG Schleswig FA **2016**, 270). Die Gründe hierfür entsprechen im Prinzip den eben genannten: Der Arbeitnehmer hat bereits einen leistungsfähigen Schuldner. Außerdem muss man sehen, dass andernfalls wieder die Grundsätze des innerbetrieblichen Schadensausgleichs zur Anwendung kämen, sodass der Arbeitgeber im Ergebnis Gefahr liefe, doppelt zahlen zu müssen (Beiträge an die Unfallversicherung **und** Freistellung).

Ergebnis: M hat keinen Anspruch gegen A; deshalb kann auch U nicht aus übergegangenem Recht nach § 116 Abs. 1 SGB X gegen A vorgehen. Alles klar!?

Nachschlag → die »betriebliche Tätigkeit« im Sinne des § 105 Abs. 1 SGB VII

Im Hinblick auf den eben genannten § 105 Abs. 1 SGB VII sei hier im Nachgang noch darauf hingewiesen, dass bei der Schädigung von Arbeitnehmern untereinander häufig die Frage auftaucht, was denn genau eine sogenannte »betriebliche Tätigkeit« darstellt, die als Voraussetzung des § 105 Abs. 1 SGB VII ausdrücklich gefordert ist. Dem LAG Schleswig-Holstein lag in diesem Zusammenhang folgender Fall zur Entscheidung vor (→ FA **2016**, 270):

> Während Kollegen gerade einen Kleinlaster in der Fabrikationshalle des Betriebes entluden, fuhr A kurz vor Dienstschluss mit seinem Gabelstapler ebenfalls in die Halle. Da ihn sein Kollege K einige Minuten vorher »in die Brust gezwickt« hatte, machte A auf dem Weg zum Abstellplatz des Gabelstaplers in der Halle einen kleinen Umweg und fuhr zu dem Kleinlaster, um den dort arbeitenden K ebenfalls »in die Brust zu zwicken«. Hierbei fuhr er aus Unachtsamkeit über den Fuß des K, der dabei schwere Verletzungen erlitt. **Ansprüche des K gegen A?**

Lösung: Die entscheidende Frage lautete natürlich, ob der dem Grunde nach gegebene Anspruch des K gegen A aus § 823 Abs. 1 BGB nicht durch § 105 Abs. 1 SGB VII ausgeschlossen ist, zumal A den K weder vorsätzlich schädigte noch von einem Wegeunfall auszugehen war. **Aber**: Nach Meinung des LAG Schleswig-Holstein schied die Haftungsbefreiung deshalb aus, weil es schon am Merkmal der »betrieblichen Tätigkeit« im Sinne des § 105 Abs. 1 SGB VII fehlte. Wörtlich heißt es:

»… Aus der Zugehörigkeit des Schädigers zum Betrieb und der Nutzung der Arbeitsmittel kann nicht ***automatisch*** *auf eine betriebliche Tätigkeit geschlossen werden. Nicht jede Tätigkeit im Betrieb muss zwingend betriebsbezogen sein. Es kommt immer darauf an, zu welchem Zweck die zum Schadensereignis führende Handlung bestimmt war. Ein Schaden, der nicht in Ausführung einer betriebsbezogenen Tätigkeit verursacht wird, sondern nur* ***bei Gelegenheit***

der Tätigkeit im Betrieb, ist allein dem privaten und damit persönlichen Bereich des Arbeitnehmers zuzurechnen und unterliegt dann auch nicht der Haftungsbefreiung des § 105 Abs. 1 SGB VII. So liegt der Fall hier: Es kann zwar zugunsten des Schädigers angenommen werden, dass er grundsätzlich den Stapler in die Betriebshalle fahren wollte und damit eine betriebliche Tätigkeit vollzog. Sein Weg zum Stellplatz führte ihn aber unstreitig nicht am später geschädigten Kollegen K vorbei. Diesen Weg wählte der Schädiger nur, um den Kollegen in die Brust zu zwicken. Es wäre nach den gegebenen Umständen aber ohne Probleme und unstrittig möglich und auch tunlich gewesen, den Stapler zunächst auf ***direktem Wege*** *zum Stellplatz zu bringen, ohne dabei am Kollegen K vorbeizufahren. Mithin erfolgte die Schädigung des Kollegen, die allein durch den privat motivierten Umweg verursacht wurde, nur ›bei Gelegenheit‹ der Tätigkeit im Betrieb und ist folglich nicht mehr von § 105 Abs. 1 SGB VII gedeckt …«* (OLG Schleswig-Holstein FA **2016**, 270)

Nachschlag II → »Die Mankohaftung«

Nach den weiter oben gelernten Grundsätzen zum innerbetrieblichen Schadensausgleich funktioniert schließlich auch die sogenannte »Mankohaftung« des Arbeitnehmers, und zwar dafür, dass ein ihm anvertrauter Warenbestand – etwa aus Verwahrung (§ 688 BGB) oder Auftrag (§§ 675, 663 ff. BGB) – eine Fehlmenge oder eine von ihm geführte Kasse einen Fehlbetrag aufweist (vgl. ErfKomm/*Preis* § 619a BGB Rz. 28 ff.). Da der **§ 619a BGB** für den Arbeitgeber insoweit allerdings eher ungünstig daherkommt – wir haben das weiter oben mal kurz erwähnt –, weil er nämlich das Verschulden des Arbeitnehmers im Zweifel beweisen muss, finden sich in Arbeits- oder auch Tarifverträgen häufig sogenannte »Mankoabreden«. Gelegentlich wird dem Arbeitnehmer auch ein separates »Mankogeld« (auch »Mankovergütung«) bezahlt, das dann bei der Frage zu berücksichtigen ist, ob auch für den Arbeitnehmer ungünstige Mankoabreden (etwa die unbeschränkte Haftung auch bei leichtester Fahrlässigkeit) im Einzelfall zulässig sein können. Es gilt der Grundsatz: Eine Mankohaftung ist nur dann zulässig, wenn als gleichwertiger Ausgleich eine entsprechende Mankovergütung zugunsten des Arbeitnehmers vereinbart wird (BAG NJW **1999**, 1049; *Palandt/Weidenkaff* § 611 BGB Rz. 158). Beispiele für konkrete Mankoabreden finden sich etwa bei Erfkomm/*Preis* § 619a BGB Rz. 39 ff. Sind diese Abreden allerdings in vorformulierten Arbeitsverträgen enthalten, unterliegen sie der im Fall Nr. 6 weiter oben näher dargestellten Klauselkontrolle nach den §§ 305 ff. BGB und sind in jedem Falle auf ihre **Angemessenheit** oder daraufhin zu überprüfen, ob sie (formal) überraschend sind. Ist das der Fall, ist die gesamte Klausel nichtig mit der Folge, dass wieder der »normale« innerbetriebliche Schadensausgleich gilt (siehe insoweit dann weiter oben Fall Nr. 6).

Gutachten

I.) Anspruch des B gegen A wegen des Schadens an dem Transporter

1.) Ein Anspruch des B gegen A kann sich aus § 280 Abs. 1 BGB ergeben.

Der zwischen den Parteien geschlossene Arbeitsvertrag im Sinne des § 611a BGB ist ein Schuldverhältnis im Sinne von § 280 Abs. 1 BGB. A muss eine Pflicht aus dem Arbeitsvertrag verletzt haben. Er ist verpflichtet, Rechtsgüter seines Arbeitgebers sorgfältig zu behandeln und nicht zu schädigen. Hieraus trifft den A die Pflicht, den Transporter unter Beachtung der im Straßenverkehr erforderlichen Sorgfalt zu fahren und die Verkehrsvorschriften zu beachten. Diese Pflicht hat A verletzt, indem er unter Missachtung der Vorfahrtsregelungen einen Unfall verursacht hat.

A muss die Pflichtverletzung gemäß § 276 Abs. 1 BGB zu vertreten haben. Gemäß § 619a BGB wird das Vertretenmüssen entgegen der Grundregel des § 280 Abs. 1 Satz 2 BGB nicht vermutet. A hat den Unfall jedenfalls fahrlässig verursacht, indem er einem anderen Fahrzeug die Vorfahrt genommen hat. Vertretenmüssen liegt vor. Durch die schuldhafte Pflichtverletzung ist dem B ein Schaden in Höhe von 5000 € entstanden. A müsste daher an sich nach Maßgabe der §§ 249 ff. BGB Schadensersatz in entsprechender Höhe leisten.

2.) Etwas anderes ergibt sich vorliegend jedoch möglicherweise aus den Grundsätzen des innerbetrieblichen Schadensausgleichs. Es ist nämlich zu berücksichtigen, dass der Arbeitnehmer eine fremdbestimmte Tätigkeit ausübt und der Arbeitgeber organisatorische Maßnahmen zur Schadensverhütung treffen kann (z.B. durch entsprechende Weisungen oder den Abschluss von Versicherungen). Zum anderen ist nicht auszuschließen, dass auch der sorgfältigste Arbeitnehmer irgendwann einen Schaden verursacht, der bei Annahme einer vollen Ersatzpflicht wegen des oftmals teuren Arbeitsgeräts existenzvernichtende Folgen haben könnte. Der Anspruch des B gegen A kann daher gemäß der Vorschrift des § 254 BGB analog zu kürzen oder sogar ganz ausgeschlossen sein.

Fraglich ist, unter welchen Voraussetzungen und in welchem Umfang eine Anspruchskürzung zu erfolgen hat. Nach überkommener Rechtsprechung ist zur Haftungsbegrenzung des Arbeitnehmers erforderlich, dass es sich bei der betreffenden Tätigkeit des Arbeitnehmers um »gefahrgeneigte Arbeit« handelt. Ob hiervon im Hinblick auf das Führen eines KFZ durch A ausgegangen werden könnte, kann offenbleiben, weil die Rechtsprechung das Kriterium der Gefahrgeneigtheit infolge der hiermit verbundenen Abgrenzungsschwierigkeiten mit Recht aufgegeben hat. Vielmehr ist es für eine Beschränkung der Arbeitnehmerhaftung als ausreichend zu erachten, dass eine betrieblich veranlasste Tätigkeit des Arbeitnehmers zu dem Schaden geführt hat. Dies ist vorliegend der Fall, da sich A auf einer Dienstfahrt befand.

Zu klären bleibt, in welchem Umfang A eine Haftungserleichterung zugutekommt. Als Grundsatz gilt, dass bei Vorsatz und grober Fahrlässigkeit eine unbeschränkte Haftung eingreift, während leichte Fahrlässigkeit zu einem Anspruchsausschluss des Arbeitgebers führt. Bei mittlerer Fahrlässigkeit wird regelmäßig eine Schadensteilung angenommen. Insgesamt sind auch das Vorverhalten der Parteien sowie das Ausmaß des Schadensrisikos zu berücksichtigen.

Unter Zugrundelegung der skizzierten Maßstäbe ist zunächst der Verschuldensgrad des A festzustellen. A hätte an der Kreuzung die Vorfahrt beachten müssen, sodass keine leichte Fahrlässigkeit vorliegt. Andererseits liegen Anhaltspunkte für eine grobe Fahrlässigkeit nicht vor. Damit ist eine Schadensteilung nach den Umständen des Einzelfalles vorzunehmen, wobei zu berücksichtigen ist, dass A die Fahrt nach einem langen Arbeitstag nur aus Angst um seinen Arbeitsplatz angenommen hat. Zudem muss das Fehlen einer üblichen Kaskoversicherung in die Schadensteilung mit einbezogen werden. B ist es als Arbeitgeber zuzumuten, das alltägliche Schadensrisiko seiner Fahrer durch eine Kaskoversicherung abzumildern. Es ist somit insgesamt sachgerecht, die Haftung des A auf den Betrag der (üblichen) fiktiven Selbstbeteiligung des Versicherungsnehmers im Schadensfalle zu begrenzen.

Ergebnis: A haftet dem B aus § 280 Abs. 1 BGB nur in Höhe der üblichen Selbstbeteiligung bei einer fiktiven Kaskoversicherung.

2.) Ein Anspruch des B gegen A auf Schadensersatz kann auch aus § 823 Abs. 1 BGB begründet sein.

A hat durch Missachten der Vorfahrt das Eigentum des B verletzt. Er handelte dabei auch rechtswidrig und schuldhaft. Indessen gelten auch bei § 823 Abs. 1 BGB die dargelegten Grundsätze über den innerbetrieblichen Schadensausgleich. Andernfalls liefe die Haftungserleichterung des Arbeitnehmers im Wesentlichen leer. B hat gegen A folglich keinen Anspruch auf Zahlung der 5000 € aus § 823 Abs. 1 BGB. Die Anspruchshöhe ist vielmehr entsprechend den obigen Feststellungen (unter 1.) zu begrenzen.

Ergebnis: B hat gegen A nur einen Anspruch auf Zahlung eines Betrags in Höhe der üblichen Selbstbeteiligung bei einer fiktiven Kaskoversicherung.

II.) Anspruch des F wegen Beschädigung des Autos

Ein Anspruch des F gegen A wegen Beschädigung des Autos kann sich aus § 823 Abs. 1 BGB ergeben. Eine tatbestandsmäßige und rechtswidrige Eigentumsverletzung liegt vor. Die haftungsbegründenden Voraussetzungen sind erfüllt. A ist dem F somit an sich gemäß §§ 249 ff. BGB in voller Höhe schadensausgleichspflichtig. Fraglich ist jedoch, ob die Grundsätze der Arbeitnehmerhaftung nicht auch hier, d.h. im Außenverhältnis, zu einer Schadenskürzung führen müssen. Dies wäre jedoch unbillig, da die im Verhältnis zu dem Arbeitgeber die Durchführung eines innerbetrieblichen Schadensausgleichs rechtfertigenden Gründe unbeteiligten Dritten gegenüber nicht einschlägig sind. Aus der Sicht des Dritten ist die Arbeitnehmereigenschaft des Schädigers rein zufällig und kann ihm gegenüber nicht zum Ausschluss eines Anspruchs gegen den Schädiger führen. Überdies können die Belange des A vorliegend dadurch gewahrt werden, dass ihm entsprechend den oben dargelegten Grundsätzen ein Anspruch auf Haftungsfreistellung gegen B zuzubilligen ist. Im Außenverhältnis haftet A somit unbeschränkt.

Ergebnis: F hat daher gegen A einen Anspruch auf Ersatz der 2000 € aus § 823 Abs. 1 BGB. A kann von B anteilig Freistellung verlangen.

III.) Regressmöglichkeit der U

Ein eigener Anspruch der U gegen A kommt nicht in Betracht. Allerdings kann U ein Anspruch des M gegen A aus übergeleitetem Recht gemäß § 116 Abs. 1 SGB X i.V.m. § 823

Abs. 1 BGB zustehen. Voraussetzung hierfür ist zunächst, dass M einen Ersatzanspruch gegen A aus § 823 Abs. 1 BGB hat. A hat rechtswidrig und schuldhaft einen Personenschaden des M verursacht. Insoweit liegen die Anspruchsvoraussetzungen des § 823 Abs. 1 BGB an sich vor. Allerdings ist eine Ersatzpflicht des A vorliegend gemäß § 105 Abs. 1 SGB VII gegenüber seinem Arbeitskollegen ausgeschlossen.

Ergebnis: M hat keinen Ersatzanspruch gegen A aus § 823 Abs. 1 BGB. Folglich kann auch U nicht aus übergegangenem Recht nach § 116 Abs. 1 SGB X gegen A vorgehen.

4. Abschnitt

Die Beendigungsgründe beim Arbeitsverhältnis und die Rechtsfolgen der Beendigung

Fall 11

Alter vor Schönheit?

Der 58-jährige, kinderlose und verheiratete A ist seit 1990 bei B, für den 40 Vollzeitarbeitnehmer tätig sind, als Schweißer beschäftigt. Am 19.01.2019 erhält A schriftlich die fristgerechte Kündigung: B erklärt, durch die Anschaffung eines computergesteuerten Schweißroboters könnten fünf Arbeitsplätze eingespart werden; andere Beschäftigungsmöglichkeiten bestünden nicht. Der am 08.01.2019 unter Angabe der Sozialdaten des A informierte Betriebsrat hat der Kündigung am 13.01.2019 mit der Begründung widersprochen, dass statt A der 24-jährige S, der ebenfalls als Schweißer seit zwei Jahren bei B beschäftigt ist, hätte entlassen werden müssen.

A beschließt, gegen die Kündigung vorzugehen. Allerdings kann er wegen eines unerwarteten vierwöchigen Krankenhausaufenthaltes aufgrund eines am 20.01.2019 gemeinsam mit seiner Ehefrau erlittenen schweren Autounfalls seine Klageschrift erst am 22.02.2019 beim örtlich zuständigen Arbeitsgericht einreichen. Er beantragt darin unter Hinweis auf seinen Klinikaufenthalt, die Klage nachträglich zuzulassen, und beantragt weiter festzustellen, dass das Arbeitsverhältnis nicht durch die Kündigung aufgelöst ist. Die Kündigung sei sozial nicht gerechtfertigt, weil der Robotereinsatz nicht die erhoffte Kostenersparnis erbracht habe und weil nicht A, sondern S, der zwar Vater zweier Kinder, dafür aber ledig sei, habe entlassen werden müssen. B erwidert, er gehe davon aus, dass der A aufgrund seines Alters im Gegensatz zu S kaum in der Lage sei, das höchst anspruchsvolle Computerprogramm des Roboters zu bedienen.

Hat die Klage des A Erfolg? Und muss B den A während der Dauer des Kündigungsschutzprozesses weiter beschäftigen?

> **Schwerpunkte:** Der Kündigungsschutz nach dem KSchG; Zulässigkeit und Begründetheit einer Kündigungsschutzklage; die Frist des § 4 Satz 1 KSchG; die betriebsbedingte Kündigung; gerichtliche Überprüfung einer unternehmerischen Entscheidung; die Sozialauswahl; Weiterbeschäftigungsanspruch nach § 102 Abs. 5 BetrVG.

Lösungsweg

Vorbemerkung: Hier kommt nun etwas völlig Neues auf uns zu, nämlich unter anderem die Prüfung einer Klage auch im Hinblick auf deren **Zulässigkeit**. Das haben wir bislang in unserem Buch ausgespart, und zwar deshalb, weil es bisher für den Bereich der universitären Klausuren nicht wichtig war. Hier beim Kündigungsschutz ändert sich das jetzt, denn es gelten im Hinblick auf Klagen gegen eine Kündigung strenge Regeln, die von den Parteien eingehalten werden müssen. Wir werden deshalb gleich unter anderem die Zulässigkeitsvoraussetzungen einer Kündigungsschutzklage kennenlernen. Diese sind nicht wirklich schwierig, müssen aber unbedingt sorgsam angesehen und am besten dann auch noch behalten werden. Keinen Zugang zur Materie übrigens erhält man, wenn man die gleich zitierten Vorschriften nicht nachschlägt. Es sind einige ganz neue dabei, in dem ersten, gleich folgenden Teil vor allem solche mit prozessualem Hintergrund. Und auch wenn es bestimmt ein bisschen lästig wird: Die Dinger **müssen** – im höchsteigenen Interesse – nachgelesen werden.

I.) Die Zulässigkeit der Kündigungsschutzklage

1.) Der Rechtsweg

A möchte gerichtlich feststellen lassen, ob sein Arbeitsverhältnis weiter besteht oder nicht. Der Rechtsweg zu den Arbeitsgerichten ergibt sich insofern aus § 2 Abs. 1 Nr. 3b ArbGG, da es um das Bestehen eines Arbeitsverhältnisses geht und sich im vorliegenden Fall **Arbeitnehmer** und **Arbeitgeber** gegenüberstehen (bitte lies § 2 Abs. 1 Nr. 3 ArbGG).

2.) Die Klageart

a) Als statthafte Klageart kommt hier eine **Kündigungsschutzklage** nach § 4 Satz 1 KSchG wegen Sozialwidrigkeit der Kündigung gemäß § 1 KSchG in Betracht. Das Kündigungsschutzgesetz ist gemäß §§ 1 Abs. 1, 23 Abs. 1 Satz 2 KSchG in sachlicher und persönlicher Hinsicht anwendbar, da das Arbeitsverhältnis des A länger als sechs Monate besteht und in dem Betrieb des B mehr als fünf Arbeitnehmer beschäftigt sind. § 23 Abs. 1 Satz 3 KSchG (lesen!) gilt für den schon vor dem 01.01.2004 bei B beschäftigten A nicht (wir wollen aber bitte zur Kenntnis nehmen, dass für »jüngere« Arbeitsverhältnisse die sachliche Anwendbarkeitsgrenze des KSchG bei einer Betriebsgröße von zehn Arbeitnehmern liegt). Bei der Kündigungsschutzklage handelt es sich übrigens um eine – besondere – **Feststellungsklage** im Sinne des § 256 ZPO (ErfKomm/*Kiel* § 4 KSchG Rz. 9).

Beachte: Im Rahmen der Zulässigkeit einer Kündigungsschutzklage genügt streng genommen die bloße Behauptung der Anwendbarkeit des KSchG als Voraussetzung zur Annahme einer Kündigungsschutzklage nach § 4 Satz 1 KSchG. Sollten hier Probleme liegen, so sind diese erst in der **Begründetheit** zu prüfen, da die Klage dann schlicht als allgemeine Feststellungsklage nach § 256 ZPO zulässig wäre (vgl. insoweit *Altrock* in DB 1987, 433).

b) Es muss ein **Feststellungsinteresse** im Sinne des § 256 ZPO an der Klageerhebung bestehen. Das Feststellungsinteresse bei einer Kündigungsschutzklage ergibt sich bereits daraus, dass die Klageerhebung innerhalb von drei Wochen erforderlich ist, um die Heilung der Unwirksamkeit der Kündigung nach § 7 KSchG zu vermeiden (ErfKomm/*Kiel* § 4 KSchG Rz. 9). Da die Ausschlussfrist der §§ 4 Satz 1, 7 KSchG auch für Klagen im Kleinbetrieb (§ 23 Abs. 1 Satz 2 KSchG) oder für Klagen gegen Kündigungen gilt, die nicht wegen Sozialwidrigkeit im Sinne von § 1 KSchG angegriffen werden, ergibt sich auch bei diesen allgemeinen Feststellungsklagen ein Feststellungsinteresse wegen der sonst eintretenden Heilungswirkung.

3.) Statthafter Klageantrag

A hat beantragt festzustellen, dass das Arbeitsverhältnis durch die Kündigung vom 19.01.2017 nicht aufgelöst ist. Dieser den Wortlaut des § 4 Satz 1 KSchG wiederholende Klageantrag ist selbstverständlich zulässig. Der Prozess bezieht sich in diesem Fall dann regelmäßig nur auf die genannte Kündigung, sogenannter »punktueller Streitgegenstandsbegriff« (ständige Rechtsprechung seit BAG AP Nr. 17 zu § 3 KSchG 1951; BAG NZA **2017**, 55; BAG NZA **2005**, 1259; BAG NZA **2002**, 1207; BAG NZA **1997**, 844): diese Kündigung wird dann unter allen denkbaren Unwirksamkeitsgesichtspunkten geprüft (ErfKomm/*Kiel* § 4 KSchG Rz. 33).

Feinkostabteilung: Vielfach findet man in Klageschriften Formulierungen, die an den hier gegebenen Antrag festzustellen, dass das Arbeitsverhältnis nicht durch die Kündigung beendet worden ist, noch einen Zusatz wie etwa »…, sondern fortbesteht.« anhängen. Hierbei handelt es sich um einen allgemeinen Feststellungsantrag nach § 256 ZPO, der alle potenziellen weiteren Kündigungen aus anderen Gründen, die der Arbeitgeber im Laufe des Prozesses noch erklären könnte, erfassen soll (sogenannter »Schleppnetzantrag«). Voraussetzung für die Zulässigkeit dieses Antrages ist aber auch wieder ein entsprechendes Feststellungsinteresse, denn es handelt sich quasi um eine zweite Klage. Es liegt in dieser Konstellation dann ein Fall der objektiven Klagehäufung nach § 260 ZPO vor. Das bedeutet, es müssen zumindest Anhaltspunkte für weitere Kündigungsgründe bestehen, mit deren Geltendmachung durch den Arbeitgeber zu rechnen ist. Ebenso denkbar ist es, dass der Arbeitnehmer außerdem sichergehen will, dass nicht schon vor der hauptsächlich angegriffenen Kündigung ein Beendigungsgrund vorgelegen hat, sein Arbeitsverhältnis also jedenfalls bis zur Kündigung bestanden hat. Dieses Anliegen »liest« das BAG häufig in den normalen Klageantrag nach § 4 Satz1 KschG »hinein« (sogenannter »erweiterter punktueller Streitgegenstandsbegriff«, vgl. etwa BAG NZA **2015**, 635). Nach unserer Ansicht ist das allerdings ein Thema, das eher in der Referendarzeit interessant wird, denn die – auch im »normalen« Zivilprozessrecht durchaus schwierigen! – Fragen zum Streitgegenstand stehen an der Universität weniger im Vordergrund.

4.) Die »Klagefrist«

In unserem Fall interessant ist nun, dass offensichtlich die **dreiwöchige** Frist des § 4 Satz 1 KSchG versäumt wurde (Kündigung: 19.01. → Klage: 24.02.).

Aber: Die Einhaltung dieser Frist ist keine Voraussetzung für die Zulässigkeit der Kündigungsschutzklage. Vielmehr hat ihre Versäumung lediglich materiellrechtliche Folgen (BAG NZA **1986**, 761; ErfKomm/*Kiel* § 4 KSchG Rz. 1). Das kann unter anderem mit dem Wortlaut des **§ 7 KSchG** (»gilt als wirksam«) begründet werden. Die bei Fristversäumung nach § 7 KSchG folgende Heilung der Unwirksamkeit der Kündigung zeigt zudem, dass es um mehr geht als um eine bloße Prozessvoraussetzung. Wäre dies anders, wäre mittels eines klageabweisenden Prozessurteils (= Abweisung wegen Unzulässigkeit der Klage) noch nicht rechtskräftig über das Bestehen des Arbeitsverhältnisses entschieden. Zwar müssen seit dem 01.01.2004 alle Kündigungen innerhalb der Drei-Wochen-Frist angegriffen werden (z.B. auch bei befristeten Arbeitsverträgen, vgl. BAG NZA **2010**, 1142); alle anderen Ansprüche aus dem Arbeitsverhältnis (z.B. Annahmeverzugslohn, § 615 Satz 1 BGB) unterliegen dieser Frist aber nicht. Deren Geltendmachung ist nur dann endgültig ausgeschlossen, wenn die Beendigung des Arbeitsverhältnisses durch die angegriffene Kündigung mittels Sachurteil unter allen rechtlichen Gesichtspunkten rechtskräftig festgestellt wird → sogenannte »materielle Präklusionswirkung«.

Und beachte bitte außerdem noch: Für die Fristberechnung gelten – ganz normal – die §§ 187–193 BGB. Die mit Kündigungszugang (§ 130 Abs. 1 BGB) beginnende Frist endet nach § 188 Abs. 2 BGB mit Ablauf des gleichen Wochentages der 3. Woche (vgl. ErfKomm/*Kiel* § 4 KSchG Rz. 20).

5.) Partei- und Postulationsfähigkeitfähigkeit

Diese bestimmt sich nach den §§ 10, 46 Abs. 2 ArbGG i.V.m. § 50 ZPO. A und B sind als natürliche Personen parteifähig. Gemäß § 11 Abs. 1 ArbGG besteht vor den Arbeitsgerichten der ersten Instanz **kein** Anwaltszwang, sodass A und B auch ohne Anwalt postulationsfähig (= berechtigt, Prozesshandlungen vorzunehmen) sind.

<u>**ZE.**</u>: Die Kündigungsschutzklage des A ist somit zulässig.

II.) Die Begründetheit der Klage

Die Klage ist begründet, wenn das wirksam zustande gekommene Arbeitsverhältnis zwischen A und B nicht durch die Kündigung des B aufgelöst wurde. Das Arbeitsverhältnis kann durch eine **ordentliche** Kündigung beendet worden sein.

Voraussetzungen einer betriebsbedingten Kündigung:

1.) Eine **schriftliche** Kündigungserklärung nach § 623 BGB liegt vor.

Achtung: Oft erklärt der Arbeitgeber nicht selbst die Kündigung, sondern dessen Personalchef. Da die Kündigung ein einseitiges Rechtsgeschäft im Sinne von § 174 BGB ist, muss der Personalchef als Vertreter des Arbeitgebers eigentlich seine Vertretungsmacht nachweisen, § 174 Satz 1 BGB. Allerdings gilt der Leiter der Personalabteilung eines Betriebes gegenüber den Arbeitnehmern regelmäßig als bevollmächtigt, den Arbeitgeber in Personalfragen zu vertreten; er ist auch aus Sicht der Arbeitnehmer typischerweise zuständig für entsprechende Erklärungen (BAG NZA **2017**, 55; BAG NZA **2015**, 159; LAG Köln NZA-RR **2009**, 368, 372; ErfKomm/*Müller-Glöge* § 620 BGB Rz. 24). Damit liegt ein Fall der sich aus den Umständen ergebenden Kenntnis von der Vertretungsmacht im Sinne des § 174 Satz 2 BGB vor, sodass die Arbeitnehmer eine Kündigungserklärung durch den Personalchef nicht mit der Unwirksamkeitsfolge des § 174 Satz 1 BGB zurückweisen können (merken). Zur der Frage der »Bestimmtheit« einer Kündigung, also insbesondere der Angabe der Frist, vgl. BAG NZA **2013**, 1137.

2.) Die nach § 102 Abs. 1 BetrVG erforderliche **Anhörung** des Betriebsrates hat B im Hinblick auf § 102 Abs. 1 Satz 2 BetrVG durchgeführt; und zwar unter Mitteilung der Kündigungsgründe, wozu auch die Sozialdaten gehören, wenn diese, wie im Fall der betriebsbedingten Kündigung, eine Rolle für die Beurteilung der Kündigung spielen. Der Widerspruch des Betriebsrates spielt an dieser Stelle (noch) keine Rolle.

3.) Materieller Kündigungsschutz

a) Ein besonderer Kündigungsschutz zugunsten des A, etwa nach § 9 MuSchG oder als Angehöriger des Betriebrates gemäß § 103 BetrVG, besteht nicht.

b) Zu prüfen ist daher der allgemeine Kündigungsschutz, der sich hier nach dem **KSchG** richtet, dessen Anwendbarkeit wir bereits weiter vorne in der Zulässigkeit festgestellt haben.

Beachte: Findet das KSchG hingegen keine Anwendung, ist der Arbeitnehmer gleichwohl nicht (kündigungs-)schutzlos gestellt (Hanau in ZIP 2004, 1169, 1170). Das hat das BVerfG unter Hinweis auf §§ 138, 242 BGB festgestellt, nachdem es zur Verfassungsmäßigkeit der von 1996 bis 1998 schon einmal bestehenden Erhöhung des Schwellenwerts des § 23 Abs. 1 KSchG auf zehn Arbeitnehmer befragt worden war (BVerfG NZA **1998**, 470 vgl. auch BVerfG NZA **1992**, 684). Die Hauptüberlegung ist folgende: Wenn der Arbeitnehmer über längere Zeit bei demselben Arbeitgeber beschäftigt war und immer brav gearbeitet hat, so entwickelt er ein gewisses Vertrauen in den Bestand seines Arbeitsverhältnisses. Dieses Vertrauen wird enttäuscht, wenn ihm gekündigt wird. Daher darf die Kündigung sowieso nicht sittenwidrig und vor allem nicht treuwidrig sein – Letzteres meint, dass der Arbeitgeber bei seinem Kündigungsentschluss auch das besagte berechtigte Vertrauen des Arbeitnehmers angemessen berücksichtigen muss, also nicht ignorieren darf. Je länger der Arbeitnehmer bei dem Arbeitgeber beschäftigt war, desto größer wird naturgemäß dieses zu berücksichtigende Vertrauen. So erklärt sich auch das für diesen Kündigungsschutz gefundene Schlagwort »Kündigungsschutz im Kleinbetrieb«, denn das passt nur, wenn die Anwendbarkeit des KSchG an der Betriebsgröße (§ 23 Abs. 1 KSchG) und nicht an der zu geringen Dauer des Arbeitsverhältnisses (§ 1 Abs. 1 KSchG – noch kein Vertrauen entwickelt) scheitert. Allerdings mag es gelegentlich auch Fälle geben, in denen eine Kündigung innerhalb der ersten sechs Monate willkürlich ist (*Schaub/Linck* § 129 Rz. 9) – das ist allerdings schon dann nicht der Fall, wenn für die Kündigung »ein irgendwie einleuchtender Grund besteht« (so wörtlich BAG NZA **2007**, 1049). Noch etwas zum »Kleinbetrieb«: Die in der Literatur ziemlich umstrittene Frage, ob Leiharbeitnehmer bei der Bestimmung der Größe des entleihenden Betriebs mitzurechnen seien, hat das BAG am **24.01.2013** positiv entschieden (→ BAGE **144**, 222 m.w.N. zu den unterschiedlichen Literaturstimmen).

Zum Fall: Die Unwirksamkeit der Kündigung kann sich aus § 1 Abs. 1 KSchG ergeben, wenn die Kündigung **sozial ungerechtfertigt** ist. Die Kündigung ist nach § 1 Abs. 2 Satz 1 KSchG sozial ungerechtfertigt, wenn sie nicht durch personen-, verhaltens- oder betriebsbedingte Gründe gerechtfertigt ist.

aa) Die von B angeführten Gründe (Rationalisierungsmaßnahmen) können eine betriebsbedingte Kündigung rechtfertigen. Eine betriebsbedingte Kündigung ist sozial gerechtfertigt, wenn ein dringendes betriebliches Erfordernis vorliegt und die richtige soziale Auswahl getroffen worden ist, vgl. § 1 Abs. 2 Satz 1, Abs. 3 KSchG.

Definition: Ein dringendes betriebliches Erfordernis im Sinne des § 1 Abs. 2 KSchG setzt voraus, dass durch außerbetriebliche oder innerbetriebliche Faktoren eine verringerte Arbeitsmenge im Betrieb zu erledigen ist und dadurch ein oder mehrere Arbeitsplätze (nicht notwendig der des zu Entlassenden!) wegfallen und unternehmensweit (§ 1 Abs. 2 Satz 2 Nr. 1b KSchG) keine andere Beschäftigungsmöglichkeit besteht = sogenannter »Arbeitskräfteüberhang« (BAG NZA **2017**, 985; BAG NZA **2011**, 505; BAG NZA **2007**, 798; *Schaub/Linck* § 134 Rz. 2, 11).

Und wichtig: Die anderweitige Beschäftigungsmöglichkeit im Unternehmen ist entgegen dem Wortlaut von § 1 Abs. 2 Satz 2 Nr. 1 a.E. KSchG auch dann von Bedeutung, wenn der Betriebsrat nicht widersprochen hat oder kein Betriebsrat besteht (BAG NZA **2013**, 277, 280; BAG NZA **1985**, 489; ErfKomm/*Oetker* § 1 KSchG Rz. 248; *Schaub/Linck* § 134 Rz. 16). Das liegt daran, dass die anderweitige Beschäftigungsmöglichkeit nach dem im Kündigungsrecht geltenden **Ultima-Ratio-Grundsatz** immer zu berücksichtigen ist und nicht von deren Geltendmachung durch die Arbeitnehmervertretung abhängt (BAG NZA **2012**, 1025; BAG NZA **2008**, 1120; BAG NZA **2007**, 798; BAG NJW **1981**, 298). Berücksichtigt werden müssen insofern nur freie Arbeitsplätze; es gibt daher keinen Anspruch auf die Schaffung neuer Arbeitsplätze oder auf die »Freikündigung« eines besetzten Arbeitsplatzes (ErfKomm/*Oetker* § 1 KSchG Rz. 251). Als innerbetriebliche Faktoren sind neben der Umstellung des Betriebes oder seiner Auflösung insbesondere Rationalisierungsmaßnahmen anerkannt (*Schaub/Linck* § 131 Rz. 5). Eine solche Rationalisierungsmaßnahme ist der Einsatz des Schweißroboters in unserem Fall.

bb) Der A trägt nun aber an dieser Stelle vor, dass der von B gewünschte Rationalisierungseffekt gar nicht eingetreten sei. Es stellt sich demnach die Frage, ob die Arbeitsgerichte die unternehmerische Maßnahme überprüfen dürfen. Nach dem Grundsatz der freien Unternehmerentscheidung (Art. 12 GG!) sind Rationalisierungsmaßnahmen allerdings nur eingeschränkt überprüfbar (BAG NZA **1999**, 1098; BAG NJW **1981**, 301B; AG NJW **1979**, 1902; ErfKomm/*Oetker* § 1 KSchG Rz. 239 ff.). Das Arbeitsgericht darf die unternehmerische Entscheidung nicht auf ihre Zweckmäßigkeit hin untersuchen. Es findet lediglich eine **Missbrauchskontrolle** dahingehend statt, ob die Maßnahme offensichtlich unsachlich oder willkürlich ist (BAG Nr. 8 und 48 zu § 1 KSchG 1969 Betriebsbedingte Kündigung; BAG NZA **2006**, 266, 268). Davon kann im vorliegenden Fall allerdings nicht die Rede sein, und auch in der Praxis nehmen die Gerichte das eher selten an.

> **Beachte:** Das ist nur dann anders, wenn sich die Unternehmerentscheidung auf den Abbau von Arbeitsplätzen reduziert, denn die Kündigung als solche ist ja überprüfbar. In diesem Fall muss der Arbeitgeber zumindest darlegen, dass der Abbau praktisch durchführbar und von einer gewissen Dauerhaftigkeit ist, die Arbeitsmenge also auch von den verbleibenden Arbeitnehmern in deren normaler Arbeitszeit erledigt werden kann (BAG NZA **2004**, 343). Aber Vorsicht: Der Arbeitgeber kann sich auch entscheiden, statt festangestellter Arbeitnehmer künftig freie Mitarbeiter einzusetzen. Dann verbleibt es beim Wegfall des Arbeitsplatzes, auch wenn sich vielleicht rein zahlenmäßig gar nicht weniger Leute im Betrieb aufhalten als vorher. Das ist eine zulässige Gestaltungsmaßnahme (vorausgesetzt, es handelt sich um »echte« freie Mitarbeiter, bzgl. derer dem Arbeitgeber dann z.B. auch kein Direktionsrecht zusteht) und nicht per se rechtsmissbräuchlich (BAG NZA **2008**, 878).

cc) Die betrieblichen Erfordernisse müssen gemäß § 1 Abs. 2 Satz 1 KSchG ferner auch **dringend** sein. Das Gesetz gibt einige mildere Alternativen an, bei deren Vorliegen eine Kündigung nicht erforderlich ist, unter anderem die Weiterbeschäftigung des Arbeitnehmers im selben Betrieb oder in einem anderen Betrieb des Unternehmens, § 1 Abs. 2 Satz 2 Nr. 1b KSchG. Eine anderweitige Beschäftigungsmöglichkeit des A besteht aber nicht.

dd) Bei einer betriebsbedingten Kündigung muss gemäß § 1 Abs. 3 KSchG weiterhin die richtige (soziale) Auswahl vom Arbeitgeber getroffen werden (BAG NZA **2017**, 902). Was unter sozialen Gesichtspunkten zu verstehen ist, bestimmt das Gesetz seit dem 01.01.2004 ausdrücklich, nämlich die **Dauer der Betriebszugehörigkeit**, das **Lebensalter**, die **Unterhaltspflichten** und die **Schwerbehinderung** des Arbeitnehmers.

Zum Fall: Unser A hat eine 28-jährige Betriebszugehörigkeit aufzuweisen. Überdies ist er bereits 58 Jahre alt und seiner Frau (A ist laut SV verheiratet) unterhaltspflichtig. Der ledige 24-jährige S gehört dem Betrieb erst seit zwei Jahren an. Allerdings muss er für den Unterhalt zweier Kinder aufkommen. Gleichwohl ist er in der Gesamtbetrachtung sozial weniger schutzbedürftig als A. Es gibt zwar keine starren Grundsätze für die Bewertung der einzelnen Sozialkriterien, jedoch lässt sich feststellen, dass die Dauer der Betriebszugehörigkeit als einziges unmittelbar mit dem Betrieb verknüpftes Kriterium im Vergleich zu den übrigen Gesichtspunkten tendenziell vorrangig zu berücksichtigen ist (BAG NZA **2007**, 798; BAG NJW **1986**, 274; s. auch ErfKomm/*Oetker* § 1 KSchG Rz. 338). Das BAG erklärt insoweit ausdrücklich:

»… Die Dauer der Betriebszugehörigkeit ist der wichtigste und normativ klar begründbare Gesichtspunkt, dem bei der Sozialauswahl vorrangige Bedeutung beizumessen ist …« (BAG vom 18.10.1984 EzA § 1 KSchG Betriebsbedingte Kündigung Nr. 34).

Mit der längeren Betriebszugehörigkeit geht zudem in der Regel auch ein höheres Alter einher, wobei das Alter im Vergleich zur Betriebszugehörigkeit im Zweifel erst nachrangig zu behandeln ist; allerdings kann es bei im Übrigen identischen oder vergleichbaren Voraussetzungen den Ausschlag geben (BAG DB **1983**, 1824), ebenso wie übrigens bei nahezu gleicher Betriebszugehörigkeit und gleichem Alter die Unterhaltspflichten den Ausschlag geben können (BAG NZA **2015**, 426).

<u>**ZE.**</u>**:** Sowohl der A als auch der S sind unterhaltspflichtig. A jedoch ist nicht nur deutlich älter, sondern gehört dem Betrieb seit 28 Jahren an, während der S bislang – auch wegen seines geringeren Alters – erst auf zwei Jahre Dienst in der Firma kommt. Unter Berücksichtigung der Tatsache, dass die Dauer der Betriebszugehörigkeit das tendenziell vorrangige Beurteilungskriterium bei der Sozialauswahl ist, hat B im vorliegenden Fall eine fehlerhafte soziale Auswahl getroffen. Folglich hätte eigentlich aus »sozialen« Gründen der S anstelle des A entlassen werden müssen.

Beachte noch: Diese Sozialauswahl ist **betriebsbezogen** (BAG NZA **2017**, 902; BAG NZA **2007**, 798; BAG NZA **2005**, 175 und 1775; ErfKomm/*Oetker* § 1 KSchG Rz. 318 ff.; *Schaub/Linck* § 135 Rz. 3 f.), wodurch sie sich von der Prüfung einer Weiterbeschäftigungsmöglichkeit im Sinne von § 1 Abs. 2 Satz 2 Nr. 1b KSchG unterscheidet. Unter Umständen kann an dieser Stelle deshalb der Betriebsbegriff (= organisatorische Einheit, innerhalb derer der Unternehmer allein oder mit seinen Mitarbeitern mit Hilfe sachlicher oder immaterieller Mittel bestimmte arbeitstechnische Zwecke fortgesetzt verfolgt, vgl. *Gaul/Bonanni* in NZA 2006, 289) eine entscheidende Rolle spielen. Einzubeziehen sind nur vergleichbare Arbeitnehmer, wobei das Merkmal der Vergleichbarkeit **arbeitsplatzbezogen** zu prüfen ist (vgl. dazu BAG NZA **2006**, 1350; ErfKomm/*Oetker* § 1 KSchG Rz. 324; *Schaub/Linck* § 135 Rz. 11), die Notwendigkeit einer kurzen Einarbeitungszeit der Vergleichbarkeit aber nicht automatisch entgegensteht (BAG NZA **2006**, 207). Merken muss man sich außerdem, dass die Sozialauswahl letztlich dazu führen kann, dass ein anderer Arbeitnehmer gekündigt werden muss, während in die Prüfung der Weiterbeschäftigungsmöglichkeit nur freie oder vor Ablauf der Kündigungsfrist freiwerdende Arbeitsplätze einzubeziehen sind (s.o.: keine »Freikündigung«).

ee) B macht allerdings geltend, dass er glaube, dass sich der jüngere S eher in die Bedienung des Computerprogramms einarbeiten könne. Möglicherweise kann er sich deshalb auf **berechtigte betriebliche Interessen** berufen, die die Weiterbeschäftigung des sozial weniger schutzbedürftigen Arbeitnehmers nach sich ziehen, § 1 Abs. 3 Satz 2 KSchG. Vor dem 01.01.2004 musste die Weiterbeschäftigung des sozial weniger Schutzbedürftigen durch »betriebliche Bedürfnisse bedingt« sein. Die Abschwächung dieser Formulierung zu »berechtigten betrieblichen Interessen« macht deutlich, dass betrieblichen Notwendigkeiten fortan ein größeres Gewicht zukommen soll (vgl. dazu *Löwisch* in BB 2004, 154; *Thüsing/Stelljes* in BB 2003, 1673). So kann insbesondere das Interesse der Erhaltung einer ausgewogenen Alterstruktur genügen, um älteren Arbeitnehmer zu kündigen (BAG NZA **2013**, 86; *Löwisch* BB 2004, 154; *Willemsen/Annuß* in NJW 2004, 177). Das ist nicht unwichtig, denn wenn man sich die Kriterien der Sozialauswahl anschaut, wird deutlich, dass die älteren Arbeitnehmer regelmäßig im »Vorteil« sein werden, was theoretisch zu einer Überalterung der Belegschaft führen könnte. Und unter anderem wegen der Möglichkeit, jüngere Arbeitnehmer über § 1 Abs. 3 Satz 2 KSchG dann doch zu »behalten«, ist das Recht der Sozialauswahl nach Auffassung des BAG auch nicht altersdiskriminirerend und geht damit sowohl konform mit dem AGG (vgl. Fall 7) als auch mit dem zugrunde liegenden europäischen Unionsrecht (BAG NZA **2017**, 902; BAG NZA **2012**, 1044); der EuGH konnte zu letztgenanntem Punkt noch keine Stellung nehmen, weil sich ein ihm vorgelegtes Vorabentscheidungsverfahren durch Vergleich erledigt hatte (siehe dazu ErfKomm/*Oetker* § 1 KSchG Rz. 347a).

> Vorliegend geht es B jedoch nicht um den Erhalt einer gesunden Altersstruktur. Auch die bloße Behauptung, dass A nicht in der Lage sei, sich in das Bedienprogramm des Roboters einzuarbeiten, genügt ohne entsprechende Belege der mangelnden Fähigkeiten des A und vorhandenen Kenntnisse des S nicht (keine Behauptungen **»ins Blaue«** hinein, vgl. BAG EzA § 1 KSchG Betriebsbedingte Kündigung Nr. 10). Insoweit muss man sich bitte klarmachen, dass die Durchbrechung der Sozialauswahl wegen betrieblicher Interessen der Ausnahmefall bleibt, der nur dann zulässig ist, wenn ein verständiger Arbeitgeber zu dem gleichen Ergebnis käme (*Löwisch* BB 2004, 154). Die hierfür vorhandenen tatsächlichen Umstände muss der Arbeitgeber darlegen und gegebenenfalls beweisen, vgl. § 1 Abs. 3 Satz 3 KSchG (KR/*Griebeling* § 1 KSchG Rz. 553). Dies hat B vorliegend versäumt. Wichtig in diesem Zusammenhang außerdem noch: Eine möglicherweise erhaltenswerte gesunde Alterstruktur muss ***vor*** der Kündigung schon vorhanden gewesen sein; der Arbeitgeber kann also nicht über den Umweg des § 1 Abs. 3 Satz 2 KSchG eine verfehlte Personalpolitik quasi korrigieren (BAG NZA **2015**, 1122).

ZE.: Es bleibt somit bei der Feststellung der fehlerhaften Sozialauswahl. Die Kündigung des A ist sozial ungerechtfertigt.

4.) Die verspätete Klageerhebung

a) Die Klage ist mehr als vier Wochen nach schriftlicher Erklärung der Kündigung gegenüber A beim örtlich zuständigen Arbeitsgericht eingegangen. A hat folglich die Frist des § 4 Satz 1 KSchG versäumt, sodass eigentlich gemäß § 7 KSchG die Unwirksamkeit der Kündigung geheilt ist.

b) Nach § 5 KSchG (lesen) ist die Klage allerdings dann nachträglich zuzulassen, wenn der Arbeitnehmer trotz aller ihm zumutbaren Sorgfalt verhindert war, die Klage rechtzeitig zu erheben.

aa) Ein entsprechender fristgerechter Antrag des A liegt vor (§ 5 Abs. 3 KSchG).

bb) An der Versäumung der Klagefrist trifft den A auch keine Schuld. Zwar ist Krankheit an sich noch kein Entschuldigungsgrund; wenn die Erkrankung aber dazu führt, dass der Arbeitnehmer z.B. die Wohnung nicht verlassen und sich so weder um Rechtsrat bemühen noch die Klage einreichen kann, ist ein Zulassungsgrund nach § 5 KSchG gegeben (ErfKomm/*Kiel* § 5 KSchG Rz. 12). Vorliegend war der Klinikaufenthalt aufgrund des Unfalls erforderlich – und der Sachverhalt enthält freundlicherweise noch die Information, dass auch die Ehefrau von dem Unfall betroffen war, weshalb bitte keine Überlegungen dazu angestellt werden dürfen, ob nicht selbige hätte tätig werden können (das kann im Einzelfall, wenn der Arbeitnehmer z.B. vorher schon beim Anwalt und grds. zur Klage entschlossen war, schon mal sein).

<u>**ZE.**</u>: Das Gericht wird die Klage auf den Antrag des A folglich gemäß § 5 KSchG nachträglich zulassen, da er die Frist unverschuldet versäumt hat. Daher ist hier keine Präklusionswirkung nach §§ 4, 7 KSchG eingetreten.

Ergebnis: Die Kündigung ist gemäß § 1 Abs. 1 KSchG rechtsunwirksam. Das Arbeitsverhältnis zwischen A und B ist nicht durch die Kündigung beendet worden. Die Kündigungsschutzklage des A ist also nicht nur zulässig, sondern auch begründet und hat dementsprechend Erfolg.

Der Weiterbeschäftigungsanspruch

Es fragt sich, ob A während der Dauer des Kündigungsschutzprozesses von B weiterbeschäftigt werden muss. Damit stellt sich die Frage nach dem sogenannten »Weiterbeschäftigungsanspruch« (WBA) des Arbeitnehmers.

Durchblick: Es gibt den **gesetzlichen** und den **allgemeinen** WBA. Ersterer ist nach § 102 Abs. 5 BetrVG begründet, wenn der Betriebsrat der Kündigung gemäß § 102 Abs. 3 BetrVG widersprochen hat; der Arbeitgeber muss den Arbeitnehmer dann bis zum Ende des Prozesses auf seinem alten (!) Arbeitsplatz weiterbeschäftigen (*Schaub/Linck* § 125 Rz. 6). Der allgemeine WBA betrifft die Fälle außerhalb des Anwendungsbereiches des § 102 Abs. 5 BetrVG und beruht auf einer Rechtsfortbildung des BAG (BAG vom 27.02.**1985** → BAGE **48**, 122 = NJW **1985**, 2986 = NZA **1985**, 702). Denn auch insoweit ist es für den Arbeitnehmer enorm wichtig, dass er während eines sich möglicherweise recht lange hinziehenden Prozesses arbeiten kann. Allerdings müssen natürlich auch die Interessen des Arbeitgebers berücksichtigt werden, der den Arbeitnehmer ja gerade nicht mehr beschäftigen will. Daher gilt für den allgemeinen WBA folgende **Grundregel:** Während der Dauer des erstinstanzlichen Verfahrens besteht kein allgemeiner WBA. Erlangt der Arbeitnehmer allerdings ein obsiegendes Urteil in erster Instanz, gegen das der Arbeitgeber Berufung einlegt, so muss der Arbeitnehmer anschließend bis zum Ende des Verfahrens beschäftigt werden, da dann eine Vermutung für die endgültige Unwirksamkeit der Kündigung besteht (BAG NZA **1985**, 702; *Brox/Rüthers/Henssler* Rz. 204). Außerdem besteht ein WBA, wenn die Kündigung von Anfang an offensichtlich unwirksam ist; Ausnahme: überwiegende schützenswerte Interessen des Arbeitgebers (BAG NZA **1985**, 702; *Schaub/Linck* § 125 Rz. 16).

Bei uns im Fall liegt die ganze Sache damit folgendermaßen: Der Betriebsrat hat der Kündigung nach § 102 Abs. 3 Nr. 1 BetrVG fristgerecht widersprochen. Da auch kein Ausnahmefall des § 102 Abs. 5 Satz 2 BetrVG vorliegt, hat A einen gesetzlichen Weiterbeschäftigungsanspruch gegen B. Über die gerade geschilderten Einzelheiten im Hinblick auf einen außerhalb des § 102 Abs. 5 BetrVG bestehenden Beschäftigungsanspruch brauchen wir uns daher keine Gedanken zu machen.

Ergebnis: B muss A während der Dauer des Kündigungsschutzprozesses weiterbeschäftigen.

Kurzer, aktueller Nachtrag zur Sozialauswahl

Wir haben oben die Kriterien der Sozialauswahl kennengelernt und gesehen, dass die Dauer der Betriebszugehörigkeit hierbei an erster Stelle steht, gefolgt vom Lebensalter, den Unterhaltspflichten und einer möglichen Behinderung des Arbeitnehmers. Das BAG hat mit Urteil vom 27. April 2017 (→ NZA **2017**, 902) festgestellt, dass ein Arbeitnehmer, der bereits Regelaltersrente bezieht, insoweit Abstriche machen muss: Das Gericht segnete die Kündigung eines Arbeitnehmers ab, obwohl dieser im Vergleich zu einem Kollegen stolze 26 Jahre (!) länger im Betrieb beschäftigt und zudem 32 Jahre (!) älter war. Der Grund: »… Es muss dem Arbeitnehmer gekündigt werden, der auf das Arbeitsverhältnis im konkreten Fall am wenigsten angewiesen ist … Das Kriterium des Lebensalters bei der Sozialauswahl trägt dem Umstand Rechnung, inwieweit der gekündigte Arbeitnehmer auf dem Arbeitsmarkt noch vermittelbar ist und eigenes Einkommen erzielen kann. Wer bereits Altersrente bezieht, unterliegt dieser Zwecksetzung nicht mehr, er ist nicht mehr auf Arbeitseinkommen angewiesen …«.

Gutachten

Die Klage des A hat Erfolg, wenn sie zulässig und begründet ist.

I.) Zulässigkeit der Klage

1.) Zunächst muss der Rechtsweg zu den Arbeitsgerichten eröffnet sein. A möchte gerichtlich feststellen lassen, ob sein Arbeitsverhältnis besteht oder nicht besteht. Hierfür ist der Rechtsweg zu den Arbeitsgerichten gemäß § 2 Abs. 1 Nr. 3b ArbGG eröffnet.

2.) Ferner muss A eine statthafte Klageart wählen. Hier kommt eine Kündigungsschutzklage nach Maßgabe des § 4 Satz 1 KSchG wegen Sozialwidrigkeit der Kündigung nach § 1 KSchG in Betracht.

a) Dann muss das Kündigungsschutzgesetz in sachlicher und persönlicher Hinsicht anwendbar sein, §§ 1 Abs. 1, 23 Abs. 1 Satz 2 und 3 KSchG. A war schon vor dem 1.1.2004 bei B beschäftigt; folglich gilt für sein Arbeitsverhältnis gemäß § 23 Abs. 1 Satz 3 KSchG in sachlicher Hinsicht der Schwellenwert von 5 Beschäftigten. Im Betrieb des B sind mehr als fünf Arbeitnehmer beschäftigt. Auch bestand das Arbeitsverhältnis des A länger als sechs Monate.

b) Bei der Kündigungsschutzklage handelt es sich um eine besondere Feststellungsklage im Sinne von § 256 ZPO. Voraussetzung für die Zulässigkeit ist demnach außerdem das Bestehen eines besonderen Feststellungsinteresses. A erhebt Kündigungsschutzklage. Das Feststellungsinteresse bei einer Kündigungsschutzklage ergibt sich bereits daraus, dass die Klageerhebung innerhalb von drei Wochen erforderlich ist, um die Heilung der Unwirksamkeit der Kündigung nach § 7 KSchG zu vermeiden. Folglich ist die Kündigungsschutzklage vorliegend statthaft.

3.) Weiter muss A einen statthaften Klageantrag stellen. A hat beantragt festzustellen, dass das Arbeitsverhältnis durch die Kündigung vom 19.01.2019 nicht aufgelöst ist. Dieser Antrag wiederholt lediglich den Wortlaut des § 4 Satz 1 KSchG und ist demnach statthaft.

4.) Außerdem müssen die Beteiligten partei- und prozessfähig sein. Die Parteifähigkeit bestimmt sich nach §§ 10, 46 Abs. 2 ArbGG i.V.m. § 50 ZPO. A und B sind als natürliche Personen parteifähig. Auch im Hinblick auf die Prozessfähigkeit gemäß §§ 10, 46 Abs. 2 ArbGG i.V.m. § 51 ZPO bestehen keine Bedenken. Zudem besteht gemäß § 11 Abs. 1 ArbGG vor den Arbeitsgerichten der ersten Instanz kein Anwaltszwang, sodass A und B auch ohne Anwalt postulationsfähig sind.

Zwischenergebnis: Die Klage des A ist somit zulässig.

II.) Die Begründetheit der Klage

Die Klage muss ferner begründet sein. Das ist der Fall, wenn das wirksam zustande gekommene Arbeitsverhältnis zwischen A und B nicht durch die Kündigung des B aufgelöst wurde. Das Arbeitsverhältnis kann durch eine ordentliche Kündigung beendet worden sein.

1.) Eine schriftliche (§ 623 BGB) Kündigungserklärung liegt vor.

2.) Die nach § 102 Abs. 1 BetrVG erforderliche Anhörung des Betriebsrates hat B unter Berücksichtigung des § 102 Abs. 1 Satz 2 BetrVG (Mitteilung der Kündigungsgründe) durchgeführt.

3.) Möglicherweise ist die Kündigung aber sozial ungerechtfertigt nach § 1 Abs. 1 KSchG. Dies ist der Fall, wenn sie nicht durch personen-, verhaltens- oder betriebsbedingte Gründe gerechtfertigt ist.

Die von B angeführten Gründe (die Rationalisierungsmaßnahmen) können eine betriebsbedingte Kündigung rechtfertigen. Eine betriebsbedingte Kündigung ist sozial gerechtfertigt, wenn ein dringendes betriebliches Erfordernis vorliegt und die richtige (soziale) Auswahl getroffen worden ist, vgl. § 1 Abs. 2 Satz 1, Abs. 3 KSchG.

a) Ein dringendes betriebliches Erfordernis i.S.d. § 1 Abs. 2 KSchG setzt voraus, dass durch außerbetriebliche oder innerbetriebliche Faktoren eine verringerte Arbeitsmenge im Betrieb zu erledigen ist und dadurch ein oder mehrere Arbeitsplätze wegfallen und unternehmensweit (§ 1 Abs. 2 Satz 2 Nr. 1b KSchG) keine andere Beschäftigungsmöglichkeit besteht. Es muss also ein Arbeitskräfteüberhang gegeben sein.

aa) Durch den Einsatz des Schweißroboters braucht B fünf Arbeitnehmer weniger. Hierbei handelt es sich um einen innerbetrieblichen Faktor, der als Rationalisierungseffekt einen Arbeitskräfteüberhang verursacht. Fraglich ist allerdings, wie es sich auswirkt, dass A diesen Rationalisierungseffekt anzweifelt. Diese Zweifel können nur dann relevant für die Prüfung der Rechtfertigung der Kündigung sein, wenn der Einsatz des Schweißroboters, also die unternehmerische Maßnahme, seitens des Gerichts überprüft werden darf. Aufgrund der über Art. 12 GG geschützten unternehmerischen Freiheit sind freie Unternehmerentscheidungen, also auch Rationalisierungsmaßnahmen, allerdings nur eingeschränkt überprüfbar. Das Arbeitsgericht darf die unternehmerische Entscheidung nicht auf ihre Zweckmäßigkeit hin untersuchen. Es findet lediglich eine Missbrauchskontrolle dahingehend statt, ob die Maßnahme offensichtlich unsachlich oder willkürlich ist. Hierfür bestehen im vorliegenden Fall keine Anhaltspunkte. Auch beschränkt sich die Entscheidung des B nicht auf den Abbau von Arbeitsplätzen, sodass er auch nicht darlegen muss, ob der Arbeitsplatzabbau praktisch durchführbar und von einer gewissen Dauerhaftigkeit ist; ob der Einsatz des Schweißroboters als solcher für den Betrieb des B von Vorteil ist oder nicht, darf das Gericht nicht überprüfen.

bb) Die betrieblichen Erfordernisse müssen ferner gemäß § 1 Abs. 2 Satz 1 KSchG dringend sein. Dies ist nach Maßgabe des § 1 Abs. 2 Satz 2 Nr. 1b KSchG nicht der Fall, wenn die Weiterbeschäftigung des Arbeitnehmers im selben Betrieb oder in einem anderen Betrieb des Unternehmens möglich ist. Vorliegend besteht indessen keine solche Weiterbeschäftigungsmöglichkeit für den A.

b) Bei einer betriebsbedingten Kündigung muss gemäß § 1 Abs. 3 KSchG weiterhin die richtige soziale Auswahl vom Arbeitgeber getroffen werden. Was unter sozialen Gesichtspunkten zu verstehen ist, bestimmt das Gesetz ausdrücklich: die Dauer der Betriebszugehörigkeit, das Lebensalter, die Unterhaltspflichten und die Schwerbehinderung des Arbeitnehmers.

aa) A hat eine 28-jährige Betriebszugehörigkeit aufzuweisen. Überdies ist er bereits 58 Jahre alt und seiner Frau unterhaltspflichtig. Der ledige 24-jährige S gehört dem Betrieb erst seit zwei Jahren an. Allerdings muss er für den Unterhalt zweier Kinder aufkommen. Gleichwohl ist er sozial weniger schutzbedürftig als A. Zwar gibt es keine starren Grundsätze für die Bewertung der einzelnen Sozialkriterien, jedoch ist die Dauer der Betriebszugehörigkeit als einziges unmittelbar mit dem Betrieb verknüpftes Kriterium grundsätzlich vorrangig. Mit der längeren Betriebszugehörigkeit geht zudem typischerweise ein höheres Alter einher. Folglich lässt sich sagen, dass regelmäßig der ältere Arbeitnehmer mit der längeren Betriebszugehörigkeit sozial schutzwürdig ist. Demnach hätte eigentlich aus »sozialen« Gründen der S anstelle des A entlassen werden müssen.

bb) B macht allerdings geltend, er glaube, dass sich der jüngere S eher in die Bedienung des Computerprogramms einarbeiten könne. Möglicherweise kann er sich deshalb auf berechtigte betriebliche Interessen berufen, die die Weiterbeschäftigung des sozial weniger schutzbedürftigen Arbeitnehmers gemäß § 1 Abs. 3 Satz 2 KSchG ermöglichen. Die Durchbrechung der Sozialauswahl wegen betrieblicher Interessen ist allerdings als Ausnahme nur dann zulässig, wenn ein verständiger Arbeitgeber zu dem gleichen Ergebnis käme. Das ist insbesondere gegeben, wenn der sozial weniger schutzbedürftige Arbeitnehmer Spezialfähigkeiten hat, die im Betrieb von Bedeutung sind. Auch das Interesse an der Erhaltung einer ausgewogenen Alterstruktur kann genügen, um älteren Arbeitnehmer zu kündigen. Vorliegend geht es B jedoch nicht um den Erhalt einer gesunden Altersstruktur. Auch die bloße Behauptung, dass A nicht in der Lage sei, sich in das Bedienprogramm des Roboters einzuarbeiten, genügt – ohne entsprechende Belege der mangelnden Fähigkeiten des A und der vorhandenen Kenntnisse des S – nicht.

Es bleibt somit bei der Feststellung der fehlerhaften Sozialauswahl. Die Kündigung des A ist sozial ungerechtfertigt.

c) Fraglich ist jedoch weiterhin, wie es sich auswirkt, dass die Klage erst mehr als vier Wochen nach der schriftlichen Erklärung der Kündigung gegenüber A beim örtlich zuständigen Arbeitsgericht eingegangen ist. Gemäß § 4 Satz 1 KSchG muss die Klage gegen eine (unwirksame) Kündigung binnen dreier Wochen nach Zugang der schriftlichen Kündigungserklärung erfolgen. Andernfalls gilt die Kündigung gemäß § 7 KSchG als wirksam. Nach § 5 KSchG ist die Klage allerdings dann nachträglich zuzulassen, wenn der Arbeitnehmer trotz aller ihm zumutbaren Sorgfalt verhindert war, die Klage rechtzeitig zu erheben. Ein entsprechender fristgerechter Antrag des A nach Maßgabe des § 5 Abs. 3 KSchG liegt vor. Ferner darf A an der Versäumung der Klagefrist keine Schuld treffen. A lag während des gesamten Laufs der Drei-Wochen-Frist im Krankenhaus. Zwar ist Krankheit an sich noch kein Entschuldigungsgrund; hier führte die Erkrankung aber dazu, dass A sich weder um Rechtsrat bemühen noch die Klage einreichen konnte. Folglich ist ein Zulassungsgrund nach § 5 KSchG gegeben.

Das Gericht wird die Klage auf den Antrag des A folglich nachträglich zulassen, da er die Frist unverschuldet versäumt hat. Daher ist hier keine Präklusionswirkung nach §§ 4, 7 KSchG eingetreten.

Ergebnis: Die Kündigung ist gemäß § 1 Abs. 1 KSchG rechtsunwirksam. Das Arbeitsverhältnis zwischen A und B ist nicht durch die Kündigung beendet worden. Die Kündigungsschutzklage des A ist also nicht nur zulässig, sondern auch begründet und hat dementsprechend Erfolg.

Der Weiterbeschäftigungsanspruch

Fraglich ist außerdem, ob B den A während der Dauer des Kündigungsschutzprozesses weiterbeschäftigen muss. Vorliegend hat der Betriebsrat der Kündigung gemäß § 102 Abs. 3 Nr. 1 BetrVG fristgerecht widersprochen. Ein Ausnahmefall des § 102 Abs. 5 Satz 2 BetrVG liegt nicht vor. Demnach hat A einen (gesetzlichen) Weiterbeschäftigungsanspruch gegen A gemäß § 102 Abs. 5 BetrVG.

Ergebnis: B muss A während der Dauer des Bestandsschutzprozesses beschäftigen.

Fall 12

Der Pazifist

A ist seit drei Jahren als Chemiker im Betrieb des B beschäftigt. Insgesamt arbeiten dort 30 Forscher. Laut Arbeitsvertrag ist er mit »medizinischer Forschung« betraut. Als es um die prestigeträchtige Entwicklung eines Wirkstoffes geht, der die physischen Spätfolgen für Opfer atomarer Verstrahlung lindern soll, stellt sich A gegen die Anweisung des B, an dem Projekt mitzuarbeiten. Er könne dies nicht mit seinem Gewissen vereinbaren, da er überzeugter Pazifist sei und dieses Produkt offensichtlich der Gewissensberuhigung von künftigen Kriegstreibern diene. A will wissen, ob er verpflichtet ist, an der Wirkstoffentwicklung mitzuarbeiten. Er fragt außerdem, welche Konsequenzen ihm bei einer Weigerung drohen, da B ihm mitgeteilt hat, dass für lange Zeit alle Kapazitäten für das Projekt benötigt werden und deshalb mangels Verfolgung weiterer Forschungsprojekte kein anderer freier Arbeitsplatz existiert und existieren wird.

Rechtslage?

Zusatzfrage: B respektiert die Weigerung des A und überlegt, ihn im Rahmen eines anderen Projekts mit der »Überarbeitung« der Formel eines erfolgreichen Schmerzmittels zu betrauen. Der Betriebsratsvorsitzende, den B über seine Pläne in Kenntnis setzt, kündigt allerdings Widerstand gegen diese »Degradierung« des A an. B möchte wissen, ob ihn der Betriebsrat an seinem Vorhaben hindern kann.

> **Schwerpunkte:** Das Direktionsrecht des Arbeitgebers gemäß den §§ 106 GewO, 611a Abs. 1 BGB; Umfang und Tragweite der Weisungsbefugnis; Grundrechte im Arbeitsverhältnis; mittelbare Drittwirkung von Grundrechten; die personenbedingte Kündigung nach dem KSchG; Versetzung: individualrechtliche und betriebsverfassungsrechtliche Zulässigkeit; Voraussetzungen und Rechtsfolgen des § 99 BetrVG.

Lösungsweg

Die Verpflichtung des A zur Mitarbeit an dem Projekt

Ob B den A zur Mitarbeit an dem Prestige-Projekt verpflichten kann, hängt davon ab, inwieweit die Arbeitspflicht des A bereits durch den **Arbeitsvertrag** konkretisiert ist oder durch Weisungen des B konkretisiert werden kann. Im Arbeitsvertrag steht hier »medizinische Forschung«. Da dieser Begriff nun vergleichsweise weit gefasst ist und

A aus ihm insbesondere nicht ableiten kann, wann genau er was »erforschen« soll, muss B ihm logischerweise einzelne Forschungsarbeiten entsprechend zuweisen. Und dies geschieht aus rechtlicher Sicht bzw. Befugnis mittels des arbeitgeberseitigen Direktionsrechts.

Durchblick: Kaum jemand hat in seinem Arbeitsvertrag haargenau drinstehen, was exakt er nun an seinem Arbeitsplatz wann und wie machen soll. Der Kfz-Mechaniker nicht, der Koch nicht, der Hotelfachangestellte nicht, der Bademeister nicht, der Buchhalter nicht, der Bauarbeiter nicht usw. usw. Das wäre auch ganz schön schwierig, viel zu aufwendig, im Zweifel gar nicht möglich und würde im Übrigen auch der jeweiligen Beschäftigung nicht gerecht. Denn es fallen ja zumeist bei einem Arbeitsverhältnis die unterschiedlichsten Aufgaben an und die müssen dann selbstverständlich vom Arbeitnehmer auch erledigt werden, ohne dass jetzt konkret im Arbeitsvertrag steht, dass z.B. der Hotelfachangestellte immer montags morgens prüft, ob die Putzkolonne alles perfekt saubergemacht hat. In den Arbeitsverträgen steht zumeist nur drin, dass z.B. der Arbeitnehmer eine Stelle »**als Hotelfachangestellter**« erhält – und Schluss. Die weitere Ausgestaltung dessen übernehmen die Parteien dann in der konkreten Situation, was nach dem eben Gesagten auch einleuchtet. Um das jeweilige Arbeitsverhältnis und dessen Umfang nun konkret zu bestimmen (was genau macht man etwa als Hotelfachangestellter?), gibt es immer jemanden, der ein den Arbeitsvertrag konkretisierendes Weisungsrecht hat, im Zweifel ist das der Chef bzw. der **Arbeitgeber**. Der übt dann das sogenannte »Direktionsrecht« aus, das nötig ist, um – wir haben es gerade gesehen – die unterschiedlichen Aufgabenbereiche in einem Arbeitsverhältnis, die in der Regel nicht vollständig in einen Arbeitsvertrag aufgenommen werden können, zuzuweisen. Das Direktionsrecht des Arbeitgebers hat demnach eine sogenannte »Konkretisierungsfunktion« in Bezug auf den Arbeitsvertrag (BAGE **160**, 296; BAGE **141**, 34; BAG NZA **1998**, 329; BAG NZA **1996**, 444).

Streng dogmatisch bezeichnet das Direktionsrecht das Recht des Arbeitgebers, die Arbeitspflicht des Arbeitnehmers nach Inhalt, Ort und Zeit unter Berücksichtigung billigen Ermessens näher zu bestimmen (BAG NZA **2017**, 1185; BAG ArbuR **2012**, 494; ErfKomm/*Preis* § 106 GewO Rz. 2; *Schaub/Linck* § 45 Rz. 13). Rechtsgrundlagen für diese Direktionsbefugnis sind der **§ 106 GewO** (aufschlagen!), der gemäß § 6 Abs. 2 GewO für alle Arbeitnehmer Gültigkeit hat (*Henssler/Willemsen/Kalb/Lembke* § 106 GewO Rz. 1) und der **§ 315 BGB**. Durch die Neueinführung des § 611a Abs. 1 BGB (aufschlagen!) findet das Weisungsrecht zudem jetzt auch ausdrücklich Eingang in die arbeitsvertraglichen Vorschriften des BGB. Dieses Direktionsrecht gilt nun aber, wie man schon dem Wortlaut der §§ 106 GewO, 315 BGB entnehmen kann, selbstverständlich nicht uneingeschränkt. Abgesehen davon, dass die Weisung nicht gegen Gesetze oder Kollektivvereinbarungen verstoßen darf (ErfKomm/*Preis* § 106 GewO Rz. 4), bestehen folgende weitere, prüfungsrelevante Einschränkungen der Direktionsbefugnis des Arbeitgebers, die wir dann auch gleich auf unseren Fall beziehen wollen, und zwar:

a) Das Direktionsrecht wird zunächst begrenzt durch das, was ausdrücklich im Arbeitsvertrag (→ § 611a Abs. 1 BGB) steht. Der Arbeitsvertrag ist stets die wichtigste Grundlage bei der Konkretisierung der Arbeitspflicht; nur wenn der Arbeitsvertrag keine entsprechende Regelung enthält, greift das Direktionsrecht des Arbeitgebers ein (BAG NZA **2017**, 1185; BAGE **141**, 34; *Hromadka* in DB 1995, 2601 ff.).

Wir haben nun allerdings schon gesehen, dass die hier in unserem Fall gegebene Umschreibung im Arbeitsvertrag zu allgemein ist und folglich auch keine Begrenzung für das Direktionsrecht erkennen lässt.

b) Die Weisung muss außerdem gemäß §§ 106 GewO, 315 BGB nach **billigem Ermessen** vorgenommen werden, da es sich um eine einseitige Leistungsbestimmung handelt. Diese Ermessensprüfung beinhaltet logischerweise eine Generalklausel, die Wertungen des Gesetzgebers enthält, die im Einzelfall ausfüllungsbedürftig sind (BAGE **160**, 296; BAG NJW **2010**, 3112; BAG AP BGB § 611 Direktionsrecht Nrn. 42 und 52). Zu berücksichtigen sind folglich sämtliche (gesetzlichen) Wertungen, die innerhalb eines Arbeitsverhältnisses von Bedeutung sein können. Vorliegend beruft sich unser A auf Gewissensnöte, um seine Weigerung im Hinblick auf die von B geforderte Arbeitsleistung zu begründen. Diese Aussage verlangt vom Klausurbearbeiter, dass man sich Gedanken über die Bedeutung der grundrechtlich geschützten Gewissensfreiheit (**Art. 4 Abs. 1 GG**) im geschilderten Zusammenhang macht. Wir wollen dies zunächst dazu nutzen, um uns mal kurz die Bedeutung von Grundrechten im Arbeitsverhältnis im Allgemeinen anzuschauen:

Aus Art. 1 Abs. 3 GG (aufschlagen!) ergibt sich, dass grundsätzlich nur **Hoheitsträger**, also die Gesetzgebung, die vollziehende Gewalt und die Rechtsprechung unmittelbar an die Grundrechte gebunden sind. Eine Zeitlang hat man nun versucht, ein dem Verhältnis **Staat → Bürger** vergleichbares (Macht-)Verhältnis zwischen Arbeitgeber und Arbeitnehmer zu konstruieren, um auf diese Weise den Grundrechten zu unmittelbarerer Geltung auch im Arbeitsrecht zu verhelfen, sogenannte »unmittelbare Drittwirkung der Grundrechte« im Arbeitsrecht (so die frühere Rechtsprechung, BAGE **1**, 185; **4**, 240; **13**, 168). Allerdings rechtfertigt das Ungleichgewicht zwischen Arbeitgeber und Arbeitnehmer keine Abweichung von Art. 1 Abs. 3 GG. Es handelt sich hierbei nämlich nicht um ein spezifisch arbeitsrechtliches Phänomen: So ist regelmäßig etwa auch der Vermieter im Verhältnis zum Mieter rein tatsächlich im Vorteil, was – ähnlich wie im Arbeitsrecht – durch bestimmte zwingende Schutzvorschriften zugunsten der schwächeren Partei abgefedert wird. Eine **unmittelbare** Geltung der Grundrechte unter Aushebelung des Art. 1 Abs. 3 GG ist allerdings im Privatrecht auch gar nicht erforderlich. Denn über die im Zivilrecht nicht seltenen Generalklauseln (§§ 138, 242, 315 BGB; § 106 Satz1 GewO!) und unbestimmten Rechtsbegriffe (z.B. »wichtiger Grund« im Sinne des § 626 BGB) finden die Grundrechte bzw. deren Wertungen bei der Auslegung ausfüllungsbedürftiger Rechtsbegriffe Eingang auch in die Rechtsverhältnisse zwischen Privaten (vgl. z.B. für Art. 4 Abs. 1 GG: BAGE **47**, 363; BAG NJW **1990**, 203). Die Grundrechte gelten demnach im Arbeitsrecht nicht unmittelbar, müssen aber im Einzelfall bei der Auslegung berücksichtigt werden, und das ist die sogenannte »mittelbare Drittwirkung« der Grundrechte im Arbeitsrecht. Die einzige Ausnahme dazu bildet übrigens die Koalitionsfreiheit des Art. 9 Abs. 3 GG, die unmittelbar auch für Private gilt.

Zum Fall: Die von A geltend gemachten Gewissensnöte können dazu führen, dass bei Bestimmung der Billigkeit im Hinblick auf das Direktionsrecht **Art. 4 Abs. 1 GG** beachtet werden muss. Das setzt voraus, dass es sich um eine grundrechtlich geschützte Gewissensentscheidung handelt. Eine Gewissensentscheidung ist auch im Arbeitsrecht jede ernstliche, an den Kategorien von Gut und Böse orientierte Entscheidung, die der Einzelne in einer bestimmten Lage als für sich bindend und unbedingt verpflichtend innerlich erfährt, sodass er gegen sie nicht ohne ernste Gewissensnot handeln könnte (BVerfGE **12**, 45, 55; BAGE **47**, 363; BAG NJW **1990**, 203). A hat seine pazifistische Einstellung deutlich gemacht. Damit kann er die Mitarbeit an einem Projekt, das nur dann relevant wird, wenn es zu Atomkriegen kommen sollte, nicht vereinbaren. Insoweit kann (und muss) man daher feststellen, dass sich die Entscheidung des A als Gewissensentscheidung im genannten Sinne bewerten lässt und somit dem Schutz des Art. 4 Abs. 1 GG unterliegt. Und genau so hat das auch das BAG im Jahre 1989 gesehen, das ziemlich genau unseren Fall zu entscheiden hatte (BAG NJW **1990**, 203) – wenn auch nicht in Bezug auf § 106 GewO, den gab es ja noch nicht (siehe oben) – und dort dann übrigens darauf abgestellt hat, dass bei solchen Gewissensnöten der Arbeitnehmer glaubhaft machen muss, dass es sich um eine »nach außen tretende, rational mitteilbare, intersubjektiv nachvollziehbare, ernsthafte und absolut verbindliche Entscheidung«, handelt (BAG NJW **1990**, 203). Und das wollen wir dann für unseren A auch annehmen, denn er weigert sich ausdrücklich und verbindlich aus Gewissensgründen, den Job zu machen. Da Art. 4 Abs. 1 GG somit Bedeutung bei der Auslegung des Billigkeitsbegriffs im Rahmen des Direktionsrechts zukommt, muss die Weisung des B die Gewissensentscheidung des A berücksichtigen. B will allerdings seine Anweisung nicht zurücknehmen – er kann es mangels anderer Arbeitsplätze ja auch gar nicht – und beharrt auf der Mitarbeit des A. Hierdurch missachtet die Weisung die Gewissensfreiheit des A im Sinne des Art. 4 Abs. 1 GG.

Ergebnis: Folglich verstößt die Weisung des B gegen den Grundsatz der Billigkeit einer Ermessungsentscheidung, die von den §§ 106 GewO, 315 BGB gefordert ist. Damit ist sie für A **nicht** verpflichtend. Er muss ihr also nicht Folge leisten und an dem Projekt auch nicht mitarbeiten, auch nicht vorläufig (BAGE **160**, 296).

Die Konsequenzen der Weigerung

1.) Dem A ist die Erbringung seiner Arbeitsleistung aufgrund des Gewissenskonflikts **unmöglich**. Es handelt sich hierbei um einen Fall der einredeweise geltend zu machenden Unzumutbarkeit im Sinne des § 275 Abs. 3 BGB (*Henssler* in RdA 2002, 129). Ein Verschulden ist dabei übrigens nicht erforderlich, wenngleich das BAG in der unserem Fall zugrundeliegenden Entscheidung immerhin angesprochen hat – das war aber konkret irrelevant –, inwieweit der Gewissenskonflikt bei Vertragsschluss vorhersehbar gewesen sei. Zu Recht weist nämlich ErfKomm/*Schmidt* bei Art. 4 GG Rz. 72 darauf hin, dass sich persönliche Einstellungen mit der Zeit ja auch ändern können oder neue Erkenntnisse hinzutreten, die einen vielleicht schon bei Vertragsschluss drohenden Gewissenskonflikt abmildern (oder aber auch verschärfen) können. Der Arbeitnehmer kann daher seine Arbeitsleistung bei nicht vorhandenen, anderweitigen Beschäftigungsmöglichkeiten nicht ordnungsgemäß anbieten (§ 297 BGB), sodass der Arbeitgeber, der die Bandbreite der Produktion im Rahmen seiner unternehmerischen Entscheidungsfreiheit selbstverständlich frei bestimmen darf, nicht in Annahmeverzug gerät (BAG AP Nr. 3 zu § 611 BGB Gewissenskonflikt; BAG NJW **1990**, 203). Das bedeutet, dass A seinen Lohnanspruch gemäß den §§ 326 Abs. 1 Satz 1, 441 Abs. 3 BGB für die nicht geleistete Arbeit verliert. Hätte B allerdings andere Beschäftigungsmöglichkeiten für A, böte ihm diese aber nicht an, so geriete er seinerseits in Annahmeverzug – und A behielte seinen Lohnanspruch gemäß **§ 615 Satz 1 BGB**. Die berechtigte Weigerung, einer Weisung Folge zu leisten, ist auch nicht böswillig im Sinne des § 615 Satz 2 BGB (BAGE **160**, 296; BAGE **148**, 16; *Palandt/Weidenkaff* § 615 BGB Rz. 20).

2.) Abgesehen davon, dass er nach Lage der Dinge erst einmal ohne Lohnansprüche dasteht, muss A möglicherweise eine ordentliche Kündigung wegen der (berechtigten) Arbeitsverweigerung befürchten. In Betracht kommt eine Kündigung aus **persönlichen Gründen** im Sinne von § 1 Abs. 2 Satz 1 KSchG (vgl. BAG NZA **2011**, 1087).

Beachte: Hierbei muss man aber gut aufpassen. Denn immerhin verweigert unser A die ihm angebotene Arbeit **zu Recht** (siehe oben) – die Weisung des B war ja unbillig im Sinne der §§ 106 GewO, 315 BGB. Und wenn ein Arbeitnehmer eine unbillige Weisung missachtet bzw. nicht befolgt, darf der Arbeitgeber an diese Nichtbefolgung erst mal keine Rechtsfolgen oder Sanktionen knüpfen (BAGE **160**, 296), demnach auch nicht wegen der Nichtbefolgung der unbilligen Weisung das Arbeitsverhältnis kündigen. **Aber**: Dies gilt freilich nur, wenn der Arbeitnehmer an seinem ursprünglichen oder an einem anderen Arbeitsplatz im Betrieb weiterhin arbeiten könnte. Fällt sein bisheriger Arbeitsplatz hingegen ersatzlos weg und weigert sich der Arbeitnehmer gleichwohl – wenn auch zu Recht –, an dem ihm zugewiesenen, neuen Arbeitsplatz zu arbeiten, muss er mit einer Kündigung rechnen: Unter diesen Umständen erfolgt die Weigerung des Arbeitnehmers zwar rechtmäßig, der Arbeitgeber kann den Arbeitnehmer aber mangels anderweitiger Beschäftigungsmöglichkeit trotzdem nicht mehr einsetzen mit der Folge, dass dann eine Kündigung möglich ist (vgl. insoweit bitte auch den Anhang zum Fall weiter unten).

In unserem Fall hier kann B dem A keinen weiteren Arbeitsplatz mehr anbieten. Zu prüfen ist somit, ob und unter welchen Voraussetzungen eine personenbedingte Kündigung möglich wäre:

a) Der B müsste die Kündigung in der Form des § 623 BGB und unter Beachtung der Frist des § 622 BGB erklären, nachdem er zuvor den Betriebsrat nach § 102 Abs. 1 BetrVG ordnungsgemäß beteiligt hat.

b) Die Voraussetzungen zur Anwendung des KSchG (§§ 1 Abs. 1, 23 Abs. 1 Satz 2) sind vorliegend erfüllt. Folglich muss die Kündigung noch **sozial gerechtfertigt** sein, damit sie wirksam ist. Da betriebliche und verhaltensbedingte Gründe nicht vorliegen – es besteht kein Arbeitskräfteüberhang und die Arbeitsverweigerung des A war gerechtfertigt –, kommt allein die soziale Rechtfertigung der Kündigung wegen in der Person des Arbeitnehmers liegender Gründe in Betracht (sogenannte »personenbedingte Kündigung«): Das setzt (→ § 1 Abs. 2 Satz 1 KSchG) voraus, dass die Kündigung durch in der Person des Arbeitnehmers liegende Gründe bedingt ist. Dafür muss die Kündigung unter Berücksichtigung des Verhältnismäßigkeitsprinzips nach einer umfassenden Interessenabwägung billigenswert und angemessen sein (BAG NJW **2012**, 1099).

Klausuraufbau: Beachten muss man, dass die ordentliche Kündigung wegen verhaltens- oder personenbedingter Störungen des Arbeitsverhältnisses nach der Konzeption des Kündigungsrechts nicht als Sanktion gedacht ist, sondern nur dann wirksam erfolgen kann, wenn eine **negative Prognose** ergibt, dass auch zukün[illegible] mit solchen Störungen gerechnet werden muss und dem Arbeitgeber deshalb [illegible] Fortsetzung des Arbeitsverhältnisses nicht zumutbar ist (BAGE **141**, 34; [illegible] Komm/*Oetker* § 1 KSchG Rz. 105). **Beachte**: Dabei prüft man regelmäßig zweistufig: **1. Stufe:** Kündigungsgrund = Störung durch in der Person liegende Gründe »an sich« gegeben und **2. Stufe:** Rechtfertigung der Kündigung auch bei Interessenabwägung unter Berücksichtigung aller Einzelfallumstände, wobei beachtet werden muss, dass die Kündigung stets die Ultima Ratio ist (BAG NZA **2007**, 1041).

Machen wir mal:

1.) A hat sich geweigert, an einem bestimmten Projekt mitzuarbeiten. Diese Weigerung war zwar gerechtfertigt, sodass man ihm ein Fehlverhalten nicht vorwerfen kann. Allerdings führt seine Gewissensnot dazu, dass B ihn für das Projekt nicht einsetzen kann. Folglich führt ein in der Person des A liegender Grund dazu, dass das Arbeitsverhältnis akut gestört ist. Da nicht erwartet werden kann, dass A seine Haltung ändern wird, ist auch mit einer Störung für die Zukunft zu rechnen. Folglich liegt ein Kündigungsgrund »an sich» vor.

2.) Der B hat nach den gegebenen Informationen keine andere Möglichkeit, den A zu beschäftigen. Auch in Zukunft will er sich ausschließlich auf das Prestige-Projekt konzentrieren und weitere Forschungsprojekte nicht verfolgen. Er kann daher dem A weder jetzt noch in Zukunft eine andere Beschäftigung anbieten, der dieser ohne Gewissensnot nachgehen könnte. **Beachte:** Die Möglichkeit der anderweitigen Beschäftigung muss immer überprüft werden, denn existiert sie, dann ist die Kündigung eben nicht »bedingt« im Sinne des § 1 Abs. 2 Satz 1 KSchG. Es ist zwar dem A nicht zuzumuten, seine Haltung zu überdenken, diese ist ja als Gewissensentscheidung für ihn »bindend«; umgekehrt kann man aber auch von B nicht verlangen, einen Arbeitnehmer zu bezahlen, den er – aus seiner Sicht unverschuldet – nicht einsetzen darf. Folglich liegt auch nach Berücksichtigung der konkreten Einzelfallumstände unter Abwägung der widerstreitenden Interessen ein durch die Person des A bedingter Kündigungsgrund vor.

ZE.: Damit wäre eine ordentliche Kündigung seitens des B sozial gerechtfertigt, und das, obwohl A seinerseits berechtigt gewesen ist, der Weisung keine Folge zu leisten. Beachte bitte noch einmal, dass dies aber dann anders sein kann, wenn B dem A eine anderweitige Beschäftigung hätte anbieten können.

Ergebnis: A könnte sich weigern, an dem Projekt mitzuarbeiten. Allerdings verlöre er seine Lohnansprüche für die Zeit der Nichtarbeit und hätte nach den hier gegebenen Umständen zudem eine ordentliche personenbedingte Kündigung zu befürchten.

Zusatzfrage:

Ob ein Arbeitgeber einen Arbeitnehmer auf einen anderen Arbeitsplatz versetzen darf, ist unter zwei Gesichtspunkten zu prüfen: Zum einen muss die Versetzung im Verhältnis Arbeitgeber → Arbeitnehmer zulässig sein (also individualrechtlich), und zum zweiten darf sie bei Existenz eines Betriebsrats nicht ohne dessen Beteiligung nach Maßgabe des § 99 BetrVG erfolgen (betriebsverfassungsrechtliche Zulässigkeit).

Beachte bitte: Dieser Teil des Falles, also die Prüfung der Mitwirkung des Betriebsrates bei der Versetzung, ist inhaltlich nicht wirklich schwierig. Man muss nur bei allen personellen Maßnahmen im Sinne des § 99 Abs. 1 Satz 1 BetrVG immer das Zusammenspiel von **individual-** und **betriebsverfassungsrechtlicher** Zulässigkeit beachten. Im Rahmen der §§ 99–101 BetrVG ist übrigens die Gesetzeslektüre keinesfalls schädlich und erspart den Versuch bzw. das Bemühen, Dinge auswendig zu lernen, die im Gesetz stehen.

1.) Zulässigkeit der Versetzung nach dem Arbeitsvertrag

An welchem Arbeitsplatz ein Arbeitnehmer eingesetzt wird, kann der Arbeitgeber bestimmen; hierbei geht es um die Konkretisierung der sich aus dem Arbeitsvertrag ergebenden Arbeitspflicht im Hinblick auf Zeit, Art und Ort (BAG NZA **2017**, 1185; BAG NJW **2010**, 3112; BAG AP BGB § 611 Direktionsrecht Nr. 42). Es handelt sich deshalb auch bei der Frage nach der Versetzung von einem Arbeitsplatz auf einen anderen um einen Fall der Direktionsbefugnis, deren Grenzen wir oben ja schon kennengelernt haben. Die Versetzung darf demzufolge dem Arbeitsvertrag nicht widersprechen und nicht unbillig sein (BAG NZA **2017**, 1185; BAGE **141**, 34). Hier ist A laut Arbeitsvertrag zu »medizinischer Forschung« verpflichtet. Die Überarbeitung der Zusammensetzung eines Schmerzmittels lässt sich darunter fassen. Auch unter dem Gesichtspunkt der Billigkeit ist gegen die geplante Versetzung nichts einzuwenden.

ZE.: Die geplante Versetzung des A wäre folglich individualrechtlich zulässig.

2.) Betriebsverfassungsrechtliche Zulässigkeit der Versetzung

Allerdings hat der Betriebsrat bereits angekündigt, dass er der Versetzung nicht zustimmen werde (der Begriff der **Versetzung** ist übrigens legal definiert in § 95 Abs. 3

BetrVG). Der Betriebsrat muss über die in § 99 Abs. 1 Satz 1 BetrVG genannten personellen Maßnahmen informiert werden. Die erforderliche Betriebsgröße von 20 regelmäßig Beschäftigten ist hier überschritten. Zu klären ist also, ob der Betriebsrat einen Grund im Sinne des § 99 Abs. 2 BetrVG hat, die Zustimmung zu verweigern. In Betracht kommt allein eine Zustimmungsverweigerung wegen etwaiger Nachteile für A selbst, sofern diese Nachteile nicht durch betriebliche oder persönliche Gründe gerechtfertigt sind, Nr. 4. Selbst wenn man also annähme, dass die bloße Überarbeitung existierender Wirkformeln tatsächlich nachteilig für einen Forscher wie A ist, so muss man berücksichtigen, dass dieser Nachteil auf in der Person des A selbst liegenden Gründen beruht (siehe oben). Folglich wäre die Zustimmungsverweigerung des Betriebsrats nicht durch einen der in § 99 Abs. 2 BetrVG genannten Gründe gedeckt.

Feinkost: Kommt es tatsächlich so weit, dass der Betriebsrat ungeachtet des hier Gesagten die Zustimmung verweigert, darf der Arbeitgeber dies nicht einfach ignorieren. Er muss dann die gerichtliche Ersetzung der Zustimmung gemäß **§ 99 Abs. 4 BetrVG** beantragen. Ist die personelle Maßnahme aus sachlichen Gründen dringend erforderlich (z.B. bei der Einstellung eines Arbeitnehmers, den der Betrieb dringend braucht), kann er sie auch vor oder ohne Zustimmung des Betriebsrats »vorläufig« durchführen (→ § 100 Abs. 1 BetrVG). Bestreitet der Betriebsrat allerdings das Vorliegen einer solchen sachlichen Dringlichkeit, muss der Arbeitgeber auch diesbezüglich das Arbeitsgericht bemühen (→ § 100 Abs. 2 BetrVG). Unter Umständen besonders ärgerlich für den Arbeitgeber ist hieran im Fall der Einstellung, dass die Wirksamkeit des Arbeitsvertrages nicht berührt wird. Gleichwohl darf der Arbeitgeber den Arbeitnehmer wegen der verweigerten Zustimmung nicht beschäftigen (ErfKomm/*Kania* § 99 BetrVG Rz. 45). Das nennt man »Theorie der doppelten Wirksamkeitsvoraussetzung«. Daraus folgt, dass der Arbeitgeber dem Arbeitnehmer keinen Arbeitsplatz anbieten kann und deswegen in Annahmeverzug mit den bekannten Folgen des § 615 Satz 1 BGB gerät. Will er die Zahlung eines Annahmeverzugslohns verhindern und setzt den Arbeitnehmer trotz verweigerter Zustimmung des Betriebsrats und fehlender gerichtlicher Ersetzung ein, droht ihm aber ein Zwangsgeld nach § 101 BetrVG. Insgesamt also für den Arbeitgeber eine ziemlich missliche Lage; ihm bleibt dann nur die ordentliche Kündigung.

Das Ergebnis der Zustimmungsverweigerung ist letztlich aber auch für den Arbeitnehmer unerfreulich, denn der Arbeitgeber kann ihm ja dann mangels anderweitiger Beschäftigungsmöglichkeit ordentlich (personenbedingt) kündigen. Und der Arbeitnehmer erhält dann lediglich für die Dauer der Kündigungsfrist besagten Annahmeverzugslohn.

<u>ZE.</u>: Hier in unserem Fall haben wir glücklicherweise kein entsprechendes Problem, da das Arbeitsgericht die Zustimmung ersetzen würde, sollte sie, wie angekündigt, (grundlos) verweigert werden.

Ergebnis: B kann dem A den neuen Arbeitsplatz zuweisen. Das Gericht würde die verweigerte Zustimmung des Betriebsrates ersetzen.

Nachtrag: Rechtsprechungsänderung zum Direktionsrecht → BAGE **160**, 296

In Bezug auf die Konsequenzen, die eine unbillige Weisung seitens des Arbeitgebers für den Arbeitnehmer haben kann, hat das BAG im Herbst 2017 seine Rechtsprechung in Teilen geändert. Es ging um die weiter oben schon mal angesprochene, grundsätzliche Problematik, wie ein Arbeitnehmer reagieren kann bzw. muss, wenn er von seinem Arbeitgeber eine unbillige Weisung erhält. Die Fragen lauteten: Muss der Arbeitnehmer einer solchen Weisung gleichwohl Folge leisten – und wenn ja, ab und bis wann? Oder kann er die Durchführung sogar sofort und endgültig verweigern? Und wer entscheidet eigentlich über die Billigkeit oder Unbilligkeit einer Weisung?

1. Bis zum Jahr 2017 vertrat das BAG jahrzehntelang die Ansicht, der Arbeitnehmer müsse auch einer unbilligen Weisung vorläufig Folge leisten, und zwar so lange, bis ein Gericht in einem Verfahren nach **§ 315 Abs. 3 Satz 2 BGB** (aufschlagen!) die Unbilligkeit rechtskräftig festgestellt hat. Ohne ein Verfahren nach § 315 Abs. 3 Satz 2 BGB, in dem die Unbilligkeit der Weisung rechtskräftig ausgeurteilt wird, sei der Arbeitnehmer nicht berechtigt, der (unbilligen) Weisung zuwider zu handeln; weigere er sich gleichwohl, der Weisung nachzukommen, verletze er seine Pflichten aus dem Arbeitsvertrag und müsse mit entsprechenden Konsequenzen rechnen (BAGE **141**, 34). **Es galt also**: Auch eine unbillige Weisung war für den Arbeitnehmer vorläufig verbindlich und verlor diese Verbindlichkeit nur und vor allem erst mit der rechtskräftigen Entscheidung des nach § 315 Abs. 3 Satz 2 BGB anzurufenden Arbeitsgerichts, in der das Gericht die Unbilligkeit verbindlich feststellt; bis zu diesem Zeitpunkt war also faktisch von der Billigkeit der Weisung auszugehen (wichtiger Satz, bitte noch einmal lesen!).

2. Diese Meinung hat das BAG mit Urteil vom **18. Oktober 2017** überraschend aufgegeben (BAGE **160**, 296, bestätigt in BAG NZA **2018**, 1259) – und Folgendes festgestellt: Der Arbeitnehmer ist an eine unbillige Weisung grundsätzlich **nicht** gebunden; der Arbeitgeber darf an das Nichtbefolgen einer unbilligen Weisung zudem keine Sanktionen knüpfen. Stellt ein Gericht im Nachhinein fest, dass eine Weisung unbillig war, so gilt dies ***rückwirkend***. Sämtliche vom Arbeitgeber ausgesprochenen Sanktionen wegen der Nichtbefolgung der Weisung sind damit unwirksam: Abmahnungen sind zu löschen, Kündigungen wegen Nichtbefolgens der Weisung sind unwirksam – und gegebenenfalls ist sogar Lohn nachzuzahlen, sollte der Arbeitnehmer die durch die unbillige Weisung angebotene Beschäftigung verweigert und der Arbeitgeber deswegen die Lohnzahlung eingestellt haben (BAGE **160**, 296). Es ging im Oktober 2017 vor dem BAG um die folgende (hier: leicht vereinfachte) Geschichte:

> A arbeitete seit dem Jahr 2001 bei B in Münster. Im Arbeitsvertrag war ausdrücklich vorgesehen, dass B den A auch an anderen Standorten beschäftigen durfte. Im Zuge dessen wechselte A im Jahre 2010 in eine Filiale des B nach Dortmund. Da es dort

Schwierigkeiten mit den Kollegen gab, teilte B dem A im Mai 2015 mit, dass A ab Juni 2015 in Berlin arbeiten solle. B hielt diese Weisung für unbillig und trat daher seinen Dienst in Berlin nicht an, arbeitete aber auch nicht mehr in Dortmund. In den kommenden Wochen erteilte B dem A zwei Abmahnungen wegen Nichtantritt des Dienstes in Berlin und drohte eine fristlose Entlassung an. **Frage**: Muss B die Abmahnungen des A streichen, wenn ein Gericht im Nachhinein feststellt, dass die Versetzung nach Berlin unbillig im Sinne der §§ 106 GewO, 315 BGB gewesen ist?

Antwort Nr. 1 → die alte Rechtslage: Bis Oktober 2017 hätte das BAG diesen Fall so entschieden, dass die Abmahnungen nicht hätten gestrichen werden müssen. Denn A wäre trotz Unbilligkeit der Weisung grundsätzlich verpflichtet gewesen, der Weisung vorläufig Folge zu leisten, und zwar bis das (Arbeits-)Gericht gemäß § 315 Abs. 3 Satz 2 BGB angerufen worden wäre und die Unbilligkeit rechtskräftig festgestellt hätte (BAGE **141**, 34). Erst ab dieser Feststellung der Unbilligkeit durch das Arbeitsgericht war der Arbeitnehmer nicht mehr verpflichtet, der Weisung Folge zu leisten. Die Abmahnungen waren hier **vor** der gerichtlichen Feststellung, demnach also rechtmäßig ergangen und müssten logischerweise nicht gelöscht werden.

Antwort Nr. 2 → die neue Rechtslage: Stellt ein Gericht im Nachhinein die Unbilligkeit der Weisung fest, gilt diese Feststellung laut Urteil des BAG aus dem Oktober 2017 rückwirkend (!) mit der Konsequenz, dass sämtliche Maßnahmen, die der Arbeitgeber wegen der Nichtbefolgung getroffen hat, unwirksam sind. Die Abmahnungen sind folglich zu löschen, da sie aufgrund der Rückwirkung der gerichtlichen Feststellung zum Zeitpunkt ihres Ausspruchs bereits unbegründet waren (BAGE **160**, 296; BAG NZA **2018**, 1259; AR/*Kolbe* § 106 GewO Rz. 63; BeckOK/*Tillmanns* § 106 GewO Rz. 57; *Boemke* in NZA 2013, 6; *Busemann* ZTR 2015, 63; ErfK/*Preis* § 106 GewO Rz. 7a; *Däubler/Deinert/Zwanziger/Zwanziger* § 2 KSchG Rz. 80; *Fischer* FA 2014, 38; HWK/*Lembke* § 106 GewO Rz. 116 f.; *Kühn* in NZA 2015, 10; *Preis* in NZA 2015, 1; *Schaub/Linck* § 45 Rz. 18; MüKo/*Würdinger* § 315 BGB Rz. 67; *Staudinger/Rieble* § 315 BGB Rz. 418).

Zusammenfassung: Nach alter Rechtslage stellte ein arbeitsgerichtliches Urteil die Unbilligkeit der Weisung erst ab **Rechtskraft** dieses Urteils fest mit der Folge, dass die Weigerung des Arbeitnehmers, die unbillige Weisung vorläufig auszuführen, eine Verletzung seiner arbeitsvertraglichen Pflichten war, an die der Arbeitgeber Sanktionen knüpfen durfte (BAGE **141**, 34). Nach neuer Rechtslage ab Oktober 2017 gilt die vom Arbeitsgericht festgestellte Unbilligkeit der Weisung **rückwirkend** mit der Folge, dass die vorläufige Weigerung des Arbeitnehmers, die unbillige Weisung auszuführen, keine Verletzung der arbeitsvertraglichen Pflichten darstellt; sämtliche Maßnahmen des Arbeitgebers, die aufgrund der Nichtbefolgung der Weisung ergangen sind, sind damit unwirksam (BAGE **160**, 296).

Achtung: Der Arbeitnehmer trägt freilich, wenn er einer von ihm als unbillig empfundenen Weisung zuwiderhandelt, gleichwohl ein enormes Risiko: Stellt das Gericht nämlich im Nachhinein fest, dass die Weisung ***nicht*** unbillig war, sind und bleiben sämtliche Sanktionen des Arbeitgebers wirksam (BAG NZA **2018**, 1259). Denn die Weisung war dann von Anfang an billig im Sinne der §§ 106 GewO, 315 BGB. Verweigert der Arbeitnehmer also etwa die Arbeitsleistung im Glauben, die ihm erteilte Weisung sei unbillig und urteilt das Arbeitsgericht anschließend gegenteilig, steht dem Arbeitnehmer kein Lohn zu und auch eine Abmahnung oder gar eine Kündigung wegen Arbeitsverweigerung wären wirksam. Das Urteil des BAG aus dem Oktober 2017 (BAGE **160**, 296) hilft dem Arbeitnehmer demnach nur dann, wenn das Gericht später auch tatsächlich die **Unbilligkeit** der Weisung feststellt (siehe etwa: BAG NZA **2018**, 1259). Merken.

Das Allerletzte: Die Gerüchteküche

So, und ganz zum Schluss wollen wir anlässlich unseres Falles, insbesondere der weiter oben besprochenen personenbedingten Kündigung, noch einen kurzen Abstecher in die Gerüchteküche machen und mit einem unter der Arbeitnehmerschaft weit verbreiteten Irrtum aufräumen, nämlich: Ein Großteil der Arbeitnehmer ist der felsenfesten Überzeugung, dass wegen einer Krankheit eine (personenbedingte) Kündigung seitens des Arbeitgebers grundsätzlich ausgeschlossen sei.

Irrtum. Das **Gegenteil** ist die Wahrheit. Die Krankheit ist in der Praxis der mit weitem Abstand häufigste Grund für personenbedingte Kündigungen im Sinne des § 1 Abs. 2 KSchG, was man übrigens unter anderem daran erkennen kann, dass die entsprechende Kommentierung etwa bei *Henssler/Willemsen/Kalb/Thies*, § 1 KSchG Rz. 136 ff., stolze 19 Randziffern umfasst, während alle anderen dort angesprochenen personenbedingten Kündigungsgrunde mit je **einer** Randziffer auskommen. Krankheit schützt demnach keinesfalls vor Kündigung, sondern bedingt diese sogar in vielen Fällen, und die Kündigung kann selbst **während** einer Krankheit ausgesprochen werden. Freilich reicht dafür kein Schnupfen oder eine Blinddarmoperation mit einem vierwöchigen Arbeitsausfall. Erforderlich sind vielmehr andere Umstände, die das BAG alternativ wie folgt benannt hat:

→ häufige Kurzerkrankungen (BAG NZA **2018**, 1056; BAG NZA **2008**, 593) oder

→ lang andauernde Erkrankung (BAG NZA **1999**, 979) oder

→ dauerhafte Leistungsunfähigkeit (BAG NZA **1997**, 709) oder

→ erhebliche krankheitsbedingte Leistungsminderung (BAG DB **1992**, 2196).

Was das nun im Einzelnen zu bedeuten hat, wollen wir uns in der Ausführlichkeit hier ersparen, merken uns aber bitte, dass im Zweifel – ähnlich wie oben bei der Kündigung wegen des Gewissenskonflikts – hier jetzt immer eine **dreistufige** Prüfung erfolgt, und zwar so:

1. Stufe: Negative Gesundheitsprognose; also: Wird der Arbeitnehmer wahrscheinlich auch in Zukunft irgendeine dieser Krankheitsformen aufweisen?

2. Stufe: Erhebliche Beeinträchtigung der betrieblichen Interessen durch die entstandenen und prognostizierten Fehlzeiten; und

3. Stufe: Hierdurch unzumutbare Beeinträchtigung für den Arbeitgeber unter Berücksichtigung der widerstreitenden Interessen; auch hier muss man dann prüfen, ob eine Verbesserung der Situation durch eine anderweitige Beschäftigung zu erreichen ist (BAG NZA **2018**, 1056; BAG NZA **2011**, 39; *Schaub/Linck* § 131 Rz. 31 ff.).

Wer sich mit diesem Thema zu befassen hat, kommt dann nicht umhin, die BAG-Entscheidungen nachzuschlagen und am konkreten Einzelfall festzustellen, ob die Kündigung wirksam war oder nicht (vgl. etwa BAG NZA **2018**, 1056 und dazu dann auch die prima vollständigen und aktuellen Ausführungen *Schaub/Linck* § 131 Rz. 31 ff.). In universitären **Klausuren** wird diese Thematik indessen eher selten abgefragt, allein deshalb, weil die Sachverhaltsschilderung einer entsprechenden Krankheit für eine knapp bemessene Klausur im Zweifel schlicht zu aufwendig ist. Anders kann das aber bei **Hausarbeiten** sein. Wir wollen uns an dieser Stelle deshalb damit begnügen, zum einen das Gerücht (siehe oben) aus der Welt zu schaffen, dass Krankheit eine Kündigung ausschließt und zum anderen bitte behalten, dass bei einer entsprechenden Prüfung ein dreistufiger Aufbau zu erfolgen hat. Weiterer Einzelheiten entnimmt der interessierte Leser bitte den oben angegebenen Fundstellen. Im Übrigen werden wir uns später in Fall Nr. 14 auch noch mal ausführlicher mit der krankheitsbedingten Kündigung – dort allerdings in Bezug auf die »Änderungskündigung« – und dem eben geschilderten dreistufigen Prüfungsaufbau befassen (vgl. dort).

Gutachten

1.) Die Verpflichtung des A zur Mitarbeit

B kann den A zur Mitarbeit an dem Projekt anweisen, wenn A aufgrund des Arbeitsvertrags die Mitwirkung bei der Entwicklung des Wirkstoffs schuldet.

a) Laut Arbeitsvertrag ist A allgemein für »medizinische Forschung« angestellt. Über die Reichweite der Forschungstätigkeit sagt der Arbeitsvertrag nichts. Insbesondere werden konkrete Projekte, an denen A mitwirken soll, nicht benannt.

b) Entsprechend den §§ 106 Satz 1, 6 Abs. 2 GewO, 315 BGB hat der Arbeitgeber allerdings das Recht, Inhalt, Zeit und Ort der Arbeitsleistung des Arbeitnehmers näher zu konkretisieren (Weisungsrecht). B kann A in Ausübung dieser Konkretisierungsbefugnis somit grundsätzlich einzelne Forschungsarbeiten zuweisen.

c) Indessen besteht das arbeitgeberseitige Direktionsrecht nicht schrankenlos. Äußere Grenzen ergeben sich insbesondere aus dem Inhalt der Leistungsbeschreibung im jeweiligen Arbeitsvertrag. Innere Grenzen bestehen, weil der Arbeitgeber seine Weisungen nur nach billigem Ermessen erteilen darf, § 106 Satz 1 GewO, § 315 BGB.

aa) Die Mitwirkung an einem Projekt zur Behandlung von Strahlenschäden kann unter den Oberbegriff »medizinische Forschung« subsumiert werden. Eine entsprechende Weisung des B ist folglich durch den Arbeitsvertrag gedeckt.

bb) Fraglich ist, ob die Weisung billigem Ermessen entspricht. Bei dem Begriff des billigen Ermessens handelt es sich um eine Generalklausel, die im Einzelfall durch gesetzliche Wertungen ausgefüllt werden muss. Vorliegend beruft sich A auf Gewissensnöte, um seine Weigerung zu begründen. Es ist daher zu prüfen, ob A unter Hinweis auf seine grundrechtlich geschützte Gewissensfreiheit (Art. 4 Abs. 1 GG) die Mitwirkung an dem Projekt verweigern kann.

(1) Möglicherweise ist die Weisung des B schon deswegen unzulässig, weil diese gegen Art. 4 Abs. 1 GG verstößt. Dann muss die Norm im Verhältnis zwischen Arbeitgeber und Arbeitnehmer unmittelbar Anwendung finden können. Aus Art. 1 Abs. 3 GG ergibt sich jedoch, dass (unmittelbar) nur Hoheitsträger an die Grundrechte gebunden sind. Gleichwohl wurde früher zum Teil vertreten, dass aufgrund eines dem Verhältnis Staat – Bürger strukturell vergleichbaren (Macht-) Verhältnisses zwischen Arbeitgeber und Arbeitnehmer die Grundrechte im Arbeitsverhältnis direkt gelten, sogenannte unmittelbare Drittwirkung. Inzwischen ist allerdings mit Recht anerkannt, dass eine möglicherweise bestehende Unterlegenheit des Arbeitnehmers gegenüber dem Arbeitgeber keine Abweichung von Art. 1 Abs. 3 GG rechtfertigt. Bei einer fehlenden Vertragsparität handelt es sich nämlich nicht um ein spezifisch arbeitsrechtliches Phänomen. Zudem wird diese im Arbeitsrecht durch ein dichtes Netz von zwingenden Schutzvorschriften zugunsten der schwächeren Partei abgefedert. Schließlich ergibt sich auch aus der Systematik der Art. 1 ff. GG, dass eine Direktwirkung der Grundrechte die Ausnahme sein soll (vgl. Art. 9 Abs. 2 S. 2 GG). A kann aus Art. 4 Abs. 1 GG somit nicht unmittelbar ein Leistungsverweigerungsrecht gegenüber B herleiten.

(2) Ungeachtet der abzulehnenden unmittelbaren Direktwirkung der Grundrechte ist allerdings anerkannt, dass diese bei der Auslegung ausfüllungsbedürftiger Rechtsbegriffe Eingang auch in ein Rechtsverhältnis zwischen Privaten finden. Somit werden die Grenzen des billigen Ermessens im Sinne von § 106 GewO, § 315 Abs. 1 BGB im Einzelfall unter anderem durch Art. 4 Abs. 1 GG konkretisiert, sogenannte mittelbare Wirkung. Die Weisung des B muss folglich an diesem Maßstab gemessen werden, sofern die Gewissensfreiheit des A hierdurch überhaupt betroffen ist. Das setzt voraus, dass es sich bei der Verweigerung der Mitwirkung an dem Forschungsprojekt durch A tatsächlich um eine Gewissensentscheidung im Sinne des Art. 4 Abs. 1 GG handelt. Eine Gewissensentscheidung ist jede ernstliche, an den Kategorien von Gut und Böse orientierte Entscheidung, die der Einzelne in einer bestimmten Lage als für sich bindend und unbedingt verpflichtend innerlich erfährt, sodass er gegen sie nicht ohne ernste Gewissensnot handeln könnte. A hat seine ernsthafte pazifistische Einstellung deutlich gemacht. Mit dieser kann er die Mitarbeit an einem Projekt, das nur dann relevant wird, wenn es zu einem Atomkrieg kommen sollte, nicht vereinbaren. Sein Verweigerungsentschluss ist somit als Gewissensentscheidung in dem genannten Sinne zu bewerten. Dies hat B bei seiner Weisung nicht berücksichtigt. Es verstößt somit gegen den Grundsatz der Billigkeit (§ 106 Satz 1 GewO; § 315 Abs. 1 BGB), wenn sich B über die Gewissensfreiheit des A hinwegsetzt. Damit ist die Weisung für A nicht verpflichtend. Er muss ihr also nicht Folge leisten und an dem Projekt nicht mitarbeiten.

2.) Die Konsequenzen der Weigerung

a) Als Konsequenz aus der Verweigerung der Mitarbeit kommt ein Verlust von Lohnansprüchen des A in Betracht. Dieser kann sich aus § 326 Abs. 1 BGB ergeben. Voraussetzung hierfür ist, dass der Schuldner nach § 275 BGB nicht zu leisten braucht und die Gegenleistungsgefahr nicht gemäß § 326 Abs. 2 Satz 1 2. Fall in Verbindung mit den §§ 615, 293 ff. BGB auf B übergegangen ist.

aa) A ist die Erbringung seiner Arbeitsleistung aufgrund des Gewissenskonflikts unmöglich. Es handelt sich hierbei um einen Fall der einredeweise geltend zu machenden Unzumutbarkeit im Sinne von § 275 Abs. 3 BGB. Eine Leistungsbefreiung gemäß § 275 BGB liegt vor.

bb) Der Anspruch auf die Gegenleistung erlischt dann nicht, wenn sich B im Annahmeverzug befindet, §§ 326 Abs. 2 S. 1 2. Fall, 615, 293 ff. BGB. Infolge des Gewissenskonflikts kann A seine Arbeitsleistung nicht erbringen. Etwas anderes würde nur dann gelten, wenn B den A inzwischen auf einem anderweitigen Arbeitsplatz einsetzen könnte. Anhaltspunkte für ein Vorhandensein anderweitiger Beschäftigungsmöglichkeiten bestehen jedoch nicht. B gerät somit nicht in Annahmeverzug.

Ergebnis: A verliert seinen Lohnanspruch (§ 326 Abs. 1 BGB).

b) Möglicherweise kann B den A zudem rechtmäßig kündigen.

aa) Eine verhaltensbedingte ordentliche oder außerordentliche Kündigung ist ausgeschlossen, weil A mit der Leistungsverweigerung in zulässiger Weise seine Rechte ausübt.

bb) In Betracht kommt eine Kündigung aus persönlichen Gründen im Sinne von § 1 Abs. 2 Satz 1 KSchG. Die Anwendungsvoraussetzungen gemäß §§ 1 Abs. 1, 23 Abs. 1 Satz 2 KSchG sind vorliegend erfüllt

B müsste die Kündigung in der Form des § 623 BGB und unter Beachtung der Frist des § 622 BGB erklären, nachdem er zuvor den Betriebsrat nach § 102 Abs. 1 BetrVG ordnungsgemäß beteiligt hat. Die Anwendungsvoraussetzungen des KSchG (§§ 1 Abs. 1, 23 Abs. 1 Satz 2)

sind vorliegend erfüllt. Folglich muss die Kündigung sozial gerechtfertigt sein, damit sie wirksam ist. Es müssen in der Person des A liegende Gründe die Kündigung rechtfertigen. Hierfür muss die Kündigung unter Berücksichtigung des Verhältnismäßigkeitsprinzips nach einer umfassenden Interessenabwägung als billigenswert und angemessen erscheinen; die Kündigung ist ultima ratio. Notwendig ist, dass eine negative Prognose ergibt, dass auch zukünftig mit Störungen des Arbeitsverhältnisses gerechnet werden muss und dem Arbeitgeber deshalb die Fortsetzung des Arbeitsverhältnisses nicht zumutbar ist.

A hat sich geweigert, an einem bestimmten Projekt mitzuarbeiten. Diese Weigerung war zwar gerechtfertigt, sodass keine vorsätzliche Vertragspflichtverletzung vorliegt (vgl. unter aa)). Allerdings führt die Gewissensnot dazu, dass B ihn für das Projekt nicht einsetzen kann. Folglich führt ein in der Person des A liegender Grund dazu, dass das Arbeitsverhältnis akut gestört ist. Da nicht erwartet werden kann, dass A seine Haltung ändern wird, ist auch mit einer Störung für die Zukunft zu rechnen. Folglich liegt ein Kündigungsgrund »an sich« vor. B hat keine andere Möglichkeit, den A zu beschäftigen. Auch in Zukunft will er sich ausschließlich auf das Prestige-Projekt konzentrieren und weitere Forschungsprojekte nicht verfolgen. Er kann daher dem A weder jetzt noch in Zukunft eine andere Beschäftigung anbieten, der dieser ohne Gewissensnot nachgehen könnte. Es kann von B nicht verlangt werden, dass er ein mangels Leistungsverpflichtung des A (§ 275 Abs. 3 BGB) inhaltsleeres Arbeitsverhältnis dauerhaft weiterführt. Folglich liegt auch unter Berücksichtigung der konkreten Einzelfallumstände bei Abwägung der widerstreitenden Interessen ein durch die Person des A bedingter Kündigungsgrund vor.

cc) Damit wäre eine ordentliche Kündigung seitens des B sozial gerechtfertigt.

Gesamtergebnis: Es ist festzustellen, dass A sich zu Recht weigern könnte, an dem Projekt mitzuarbeiten. Allerdings verlöre er dann seine Lohnansprüche für die Zeit der Nichtarbeit und hätte nach den hier gegebenen Umständen zudem mit einer ordentlichen personenbedingten Kündigung zu rechnen.

Rechtmäßigkeit der Versetzung des A

1.) Zulässigkeit der Versetzung nach dem Arbeitsvertrag

B muss A den neuen Arbeitsplatz im Rahmen seines arbeitgeberseitigen Direktionsrechts zuweisen können. Hierfür muss die Versetzung nach dem Arbeitsvertrag und nach billigem Ermessen zulässig sein. A ist laut Arbeitsvertrag zu »medizinischer Forschung« verpflichtet. Die Überarbeitung der Zusammensetzung eines Schmerzmittels lässt sich darunter fassen. Auch unter dem Gesichtspunkt der Billigkeit ist gegen die geplante Versetzung nichts einzuwenden. Die geplante Versetzung des A wäre insoweit zulässig.

2.) Betriebsverfassungsrechtliche Zulässigkeit der Versetzung

Die Versetzung muss auch nach dem Betriebsverfassungsrecht zulässig sein. Bedenken bestehen deswegen, weil der Betriebsrat bereits angekündigt hat, dass er der Versetzung nicht zustimmen werde. Entscheidend ist somit, ob eine Zustimmungspflicht besteht und die Verweigerung durch den Betriebsrat rechtmäßig ist.

In Betracht kommt ein Mitbestimmungsrecht in personellen Einzelmaßnahmen gemäß § 99 BetrVG. Die Anwendungsvoraussetzungen gemäß Satz 1 im Hinblick auf die Unternehmensgröße liegen vor. B muss eine Versetzung eines Arbeitnehmers planen, §§ 99 Abs. 1

S. 1, 95 Abs. 3 S. 1 BetrVG. Dies ist der Fall. Aus § 99 Abs. 4 BetrVG ergibt sich, dass B die Maßnahme nicht durchführen darf, wenn der Betriebsrat der Versetzung widerspricht. Zu klären ist, ob der Betriebsrat einen Grund im Sinne von § 99 Abs. 2 BetrVG hat, die Zustimmung zu verweigern. In Betracht kommt allein eine Zustimmungsverweigerung wegen etwaiger Nachteile für A selbst, sofern diese Nachteile nicht durch betriebliche oder persönliche Gründe gerechtfertigt sind, Nr. 4. Selbst wenn man annähme, dass die bloße Überarbeitung existierender Wirkformeln tatsächlich nachteilig für einen Forscher wie A ist, so muss man berücksichtigen, dass dieser Nachteil auf in der Person des A selbst liegenden Gründen beruht (siehe oben). Folglich wäre die Zustimmungsverweigerung des Betriebsrats nicht durch einen der in § 99 Abs. 2 BetrVG genannten Gründe gedeckt.

Fraglich ist die Rechtsfolge der Zustimmungsverweigerung seitens des Betriebsrats. Aus § 99 Abs. 4 BetrVG ergibt sich, dass auch der grundlos erfolgte Widerspruch zunächst rechtsgültig ist. B müsste demnach beim Arbeitsgericht um Ersetzung der Zustimmung nachsuchen. Etwas anderes würde nur dann gelten, wenn sich die Begründung für die Zustimmungsverweigerung durch den Betriebsrat ganz offensichtlich nicht den in § 99 Abs. 2 BetrVG genannten Gründen zuordnen lässt. Dies kann hier indessen nicht angenommen werden. B muss somit die gerichtliche Ersetzung der Zustimmung beantragen. Bis diese vorliegt, ist die Durchführung der Versetzung auch A gegenüber unwirksam (sogenannte Theorie der doppelten Wirksamkeitsvoraussetzung).

Ergebnis: B kann dem A den neuen Arbeitsplatz zuweisen, nachdem das Arbeitsgericht die Zustimmung des Betriebsrats gemäß § 99 Abs. 4 BetrVG ersetzt hat.

Fall 13

Ferrari in Blau

A arbeitet seit mehreren Jahren als Lackierer im Betrieb des B. Insgesamt sind dort 45 Arbeitnehmer damit beschäftigt, Luxus-Autos neu zu lackieren. Ein Betriebsrat besteht nicht. A ist schon seit längerer Zeit mit dem gesamten Betriebsablauf unzufrieden, weshalb er beschließt, den Arbeitsanweisungen des Meisters M künftig nur noch bedingt Folge zu leisten, um so seinen Unmut wirksam nach außen zu tragen. Als A sich daraufhin zum wiederholten Male weigert, einen Wagen zu lackieren und stattdessen seine Frühstückszigarette raucht, platzt M der Kragen. Er lässt dem A ein kurzerhand aufgesetztes und selbst unterzeichnetes Schreiben zukommen, in dem es heißt:

»Sie haben wiederholt Arbeitsanweisungen nicht Folge geleistet. Das ist als Arbeitsverweigerung zu betrachten und führt im Wiederholungsfall zur Kündigung.«

Nach Lektüre dieses Schreibens ist A endgültig bedient. Als er wenig später einen Ferrari-Testarossa mit neuer Farbe versorgen soll, wählt er entgegen der Anweisung des M anstatt Rot lieber ein helles Blau, da ihm das gerade besser gefällt. Nachdem der Auftraggeber des B in Ohnmacht gefallen ist, kündigt B dem A wegen dieses Vorfalls schriftlich und fristgerecht. A hält die Kündigung für unwirksam.

Ist sie das?

Schwerpunkte: Die Verhaltensbedingte Kündigung nach § 1 KSchG; die Abmahnung: Voraussetzungen und Prüfungsaufbau; Bezug zwischen Abmahnung und Kündigung; Weisungs- und Abmahnungsbefugnis; Interessenabwägung bei der Kündigung; Einschlägigkeit der Abmahnung; Entbehrlichkeit der Abmahnung; Möglichkeit der Versetzung zur Abwendung der Kündigung.

Lösungsweg

Die Wirksamkeit der Kündigung

I.) Anwendbarkeit des KSchG

Das KSchG findet hier Anwendung: A ist nach der Sachverhaltsschilderung »seit Jahren« – also mehr als sechs Monate im Sinne des § 1 KSchG – bei B Arbeitnehmer, und der Betrieb hat mehr als fünf Beschäftigte, § 23 Abs. 1 Satz 2 KSchG.

II.) Anhörung des Betriebsrates

Ein Betriebsrat, der hätte angehört werden müssen (§ 102 Abs. 1 BetrVG), existiert nicht.

III.) Kündigungsschutz → Vorliegen eines Kündigungsgrundes

Da das KSchG Anwendung findet, muss ein Kündigungsgrund im Sinne des § 1 Abs. 2 Satz 1 KSchG vorliegen, damit die Kündigung gemäß § 1 Abs. 1 KSchG nicht sozial ungerechtfertigt ist. Und hier in unserem Fall kommt insoweit das **Verhalten** des A in Betracht (= verhaltensbedingte Kündigung). Bei einer verhaltensbedingten Kündigung muss das Verhalten des Arbeitnehmers die Vertragsbeziehungen zwischen Arbeitgeber und Arbeitnehmer stören, um im Sinne des § 1 Abs. 2 Satz 1 KSchG relevant zu sein. Folglich handelt es sich vor allem und hauptsächlich um Vertragspflichtverletzungen (BAG NZA **2012**, 1025; ErfKomm/*Oetker* § 1 KSchG Rz. 189; *Zöllner/Loritz/Hergenröder* § 23 V 2). Diese Pflichtverletzungen müssen dem Arbeitnehmer auch vorwerfbar sein (BAG NZA **1999**, 863; ErfKomm/*Oetker* § 1 KSchG Rz. 188; *Junker* Rz. 368), mit anderen Worten: Es muss so sein, dass der Arbeitnehmer sich auch anders verhalten könnte.

> **Beispiele:** Sexuelle Belästigungen im Betrieb (BAG NZA **2015**, 294); Beleidigungen von Kollegen oder des Arbeitgebers (BAG NZA **2015**, 797); Whistleblowing (BAG NZA **2007**, 502); Alkoholkonsum im Betrieb, **nicht** aber Alkoholabhängigkeit, diese fiele als Krankheit unter die personenbedingten Gründe (BAG NZA **1995**, 517); unentschuldigtes Fehlen, Verspätungen, Arbeitsverweigerung (BAG NZA **1989**, 2538); Diebstahl von Waren (BAG NZA **2012**, 1025); Anschwärzen von Kollegen, wenn dadurch der Betriebsfrieden gestört wird (LAG Frankfurt DB **1991**, 2346); übermäßige Privattelefonate im Betrieb (LAG Niedersachsen BB **1998**, 1112); unerlaubtes Surfen im Internet (BAG NZA **2007**, 922; ArbG Düsseldorf NZA **2001**, 1386) und besonders spektakulär: Eine Grundschullehrerin klebt aus disziplinarischen Gründen den Schülern mit Tesafilm den Mund zu (so was gibt's → BAG NZA **2012**, 1274); weitere Beispiele bei *Schaub/Linck* § 133 Rz. 11 ff.

1.) Das Verhalten unseres A lässt sich in beiden Fällen unter die oben genannten Prüfungspunkte fassen: Zunächst verweigert er die Arbeit, dann erbringt er diese bewusst eigenmächtig und fehlerhaft, obwohl er zu einer vertragsgemäßen Leistung imstande gewesen wäre.

> **Beachte:** Festzustellen, dass der Arbeitnehmer zu einer anderen Leistung imstande war, ist im Fall der Schlechtleistung eminent wichtig. Denn bestand für den Arbeitnehmer aus bestimmten Gründen – z.B. fehlende Ausbildung – gar keine Möglichkeit, die Leistung besser zu erbringen, so hat ihn der Arbeitgeber offensichtlich falsch eingesetzt. Das ist dann aber zunächst dessen Problem und kann nicht auf dem Rücken des Arbeitnehmers ausgetragen werden. Der Arbeitgeber darf ihm dann nicht ohne Weiteres kündigen, sondern muss ihn anderweitig einsetzen. Ist dies nicht möglich, muss eine personenbedingte Kündigung geprüft werden (LAG Hessen NZA-RR **1999**, 637). Die Schlechtleistung kann nur dann eine verhaltensbedingte Kündigung rechtfertigen, wenn sich aus den Umständen ergibt, dass der Arbeitnehmer längerfristig hinter der zu erwartenden Durchschnittsleistung zurückbleibt, obgleich hierfür kein

Grund besteht (BAG AP Nrn. 2 und 9 zu § 1 KSchG – Verhaltensbedingte Kündigung; LAG Hamm NZA-RR **2001**, 138). Beachte insoweit bitte, dass der Arbeitnehmer immer nur eine Leistung mittlerer Art und Güte schuldet.

2.) Es reicht allerdings nicht aus, den Pflichtverstoß lediglich festzustellen, da die Kündigung (auch hier; siehe insoweit schon den vorherigen Fall) keinen Sanktionscharakter hat. Vielmehr ist es (erneut) erforderlich, eine sogenannte »negative Prognose« darüber anzustellen, ob das Arbeitsverhältnis auch in Zukunft belastet sein wird (BAG NZA **2008**, 589; BAG NZA **2006**, 917 und 980; ErfKomm/*Oetker* § 1 KSchG Rz. 296). Das ist entweder der Fall, wenn Wiederholungen des Fehlverhaltens zu erwarten sind, oder auch schon bei nur einmaligem Fehlverhalten, wenn dieses zu einer dauerhaften Störung der Beziehung von Arbeitgeber und Arbeitnehmer führt (BAG NZA **1993**, 17; LAG Hamm NZA **1997**, 1056).

Vorliegend ist insofern zunächst mal auf die zweite Verhaltensweise des A abzustellen (also das Lackieren des Autos), denn aufgrund **dieser** Geschichte kündigt B dem A. Insoweit ist durchaus auch anzunehmen, dass A weiterhin seine Arbeiten eigenwillig verrichten und entsprechende Ausfälle vollziehen wird. Beachtlich ist diesbezüglich insbesondere die Gesinnung und das vorherige Verhalten des A, der sich ja grundsätzlich weigert, den Anweisungen des M Folge zu leisten. Eine negative Prognose ist daher berechtigt.

ZE: Folglich stellt das Verhalten des A ein solches dar, das nach objektiver Betrachtung, also »an sich« eine Kündigung aus Verhaltensgründen rechtfertigen würde.

IV.) Allerdings genügt es nicht, dass »an sich« ein Verhalten vorliegt, das eine Kündigung rechtfertigen würde; das ist nur die erste Prüfungsstufe. Erforderlich ist auf einer zweiten Stufe nun außerdem, dass die Kündigung verhältnismäßig und interessengerecht ist, mit anderen Worten: Die Kündigung darf nur **Ultima Ratio** sein, da der Verlust des Arbeitsplatzes eine aus Sicht des Arbeitnehmers gravierende Maßnahme darstellt (BAG NZA **2006**, 917 und 980; BAG NJW **1983**, 700; LAG Hamm NZA **1997**, 1056; *Schaub/Linck* § 133 Rz. 9).

Und hier kommt nun zunächst die **Abmahnung** ins Spiel: Grundsätzlich muss jeder Kündigung, die aus einem steuerbaren Verhalten des Arbeitnehmers resultiert, eine Abmahnung vorangehen, denn der Arbeitnehmer könnte sein Verhalten ja ändern, wenn ihm mitgeteilt wird, dass dieses nicht als vertragsgemäß angesehen wird (BAG NZA **2017**, 394; BAG NZA **2013**, 27; BAG NZA **2012**, 1025; ErfKomm/*Oetker* § 1 KSchG Rz. 199; *Schaub/Linck* § 132 Rz. 19). Die Abmahnung dient darüber hinaus der Objektivierung der Prognoseentscheidung (BAG NZA **2012**, 1025; BAG NZA **2006**, 917 und 980). Früher wurde insofern übrigens zwischen Störungen im Leistungs- und im Vertrauensbereich differenziert, wobei in letzterem Falle keine Abmahnung erforderlich sein sollte. Dies ist mittlerweile überholt, da selbstverständlich auch Störungen im Vertrauensbereich behebbar sind (BAG NZA **1997**, 1281; BAG NZA **1989**, 633).

Feinkost: Die Abmahnung hat nach dem Gesagten mehrere Funktionen: Zunächst soll sie feststellen, dass ein Pflichtenverstoß vorliegt und den Arbeitnehmer darauf hinweisen, dass sein Verhalten nicht als vertragsgemäß betrachtet wird (Feststellungs- und Hinweisfunktion; auch als »Beanstandungsfunktion« bezeichnet). Außerdem kommt ihr eine **Warnfunktion** zu, denn dem Arbeitnehmer ist nun klar, dass er bei Wiederholung des abgemahnten Verhaltens mit einer Kündigung rechnen muss (BAG NZA **2013**, 27; BAG NZA **2009**, 842; *Schaub/Linck* § 132 Rz. 1, 2; *Brox/Rüthers/Henssler* Rz. 192b). Folgt allerdings im Wiederholungsfall keine Kündigung, sondern mehrfach erneute Abmahnungen, kann die Warnfunktion verloren gehen und die Abmahnung zur »leeren Drohung« verkommen – was dann zulasten des abmahnungsverpflichteten Arbeitgebers geht (BAG NZA **2005**, 459; auch hier handelt es sich aber – wir ahnten es bereits – wieder um eine Frage des Einzelfalls, denn auch bei mehrmaligen aufeinander folgenden Abmahnungen kann je nach den Umständen, die in einer Klausur dann im Sachverhalt stünden, die Warnfunktion noch gegeben sein, so BAG NZA **2013**, 425). Beachte bitte außerdem, dass der Begriff der Abmahnung seit dem Jahre 2002 auch Eingang in das **BGB** gefunden hat, wenn es um die fristlose Kündigung von Dauerschuldverhältnissen geht (lies: § 314 Abs. 2 BGB). Dem liegt als Rechtsgedanke das soeben Gesagte zugrunde. Der § 314 Abs. 2 BGB spielt allerdings im Rahmen von Arbeitsverhältnissen keine Rolle, da § 626 BGB für die außerordentliche Kündigung **lex specialis** ist (ErfKomm/*Niemann* § 626 BGB Rz. 3), was bedeutet, dass hinsichtlich der auch dort gegebenenfalls erforderlichen Abmahnung auf die vom BAG konkretisierten Grundsätze zurückzugreifen ist (BAG NZA **1997**, 1281).

Hier in unserem Fall hat A vor seinem erneuten Fehlverhalten ein Schreiben erhalten, worin sein Verhalten als Arbeitsverweigerung bezeichnet und für den Wiederholungsfall die Kündigung angedroht wird. Fraglich ist, ob damit tatsächlich eine **Abmahnung** vorliegt.

Die Wirksamkeitsvoraussetzungen einer Abmahnung:

1.) Wissen muss man insoweit zunächst, dass nach herrschender Meinung Abmahnender und Kündigender **nicht** personenidentisch sein müssen. Im Gegenteil: Der Kreis der abmahnungsberechtigten Personen ist regelmäßig weiter als der derjenigen, von denen der Arbeitnehmer eine Kündigung zu erwarten hat (das ist nur der Arbeitgeber bzw. seine Vertreter in dieser Funktion; typischerweise der Personalchef). Abmahnen darf hingegen jeder, der im Verhältnis zum Abgemahnten ein Direktionsrecht hat, also weisungsbefugt ist (BAG DB **1989**, 1427; BAG AP Nr. 1 zu § 15 SchwbG; BAG AP Nr. 3 zu § 1 KSchG 1969 Verhaltensbedingte Kündigung; *Schaub/Linck* § 132 Rz. 8; Bader in ZTR 1999, 202; a.A. aber: *Adam* in DB 1998, 476; *Kittner/Däubler/Zwanziger/Deinert* KSchR. Einleitung Rzn. 72ff.). Der M erfüllt als Meister diese Voraussetzungen, war mithin berechtigt zur Abmahnung.

2.) Die Bezeichnung als »Abmahnung« ist **nicht** erforderlich. Der Arbeitnehmer muss aber die Ernsthaftigkeit der auf ein bestimmtes Verhalten gemünzten Vorwürfe erkennen können (ErfKomm/*Niemann* § 626 BGB Rz. 29 a; *Schaub/Linck* § 132 Rz. 10). Dies lässt sich im vorliegenden Fall bejahen: Für A erkennbar ist Stein des Anstoßes die Nichtbefolgung der Arbeitsanweisungen des Vorgesetzten, und dass dies als so schwerwiegend betrachtet wird, dass im Wiederholungsfall mit der Beendigung des Arbeitsverhältnisses gerechnet werden muss, wird ebenfalls deutlich.

3.) Aus der eben genannten Hinweis- und Warnfunktion ergibt sich ein weiteres, und zwar das wichtigste Erfordernis der Abmahnung: Sie muss einschlägig sein (BAG NZA **2008**, 589; BAG NZA **1992**, 1023; BAG NZA **1989**, 63; *Schaub* in NZA 1997, 1186; *Brox/Rüthers/Henssler* Rz. 192b). Das bedeutet, dass die Abmahnung ein zumindest vergleichbares Verhalten wie jenes, aufgrund dessen später dann gekündigt wird, moniert. Erforderlich ist dabei keine Identität, sondern eine **materielle Vergleichbarkeit** der Pflichtverletzungen (BAG NZA **2008**, 589; ErfKomm/*Niemann* § 626 BGB Rz. 29 b); d.h.: Es genügt, wenn die Pflichtwidrigkeiten aus demselben Bereich stammen und somit Abmahnung und Kündigungsgründe in einem inneren Zusammenhang stehen (BAG NZA **2008**, 589). Denn nur dann hat der Arbeitnehmer auch die von der Abmahnung bezweckte Chance, sein Verhalten entsprechend zu ändern (BAG DB **2002**, 689; *Bader* in ZTR 1999, 200). Wer also beispielsweise eine Abmahnung wegen mutwilliger Beschädigung der Betriebstoilette erhält, dem kann man später nicht wegen häufiger Verspätung beim Dienstantritt unter Hinweis auf die Abmahnung kündigen. Hier fehlt es an der Vergleichbarkeit des monierten Verhaltens (*Henssler*/Willemsen/*Kalb*/*Quecke*, § 1 KSchG Rz. 190).

> **Tipp:** An dieser Stelle ist in der Klausur regelmäßig der Punkt, an dem vom Bearbeiter die im Zweifel fallentscheidende Argumentation gefordert ist, da die abzumahnenden Verhaltensweisen des Arbeitnehmers selten 100 % identisch sein werden. Hier können im Zweifel daher auch immer beide Wege – also einschlägig oder nicht einschlägig – begangen werden, Hauptsache, die Argumentation stimmt.

In unserem Fall muss man nun diesbezüglich ziemlich genau hinschauen, um Folgendes festzustellen: Die Abmahnung bezog sich ausdrücklich auf die **Arbeitsverweigerung**. Der A hat den Anweisungen des M keine Folge geleistet und schlicht nichts getan – im letzten Fall der Verweigerung, als dem M der Kragen geplatzt ist, hat A seine Frühstückszigarette geraucht. Die Kündigung hingegen spricht B aus, weil unser A den Ferrari hellblau lackiert hat. Das ist nun aber keine Arbeitsverweigerung, sondern vielmehr eine Schlechtleistung (und was für eine!). Schlechtleistung und Arbeitsverweigerung sind aber nicht identisch, sie sind nicht mal materiell vergleichbar, sondern grundverschieden in Bezug auf die Erfüllung des Arbeitsverhältnisses. Sie können jede alleine für sich eine Kündigung aus verhaltensbedingten Gründen nach sich ziehen und im Hinblick auf Abmahnung und Kündigung nicht miteinander verglichen werden (BAG NZA **2008**, 589; BAG NZA **1991**, 557; BAG NZA **1989**, 2538; *Schaub/Linck*

§ 132 Rz. 23). Wird also – wie hier – eine Abmahnung aufgrund einer Arbeitsverweigerung ausgesprochen, kann dem keine auf dieser Abmahnung fußende Kündigung wegen Schlechtleistung folgen.

ZE: Die vorliegend ausgesprochene Abmahnung ist im Hinblick auf die später ausgesprochene Kündigung nicht einschlägig.

> **Aber, Achtung!** Eine Abmahnung ist ausnahmsweise nicht erforderlich, wenn der Arbeitnehmer entweder erkennen lässt, dass er nicht gewillt ist, sich vertragstreu zu verhalten oder wenn die Pflichtverletzung so schwerwiegend ist, dass der Arbeitnehmer nicht mit einer Duldung durch den Arbeitgeber rechnen kann, vielmehr mit einer sofortigen Kündigung ohne vorherige Abmahnung rechnen muss → Stichwort: »Entbehrlichkeit der Abmahnung« (BAG NZA **2014**, 250; BAG NZA **2013**, 27; LAG Düsseldorf BB **2015**, 2932; ErfKomm/*Niemann* § 626 BGB Rz. 29c; *Schaub/Linck* § 132 Rz. 25–27). Es bedarf dann nämlich nicht erst des entsprechenden Hinweises und der Warnung (BAG NZA **2013**, 27; BAG NZA **2012**, 1025; BAG NZA **2011**, 112).

Und auch hier muss man nun argumentativ vorgehen und sich fragen, ob in unserem Fall diese Voraussetzungen erfüllt sind. Zu beachten ist insoweit, dass die Entbehrlichkeit der Abmahnung in der Praxis tatsächlich eher die **Ausnahme** ist und von der Rechtsprechung auch nur sehr zurückhaltend angenommen wird (BAG AP Nr. 34 zu § 1 KSchG Verhaltensbedingte Kündigung; LAG Düsseldorf BB **2015**, 2932; ArbG Hannover NZA **2001**, 1022; weitere Beispiele finden sich bei *Schaub/Linck* § 132 Rz. 28). So hat etwa das LAG Düsseldorf kürzlich in einem spektakulären Fall eine Kündigung mangels Abmahnung für unwirksam erklärt, bei der der Teamleiter eines bekannten Paketdienstes seine Kollegen mit diffamierenden Flugblättern gegen den Arbeitgeber aufhetzte, sich vor Gericht aber nur das Verteilen EINES Flugblattes seitens des Teamleiters nachweisen ließ und der Teamleiter zudem erklärte, er wolle sich jetzt auch wirklich bessern und das Ganze käme zukünftig nicht mehr vor (→ LAG Düsseldorf BB **2015**, 2932). Das reichte dem LAG für die Erforderlichkeit einer (im konkreten Fall nicht ausgesprochenen) Abmahnung. Erstaunlich.

Liest man nun noch mal die Definition der Entbehrlichkeit von gerade nach, ist in unserem Fall wie folgt zu argumentieren:

> Angesichts der Umstände des Falles lässt unser A durch sein Verhalten erkennen, dass er absichtlich **nicht** gewillt ist, den Anweisungen seines Arbeitgebers Folge zu leisten. Dass man einen Ferrari nicht hellblau lackieren darf, weiß jedes Kind. Und unser A hat hier sogar eine entsprechende Anweisung, den Wagen rot zu lackieren, erhalten. Er wusste demnach auch, dass sein Arbeitgeber infolgedessen mit erheblichen Unannehmlichkeiten zu rechnen hat. A dokumentiert mit seinem Verhalten unter Berücksichtigung auch der bisherigen Vorgeschichte, dass er zum einen – nach wie vor – nicht bereit ist, sich vertragstreu zu verhalten. Zum anderen nimmt er beträchtliche – auch vermögensmäßige – Nachteile seines Arbeitgebers in Kauf. Dieses Verhalten ist zudem

geeignet, das Ansehen des Arbeitgebers in der Öffentlichkeit zu beschädigen, was Indiz für die Entbehrlichkeit der Abmahnung sein kann (ArbG Hannover NZA **2001**, 1022).

ZE: Aus dem Gesagten ergibt sich, dass im vorliegenden Fall unter Würdigung der Gesamtumstände die Abmahnung entbehrlich gewesen ist.

V.) Des Weiteren ist unter Berücksichtigung der Tatsache, dass die Kündigung immer nur **Ultima Ratio** sein kann, noch zu überlegen, ob dem vergangenen Fehlverhalten des Arbeitnehmers nicht durch eine Versetzung der Riegel vorgeschoben werden kann (KR/*Griebeling* § 1 KSchG Rz. 406). Das ist der Fall, wenn die Störung durch das Verhalten des Arbeitnehmers lediglich »arbeitsplatzbezogen« ist, somit auf einem anderen Arbeitsplatz mit einer Verbesserung der Lage gerechnet werden kann (BAG NZA-RR **2011**, 155; BAG DB **2003**, 210; ErfKomm/*Oetker* § 1 KSchG Rz. 195). Vorliegend hat unser A allerdings sehr deutlich gemacht, wie er die Anweisungen des Arbeitgebers und seiner im Betriebsablauf Vorgesetzten bewertet – sie sind ihm schlicht egal. Es steht daher nicht zu erwarten, dass er sich auf einem anderen Arbeitsplatz wieder in die Betriebsabläufe einfügen würde, da er ja den gesamten Betriebsablauf unerträglich findet.

ZE.: Eine Versetzung kommt vorliegend nicht in Betracht.

VI.) Und zuletzt muss gefragt werden, ob die Interessen des **Arbeitgebers** wirklich so schwerwiegend beeinträchtigt sind, dass dies die Entlassung des Arbeitnehmers rechtfertigt. Hierbei ist zugunsten des Arbeitgebers von vorneherein zu berücksichtigen, dass der Arbeitnehmer selbst Anlass zu der Kündigung gegeben hat (BAG AP Nr. 5 zu § 1 KSchG Verhaltensbedingte Kündigung). In die Abwägung einzubeziehen sind dann z.B. Art, Schwere und Häufigkeit der Pflichtverletzung, Verschuldensgrad, Höhe etwaiger Vermögensschäden, Intensität der Störung der normalen Betriebsabläufe, Schädigung des Arbeitgebers in der Öffentlichkeit, Schutz der Belegschaft (BAG NJW DB **1983**, 180; LAG Düsseldorf BB **2015**, 2932; LAG Hamm NZA **1997**, 1056; *Schaub/Linck* § 133 Rz. 9). Da A eine beachtliche Eigensinnigkeit und Böswilligkeit an den Tag gelegt hat, die erhebliche Vermögensschäden beim Arbeitgeber nach sich ziehen können, wird die Abwägung vorliegend zugunsten des B ausfallen.

ZE.: Auch die Interessenabwägung zwischen Arbeitgeber und Arbeitnehmer spricht hier für die Rechtfertigung der Kündigung.

ZE.: Folglich existiert für die Entlassung des A ein Grund im Sinne des § 1 Abs. 2 Satz 1 KSchG mit der Folge, dass die Kündigung gerechtfertigt war.

Ergebnis: Die ordentliche Kündigung des A durch B war mithin wirksam.

Vertiefungshinweise zur Abmahnung

Wer sich mit Abmahnungen und damit zusammenhängenden Problemen befassen muss, sollte bitte noch folgende Feinheiten beachten:

1. Zwar muss die Abmahnung nicht innerhalb einer bestimmten Frist ausgesprochen werden, allerdings kann ein zu langes Abwarten des Arbeitgebers darauf hindeuten, dass die Pflichtverletzung für sich genommen nicht als sonderlich schwerwiegend betrachtet wird. Unter Umständen kann das Recht zur Abmahnung deshalb als verwirkt angesehen werden, wenn nach einem längeren Zeitablauf ein Vertrauenstatbestand des Arbeitnehmers besteht (*Schaub/Linck* § 132 Rz. 17). Interessant ist außerdem, wie **alt** die Abmahnung sein darf. Denn je länger der abgemahnte Vorfall zurückliegt, desto eher verblasst die Erinnerung des Arbeitnehmers daran, was er falsch gemacht hat. Es gibt auch insoweit keine feste Regel; entscheidend sind die Umstände des Einzelfalls. Die Beantwortung dieser Frage hängt, soweit eine andere Vereinbarung nicht ersichtlich ist, insbesondere von der Schwere der Pflichtverletzung ab (BAG AP Nr. 17 zu § 1 KSchG 1969 Verhaltensbedingte Kündigung). Die Rechtsprechung arbeitet insoweit gelegentlich mit einer »Zwei-Jahres-Regel«, wonach dann die Wirkung einer Abmahnung aufgebraucht sein soll (BAG NZA **1998**, 384). Freilich dürften auch deutlich kürzere Fristen möglich sein (vgl. dazu BAG NZA **1987**, 458; BAG ZTR **1988**, 309; *Schaub/Linck* § 132 Rz. 16).

2. Erwähnenswert ist zudem noch, dass die Abmahnung grundsätzlich auch **mündlich** erteilt werden kann, was allerdings dann in der Praxis durchaus zu Beweisschwierigkeiten führen dürfte (BAG NZA **1988**, 474; ErfKomm/*Niemann* § 626 BGB Rz. 31; *Schaub/Linck* § 132 Rz. 9; KR/*Fischermeier* § 626 BGB Rz. 276). Zumeist wird sie daher schriftlich erteilt und auch in die Personalakte aufgenommen. Der Arbeitnehmer hat dann aber das Recht zur Gegendarstellung (lies: § 83 Abs. 2 BetrVG). Unrichtige Abmahnungen müssen – logischerweise – entfernt werden (BAG NZA **2017**, 394; BAG DB **1987**, 2367; *Schaub/Linck* § 132 Rz. 40). Der Arbeitgeber kann allerdings eine erneute, korrekte Abmahnung aussprechen. Auch eine frühere, unwirksam ausgesprochene Kündigung kann in eine Abmahnung umgedeutet werden, indes nur dann, wenn die Kündigung lediglich an formalen Gründen gescheitert ist, denn insoweit kann der Warn-Charakter einer Abmahnung erfüllt sein (BAG NZA **2009**, 894). Wichtig für die Wirksamkeit einer Abmahnung ist schließlich, dass der Arbeitnehmer tatsächlich **Kenntnis** von ihr nimmt; der Zugang im Sinne des § 130 Abs. 1 BGB genügt nicht, da die Abmahnung ihre Funktionen ohne tatsächliche Kenntnisnahme sonst nicht erfüllen kann (BAG NZA **1985**, 124; BAG AP zu § 130 BGB Nr. 10). Allerdings kann die Berufung auf Nichtkenntnisnahme unter Berücksichtigung von Treu und Glauben rechtsmissbräuchlich sein, wenn der Abgemahnte sich bei Sprachschwierigkeiten absichtlich nicht um eine Übersetzungshilfe bemüht (BAG NZA **1985**, 124). Letztlich bedarf die Abmahnung zu ihrer Wirksamkeit nicht der Zustimmung des Betriebsrates; es handelt sich nämlich nicht um eine Betriebsbuße, sondern lediglich um »die Erinnerung an die Einhaltung arbeitsvertraglicher Pflichten«, die nicht unter § 87 Abs. 1 Nr. 1 BetrvG zu subsumieren ist (BAG SAE **1981**, 236).

Gutachten

Zu klären ist, ob B dem A wirksam ordentlich gekündigt hat.

1.) Eine formwirksame Kündigungserklärung liegt vor.

2.) Ein Betriebsrat, der hätte angehört werden müssen, existiert nicht.

3.) Die Kündigung kann wegen fehlender sozialer Rechtfertigung nach dem KSchG unwirksam sein.

a) Das KSchG findet hier Anwendung: A ist seit Jahren bei B Arbeitnehmer, und der Betrieb hat mehr als fünf (§ 23 Abs. 1 Satz 2 KSchG) Beschäftigte.

b) B muss ein Kündigungsgrund im Sinne des § 1 Abs. 2 Satz 1 KSchG zur Seite stehen, damit die Kündigung nicht sozial ungerechtfertigt ist (§ 1 Abs. 1 KSchG). Hier kommen Gründe in dem Verhalten des Arbeitnehmers in Betracht.

aa) A hat mehrfach die Arbeit verweigert bzw. bewusst falsch oder unzureichend ausgeführt. Durch das falsche Lackieren des Wagens hat er zudem Sacheigentum des Arbeitgebers bzw. des Kunden beschädigt und seinem Arbeitgeber somit auch im Hinblick auf die Kundenreklamation wirtschaftlichen Schaden zugefügt. Mit diesem mutwilligen Verhalten hat A seinen arbeitsvertraglichen Pflichten gegenüber B grob zuwidergehandelt. Es liegt eine Störung des Arbeitsverhältnisses im Leistungsbereich vor.

Allerdings hat die Kündigung keinen Sanktionscharakter für ein punktuelles Fehlverhalten des Arbeitnehmers. Es muss vielmehr im Rahmen einer Prognose ermittelt werden, ob weitere Pflichtverstöße durch den Betreffenden zu besorgen sind und das Arbeitsverhältnis auch in Zukunft belastet sein wird. Das ist entweder der Fall, wenn Wiederholungen der Vertragspflichtverletzung zu erwarten sind, oder auch schon bei nur einmaligem Fehlverhalten, wenn dieses zu einer dauerhaften Störung der Beziehung von Arbeitgeber und Arbeitnehmer führt. Hier ist eine negative Prognose berechtigt. A ist mit der betrieblichen Situation unzufrieden und wird dies in Anbetracht seiner bisherigen Verhaltensweise auch weiterhin durch uneinsichtiges vertragswidriges Verhalten dokumentieren. Da A nunmehr sogar mutwillig fehlerhafte Produkte herstellt, sind weitere Pflichtverstöße zu besorgen. Somit ist das Verhalten des A insgesamt dergestalt, dass es an sich eine Kündigung aus Verhaltensgründen rechtfertigt.

bb) Eine Kündigung ist jedoch gleichwohl nur dann gerechtfertigt, wenn die Arbeitgebermaßnahme auch unter Berücksichtigung der Einzelfallumstände verhältnismäßig und interessengerecht ist. Die Beendigung des Vertragsverhältnisses darf nur Ultima Ratio sein, da der Verlust des Arbeitsplatzes eine aus Sicht des Arbeitnehmers schwerwiegende Maßnahme darstellt.

(1.) Grundsätzlich ist vor diesem Hintergrund eine einschlägige Abmahnung des Arbeitnehmers als milderes Mittel vor Ausspruch der Kündigung notwendig. Der Abmahnung kommt eine Warn- und Beanstandungsfunktion gegenüber dem Arbeitnehmer zu. Eine Kündigung ist prinzipiell erst dann möglich, wenn der Arbeitnehmer sich ungeachtet der angedrohten Konsequenzen nicht zu einem vertragsgemäßen Verhalten bereitfindet. Hier hat A vor seinem erneuten Fehlverhalten ein Schreiben erhalten, worin sein Verhalten als Arbeitsverweigerung bezeichnet wird. Fraglich ist, ob damit eine Abmahnung vorliegt.

Voraussetzung dafür ist zunächst, dass die fragliche Abmahnung durch eine abmahnungsbefugte Person erklärt worden ist. Hieran kann es fehlen, weil nicht B, sondern der Meister M das Beanstandungsschreiben angefertigt hat. Jedoch müssen Abmahnender und Kündigender nicht identisch sein. Vielmehr ist der Kreis der abmahnungsberechtigten Personen regelmäßig weiter als der derjenigen Vorgesetzten, die kündigungsbevollmächtigt sind. Abmahnen darf jeder, der Anweisungen bezüglich der Arbeistausführung erteilen kann (Betriebshierarchie), typischerweise also Dienstvorgesetzte. M war somit als unmittelbarer Dienstvorgesetzter des A zur Abmahnung befugt.

In inhaltlicher Hinsicht muss die Beanstandungs- und Warnfunktion erfüllt sein. Eine Bezeichnung als »Abmahnung« ist nicht erforderlich. Der Arbeitnehmer muss aber die Ernsthaftigkeit der auf ein konkretes Verhalten gemünzten Vorwürfe sowie mögliche arbeitsrechtliche Konsequenzen erkennen können. Hier wird A ein hinreichend bestimmtes Verhalten als pflichtwidrig vor Augen geführt. Aus seiner Sicht ist deutlich, dass sein Arbeitgeber ein weiteres Nichtbefolgen der Arbeitsanweisungen des Direktionsbefugten nicht hinnehmen wird. Die inhaltlichen Anforderungen an eine Abmahnung sind erfüllt.

Schließlich muss die Abmahnung einschlägig sein. Sie muss sich auf die nämliche Verhaltensweise beziehen, die Grundlage der Kündigung sein soll. Ob dieses Erfordernis vorliegend erfüllt ist, ist zweifelhaft. Gegenstand der Abmahnung ist das wiederholte Nichtbefolgen von Arbeitsanweisungen des M. B hat die Kündigung indessen nicht auf diesen Umstand, sondern vielmehr auf das fehlerhafte Lackieren des Wagens gestützt. Zwar stehen beide Verhaltensweisen aufgrund der Unzufriedenheit des A in einem inneren motivatorischen Zusammenhang. Nach außen hin sind Abmahnungsgegenstand und Kündigungsgrund jedoch nicht identisch, es handelt sich zum einen um eine Arbeitsverweigerung und zum anderen um eine Schlechtleistung. Aufgrund der qualitativen Unterschiede des jeweiligen Fehlverhaltens des A ist die Abmahnung nicht einschlägig. Damit ist dem Abmahnungserfordernis nicht genügt. Die Kündigung ist somit an sich als rechtsunwirksam anzusehen.

(2.) Etwas anderes kann hier nur dann gelten, wenn die Abmahnung ausnahmsweise entbehrlich war. Nicht erforderlich ist eine Abmahnung nämlich dann, wenn der Arbeitnehmer entweder erkennen lässt, dass er nicht gewillt ist, sich vertragstreu zu verhalten, oder wenn die Pflichtverletzung so schwerwiegend ist, dass der Arbeitnehmer nicht mit einer Duldung durch den Arbeitgeber rechnen kann. Es bedarf dann nämlich nicht erst des entsprechenden Hinweises und der Warnung.

Vorliegend wäre das Festhalten an dem Beanstandungs- und Warnungserfordernis reiner Formalismus. Denn A hat ein Produkt seines Arbeitgebers durch mutwilliges Verhalten beschädigt. Dass eine Schlechtleistung vorliegt, ist so offensichtlich, dass es einer arbeitgeberseitigen Beanstandung nicht bedarf. A konnte zudem ersichtlich nicht damit rechnen, dass seine Trotzreaktion, eigenmächtig den Wagen in Blau zu streichen, die Billigung des B finden würde. Eine Abmahnung als milderes Mittel gegenüber der Kündigung war somit entbehrlich.

(3.) Schließlich dürfen im Rahmen der Verhältnismäßigkeit des Mittels aus Arbeitgebersicht keine anderen Mittel ersichtlich sein, um die eingetretene Störung des Arbeitsverhältnisses gleich wirksam zu beseitigen. Allein in Betracht käme eine Versetzung des A.

Jedoch ist das vertragswidrige Verhalten des A nicht lediglich »arbeitsplatzbezogen«. A hat nämlich durch sein Gesamtverhalten deutlich gemacht, dass er seine Befindlichkeiten über einen ordnungsgemäßen Betriebsablauf stellt. Es steht insofern nicht zu erwarten, dass er sich auf einem anderen Arbeitsplatz wieder in die Betriebsabläufe einfügt. Ein milderes Mittel als die Beendigung des Arbeitsverhältnisses ist nicht ersichtlich.

(4.) Zuletzt ist vor dem Hintergrund des Ultima-Ratio-Prinzips zu fragen, ob die Interessen des Arbeitgebers tatsächlich so schwerwiegend beeinträchtigt sind, dass dies die Entlassung des Arbeitnehmers als insgesamt angemessen erscheinen lässt. Hierbei ist zugunsten des B zu berücksichtigen, dass der A selbst Anlass zu der Kündigung gegeben hat. Zieht man zudem die Häufigkeit der Pflichtverletzungen sowie das Schadensausmaß und die an Böswilligkeit grenzende Mutwilligkeit des A in Betracht, so ist eine Entfernung des A aus dem Betrieb zur Wiederherstellung geordneter Betriebsabläufe sowie des Betriebsfriedens unerlässlich. Die gebotene Abwägung fällt mithin zugunsten des B aus.

Es ist folglich festzustellen, dass für die Entlassung des A ein Grund im Sinne des § 1 Abs. 2 Satz 1 KSchG vorliegt. Die Kündigung ist somit nach Maßgabe des KSchG sozial gerechtfertigt. Ausweislich des Sachverhalts sind auch die Kündigungsfrist gemäß § 622 BGB sowie das Schriftformerfordernis des § 623 BGB eingehalten.

Ergebnis: Die ordentliche Kündigung des A durch B war mithin wirksam.

Fall 14

Die Unschuldsvermutung

A ist im Transportbetrieb des B (30 Arbeitnehmer) seit dem Jahr 2015 im Lager beschäftigt. Anfang August 2018 leitet die Polizei auf Anzeige des B ein Ermittlungsverfahren wegen Diebstahls gegen Unbekannt ein, nachdem mehrere Kunden des B den erheblichen Verlust von Transportgut gemeldet hatten. Der von B verdächtigte A erklärte bei einer Anhörung durch B, er sei unschuldig; insbesondere seien auch Dinge weggekommen, als er im Urlaub war. B beschloss daraufhin, den Ausgang der polizeilichen Ermittlungen abzuwarten. Diese erbrachten aber auch bis Mitte November keine Klarheit. B entschloss sich daher, der Sache selbst nachzugehen und stellte fest, dass die Unregelmäßigkeiten entgegen der Aussage des A ausschließlich zu dessen Dienstzeiten und nur im unmittelbaren Arbeitsbereich des A vorgekommen waren. Obwohl A am 24.11.2018 gegenüber B weiter jede Beteiligung abstreitet, erklärt B nach Anhörung des Betriebsrates hinsichtlich einer außerordentliche Kündigung mit Schreiben vom 29.01.2019, zugegangen am 01.02.2019, die »fristlose Entlassung« mit der Begründung, dass der Verdacht gegen A nicht auszuräumen sei und er daher kein Vertrauen mehr zu A habe. A begehrt mit der am 05.02.2019 beim Arbeitsgericht eingereichten Klage die Feststellung der Rechtsunwirksamkeit der außerordentlichen Kündigung. Er macht geltend, er sei unschuldig, die Kündigung sei jedenfalls aber verspätet.

Frage: Ist die – zulässig erhobene – Klage begründet?

> **Schwerpunkte:** Voraussetzungen der außerordentlichen (fristlosen) Kündigung gemäß § 626 BGB; Sonderfall der Verdachtskündigung; Abgrenzung zur Tatkündigung; der zweistufige Aufbau bei der Verdachtskündigung; die Interessenabwägung; Umdeutung der unwirksamen außerordentlichen in ordentliche Kündigung, § 140 BGB.

Lösungsweg

Die Begründetheit der Klage

1.) Ordnungsgemäße Kündigungserklärung

Es stellt sich zunächst die Frage, ob die Kündigung ordnungsgemäß erklärt wurde. Indes bestehen insoweit keine durchgreifenden Bedenken: Insbesondere erfolgte die

Kündigung schriftlich (§ 623 BGB). Man muss im Fall der außerordentlichen Kündigung im Sinne des § 626 BGB außerdem kurz feststellen, ob aus der Erklärung des Arbeitgebers **unmissverständlich** hervorgeht, dass es sich um eine außerordentliche Kündigung handelt – also die Kündigungsfristen des § 622 BGB außer Betracht bleiben. Die hier von B gewählte Formulierung »fristlose Entlassung« macht hinreichend deutlich, dass das Arbeitsverhältnis mit sofortiger Wirkung beendet werden soll und folglich eine außerordentliche Kündigung nach § 626 BGB gewollt ist.

2.) Anhörung des Betriebsrates

Die nach § 102 Abs. 1 BetrVG bei jeder Kündigung erforderliche Anhörung des Betriebsrates ist hier zur außerordentlichen Kündigung erfolgt. Beachte bitte insoweit, das wird gleich nämlich noch wichtig, dass der B den Betriebsrat nur zur außerordentlichen Kündigung angehört hat, nicht auch zu einer ordentlichen.

3.) Vorliegen eines wichtigen Grundes

Es muss ein wichtiger Grund im Sinne des § 626 Abs. 1 BGB vorliegen. Ein wichtiger Grund liegt vor, wenn die Einhaltung der ordentlichen Kündigungsfrist für die kündigende Partei unzumutbar ist (bitte lies: § 626 Abs. 1 BGB).

Aufbauhinweis: Die Prüfung, ob ein wichtiger Grund vorliegt, hat nach ständiger Rechtsprechung des BAG immer in **zwei** Schritten zu erfolgen: Zuerst ist zu erörtern, ob die angegebenen Tatsachen »an sich«, das heißt typischerweise geeignet sind, einen wichtigen Grund darzustellen. Im zweiten Schritt hat man dann zu klären, ob diese Umstände auch im **konkreten Fall**, also unter Abwägung der widerstreitenden Interessen von Arbeitgeber und Arbeitnehmer, die sofortige Entlassung rechtfertigen (BAG NZA **2018**, 1405; BAG NZA **2018**, 646; BAG NZA **2017**, 394; ErfKomm/*Niemann* § 626 BGB Rz. 15). Dieses Vorgehen ist erforderlich, um dem generalklauselartigen und im Gesetz völlig unbestimmten Begriff des »wichtigen Grundes« Konturen zu geben (BAG NZA **2018**, 1405; BAG NZA **2017**, 394; BAG BB **2016**, 3132). Und genau so machen wir das jetzt auch mal:

1. Stufe: Der Kündigungsgrund »an sich«

Es ist zu prüfen, ob die Geschehnisse »an sich« eine sofortige Entlassung wegen eines wichtigen Grundes rechtfertigen können.

a) Problematisch ist hier zunächst, dass der Verdacht des Arbeitgebers bislang durch nichts bewiesen werden konnte. In § 626 Abs. 1 BGB ist aber die Rede von »Tatsachen«, die die Fortsetzung des Arbeitsverhältnisses bis zum Ablauf der Kündigungsfrist unzumutbar erscheinen lassen.

Aber: Es ist grundsätzlich anerkannt, dass schon der bloße Verdacht einer Straftat ausreichen kann, um eine fristlose Entlassung nach Maßgabe des § 626 Abs. 1 BGB zu rechtfertigen (BAG NZA **2018**, 1405; BAG NZA **1992**, 1121; LAG Berlin-Brandenburg NZA-RR **2009**, 188; ErfKomm/*Niemann* § 626 BGB Rz. 173; *Schaub/Linck* § 127 Rz. 136).

> **Durchblick**: Das Arbeitsverhältnis setzt als **personenbezogenes** Dauerschuldverhältnis ein gewisses gegenseitiges Vertrauen zwischen Arbeitgeber und Arbeitnehmer voraus. Der Verlust dieses Vertrauens seitens des Arbeitgebers kann daher einen wichtigen Grund im Sinne des § 626 Abs. 1 BGB darstellen. Schon der bloße, sich auf objektive Tatsachen stützende Verdacht einer Straftat oder sonstigen Verfehlung kann geeignet sein, das Vertrauen des Arbeitgebers nachhaltig zu beeinträchtigen (BAG NZA **2018**, 1405; BAG NZA **2000**, 418; LAG Berlin-Brandenburg NZA-RR **2009**, 188). Die kündigungsrelevante Tatsache ist somit bei der Verdachtskündigung nicht die vermutete Straftat oder sonstige Pflichtverletzung, sondern der **Vertrauensverlust** (BAG NZA **1996**, 81; BAG NZA **1986**, 677). Der Arbeitgeber kündigt demnach nicht wegen der (vermuteten) Tat selbst, sondern weil der Verdacht eines nicht erwiesenen strafbaren Verhaltens und der daraus resultierende Vertrauensverlust ihm die Fortsetzung des Arbeitsverhältnisses unzumutbar machen (BAG AP BGB § 626 Verdacht strafbarer Handlung Nr. 1). Von dieser Verdachtskündigung streng abzugrenzen ist die deutlich seltenere sogenannte »Tatkündigung«. Auch dort ist die (Straf-)Tat seitens des Arbeitnehmers regelmäßig zwar noch nicht erwiesen; insbesondere fehlt es an einem abgeschlossenen Strafverfahren. Gleichwohl hat sich der Verdacht aus Sicht des Arbeitgebers derart erhärtet, dass er sich bei der Kündigung nicht mehr auf die gestörte Vertrauensbasis beruft, sondern auf die aus seiner Sicht vorliegende **Tat** selbst, deren Begehung dann den wichtigen Grund im Sinne des § 626 BGB darstellt (BAG NZA **2018**, 1405; BAG NJW **1993**, 83; BAG NZA **1997**, 813; ErfKomm/*Niemann* § 626 BGB Rz. 175). Der Arbeitgeber kann auch wegen desselben Sachverhalts sowohl eine Verdachts- als auch eine Tatkündigung aussprechen (vgl. BAG NZA **2009**, 1136).

Hier beruft der B sich ausdrücklich auf die mangelnde Vertrauensbasis mit der Folge, dass wir es zu tun haben mit einer klassischen »Verdachtskündigung«.

b) Diese Kündigung aufgrund eines bloßen Verdachts ist für den Arbeitnehmer natürlich besonders schwerwiegend. Er verliert nämlich seinen Arbeitsplatz, ohne dass nachgewiesen ist, dass er das das Vertrauen beschädigende Verhalten tatsächlich begangen hat. Das ist starker Tobak und deshalb gelten im Hinblick auf die Begründetheit einer solchen Verdachtskündigung strenge Spielregeln (ErfKomm/*Niemann* § 626 BGB Rz. 173 ff.), und zwar:

> → Zuerst müssen objektiv Tatsachen vorliegen, die gegen den Arbeitnehmer sprechen, und zwar so schwerwiegend, dass ein »dringender« Verdacht besteht, sprich eine hohe Wahrscheinlichkeit der Tatbegehung durch den Arbeitnehmer (*Henssler/Willemsen/Kalb/Sandmann*, § 626 BGB Rz. 285).
>
> → Der Tatvorwurf müsste außerdem, unterstellt, er träfe zu, tatsächlich eine außerordentliche Kündigung rechtfertigen (BAG NZA **2000**, 418).
>
> → Des Weiteren muss der Arbeitgeber alles ihm Zumutbare getan haben, um den Verdacht aufzuklären (LAG Berlin-Brandenburg NZA-RR **2009**, 188; BAG AP § 626 BGB Verdacht strafbarer Handlung Nr. 24).

→ Insbesondere muss er dem Arbeitnehmer ausreichend Möglichkeit zur Stellungnahme gegeben haben (BAG NZA **2018**, 1405; BAG NZA **2000**, 418; BAG NZA **1996**, 81); eine Anhörung kann allenfalls unterbleiben, wenn feststeht, dass der Arbeitnehmer von vornherein nicht bereit ist, sich auf die gegen ihn erhobenen Vorwürfe einzulassen und nach seinen Kräften an der Aufklärung mitzuwirken. Eine solche Anhörung wäre überflüssig, weil sie zur Aufklärung des Sachverhalts und zur Willensbildung des Arbeitgebers nichts beitragen kann (BAG NZA **2014**, 1015).

Zum Fall: Es bestehen in tatsächlicher Hinsicht Anhaltspunkte, die klar **gegen** unseren A sprechen: Die Diebstähle treten entgegen der Behauptung des A ausschließlich während seiner Dienstzeit auf. A hat demnach die Unwahrheit gegenüber B erklärt, als er sich auf den Urlaub berief. Träfe es zu, dass A sich aus den Lagerbeständen »bedient« hat, so rechtfertigte dies ohne Weiteres eine fristlose Kündigung (BAG NZA **2000**, 421). Auch hat sich B bemüht, den Sachverhalt sowohl unter Hinzuziehung der Polizei als auch eigenständig aufzuklären. Vor allem hörte er A mehrfach zu der Sache an. Gleichwohl besteht weiterhin ein dringender Verdacht gegen den A.

<u>**ZE.**</u>: »An sich« besteht ein wichtiger Grund für eine außerordentliche Kündigung im Sinne von § 626 Abs. 1 BGB, denn der vorliegende Sachverhalt ist typischerweise geeignet, eine Kündigung aus wichtigem Grund zu rechtfertigen.

2. Stufe: Die Interessenabwägung im Einzelfall

Die Entscheidung, dem Arbeitnehmer aufgrund eines an sich gegebenen wichtigen Grundes im Sinne von **§ 626 Abs. 1 BGB** außerordentlich zu kündigen, muss außerdem auf der zweiten Prüfungsstufe – wir sagten es weiter oben schon – einer Interessenabwägung im konkreten Fall standhalten (BAG NZA **2018**, 1405):

a) Bei dieser Interessenabwägung ist nun gemäß dem Wortlaut des § 626 Abs. 1 BGB erforderlich, »alle Umstände« des Einzelfalles vollständig gegeneinander abzuwägen (BAG NZA **2015**, 294). Insoweit ist neben dem Vertrauensverlust zugunsten des Arbeitgebers insbesondere zu berücksichtigen, ob durch das Verhalten des Arbeitnehmers ein Schaden entstanden ist oder ein solcher, etwa durch Imageverlust, zu entstehen droht (BAG BB **2016**, 3132; BAG NJW **2012**, 1099). Zugunsten des Arbeitnehmers muss die Dauer der Betriebszugehörigkeit, der bisherige Werdegang im Betrieb und auch die allgemeine Lebenssituation Berücksichtigung finden (BAG NZA **2015**, 294; BAG NZA **2012**, 1025; BAG AP BGB § 626 Nr. 83; LAG Hessen NZA-RR **2018**, 73). Man darf es sich an dieser Stelle also keineswegs »zu einfach« machen und etwa – wie dies beispielsweise die Medien vor einigen Jahren im Fall der wegen zweier Pfandbons im Gesamtwert von 1,30 € gekündigten und seitdem berühmt gewordenen Supermarktkassiererin ***Emmely*** aus Berlin getan haben – schlicht darauf abstellen, dass etwa der Wert der unterschlagenen Sache gering war (neben besagter Emmely-Entscheidung – BAG NZA **2010**, 1227 – auch sehr lesenswert BAG NZA **2012**, 1025 → Diebstahl zweier Zigarettenpackungen; vgl. auch BAG NZA **2015**, 294 mit einem ziemlich schlüpfrigen Fall der sexuellen Belästigung am Arbeitsplatz oder LAG Hessen NZA-RR **2018**, 73, wo es um den Mitschnitt eines Personalgesprächs ging).

> **Hier:** Dem Interesse des A, der zur Zeit des Verdachts seit drei Jahren ordentlich für B gearbeitet hat, am Erhalt seines Arbeitsplatzes trotz des nach wie vor unbewiesenen Diebstahlsverdachts steht das Interesse des B gegenüber, seinen Betrieb mit Mitarbeitern führen zu können, denen er vollkommen vertrauen kann. Gerade bei Betrieben der transportierenden Branche ist auf Vertrauensverhältnisse wegen der erhöhten Gefahr des Missbrauchs besonderer Wert zu legen. Zudem muss gesehen werden, dass nach der Sachverhaltsschilderung bereits erhebliche Verluste bei den Kunden und demzufolge auch bei B, der dafür einstandspflichtig ist, entstanden sind. Es ist dem B nicht zuzumuten, tatenlos auf weitere Diebstähle zu warten.

<u>**ZE.**</u>: Die Interessenabwägung fällt demnach zulasten des A aus.

b) Die außerordentliche Kündigung muss zudem – wie jede arbeitgeberseitig erfolgende Kündigung – immer auch verhältnismäßig sein. Das bedeutet, dass es kein weniger einschneidendes Mittel geben darf, um die Störung des Arbeitsverhältnisses zu beseitigen; auch dieses Prinzip folgt dem »Ultima-Ratio-Charakter« der Kündigung (BAG NZA **2010**, 1227; BAG AP § 626 BGB Nr. 70). Hier in unserem Fall ist ein milderes Mittel allerdings nicht ersichtlich. Insbesondere würde auch die **Versetzung** des A an eine andere, weniger »verlockende« Position im Betrieb das gestörte Vertrauensverhältnis zwischen A und B nicht wiederherstellen. Auch hier kommt es also auf die gestörte Vertrauensbeziehung an und nicht auf die Frage, ob A an einer anderen Position tatsächlich gar nicht in Berührung mit diebstahlsgefährdetem Frachtgut käme.

c) Es stellt sich des Weiteren die Frage nach einer – hier durch B vor der Kündigung nicht ausgesprochenen! – Abmahnung. Eine Abmahnung ist im vorliegenden Fall allerdings nicht nötig. Grundsätzlich ist zwar nach der Rechtsprechung des BAG nicht nur bei der ordentlichen, sondern ausdrücklich auch bei jeder **außerordentlichen** Kündigung eine Abmahnung zu prüfen (BAG NZA **2017**, 394; BAG AP BGB § 626 Nr. 137). Dies gilt indessen nur dann, wenn die Abmahnung auch geeignet ist, das Verhalten des Arbeitnehmers zu beseitigen oder zu beeinflussen (BAG BB **2016**, 3132). Rein denklogisch kann dies für die Verdachtskündigung allerdings nicht gelten, denn: Es liegt nicht mehr in der Macht des Arbeitnehmers, die hier vorliegende Störung des Arbeitsverhältnisses zu beseitigen, also das Vertrauen wegen des Verdachts der Straftat wiederherzustellen. Der Verdacht kann nur durch eine objektive Beweisführung ausgeräumt werden. Eine auf »Besserung« des Arbeitnehmers gerichtete Abmahnung wäre demnach nutzlos, weil sie nicht auf die Beseitigung eines noch nicht nachgewiesenen Verhaltens gerichtet sein kann (*Staudinger/Preis* § 626 BGB Rz. 117 ff.). Die Abmahnung ist bei der Verdachtskündigung daher grundsätzlich entbehrlich.

d) Die Wahrung der Kündigungserklärungsfrist

Nicht vergessen darf man bei der außerordentlichen Kündigung, dass diese gemäß § 626 Abs. 2 Satz 1 und 2 BGB innerhalb von **zwei Wochen** nach Erlangung der Kenntnis von den Tatsachen im Sinne von § 626 Abs. 1 BGB erklärt werden muss. Diese Frist gilt grundsätzlich auch für die Verdachtskündigung (BAG NZA **2018**, 1405; BAG NZA **2006**, 101; BAG NJW **1994**, 1675; *Palandt/ Weidenkaff* § 626 BGB Rz. 26).

Problem: Bei der Verdachtskündigung ist allerdings die Festlegung dieses Fristbeginns logischerweise schwierig, da die kündigungsrelevante Tatsache ja der Vertrauensverlust ist, der sich kaum an einem bestimmten Datum festmachen lässt. Bei der Bestimmung der Frist ist daher zunächst zu berücksichtigen, dass der Arbeitgeber, auch im Interesse des verdächtigten Arbeitnehmers, erst mal die Ermittlungen durch die Polizei abwarten darf, ehe er sich zu arbeitsrechtlichen Maßnahmen entscheidet (instruktiv: BAG NZA **2018**, 1405; vgl. auch BAG NZA **2006**, 101; BAG NZA **1996**, 873). Orientieren kann man sich dann im Folgenden an dem Zeitpunkt der **letzten** Aufklärungshandlung und gegebenenfalls an der erneuten Anhörung des Arbeitnehmers zu den neu gewonnenen Erkenntnissen (BAG NZA **2018**, 1405; LAG Berlin NZA-RR **1997**, 424). Lässt der Arbeitgeber danach mehr als zwei Wochen verstreichen und geschieht unterdessen nichts, was den Verdacht gegen den Arbeitnehmer weiter schürt oder entkräftet, so ist eine nach Ablauf der beiden Wochen ausgesprochene Kündigung nicht mehr rechtzeitig im Sinne des § 626 Abs. 2 Satz 1 und 2 BGB (BAG NZA **2018**, 1405; BAG NZA **2000**, 381; BAG NJW **1994**, 1675).

Hier: Unser B hat den A zuletzt am 24.11.2018 zu den Vorwürfen angehört. Anschließend ist nichts geschehen, was die bis dahin gewonnenen Erkenntnisse des B objektiv hätte beeinflussen können. Deshalb ist die mehr als **zwei Monate** später erklärte außerordentliche Kündigung nicht mehr rechtzeitig nach Maßgabe des § 626 Abs. 2 BGB.

ZE.: Damit erfolgt die außerordentliche Kündigung zu spät; sie ist mithin unwirksam.

Umdeutung in eine ordentliche Kündigung?

Bei jeder rechtsunwirksamen außerordentlichen Kündigung sollte man zumindest gedanklich kurz prüfen, ob sich der Arbeitgeber nicht noch mittels einer Umdeutung gemäß § 140 BGB retten kann (vgl. BAG NJW **2010**, 3740). Das ist der Fall, wenn das unwirksame Rechtsgeschäft einem anderen **wirksamen** Rechtsgeschäft entspricht (wenn also die Rechtsfolgen gleich sind), sofern die Geltung des anderen Rechtsgeschäfts bei Kenntnis der Nichtigkeit des eigentlich getätigten Geschäfts gewollt wäre (BAG AP BetrVG 1971, § 102 Nr. 21).

Achtung: Voraussetzung ist aber, dass alle Wirksamkeitsvoraussetzungen des »neuen« Rechtsgeschäfts vorliegen müssen. Im Fall der Umdeutung einer außerordentlichen in eine ordentliche Kündigung, die ja jedenfalls im Ergebnis die gleichen Rechtsfolgen (= Beendigung des Arbeitsverhältnisses) hat, ist regelmäßig die Anhörung des Betriebsrates problematisch. Denn der Arbeitgeber muss dem Betriebsrat mitteilen, um **welche** Kündigungsart es sich handelt. Abgesehen davon, dass zu den kündigungsrelevanten und daher mitteilungsbedürftigen Tatsachen selbstverständlich der Kündigungsgrund und die Kündigungsart gehören, hat der Betriebsrat nur im Fall der **ordentlichen** Kündigung die Möglichkeit zum Widerspruch nach § 102 Abs. 3 BetrVG.

Deshalb ist eine Umdeutung bei Bestehen eines Betriebsrates nur möglich, wenn der Arbeitgeber den Betriebsrat **auch** – quasi »hilfsweise« – zu einer ordentlichen Kündigung angehört hat. Sofern der Betriebsrat nicht deutlich gemacht hat, dass er der Beendigung des Arbeitsverhältnisses unter allen Umständen zustimmen werde, genügt die Anhörung im Hinblick allein auf die außerordentliche Kündigung nicht (BAG NZA **2006**, 491, 494; BAG NJW **2001**, 1229; LAG Köln NZA-RR **1999**, 415). Und vorliegend fehlt es genau an dieser doppelten Anhörung. Daher kann die Kündigung auch nicht als ordentliche aufrechterhalten bzw. in eine solche umgedeutet werden.

Feinkost: Selbst wenn die Anhörung ordnungsgemäß erfolgt ist, muss der Arbeitgeber auch den unbedingten Beendigungswillen erkennen lassen, damit die Umdeutung erfolgen kann (BAG NJW **2002**, 2972). Schließlich ist denkbar, dass nach Feststellung der Unwirksamkeit der außerordentlichen Kündigung – z.B. wegen erwiesenen Fehlens eines wichtigen Grundes – seitens des Arbeitgebers der Wunsch nach Auflösung des Arbeitsverhältnisses erloschen ist.

e) Wahrung der materiellen Ausschlussfrist

Gemäß **§ 13 Abs. 1 Satz 1 KSchG** in Verbindung mit § 4 Satz 1 KSchG muss die Rechtsunwirksamkeit der außerordentlichen Kündigung binnen dreier Wochen geltend gemacht werden. Auf die Anwendbarkeit des KSchG kommt es nicht an; wir hatten bereits bei Fall 11 erwähnt, dass die Frist des § 4 KSchG für jede Kündigung gilt (vgl. auch § 23 Abs. 1 Satz 2 und 3 KSchG, wonach die §§ 4–7 und 13 Abs. 1 Satz 1 und 2 KSchG auch in Kleinbetrieben Anwendung finden). Für **Feinschmecker** soll außerdem nicht unerwähnt bleiben, dass das BAG allerdings auf den Fall einer nur mündlich ausgesprochenen Kündigung – was, wie wir schon wissen, gegen § 623 BGB verstößt – § 4 KSchG nicht anwendet, denn dort ist ausdrücklich die Rede von »schriftlicher« Kündigung.

Hier: A hat die Kündigung am 01.02.2019 erhalten und vier Tage später Klage beim Arbeitsgericht eingereicht; die Drei-Wochen-Frist ist folglich eingehalten.

Ergebnis: Die zulässig erhobene Klage des A auf Feststellung der Rechtsunwirksamkeit der außerordentlichen Kündigung ist begründet und hat dementsprechend Erfolg. Und beachte bitte in diesem Zusammenhang den in der Praxis wichtigen § 13 Abs. 1 Satz 3 KSchG, wonach auf Antrag des Arbeitnehmers das Arbeitsverhältnis trotz Unwirksamkeit der außerordentlichen Kündigung aufgelöst werden kann und der Arbeitnehmer eine Abfindung erhält, wenn die Fortsetzung des Arbeitsverhältnisses für den Arbeitnehmer unzumutbar ist (was im richtigen Leben eher die Regel als die Ausnahme darstellt).

Nachtrag: Fristlose Kündigung wegen Drogenkonsums?

So, und zum Schluss wollen wir noch einen kurzen Blick auf eine Entscheidung des BAG aus dem **Oktober 2016** (→ MDR **2017**, 95) werfen, die sich auch mit der außerordentlichen Kündigung beschäftigt und die Frage betrifft, ob eigentlich der Konsum von (harten) Drogen die Voraussetzungen für eine Kündigung nach § 626 BGB erfüllt. Logischerweise geht es hierbei um ein ziemlich sensibles und gesellschaftspolitisch brisantes Thema, bei dem das BAG sich dann unerwartet deutlich positioniert hat. Es ging – leicht vereinfacht – um diese Geschichte:

> A arbeitet seit zwei Jahren als Kraftfahrer für die Spedition des S, die sich auf »just-in-time«-Lieferungen spezialisiert hat, demnach vor allem kurzfristige Anfragen von Kunden bedient und ausnahmslos Kraftfahrer beschäftigt. An einem freien Wochenende konsumiert A dann samstagsabends eine enorme Menge »Crystal Meth« (= Amphetamin und Methamphetamin = harte Drogen). Am darauffolgenden **Dienstag** gerät A auf der Heimfahrt von der Arbeit mit seinem privaten PKW in eine allgemeine Verkehrskontrolle, bei der auch ein Drogentest durchgeführt wird. Die Polizei entzieht A umgehend den Führerschein, da noch erhebliche Mengen Drogen in seinem Blut vorhanden und nachweisbar sind. A ruft noch am gleichen Abend den S an und erklärt, er habe seinen Führerschein verlegt und könne daher den Dienst am nächsten Morgen nicht antreten. Er habe nämlich die Polizei angerufen und die habe ihm erklärt, er müsse erst seinen Führerschein wiederfinden, bevor er sich in ein Fahrzeug setzen dürfe. Der S glaubt dem A diese Geschichte, weist ihn aber darauf hin, dass ein Ersatzfahrer nicht zur Verfügung steht und er daher am nächsten Morgen unbedingt fahren müsse – was A dann auch tatsächlich tut. Eine Woche später – A hat inzwischen weitere Fahrten für S gemacht – klärt sich der Sachverhalt auf, und S spricht aufgrund der Vorkommnisse umgehend und formgerecht die fristlose Kündigung aus. **Zu Recht?**

Einstieg: Gemessen an § 626 BGB, musste das BAG den uns inzwischen bekannten **zweistufigen** Aufbau wählen und somit zunächst klären, ob der Konsum harter Drogen »an sich« eine fristlose Kündigung rechtfertigt und als wichtiger Grund im Sinne des § 626 Abs. 1 BGB zu qualifizieren ist. Die Antwort fiel überraschend deutlich aus. Wörtlich heißt es:

> *»… Nimmt ein Berufskraftfahrer Amphetamin und Methamphetamin ein und führt dennoch im Rahmen seiner arbeitsvertraglichen Pflichten ein Fahrzeug des Arbeitgebers, stellt dies eine derart schwere Pflichtverletzung dar, dass ein wichtiger Grund im Sinne des § 626 Abs. 1 BGB ›an sich‹ zu bejahen ist. Hierbei ist unerheblich, ob sich in der konkreten Fahrsituation eine Gefährdung realisiert hat und die Fahrtüchtigkeit überhaupt beeinträchtigt war.* ***Der Pflichtenverstoß liegt bereits in der massiven Gefährdung der Fahrtüchtigkeit.*** *Erschwerend*

kommt im vorliegenden Fall als weiterer wichtiger Grund innerhalb des § 626 BGB hinzu, dass A seinen Arbeitgeber im Hinblick auf seinen Drogenkonsum falsch bzw. gar nicht informiert hat. Hierin liegt die Verletzung der arbeitsvertraglichen Nebenpflicht, Rücksicht auf die berechtigten Interessen des Arbeitgebers zu nehmen Dem Arbeitnehmer obliegt namentlich die allgemeine Pflicht, den Arbeitgeber im Rahmen des Zumutbaren unaufgefordert und rechtzeitig über Umstände zu informieren, die einer Erfüllung der Arbeitspflicht entgegenstehen. Daher hat der Arbeitnehmer den Verlust seiner Fahrerlaubnis unverzüglich mitzuteilen, wenn er diese für die Erbringung der Arbeitsleistung benötigt. Der A hätte S demnach umgehend nach der polizeilichen Kontrolle und dem Entzug des Führerscheins informieren müssen, und zwar schon deshalb, weil er – wie alle anderen Arbeitnehmer des S – ausnahmslos als Kraftfahrer einsatzfähig und tätig war. Diesbezüglich oblag dem A gegenüber seinem Arbeitgeber schließlich auch eine ***Schadensabwendungspflicht****, die sich unter anderem darin manifestiert, bemerkbare oder voraussehbare Schäden oder Gefahren dem Arbeitgeber unverzüglich anzuzeigen. …«*

ZE.: Drogenkonsum stellt somit (jedenfalls bei Kraftfahrern) selbst dann einen Kündigungsgrund »an sich« dar, wenn eine Beeinträchtigung der Arbeitsfähigkeit/Fahrtüchtigkeit nicht feststellbar ist. Zudem ist der Arbeitnehmer verpflichtet, den Drogenkonsum und einen daraus resultierenden Führerscheinentzug unverzüglich anzuzeigen, wenn der Führerschein für die Erbringung der Tätigkeit zwingend notwendig ist (BAG MDR **2017**, 95).

Im zweiten Schritt ging es dann natürlich noch um die Frage, ob nach Abwägung aller Umstände des Einzelfalls die **Interessenabwägung** zulasten des Arbeitnehmers ausfällt. Auch insoweit hatte das BAG indes keinerlei Zweifel:

»… Dem S war die Fortsetzung des Arbeitsverhältnisses bis zum Ablauf der Kündigungsfrist auch nach Abwägung der Umstände des Einzelfalls nicht zumutbar. Spätestens nachdem S bekannt war, dass A harte Drogen nimmt und unter Drogeneinfluss sogar Fahrten für ihn durchgeführt hatte, bestand ein unkalkulierbares Risiko bezüglich weiterer Gefährdungen und auch im Hinblick auf die eigene Haftung des S als auch dessen möglichen Versicherungsschutz. Jeder weitere Einsatz des A hätte dieses Risiko aktualisiert. Die Schwere und Tragweite der Pflichtverletzung des A ändert sich zudem auch nicht dadurch, wenn es tatsächlich bei diesem einmaligen Drogenkonsum bleiben sollte. Aus den gleichen Erwägungen war vorliegend eine ***Abmahnung*** *ausnahmsweise entbehrlich. Schließlich ist zu Lasten des A auch die bewusste Täuschung seines Arbeitgebers über den Drogenkonsum zu berücksichtigen. Der Arbeitnehmer hat durch diese Vorgehensweise dem auch für eine kurzfristige Fortsetzung des Arbeitsverhältnisses erforderlichen Vertrauen jegliche Grundlage entzogen …«*

Also: Bei Drogenkonsum hört selbst für das im Zweifel arbeitnehmerfreundliche BAG ganz offensichtlich jeder Spaß auf. Sowohl der Kündigungsgrund »an sich« als auch die Einzelfallabwägung gehen hier vergleichsweise locker durch, wobei man unter Umständen dann anders hätte argumentieren können, wenn A sofort reinen Tisch gemacht und den Drogenkonsum eingeräumt sowie keine weitere Fahrten unterneommen hätte. Vielleicht wäre das Ganze dann mit einer Abmahnung vom Tisch gewesen. Vielleicht.

Gutachten

I.) Die Begründetheit der Klage

Die Klage ist begründet, wenn die Kündigung unrechtmäßig war. In Betracht kommt zuerst eine außerordentliche Kündigung im Sinne des § 626 BGB.

1.) B muss die Kündigung ordnungsgemäß erklärt haben. Hinsichtlich der Einhaltung der Schriftform gemäß § 623 BGB bestehen keine Bedenken. Inhaltlich hat B unmissverständlich deutlich gemacht, dass eine fristlose Lösung von dem Arbeitsverhältnis erstrebt ist. Somit ist eine außerordentliche Kündigung im Sinne des § 626 BGB erklärt.

2.) Die gemäß § 102 Abs. 1 BetrVG erforderliche Anhörung des Betriebsrates zur außerordentlichen Kündigung ist ordnungsgemäß erfolgt.

3.) B muss bei Ausspruch der Kündigung ein wichtiger Grund im Sinne des § 626 BGB zur Seite gestanden haben.

a) Erforderlich ist zunächst, dass die Geschehnisse an sich eine sofortige Entlassung des A rechtfertigen können. Grundsätzlich stellen insbesondere wiederholte Straftaten zulasten des Arbeitgebers einen wichtigen Grund zur außerordentlichen Kündigung dar. Problematisch ist hier allerdings, dass der Verdacht des Arbeitgebers bislang nicht objektiv bewiesen werden konnte. In § 626 Abs. 1 BGB ist aber die Rede von »Tatsachen«, die die Fortsetzung des Arbeitsverhältnisses bis zum Ablauf der Kündigungsfrist unzumutbar erscheinen lassen. Gleichwohl ist anerkannt, dass schon der bloße Verdacht einer Straftat ausreichen kann, um eine fristlose Entlassung nach Maßgabe des § 626 Abs. 1 BGB zu rechtfertigen. Der Grund hierfür liegt darin, dass bereits der bloße, sich auf objektive Tatsachen stützende Verdacht einer Straftat oder sonstigen Verfehlung geeignet sein kann, das Vertrauen des Arbeitgebers nachhaltig zu beeinträchtigen. Die kündigungsrelevante Tatsache ist somit nicht die vermutete Straftat oder sonstige Pflichtverletzung, sondern der Vertrauensverlust. Zu berücksichtigen ist aber auch, dass zum Schutze des Arbeitnehmers nicht eine beliebige Verdächtigung eine fristlose Entlassung rechtfertigen kann. Es müssen vielmehr die besonderen Rechtfertigungsvoraussetzungen einer Verdachtskündigung vorliegen.

aa) Zuerst müssen objektiv Tatsachen vorliegen, die einen dringenden Verdacht gegen den betreffenden Arbeitnehmer begründen. Hier sprechen tatsächliche Anhaltspunkte, nämlich die entgegen der Behauptung des A ausschließlich zu seinen Dienstzeiten vorgekommenen Unregelmäßigkeiten ausschließlich in seinem Arbeitsbereich, für eine Beteiligung des A. Eine hohe Wahrscheinlichkeit der Tatbegehung durch den Arbeitnehmer ist somit gegeben.

bb) Der Tatvorwurf müsste außerdem, unterstellt, er träfe zu, tatsächlich eine außerordentliche Kündigung rechtfertigen. Dies ist der Fall (s.o.).

cc) Des Weiteren muss der Arbeitgeber alles ihm Zumutbare getan haben, um den Verdacht aufzuklären. B hat sich dem entsprechend nach bestem Gewissen bemüht, den Sachverhalt sowohl unter Hinzuziehung der Polizei als auch eigenständig aufzuklären.

dd) Schließlich muss dem Arbeitnehmer ausreichend Möglichkeit zur Stellungnahme gegeben werden. B hat A mehrfach zu der Sache angehört. Der dringende Tatverdacht gegen A ließ sich gleichwohl nicht ausräumen.

ee) Als Zwischenergebnis ist festzuhalten, dass an sich ein wichtiger Grund für eine außerordentliche (Verdachts-)Kündigung im Sinne von § 626 Abs. 1 BGB vorliegt.

b) Die Entscheidung, den A im Sinne von § 626 Abs. 1 BGB außerordentlich zu kündigen, muss außerdem einer an dem Verhältnismäßigkeitsgrundsatz orientierten Interessenabwägung standhalten.

Dem Interesse des A, der erst seit vier Jahren unbeanstandet für B tätig war, am Erhalt seines Arbeitsplatzes steht das Interesse des B gegenüber, seinen Betrieb vertrauensvoll mit seinen Mitarbeitern führen zu können. Letztgenanntes Interesse überwiegt. Es ist nämlich zu berücksichtigen, dass ein Verlust der transportierten Güter zu einer Rufschädigung und somit zu einer gravierenden Beeinträchtigung der betrieblichen und wirtschaftlichen Interessen des B führen kann. Es kann B angesichts der für eine Tatbeteiligung des A sprechenden Umstände nicht zugemutet werden, tatenlos weitere Straftaten zu seinen Lasten und ggf. eine Schädigung seines Unternehmens abzuwarten. Somit fällt die Interessenabwägung zugunsten des B aus.

Schließlich muss die fristlose Kündigung auch verhältnismäßig sein. Es darf kein milderes Mittel in Betracht kommen, um der Störung des Arbeitsverhältnisses und der Beeinträchtigung der Interessen des B gleich wirkungsvoll zu begegnen (Ultima Ratio). Grundsätzlich kommt als milderes Mittel der Ausspruch einer einschlägigen Abmahnung in Betracht. Angesichts der Schwere des zudem wiederholten Tatvorwurfs ist die Warn- und Beanstandungsfunktion der Abmahnung hier jedoch gegenstandslos, da jedem Arbeitnehmer ohne Weiteres bewusst sein muss, dass ein verständiger Arbeitgeber Straftaten zu seinen Lasten nicht ohne eine Kündigung hinnehmen wird. Zudem ließe sich mit einer Abmahnung die eingetretene und fortbestehende Störung des Arbeitsverhältnisses im Vertrauensbereich nicht beseitigen. Auch eine Versetzung des A an einen anderen Arbeitsplatz würde wegen der zerrütteten Vertrauensgrundlage zwischen den Parteien keine gegenüber der fristlosen Kündigung gleich geeignete Arbeitgebermaßnahme darstellen.

Zwischenergebnis: Ein wichtiger Grund im Sinne des § 626 BGB liegt vor.

4.) B muss ferner die Kündigungserklärungsfrist des § 626 Abs. 2 Satz 1 und 2 BGB eingehalten haben. Die Kündigung muss hiernach innerhalb von zwei Wochen nach Erlangung der Kenntnis von den Tatsachen im Sinne von § 626 Abs. 1 BGB ausgesprochen worden sein. Ob diesen Anforderungen genügt ist, ist fraglich, weil sich Verdachtsmomente gegen A bereits Monate vor Ausspruch der Kündigung durch B ergaben. Es wurde aber bereits ausgeführt, dass der kündigungsrelevante Umstand hier in dem Vertrauensverlust zu sehen ist, der bei Aufnahme der Ermittlungen noch nicht letztgültig gegeben war. Zudem setzt die Zulässigkeit der Verdachtskündigung gerade voraus, dass der Arbeitgeber vor einer Entlassung erst unter Umständen zeitaufwendige Nachforschungen anstellt. Der Arbeitgeber darf mithin auch im Interesse des verdächtigten Arbeitnehmers zunächst die Ermittlungen abwarten, ehe er sich für arbeitsrechtliche Maßnahmen entscheidet. Vor diesem Hintergrund ist es sachgerecht anzunehmen, sich für die Frage des Fristbeginns an dem Zeitpunkt der letzten Aufklärungshandlung zu orientieren. Hier hat B den A zuletzt am 24.11.2018 zu den Vorwürfen angehört. Anschließend ist nichts geschehen, was die bis dahin gewonnenen Erkenntnisse des B objektiv hätte beeinflussen können. Deshalb ist die mehr als zwei Monate später erklärte außerordentliche Kündigung nicht rechtzeitig nach Maßgabe des

§ 626 Abs. 2 BGB. Damit erfolgt die außerordentliche Kündigung zu spät; sie ist folglich rechtsunwirksam.

5.) Möglicherweise kann die unwirksame außerordentliche Kündigung als ordentliche Beendigungskündigung im Wege einer Umdeutung nach der Vorschrift des § 140 BGB aufrechterhalten werden.

a) Dies kann sich unter dem Gesichtspunkt einer Umdeutung (§ 140 BGB) ergeben. Voraussetzung ist insoweit, dass das unwirksame Rechtsgeschäft einem anderen, wirksamen Rechtsgeschäft entspricht, Letzteres in seinen Rechtsfolgen nicht über diejenigen des unwirksamen Rechtsgeschäfts hinausgeht und die Umdeutung dem hypothetischen Parteiwillen bei Kenntnis von der Nichtigkeit des ursprünglichen Geschäfts entspricht.

b) Grundsätzlich ist eine Umdeutung einer außerordentlichen in eine ordentliche Kündigung möglich, weil Letztere gegenüber der fristlosen Entlassung in ihren Rechtsfolgen weniger einschneidend ist. Problematisch ist jedoch, dass B den Betriebsrat nur zu der außerordentlichen Kündigung angehört hat. Die Anhörung gemäß § 102 Abs. 1 Satz 1 BetrVG hat sich auch auf die Art der Kündigung sowie die einschlägige Kündigungsfrist zu erstrecken. Diesem Erfordernis ist vorliegend nicht Rechnung getragen. Damit wäre eine ordentliche Kündigung wegen § 102 Abs. 1 Satz 3 BetrVG unwirksam. Die Kündigung kann nicht im Rahmen einer Umdeutung nach § 140 BGB als ordentliche Kündigung aufrechterhalten werden.

6.) Gemäß § 13 Abs. 1 Satz 1 in Verbindung mit § 4 Satz 1 KSchG muss die Rechtsunwirksamkeit der außerordentlichen Kündigung binnen dreier Wochen geltend gemacht werden. A hat die Kündigung am 01.02.2017 erhalten und vier Tage später Klage beim Arbeitsgericht erhoben; die Drei-Wochen-Frist ist folglich eingehalten.

Ergebnis: Die zulässig erhobene Klage des A auf Feststellung der Rechtsunwirksamkeit der außerordentlichen Kündigung ist begründet. A wird im Prozess obsiegen.

Fall 15

Isch hab' Rücken!

A ist laut Arbeitsvertrag seit 1990 als »Möbelpacker« bei B beschäftigt. Seine Aufgabe ist es, von den Kunden des B bestellte Möbel versandfertig zu machen, sie in einen LKW des B zu laden, den Kunden anzuliefern und dort aufzustellen. B beschäftigt weitere 50 Arbeitnehmer; ein Betriebsrat besteht. A hat schon seit Jahren erhebliche, auch mit ärztlicher Hilfe nicht behebbare Rückenbeschwerden. In den letzten Monaten wurden diese so massiv, dass A seinen Aufgaben nur noch eingeschränkt nachkommen kann. So kann er die Möbel nicht mehr ohne fremde Hilfe in den LKW einladen; hier helfen ihm seine Kollegen, die dadurch ihrerseits teilweise verspätet zu ihren Auslieferungsfahrten starten. A kann die Möbel auch nicht mehr alleine in die Wohnungen der Kunden tragen; insoweit fragt er regelmäßig die Kunden, wobei die meisten helfen, einige haben sich aber auch schon bei B deswegen beschwert. B sieht sich deshalb gezwungen, etwas zu unternehmen. Da ihm A aber leidtut, möchte er ihn lieber versetzen als ihn gleich zu entlassen. In Betracht kommt der in Kürze freiwerdende Posten als Pförtner, der allerdings aufgrund eines im gesamten Betrieb angewandten Vergütungssystems schlechter bezahlt ist. Weitere freie Arbeitsplätze bestehen nicht.

Da sich B nicht sicher ist, ob A mit dieser Versetzung einverstanden wäre, fragt er, ob er ihn notfalls dazu zwingen kann, künftig als Pförtner zu arbeiten.

Schwerpunkte: Die Änderung der Arbeitsbedingungen; Änderungsvertrag; Abgrenzung von Versetzung und Änderungskündigung; das Direktionsrecht; die Wirksamkeitsvoraussetzungen der Änderungskündigung; Anhörung des Betriebsrates; die krankheitsbedingte Kündigung: Prüfungsaufbau; die Bedeutung des § 2 KSchG.

Lösungsweg

I. Die Versetzung

Wiederholung: Über die Versetzung haben wir bereits im Fall Nr. 11 gelernt, dass sie sowohl individualrechtlich als auch betriebsverfassungsrechtlich (→ § 99 BetrVG) zulässig sein muss. Das Gelernte wollen und müssen wir nun auch hier anwenden und die Prüfung daran entsprechend ausrichten. Die erste Frage lautet demnach, ob einer möglichen Veränderung der Arbeitsbedingungen für den A individualrechtliche Hürden entgegenstehen und wie diese dann bewältigt werden können.

1. Der Änderungsvertrag

Kein Problem wäre es für A und B, einen einvernehmlichen Vertrag darüber zu schließen, dass sich die Arbeitspflicht des A künftig nicht mehr auf das Möbelpacken, sondern auf den Pförtnerdienst beziehen soll. Dieser Änderungsvertrag hätte die gleichen Wirksamkeitsvoraussetzungen wie der ursprüngliche Arbeitsvertrag und ließe sich bei Einvernehmen bedenkenlos schließen (BAG AP HGB § 65 Nr. 13). Das Problem für B wäre freilich, dass der A sich mit einem solchen Vertrag, der ja vor allem auch verringerte Bezüge beinhaltet, freiwillig möglicherweise nicht einverstanden erklären wird. Der Änderungsvertrag wäre demnach keine ganz sichere Lösung des Problems; gleichwohl ist er zulässig und wird in der Praxis übrigens häufig abgeschlossen, da die Arbeitnehmer ansonsten den kompletten Verlust des Arbeitsplatzes befürchten.

ZE.: B müsste sich mit A über eine Abänderung des Arbeitsvertrages einigen, wenn er ihn im Einvernehmen zum Pförtner machen wollte.

2. Die Versetzung per Direktionsrecht

Deutlich einfacher für den B wäre natürlich eine einseitige Leistungsbestimmung, namentlich aufgrund des **Direktionsrechts** aus den §§ 106 GewO, 611a Abs. 1 BGB.

> Mit den Voraussetzungen einer einseitigen Weisung des Arbeitgebers im Hinblick auf Zeit, Art und Ort der Arbeitspflicht im Sinne der §§ 106 GewO, 611a Abs. 1 BGB haben wir uns bereits im Fall Nr. 11 befasst und dort festgestellt, dass diese nur dann zulässig ist, wenn die Weisung des Arbeitgebers nicht gegen einzelvertragliche und kollektivrechtliche Bestimmungen sowie gegen Gesetze verstößt und sich im Rahmen der Billigkeit hält (BAG NZA **2001**, 780; BAG NZA **1999**, 384). Nur unter diesen Voraussetzungen kann sie für den Arbeitnehmer verpflichtende Wirkung entfalten (BAG NJW **2010**, 3112; BAG NZA **2005**, 359; BAG NZA **2000**, 822).

Laut Arbeitsvertrag ist A als Möbelpacker eingestellt. Folglich läge eine Beschäftigung als Pförtner völlig außerhalb der arbeitsvertraglichen Leistungsbeschreibung. Eine entsprechende Weisung des B verstieße deshalb schon gegen einzelvertragliche Bestimmungen und müsste dementsprechend von A nicht befolgt werden.

ZE.: Mittels einer Weisung kann B die Versetzung nicht herbeiführen.

Ergebnis: Eine Versetzung wäre vorliegend nur möglich, wenn A mit einem Änderungsvertrag einverstanden wäre.

II. Die Änderungskündigung

Folglich bleibt B jetzt noch nur die Möglichkeit einer Änderungskündigung.

Durchblick: Da das KSchG vorliegend gemäß der §§ 1 Abs. 1, 23 Abs. 1 Satz 2 KSchG Anwendung findet, ist diese allerdings nur wirksam, wenn sie sozial gerechtfertigt ist (bitte lies: § 2 Satz 1 KSchG). Bezüglich der sozialen Rechtfertigung ist gemäß § 2 Satz 1 KSchG nun § 1 KSchG maßgebend, da die Änderungskündigung eine echte Kündigung ist, die zur Beendigung des Arbeitsverhältnisses führt, wenn der Arbeitnehmer das Änderungsangebot nicht rechtzeitig annimmt (bitte lies: § 2 Satz 2 KSchG); deshalb hat der Arbeitnehmer bei Nichtannahme des Änderungsangebotes unter den Voraussetzungen des § 1a KSchG auch einen Abfindungsanspruch (BAG NZA **2008**, 529). Es handelt sich folglich um ein aus zwei Willenserklärungen – Kündigung und Änderungsangebot – zusammengesetztes Rechtsgeschäft (BAG AP BGB § 626 Änderungskündigung Nr. 1; BAG NZA **2010**, 333; *Junker* Rz. 417; *Brox/Rüthers/Henssler* Rz. 210; *Schaub/Linck* § 137 Rz. 1; ErfKomm/*Oetker* § 2 KSchG Rz. 6).

Rein konstruktiv gibt es drei unterschiedliche Formen der Änderungskündigung:

→ Zunächst hat der Arbeitgeber die Möglichkeit, eine »normale« unbedingte Kündigung auszusprechen und diese mit dem Angebot zu koppeln, das Arbeitsverhältnis ab dem vorgesehenen Beendigungszeitpunkt zu geänderten Bedingungen fortzusetzen (*Schaub/Linck* § 137 Rz. 2).

→ Alternativ kann der Arbeitgeber nach dem Scheitern der Abänderungsverhandlungen die Kündigung erklären und **gleichzeitig** deutlich machen, dass er das ursprüngliche Änderungsangebot aufrechterhält (BAG BB **1985**, 1130; LAG Berlin NZA **1997**, 494).

→ Oder der Arbeitgeber bietet dem Arbeitnehmer die Änderung der Arbeitsbedingungen an, verbunden mit der Kündigung für den Fall, dass der Arbeitnehmer diese Änderungen nicht annimmt. Hierbei handelt es sich um eine aufschiebende Bedingung der Kündigung, die als »Potestativbedingung« (= die Beendigungswirkung der Kündigung ist alleine vom Willen des Arbeitnehmers abhängig) trotz grundsätzlicher Bedingungsfeindlichkeit einseitiger Rechtsgeschäfte ausnahmsweise zulässig ist (BAG NJW **1981**, 646).

Durchblick: Welche Art der Änderungskündigung der Arbeitgeber wählt, steht zunächst allein in seinem eigenen Ermessen. Das Gesetz schreibt insoweit keine zwingende Rangfolge vor. In der Praxis wählen die Arbeitgeber allerdings im Zweifel immer die zuletzt genannte Variante, was aus Arbeitgebersicht auch einleuchtet: Denn es hängt zwar jetzt am Willen des Arbeitnehmers, ob er dem Änderungsangebot zustimmt und damit eine Kündigung abwendet; indessen halten die meisten Arbeitnehmer diesem Druck eher nicht stand, weil sie nämlich die Durchführung eines Kündigungsschutzprozesses fürchten. Sie akzeptieren daher zumeist das Änderungsangebot, behalten so einen (geänderten) Arbeitsplatz und müssen dementsprechend zwar nicht um ihre Existenz bangen, verlieren aber quasi »kampflos« ihren ursprünglichen Arbeitsplatz.

Wir wollen uns nun anhand unseres konkreten Falles mal anschauen, an welche Voraussetzungen die Änderungskündigung grundsätzlich gebunden ist, und prüfen, ob B den A mithilfe einer solchen Änderungskündigung auf den neuen Arbeitsplatz versetzen kann:

1. Die Kündigungserklärung

B müsste gegenüber A zunächst einmal die (ordentliche) Kündigung erklären und dabei deutlich machen, dass es sich um eine Änderungskündigung handelt (BAG NZA **2017**, 499; BAG NZA **1993**, 552). Der Arbeitnehmer muss erkennen können, dass sein Arbeitsverhältnis zu einem bestimmten Zeitpunkt beendet werden soll, wenn er auf das Änderungsangebot des Arbeitgebers nicht eingeht (BAG NZA **1993**, 552). Die Änderungskündigung muss außerdem **schriftlich** erfolgen, § 623 BGB, wobei sich das Schriftformerfordernis nach überwiegender Auffassung nicht nur auf die Beendigungserklärung, sondern auch auf das Änderungsangebot bezieht (BAG **2012**, 628; BAG NZA **2005**, 635; *Palandt/Weidenkaff* § 623 BGB Rz. 4; *Preis/Gotthardt* in NZA 2000, 348). Beachte schließlich, dass es sowohl die ordentliche wie auch die außerordentliche/fristlose Änderungskündigung gibt; auch bei einer fristlosen Kündigung kann demnach der Arbeitgeber eine Beschäftigung zu geänderten Bedingungen anbieten, wenn die Fortsetzung des bisherigen Arbeitsverhältnisses dem Arbeitgeber unzumutbar ist. Bei der außerordentlichen Änderungskündigung ist der § 2 KSchG dann **analog** anzuwenden (BAG AP KSchG § 2 Nr. 16; *Kittner/Däubler/Zwanziger* KSchR § 2 KSchG Rz. 8).

ZE.: In unserem Fall allerdings geht es nicht um eine außerordentliche Kündigung, sodass wir § 2 KSchG direkt anwenden können. B muss dem A somit zunächst ordentlich schriftlich kündigen.

2. Anhörung des Betriebsrates

Der Betriebsrat muss nach Maßgabe des **§ 102 BetrVG** angehört werden.

> **Beachte:** Die Beteiligung des Betriebsrates gemäß § 99 BetrVG im Hinblick auf die nach einer Annahme des Änderungsangebotes durchzuführende Versetzung des Arbeitnehmers ist von der Frage der Wirksamkeit der Änderungskündigung scharf zu trennen (ErfKomm/*Oetker* § 2 KSchG Rz. 18). Der § 99 BetrVG wird erst dann relevant, wenn der Arbeitgeber die Änderung nach Verstreichen der Frist des § 2 Satz 2 KSchG oder gerichtlicher Feststellung der sozialen Rechtfertigung der Änderungskündigung durchführen will. Die Rechtsfolgen bei einem Widerspruch des Betriebsrates nach **§ 99 BetrVG** haben wir im Fall Nr. 11 schon mal angesprochen, nämlich: Der Arbeitgeber dürfte den Arbeitnehmer auf dem neuen Arbeitsplatz **nicht** beschäftigen (ansonsten droht ihm ein Zwangsgeld, § 101 BetrVG), weshalb er ihm dann blöderweise auch noch Annahmeverzugslohn nach § 615 Satz 1 BGB schuldet, wenn er ihn auf dem alten

Arbeitsplatz nicht weiter beschäftigt. Berücksichtigt man dies, kann der Arbeitgeber dann auch gleich eine Beendigungskündigung aussprechen.

<u>**ZE.**</u>: In unserem Fall müsste B demnach zunächst einmal den Betriebsrat anhören. Je nach Reaktion entstünden dann die eben aufgezeigten Probleme.

3. Der Kündigungsschutz

Die (ordentliche) Änderungskündigung muss selbstverständlich **sozial gerechtfertigt** sein. Und da sich das gemäß § 2 Satz 1 KSchG nach § 1 Abs. 2 und 3 KSchG richtet, müssen also betriebliche oder in der Person oder dem Verhalten des Arbeitnehmers liegende Gründe gegeben sein, die die Änderungskündigung bedingen (BAG NZA **2017**, 499; BAG NZA **2014**, 1069).

Für die Klausur: Im Mittelpunkt dieser Überlegungen bzw. der Prüfung steht nun das Änderungsangebot und nicht die etwaige Beendigung des Arbeitsverhältnisses. Folglich muss man zunächst überlegen, ob die Änderung der Arbeitsbedingungen (das »Ob«) durch betriebliche Gründe oder solche in der Person oder im Verhalten des Arbeitnehmers bedingt ist. Anschließend geht es um die soziale Rechtfertigung des »Wie« der Änderung, letztlich also um die Frage, ob die neuen Arbeitsbedingungen unter Berücksichtigung der bekannten Gründe erforderlich sind. Insbesondere das BAG prüft auf diese Art und Weise die Änderungskündigung zweistufig: Im ersten Schritt (gleich unter A) sind streng dogmatisch die Voraussetzungen einer ordentlichen Kündigung nach dem KSchG zu untersuchen; im zweiten Schritt (gleich unter B) ist dann zu fragen, ob das Änderungsangebot zumutbar und vom Arbeitnehmer hinzunehmen ist. Auch das Änderungsangebot muss nämlich sozial gerechtfertigt sein (BAG NZA **2017**, 499; BAG NZA **2014**, 1069; BAG NZA **1999**, 471; BAG NZA **1993**, 1075; BAG NZA **1992**, 120).

A) Die materiellen Voraussetzungen der Kündigung:

Vorliegend kommt eine soziale Rechtfertigung der Änderungskündigung durch **in der Person** des A liegende Gründe in Betracht. Wir haben es hier nämlich mit einer krankheitsbedingten (Änderungs-)Kündigung als Sonderfall der Kündigung aus Gründen in der Person des Arbeitnehmers zu tun. Nähere Informationen über die gutachtenmäßige Prüfung einer krankheitsbedingten Kündigung haben wir bereits im Fall Nr. 12 erhalten (vgl. dort im Anhang unter »Gerüchteküche«).

Wiederholung: Nach ständiger Rechtsprechung des BAG kann eine Krankheit unter folgenden Voraussetzungen eine personenbedingte Kündigung rechtfertigen: Erforderlich ist entweder

→ eine häufige Kurzerkrankung (BAG NZA **2008**, 593; BAG NZA **2000**, 768) oder eine

→ lang andauernde Erkrankung (BAG NZA **1999**, 979) oder eine

→ dauerhafte Leistungsunfähigkeit (BAG NZA **1997**, 709) oder eine

→ erhebliche krankheitsbedingte Leistungsminderung (BAG DB **1992**, 2196).

Insoweit erfolgt nun immer eine **dreistufige** Prüfung, und zwar so:

1. Stufe: Negative Gesundheitsprognose; also: Wird der Arbeitnehmer wahrscheinlich auch in Zukunft irgendeine dieser Krankheitsformen aufweisen?

2. Stufe: Erhebliche Beeinträchtigung der betrieblichen Interessen durch die entstandenen und prognostizierten Fehlzeiten; und

3. Stufe: Hierdurch unzumutbare Beeinträchtigung für den Arbeitgeber unter Berücksichtigung der widerstreitenden Interessen. Auch hier muss man dann prüfen, ob eine Verbesserung der Situation durch eine anderweitige Beschäftigung zu erreichen ist (BAG NZA **2008**, 593; BAG NZA **2003**, 816; *Schaub/Linck* § 131 Rz. 31 ff.)

Diesbezüglich wollen wir jetzt mal die Angaben des Sachverhalts schön sorgfältig unter eine der vier Formen der krankheitsbedingten Kündigung subsumieren: Die Leistungsfähigkeit des A ist infolge seiner Rückenbeschwerden erheblich gemindert. Zwar kann er offenbar die Möbel noch verpacken und zum Schluss aufstellen, deren Ein- und Ausladen ist ihm jedoch nur noch mit Hilfe Dritter möglich. Wir haben es hier also mit einer erheblichen krankheitsbedingten **Leistungsminderung** (also oben die letzte der vier Varianten) zu tun.

Und weiter geht es dann schulmäßig mit der Subsumtion unter die gerade genannten drei Stufen, also:

1. Stufe: Negative Gesundheitsprognose? A hat diese Rückenbeschwerden seit Jahren. Ärzte konnten ihm nicht helfen. Die Beschwerden haben sich laut Sachverhalt in den letzten Monaten sogar noch verschlimmert. Unter diesen Voraussetzungen ist nicht zu vermuten, dass es um die Gesundheit des A in Zukunft wieder besser bestellt sein wird, eher im Gegenteil. Deshalb fällt die Gesundheitsprognose insgesamt negativ aus.

2. Stufe: Erhebliche Beeinträchtigung betrieblicher Interessen? Unser A kann seinen Aufgaben nur noch mit fremder Hilfe nachkommen. Hierdurch wird einerseits der normale Betriebsablauf beeinträchtigt, da die dem A helfenden Kollegen ihren eigenen Aufgaben nicht mehr pünktlich nachkommen können. Andererseits wirkt sich die Leistungsminderung auch auf die Kundenzufriedenheit aus, denn diese haben dafür bezahlt, dass man ihnen die Möbel liefert, und nicht dafür, dass sie gleichwohl mit anpacken müssen. Für einen Betrieb wie den des B, der auch erhebliche Dienstleistungs-Anteile enthält, ist auch die Reaktion der Kunden auf die Leistung der Arbeitnehmer eine wichtige Größe. Beide Folgen der Leistungsminderung beeinträchtigen die betrieblichen Interessen des B also erheblich.

3. Stufe: Unzumutbarkeit für den Arbeitgeber? Zuletzt muss man sich fragen, ob diese Beeinträchtigung der betrieblichen Interessen für B unzumutbar ist. Letztlich ergibt sich bereits aus dem zuletzt Gesagten, dass wir hier eine solche Unzumutbarkeit haben. B ist es nicht zumutbar, die Unpünktlichkeit der dem A helfenden Arbeitnehmer hinzunehmen, und ebenso wenig ist es ihm zuzumuten, die Unzufriedenheit der Kunden zu ignorieren. Sowohl die Pünktlichkeit der Arbeitnehmer als auch die Kundenzufriedenheit sind erhebliche Faktoren für den Bestand und den Erfolg des Betriebs.

ZE.: Die Änderung der Arbeitsbedingungen als solche ist folglich durch die krankheitsbedingte Leistungsminderung des A – also durch Gründe in seiner **Person** – bedingt und damit vom KSchG gedeckt. Die Voraussetzungen einer Kündigung wegen Krankheit liegen an sich vor.

B) Die Zumutbarkeit der veränderten Arbeitsbedingungen

Auch die neuen Arbeitsbedingungen müssen allerdings sozial gerechtfertigt und vor allem **zumutbar** sein (BAG NZA **2017**, 499; BAG NZA **2004**, 160; BAG NZA **1992**, 120; BAG AP § 2 KSchG Nr. 37; *Kittner/Zwanziger* in NZA 1997, 968). Zur Beantwortung der Frage, welche Änderungen der Arbeitsbedingungen einem Arbeitnehmer zumutbar sind, ist eine umfassende Interessenabwägung vorzunehmen. Es gelten an sich dieselben Grundsätze wie bei einer Interessenabwägung im Hinblick auf eine Beendigungskündigung. Zu berücksichtigen sind insbesondere Lebensalter, Beschäftigungsdauer und alle sich auf das Arbeitsverhältnis auswirkenden persönlichen und sozialen Gründe (BAG NZA **2017**, 499; BAG NJW **2012**, 1099; BAG NZA **1999**, 471; *Kittner/Däubler/Zwanziger* KSchR § 2 KSchG Rz. 138).

> **Subsumtion:** A soll hier künftig als Pförtner beschäftigt werden. Das ist in der Betriebshierarchie – wie man anhand der schlechteren Entlohnung erkennen kann – im Zweifel ein Abstieg und auch von der Art der Tätigkeit nicht mit dem Vorherigen zu vergleichen. Diese Verschlechterungen sprechen aber noch nicht für eine Sozialwidrigkeit bzw. Unzumutbarkeit der Änderung des Arbeitsplatzes. Zunächst ist es nämlich sogar logisch zwingend, dass die neuen Arbeitsbedingungen mit den alten nicht vergleichbar sind: Wären sie es nämlich, könnte (und müsste!) der Arbeitgeber die Änderung per **Direktionsrecht** gemäß §§ 106 GewO, 611a Abs. 1 BGB vornehmen, da die Kündigung – auch die Änderungskündigung – immer nur das letzte Mittel (Ultima Ratio) im Rahmen eines Arbeitsverhältnisses ist (vgl. zum Verhältnis Änderungskündigung – Direktionsrecht auch *Henssler/Willemsen/Kalb/Molkenbur*, § 2 KSchG Rz. 24 ff., wonach es empfehlenswert sei, in Zweifelsfällen eine einseitige Leistungsbestimmung i.V.m. einer vorsorglichen Änderungskündigung vorzunehmen). Es muss hier insoweit vielmehr berücksichtigt werden, dass A seinen alten Aufgaben, zu denen er arbeitsvertraglich verpflichtet ist, nicht mehr ordnungsgemäß nachkommen kann und hierdurch unter anderem den Betriebsablauf stört bzw. beeinträchtigt. Wir haben oben gesehen, dass angesichts dessen sogar eine personenbedingte Kündigung – wegen Krankheit – begründet wäre, wenngleich dies nur dann gilt, wenn der Arbeitnehmer nicht an einem anderen Arbeitsplatz beschäftigt werden kann (BAG AP BGB § 626 Nr. 70). Dieser andere Arbeitsplatz muss sich nun aber selbstverständlich an den Mög-

lichkeiten des Arbeitnehmers orientieren. A muss demnach künftig so eingesetzt werden, dass seine mangelnde Eignung in Bezug auf den Rücken der neuen Beschäftigung nicht widerspricht und weder die Arbeitsabläufe im Betrieb noch die Zufriedenheit der Kunden beeinträchtigt. Hierbei kann B als Arbeitgeber allerdings nur auf freie oder freiwerdende Arbeitsplätze zugreifen oder auf solche, die er durch Ausübung seines Direktionsrechts freimachen könnte. Insofern würde dann der Arbeitsplatz des A mit einem anderen Arbeitsplatz sozusagen getauscht. Letzteres ist im vorliegenden Fall aber nicht ersichtlich; andere freie oder freiwerdende Arbeitsplätze als den des Pförtners gibt es nicht. Folglich ist es unter Abwägung der widerstreitenden Interessen gerechtfertigt, dass A künftig als Pförtner arbeiten soll. Man muss bei solchen Änderungskündigungen und der zu klärenden Frage nach der Zumutbarkeit immer in Rechnung stellen, dass der Arbeitnehmer andernfalls seinen Arbeitsplatz verlöre (BAG AP § 1 KSchG Betriebsbedingte Kündigung Nr. 50).

Merke außerdem: Wenn – wie hier – neben der Tätigkeit auch die Vergütung des Arbeitnehmers geändert werden soll, sind grundsätzlich beide Elemente des Änderungsangebots am Verhältnismäßigkeitsgrundsatz zu messen (BAG NZA **2017**, 499). Eine gesonderte Rechtfertigung des Vergütungsangebots ist aber dann entbehrlich, wenn sich dieses aus einem im Betrieb angewandten Vergütungssystem ergibt (BAG NZA-RR **2011**, 155). Und das macht auch Sinn, das ist dann eine Art Automatismus. Genau deshalb findet sich auch ein entsprechender Satz oben im Sachverhalt, soll heißen: Das brauchen wir – aufgrund dieser Angabe! – gerade nicht zu prüfen.

ZE.: Der Arbeitsplatz als Pförtner ist dem A unter Berücksichtigung aller Umstände des Einzelfalls und einer umfassenden Interessenabwägung zumutbar und demnach nicht sozial ungerechtfertigt.

Ergebnis: Eine Änderungskündigung seitens B wäre somit insgesamt **sozial gerechtfertigt**. Er könnte also dem A den Arbeitsplatz als Pförtner anbieten und ihm zugleich die Beendigung des Arbeitsverhältnisses ankündigen, wenn A auf diese Änderung der Arbeitsbedingungen nicht eingeht.

Nachschlag

Dem aufmerksamen Leser (und natürlich auch der aufmerksamen **Leserin**) ist aufgefallen, dass wir den § 2 KSchG, der sich ausdrücklich auf die Änderungskündigung bezieht, für die materielle Prüfung der Wirksamkeit der Änderungskündigung gar nicht gebraucht haben. Das liegt daran, dass die Änderungskündigung eigentlich eine ganz »normale« Kündigung darstellt, die lediglich mit einem Angebot der Weiterbeschäftigung zu geänderten Bedingungen gekoppelt ist (BAG NZA **2017**, 499). Der § 2 KSchG setzt nur voraus, dass die beiden Erklärungen des Arbeitgebers – also die Kündigung und das Angebot auf geänderte Arbeitsbedingungen – in einem inneren Zusammenhang stehen, was freilich nicht erfordert, dass beide Erklärungen gleichzeitig erfolgen müssen. Dennoch ist der § 2 KSchG im Übrigen wichtig, und zwar wegen der Möglichkeit des Arbeitnehmers, das Änderungsangebot des Arbeitgebers unter dem Vorbehalt der gerichtlichen Überprüfung der sozialen Rechtfertigung der Änderungskündigung anzunehmen. Denn bei einem Blick in § 150 Abs. 2 BGB (aufschlagen!)

ergibt sich, dass die Annahme eines Angebots unter einem Vorbehalt immer die Ablehnung dieses vorherigen Angebots bedeutet. Das Änderungsangebot des Arbeitgebers würde deshalb ohne die Vorschrift des § 2 KSchG **erlöschen** (!) mit der Folge, dass lediglich die Beendigungserklärung des Arbeitgebers wirksam bliebe. Im Interesse des Arbeitnehmers liegt es aber regelmäßig, seine Arbeit nicht zu verlieren und gleichwohl bei entsprechenden Zweifeln die Möglichkeit zu haben, vor einer endgültigen Änderung der Arbeitsbedingungen deren Rechtmäßigkeit überprüfen zu lassen. Deshalb gestattet § 2 KSchG die **vorbehaltliche** Annahme des Änderungsangebots, wenn der Arbeitnehmer dessen Rechtmäßigkeit (mittels einer Kündigungsschutzklage) überprüfen lassen will (BAG NZA **2017**, 499; BAG NZA **2014**, 486; *Junker* Rz. 421). Während des Kündigungsschutzprozesses muss der Arbeitnehmer zu den geänderten Bedingungen übrigens weiterarbeiten (vgl. auch § 8 KSchG). Es kommt ein Abänderungsvertrag zustande, der unter der auflösenden Bedingung der gerichtlichen Feststellung der Sozialwidrigkeit der Kündigung steht (ErfKomm/*Oetker* § 2 KSchG Rz. 33 f.).

Gutachten

I.) Die Versetzung des A

Möglicherweise kann B dem A den Arbeitsplatz als Pförtner einseitig zuweisen. Eine entsprechende Versetzung muss sowohl in individualvertraglicher als auch in betriebsverfassungsrechtlicher Hinsicht zulässig sein.

1.) B kann dem A den Arbeitsplatz als Pförtner zuweisen, wenn er hierzu kraft seines arbeitgeberseitigen Direktionsrechts befugt ist. Das arbeitsvertragsimmanente Weisungsrecht des Arbeitgebers dient der Konkretisierung der Leistungspflichten des Arbeitnehmers. Die äußeren Grenzen dieser Konkretisierungsbefugnis werden insbesondere durch den Arbeitsvertrag bestimmt, vgl. § 106 S. 1 GewO. Ausweislich des Arbeitsvertrags des A ist dieser bei B als Möbelpacker beschäftigt. Somit läge eine Beschäftigung als Pförtner völlig außerhalb der arbeitsvertraglichen Leistungsbeschreibung. Eine entsprechende einseitige Weisung des B verstieße deshalb schon gegen einzelvertragliche Bestimmungen und müsste dementsprechend von A nicht befolgt werden. Etwas anderes würde nur dann gelten, wenn sich A zu einer einvernehmlichen, gegebenenfalls konkludenten, Änderung des Arbeitsvertrags bereit fände.

2.) Nach dem Gesagten wäre eine Versetzung des A nur nach Abschluss eines Änderungsvertrags zulässig. Zu berücksichtigen wäre insoweit, dass die Versetzung gemäß § 99 Abs. 1 S. 1 BetrVG der Zustimmung des bei B bestehenden Betriebsrats bedürfte. B müsste diesen um sein Einvernehmen mit der geplanten personellen Einzelmaßnahme ersuchen. Diese kann der Betriebsrat gemäß § 99 Abs. 2 BetrVG hier berechtigterweise nicht verweigern. Eine Versetzung wäre somit (nur) möglich, wenn A mit einem Änderungsvertrag einverstanden wäre.

II.) Ausspruch einer Änderungskündigung

Möglicherweise kann B eine einseitige Änderung der Arbeitsbedingungen des A durch den Ausspruch einer Änderungskündigung im Sinne von § 2 KSchG erreichen.

1.) Voraussetzung hierfür ist eine entsprechende Kündigungserklärung des B. B muss gegenüber A eine Kündigung für den Fall aussprechen, dass dieser das Angebot auf Fortsetzung zu geänderten Arbeitsbedingungen, d.h. als Pförtner, nicht annimmt. Bedenken gegen ein derartiges Vorgehen unter dem Gesichtspunkt der Bedingungsfeindlichkeit einseitiger Rechtsgeschäfte bestehen nicht, weil es sich insoweit um eine zulässige Potestativbedingung handelt. Die Kündigungserklärung muss formwirksam sein, § 623 BGB. Das Schriftformerfordernis bezieht sich nicht nur auf die Beendigungserklärung, sondern auch auf das Änderungsangebot.

2.) B muss nach Maßgabe des § 102 BetrVG den Betriebsrat ordnungsgemäß zu der Kündigung anhören.

3.) Die (ordentliche) Änderungskündigung bedarf der sozialen Rechtfertigung im Sinne von § 1 Abs. 2 KSchG, wenn das KSchG Anwendung findet.

a) Das KSchG ist vorliegend gemäß §§ 1 Abs. 1, 23 KSchG anwendbar.

b) Fraglich ist, ob die Änderungskündigung durch Gründe im Sinne von § 1 Abs. 2 S. 1 KSchG gerechtfertigt ist. Dies ist nur dann der Fall, wenn sowohl die Änderung an sich als auch das konkrete Änderungsangebot des Arbeitgebers sozial gerechtfertigt ist. Vorliegend kommt eine soziale Rechtfertigung durch in der Person des A liegende Gründe, nämlich seine Rückenbeschwerden, in Betracht. A's Leistungsfähigkeit ist infolge seiner Rückenbeschwerden erheblich gemindert. Zwar kann er offenbar die Möbel noch verpacken und zum Schluss aufstellen, deren Ein- und Ausladen ist ihm jedoch nur noch mit Hilfe Dritter möglich. Eine solche dauerhafte erhebliche Leistungsminderung kann eine krankheitsbedingte Kündigung, die ein Unterfall der personenbedingten Kündigung ist, rechtfertigen.

aa) Voraussetzung für die soziale Rechtfertigung der Änderung ist zunächst eine negative Gesundheitsprognose. A hat seit Jahren Rückenbeschwerden. Die Ärzte konnten ihm nicht helfen. Die Beschwerden haben sich in den letzten Monaten sogar noch verschlimmert. Unter diesen Voraussetzungen steht es nicht zu vermuten, dass es um die Gesundheit des A in Zukunft wieder besser bestellt sein wird, eher ist das Gegenteil anzunehmen. Deshalb fällt die Gesundheitsprognose negativ aus.

bb) Die Leistungsminderung muss sich außerdem negativ auf die betrieblichen Interessen auswirken. Hierfür sind die bereits entstandenen und die nach der Gesundheitsprognose wahrscheinlichen zukünftigen Auswirkungen der Leistungsminderung zu berücksichtigen. A kann seinen Aufgaben nur noch mit fremder Hilfe nachkommen. Hierdurch wird einerseits der normale Betriebsablauf beeinträchtigt, da die dem A helfenden Kollegen ihren eigenen Aufgaben nicht mehr pünktlich nachkommen können. Andererseits wirkt sich die Leistungsminderung auch auf die Kundenzufriedenheit aus, denn diese haben dafür bezahlt, dass man ihnen die Möbel liefert, und nicht dafür, dass sie gleichwohl mit anpacken müssen. Für einen Betrieb wie den des B, der auch erhebliche Dienstleistungsanteile enthält, ist die Reaktion der Kunden auf die Leistung der Arbeitnehmer eine wichtige Größe. Beide Folgen der Leistungsminderung beeinträchtigen die betrieblichen Interessen des B demnach erheblich.

cc) Erforderlich ist zuletzt, dass diese Beeinträchtigung der betrieblichen Interessen für den Arbeitgeber unzumutbar ist. Hier sind sowohl die Pünktlichkeit der Arbeitnehmer als auch die Kundenzufriedenheit erhebliche Faktoren für den Bestand und den Erfolg des Betriebs.

Beides ist aber infolge der Leistungsminderung des A gefährdet. B ist es demzufolge nicht zumutbar, die Unpünktlichkeit der dem A helfenden Arbeitnehmer hinzunehmen, und ebenso wenig ist es ihm zuzumuten, die Unzufriedenheit der Kunden zu ignorieren.

Die Änderung der Arbeitsbedingungen als solche ist folglich unter Abwägung der Interessen aller Beteiligten durch die krankheitsbedingte Leistungsminderung des A (also durch Gründe in seiner Person) bedingt.

c) Auch die neuen Arbeitsbedingungen müssen sozial gerechtfertigt sein. Der A soll hier künftig als Pförtner im Betrieb beschäftigt werden. Das ist in der Betriebshierarchie mit hoher Wahrscheinlichkeit ein Abstieg. Auch würde er auf dem neuen Posten als Pförtner weniger verdienen als bislang. Allerdings ist zu berücksichtigen, dass der A seinen alten Aufgaben nicht mehr ordnungsgemäß nachkommen kann, was dem B, wie eben umfangreich geprüft, wegen erheblicher Beeinträchtigung seiner betrieblichen Interessen nicht zuzumuten ist. Er muss deshalb künftig so eingesetzt werden, dass seine Rückenbeschwerden weder die Arbeitsabläufe im Betrieb noch die Zufriedenheit der Kunden beeinträchtigen. Da derzeit kein anderer Arbeitsplatz als der Pförtnerposten frei ist und eine Freikündigung von Positionen anderer Arbeitnehmer nicht in Betracht kommt, ist es unter Abwägung der widerstreitenden Interessen gerechtfertigt, dass A künftig als Pförtner arbeiten soll. Die geringere Vergütung ergibt sich dann automatisch aus dem im Betrieb angewandten Vergütungssystem. Das Änderungsangebot des B ist somit insgesamt verhältnismäßig. Damit wäre eine Änderungskündigung seitens B im vorliegenden Fall jedenfalls sozial gerechtfertigt.

Ergebnis: Der B könnte dem A den Arbeitsplatz als Pförtner anbieten und ihm zugleich die Beendigung des Arbeitsverhältnisses ankündigen, wenn A auf diese Änderung der Arbeitsbedingungen nicht eingeht.

Fall 16

Vier Wochen

Rechtsstudent R ist im August 2018 durch das Examen gefallen. Da er jetzt dringend Geld braucht, wendet er sich an den Gaststätteninhaber G, bei dem R zu Beginn des Studiums im Sommer 2013 befristet für vier Wochen als Kellner gearbeitet hatte. G ist einverstanden, zumal er mit R damals sehr zufrieden war. Allerdings stellt er R mit schriftlichem Vertrag wieder nur befristet bis zum Jahresende ein, da er nicht sicher ist, inwieweit danach noch Bedarf besteht und er zudem auch abwarten möchte, ob R durch das viele Lernen von Gesetzestexten nicht das »richtige Arbeiten« verlernt habe. In der Folgezeit kommt es dann zu Problemen. Insbesondere treten während der Dienstzeiten des R Unregelmäßigkeiten im Kassenbestand auf. G ist froh, als der Jahreswechsel naht, da er sicher ist, den R danach los zu sein. Am 02.01.2019 erscheint R allerdings wie gehabt zu seiner Schicht und eröffnet dem G, dass er aus seinem Studium wisse, dass sein Arbeitsverhältnis nicht beendet sei. Er habe schließlich schon einmal vier Wochen für G gearbeitet, die jetzige Befristung sei daher unwirksam.

Stimmt das?

Schwerpunkte: Der befristete Arbeitsvertrag: Beendigung auf Grund einer Befristung; Zulässigkeit der Befristung des Arbeitsvertrages nach § 14 TzBfG; die Schriftlichkeit von Befristungen; Unzulässigkeit der Dreijahres-Frist des BAG; BVerfG-Entscheidung vom 6. Juni 2018 zu § 14 Abs. 2 Satz 2 TzBfG (NZA **2018**, 774).

Lösungsweg

Hintergrund: In diesem Fall geht es um das **befristete** Arbeitsverhältnis, also ein Arbeitsverhältnis, das nicht mit einer Kündigung endet, sondern mit Ablauf der vorher vereinbarten Frist. Und wer den Satz gerade genau gelesen hat, erahnt, warum diese Befristungen im praktischen Arbeitsleben sehr beliebt und demnach von erheblicher Bedeutung sind: Bei einem befristeten Arbeitsverhältnis geht der Arbeitgeber deutlich weniger Risiken ein als bei einem unbefristeten. Gibt es Probleme mit dem Arbeitnehmer oder ist die Auftragslage gerade schlecht, braucht man sich nicht mit einem Kündigungsschutzverfahren herumzuschlagen, sondern kann vergleichsweise einfach den Ablauf der Frist abwarten und ist den Arbeitnehmer los. Ist man hingegen zufrieden mit dem Arbeitnehmer, kann man ihn – theoretisch – halten oder ihm auch einen neuen, unter Umständen wieder befristeten Vertrag anbieten (sogenannte »Kettenbefristung«). Für den Arbeitgeber demnach eine prima Sache. Gänzlich anders sieht das indes für den **Arbeitnehmer** aus: Der hat naturgemäß ein Interesse an einem unbefristeten Arbeitsverhältnis, weil er Sicherheit für seine Lebensplanung, seine Existenz, seine Familie und sein ganzes Seelenleben haben will. Bei einem befristeten Arbeitsvertrag kann er das nicht bekommen, da er stets in der Ungewissheit leben muss, was nach dem Ende der Frist passiert, ob er dann also noch weiter Arbeit hat oder nicht.

Weil das deutsche Arbeitsrecht nun aber mal grundsätzlich den im Zweifel schwächeren Teil eines Arbeitsverhältnisses schützt (= Arbeitnehmer), hat man schon frühzeitig erkannt, dass befristete Arbeitsverhältnisse nur den **Ausnahmefall** darstellen sollen (ausdrückliche Gesetzesbegründung zum Beschäftigungsförderungsgesetz, BT-Drs. 13/4612, Seite 12). Niedergeschlagen hat sich diese Überzeugung im »Teilzeit- und Befristungsgesetz« (**TzBfG**), das am 1. Januar 2001 in Kraft getreten ist, gemäß § 620 Abs. 3 BGB für Arbeitsverhältnisse gilt und regelt, unter welchen Voraussetzungen eine Befristung zulässig und vor allem nicht zulässig ist. Wie gesagt, der sozialpolitische Normalfall soll das unbefristete Arbeitsverhältnis sein, auch wenn das in der Realität für viele Arbeitnehmer anders aussieht. **Beachte**: Mit Wirkung vom 1. Januar 2019 hat der Gesetzgeber im Zuge dessen eine sogenannte »Brückenteilzeit« eingeführt: Demnach können Arbeitnehmer unter bestimmten Umständen die Reduzierung ihrer Arbeitszeit für einen **im Voraus** zu bestimmenden Zeitraum zwischen ein und fünf Jahren sowie die anschließende Rückkehr in Vollzeit verlangen (lies: § 9a TzBfG). Hiermit soll den Bedürfnissen nach flexibler und den jeweiligen Lebensumständen angepasster Arbeitszeit entsprochen werden. Nach den Zahlen des statistischen Bundesamtes (www.destatis.de) liegt Deutschland, was die Befristung von Arbeitsverhältnissen bei über 25-jährigen Arbeitnehmern angeht, übrigens im europäischen Mittelfeld. Weitaus höhere Befristungszahlen gibt es allerdings bei jüngeren Arbeitnehmern zu Beginn des Berufslebens. Beachte bitte auch noch das »Wissenschaftszeitvertragsgesetz« **(WissZeitVG)** vom 12. April 2007, das die Befristung von Arbeitsverhältnissen im Hochschulbereich besonders – aus Sicht des Arbeitgebers durchaus großzügiger – regelt, da der Gesetzgeber der Auffassung war, die arbeitsgerichtliche Rechtsprechung werde den spezifischen Belangen von Wissenschaft und Forschung nicht ganz gerecht (BAG NZA **2018**, 1139; ErfKomm/*Müller-Glöge* § 1 WissZeitVG Rz. 1).

Und wir schauen uns jetzt mal anhand des vorliegenden Falles in aller Ruhe an, wie das funktionieren kann mit der Zulässigkeit einer Befristung. Die Fallfrage war ja, ob das Arbeitsverhältnis zwischen G und R über den Ablauf der Befristung hinaus weiterbesteht. Das Arbeitsverhältnis zwischen G und R besteht dann weiter, wenn es nicht wirksam beendet worden ist. Als Beendigungsgrund kommt hier natürlich die **Befristung** des Arbeitsverhältnisses, also die kalendermäßig vereinbarte Beendigung zum Jahresende in Betracht. Es ist also zu prüfen, ob diese Befristung auch wirksam vereinbart gewesen ist.

I.) Die Wirksamkeit der Befristung

Dass zwischen G und R ein Arbeitsverhältnis zustande gekommen ist, unterliegt nach der Schilderung im Sachverhalt keinen Zweifeln, da steht ja, dass der G den R »einstellt« (= Arbeitsverhältnis). Fraglich ist aber, ob dieses Arbeitsverhältnis noch besteht, da der Arbeitsvertrag bis zum Jahresende »befristet« sein sollte.

1.) Was unter einer Befristung zu verstehen ist, ergibt sich für Arbeitsverhältnisse aus § 3 Abs. 1 TzBfG (aufschlagen!). Nach dessen Satz 1 geht es also um auf bestimmte Zeit geschlossene Arbeitsverträge. Die Arbeitsvertragsparteien legen bei Einigung über die Befristung demnach fest, bis zu welchem Zeitpunkt sie ein Arbeitsverhältnis haben möchten (BAG ZTR **2002**, 187). Der Endzeitpunkt kann entweder von vorneherein anhand des Kalenders ablesbar sein (Satz 2, 1. Alternative: kalendermäßige Befristung) oder sich aus Art, Zweck oder Beschaffenheit der Arbeitsleistung ergeben (Satz 2, 2. Alternative: Zweckbefristung; **Beispiele**: Elternzeitvertretung oder Saisonarbeit). Vorliegend ist offensichtlich eine kalendermäßige Befristung im Sinne von § 3 Abs. 1 Satz 1, 2. Alternative 1 TzBfG beabsichtigt. War diese Befristung wirksam, so endet das Arbeitsverhältnis gemäß § 15 Abs. 1 TzBfG zum vereinbarten Zeitpunkt.

2.) Die Wirksamkeit der Befristung bestimmt sich nach § 14 TzBfG. Nach dessen Abs. 4 bedarf es zunächst der **Schriftform** (→ § 126 BGB). Diese ist hier gewahrt, G hat den R nach Angaben des Sachverhaltes mit schriftlichem Vertrag eingestellt.

> **Beachte:** Der Grund für die (Zeit-)Befristung, sofern es überhaupt einen gibt, muss nicht schriftlich festgehalten werden (BAG NZA **2008**, 108; *Kossens* in NZA-RR 2009, 233); erforderlich ist nur die Angabe des Endtermins. Handelt es sich hingegen um eine Zweckbefristung, ist die Angabe des Zwecks zwingend erforderlich (BAG NZA **2008**, 108; ErfKomm/*Müller-Glöge* § 14 TzBfG Rz. 118). Merken.

3.) Zum nächsten und vor allem wichtigsten Prüfungspunkt bei einer Befristung kommt man, wenn man sich Folgendes vor Augen führt: Wenn die Befristung eine Kündigung entbehrlich macht (siehe oben) und dem Arbeitnehmer auf diese Weise beachtliche Schutzmechanismen vorenthalten werden, so bedarf es immer eines **sachlichen Grundes** für die Befristung. Das Erfordernis des sachlichen Grundes war und ist dogmatisch betrachtet seit Jahrzehnten völlig unstreitig (BAG NZA **2012**, 1359; BAG NZA **2000**, 717; *Schaub/Koch* § 38 Rz. 1), steht aber seit dem Jahre 2001 ausdrücklich in § 14 TzBfG drin und braucht folglich nicht mehr – wie vorher – hergeleitet zu werden. Sofern nun ein solcher, sachlicher Grund gemäß § 14 Abs. 1 TzBfG im konkreten Fall vorliegt, ist eine Befristung des Arbeitsverhältnisses, auch eine mehrfache Befristung über viele Jahre hinweg, grundsätzlich zulässig – jedenfalls solange kein Rechtsmissbrauch seitens des Arbeitgebers festgestellt werden kann (vgl. dazu instruktiv BVerfG NZA **2018**, 774; BAG NZA **2012**, 1359).

Was nun einen sachlichen Grund, der eine Befristung rechtfertigt, darstellen kann, ergibt sich aus den in § 14 Abs. 1 Satz 2 TzBfG aufgelisteten Beispielen. Die dort gewählte Formulierung »insbesondere« weist übrigens darauf hin, dass es sich hierbei nicht um eine abschließende Liste handelt; der Gesetzgeber wollte vielmehr auch die sonstigen, bisher von der Rechtsprechung entwickelten Befristungsgründe nicht ausschließen (BT-Drs. 14/4374, Seite 18).

Klausur-Tipp: Den § 14 TzBfG sollte man im günstigsten Fall schon mal zu Hause am Schreibtisch gelesen haben, da die Vorschrift ziemlich lang ist und viele (zu verwertende!) Informationen enthält. Wer hier ohne Gesetzeslektüre arbeitet und die Vorschrift z.B. zum ersten Mal in der Klausur aufschlägt, wird es vermutlich schwer haben. Das Lesen und Verstehen der Norm lässt sich unter Zeitdruck im Zweifel nicht mehr nachholen.

Wir haben das aber natürlich längst erledigt, können deshalb jetzt auch mit der Subsumtion am konkreten Fall anfangen und wollen uns fragen, ob für die Befristung des Arbeitsvertrages mit R ein sachlicher Grund im Sinne des § 14 TzBfG vorliegt:

a) G macht zum einen geltend, dass er nicht wisse, ob nach dem Jahreswechsel noch Bedarf für die Arbeitsleistung des R bestehe. In Betracht kommt damit ein sachlicher Grund im Sinne des § 14 Abs. 1 Satz 2 Nr. 1 TzBfG (aufschlagen!). Aber, aufgepasst: Die Unsicherheit der künftigen Entwicklung des Arbeitsanfalls und des Arbeitskräftebedarfs reicht nach ständiger Rechtsprechung des BAG für sich allein nicht aus, die Befristung zu rechtfertigen. Diese Unsicherheit gehört nämlich zum unternehmerischen Risiko, das der Arbeitgeber nicht durch den Abschluss befristeter Verträge auf seine Arbeitnehmer abwälzen kann (BAG NZA **2000**, 801; BAG NZA **1998**, 1000; BAG EzA BGB § 620 Nrn. 111, 115, 116; *Schaub/Koch* § 40 Rz. 9). Die Anerkennung eines vorübergehenden Arbeitskräftebedarfs setzt vielmehr voraus, dass zum Zeitpunkt des Vertragsschlusses der Arbeitgeber aufgrund greifbarer Tatsachen mit hinreichender Sicherheit annehmen kann, dass der Arbeitskräftebedarf in Zukunft wegfallen wird (BAG NZA **2000**, 801; BAG ZTR **1994**, 117; BAG ZTR **1994**, 214). Das aber hat G **nicht** vorgetragen. Er ist sich schlicht nicht sicher, ob er den R nach dem Jahreswechsel noch brauchen kann. Hierbei handelt es sich um das eben benannte unternehmerische Risiko, das der G indessen selbst zu tragen hat und nicht auf die Arbeitnehmer in Form von befristeten Arbeitsverträgen abwälzen darf (BAG NZA **2000**, 801). Ein sachlicher Grund im Sinne des § 14 Abs. 1 Satz 2 Nr. 1 TzBfG liegt demnach insoweit nicht vor.

b) Zudem will G sehen, ob R noch »richtig arbeiten« könne. Insoweit könnte man an eine »Erprobung« im Sinne des § 14 Abs. 1 Satz 2 Nr. 5 TzBfG denken. Allerdings kann der G diese Norm nicht für sich geltend machen: Er kennt den R ja und war bei dessen vorheriger Tätigkeit im Jahre 2013 sogar sehr zufrieden!

c) Zuletzt sollte man noch einen Augenblick über § 14 Abs. 1 Satz 2 Nr. 2 TzBfG nachdenken. **Aber:** Die Befristung erfolgt hier zwar zeitlich gesehen nach einem Studium, sie dient jedoch nicht dazu, dem R den Übergang in ein Arbeitsverhältnis zu erleichtern, jedenfalls steht davon nichts im Fall. Es muss für § 14 Abs. 1 Satz 2 Nr. 2 TzBfG übrigens keine konkrete Aussicht auf eine Anschlussbeschäftigung des zunächst befristet Eingestellten beim gleichen Arbeitgeber bestehen (KR/*Lipke* § 14 TzBfG Rz. 124). Ausreichend ist es auch, wenn »nur« die Vermittlungschancen auf dem Arbeitsmarkt steigen, denn aus einer bestehenden, »vollwertigen« Beschäftigung heraus stellt der gewöhnliche Arbeitgeber lieber ein als aus einem Ausbildungsstadium → wichtiges Kriterium der Berufserfahrung (*Schaub/Koch* § 40 Rz. 34).

ZE.: Ein sachlicher Befristungsgrund im Sinne des § 14 Abs. 1 TzBfG, der die Befristung im Hinblick auf R rechtfertigen könnte, existiert im vorliegenden Fall nicht.

d) Die Befristung des Arbeitsverhältnisses ist aber noch zu retten, wenn die Voraussetzungen des § 14 Abs. 2 Satz 1 TzBfG vorliegen (bitte **vollständig** lesen!). Hier geht es jetzt um die ganz oben bereits erwähnten »Kettenbefristungen«. Die Befristung des Arbeitsverhältnisses unseres R überschreitet zunächst nicht die nach § 14 Abs. 2 Satz 1 Halbsatz 1 TzBfG zulässige Höchstdauer von zwei Jahren und wäre demnach trotz Fehlens eines sachlichen Grundes wirksam.

Feinkost: Bitte beachte unbedingt auch den 2. Halbsatz, wonach bis zu einer Höchstdauer von zwei Jahren die dreimalige Verlängerung zulässig ist → **Kettenbefristung**. Insoweit von Bedeutung ist zudem der in der Praxis wichtige Satz 3 des Abs. 2, wonach durch Tarifvertrag Abweichungen von Satz 1 möglich sind (BAG NZA **2018**, 999). Ohne Sachgrund ist eine Befristung außerdem im Fall des Abs. 3 für bis zu fünf Jahren möglich, wenn der Arbeitnehmer das 52. Lebensjahr vollendet hat und er zuvor mindestens vier Monate beschäftigungslos war. Die Regelung, deren Ziel die Reintegration älterer Arbeitnehmer in den Arbeitsmarkt ist, gibt es in dieser Fassung seit dem 1.5.2007, nachdem der EuGH (NZA **2005**, 1345, vgl. dazu *Preis* in NZA 2006, 401) befunden hatte, dass die Vorgängerbestimmung gegen ein aus dem primären Europarecht herzuleitendes Verbot der Altersdiskriminierung verstoße.

Zurück zum Fall: Bei uns war die Befristung ja nun eigentlich wegen § 14 Abs. 2 Satz 1 TzBfG wirksam – es gibt aber noch eine Finte, **nämlich:** Der R hat bereits in der Vergangenheit für G gearbeitet. Im Sachverhalt steht, dass R zu Beginn seines Studiums vorübergehend und befristet für vier Wochen für G als Kellner tätig war. Damit kommt § 14 Abs. 2 Satz 2 TzBfG in Betracht (aufschlagen!).

Achtung: Nach dem Wortlaut § 14 Abs. 2 Satz 2 TzBfG ist eine sachgrundlose Befristung grundsätzlich unzulässig, wenn der Arbeitnehmer zuvor schon einmal für den in Frage stehenden Arbeitgeber – befristet oder unbefristet – tätig war. Diese vergleichsweise strenge und für den Arbeitgeber enorm »gefährliche« Vorschrift ergänzte das BAG mit einem Urteil aus dem April 2011 dergestalt, dass es eine Karenzzeit von drei Jahren erfand und festlegte, dass eine vorherige Beschäftigung beim gleichen Arbeitgeber nur dann eine Befristung verhindere, wenn diese Beschäftigung innerhalb der letzten drei Jahre stattfand (BAGE **137**, 275; bestätigt in BAG NZA **2012**, 255; zustimmend ErfKomm/*Glöge*, 16 Auflage, § 14 TzBfG Rz. 99). Lag die Beschäftigung hingegen länger als drei Jahre zurück, zählte sie nicht als Beschäftigung im Sinne des § 14 Abs. 2 Satz 2 TzBfG, der daher auch nicht anwendbar sei – und der betreffende Arbeitnehmer konnte erneut und vor allem befristet eingestellt werden. Für unseren Fall hätte diese Einschränkung des § 14 Abs. 2 Satz 2 TzBfG die interessante Konsequenz, dass der R trotz seiner Tätigkeit im Jahre 2013 gleichwohl im Jahre 2018 wieder befristet beschäftigt werden könnte, da seine vorherige Tätigkeit aus dem Jahre 2013 bereits fünf Jahre zurückliegt und folglich außerhalb der Karenzzeit stattfand.

Aber: Diese »Drei-Jahres«-Rechtsprechung des BAG hat das Bundesverfassungsgericht mit Beschluss vom 6. Juni 2018 wegen Verstoßes gegen das Rechtsstaatsprinzip für verfassungswidrig erklärt (NZA **2018**, 774 = NJW **2018**, 2542). Es ist nach Meinung des BVerfG nicht zulässig, Beschäftigungen, die länger als drei Jahre zurückliegen, pauschal aus dem Anwendungsbereich des § 14 Abs. 2 Satz 2 TzBfG auszunehmen. Diese Auslegung bzw. Erweiterung des § 14 Abs. 2 Satz 2 TzBfG durch das BAG verstoße gegen die Grenzen richterlicher Rechtsfortbildung und damit gegen den Gewaltenteilungsgrundsatz und das Rechtsstaatsprinzip. Das BAG sei nicht berechtigt gewesen, den eindeutigen Wortlaut der Norm zu übergehen und eine Frist von drei Jahren für vorherige Beschäftigungen, die eine weitere bzw. neuerliche Befristung blockieren, einzuführen (BVerfG NZA **2018**, 774 = NJW **2018**, 2542).

Aber, aber: Da das BVerfG auch erkannt hat, dass eine uferlose Anwendung und strenge Einhaltung des Wortlautes des § 14 Abs. 2 Satz 2 TzBfG den Interessen des Arbeitgebers zuwiderlaufen und unter Umständen auch dem Arbeitnehmer schaden kann, stellte das Gericht im Juni 2018 neue Regeln auf, wie die Anwendung des § 14 Abs. 2 Satz 2 TzBfG durch die arbeitsrechtlichen Fachgerichte beschränkt werden könne. Wörtlich heißt es (NZA **2018**, 774 = NJW **2018**, 2542):

> »… Die pauschale Herausnahme sämtlicher Arbeitsverhältnisse, die länger als drei Jahre zurückliegen, aus dem Anwendungsbereich des § 14 Abs. 2 Satz 2 TzBfG ist verfassungsrechtlich unzulässig … Das Verbot der sachgrundlosen Befristung bei nochmaliger Einstellung bei demselben Arbeitgeber kann jedoch gleichwohl unzumutbar sein, wenn eine Gefahr der Kettenbefristung in Ausnutzung der strukturellen Unterlegenheit der Beschäftigten nicht besteht und das Verbot der sachgrundlosen Befristung nicht erforderlich ist, um das unbefristete Arbeitsverhältnis als Regelbeschäftigungsform zu erhalten. Der mit § 14 Abs. 2 Satz 2 TzBfG verfolgte Schutzzweck kann in diesen Fällen das Verbot einer sachgrundlos befristeten Wiedereinstellung nicht rechtfertigen, soweit das legitime Interesse der Arbeitssuchenden an einer nur befristeten Beschäftigung und das ebenfalls legitime Flexibilisierungsinteresse der Arbeitgeber entgegensteht … Das sich sonst in der Auslegung des Arbeitsgerichts aus § 14 Abs. 2 Satz 2 TzBfG ergebende Verbot der sachgrundlosen Befristung bei Wiedereinstellung kann insbesondere dann unzumutbar sein,

> wenn eine Vorbeschäftigung **sehr lange zurückliegt**, ganz anders geartet war oder nur von **sehr kurzer Dauer** gewesen ist. So liegt es etwa bei geringfügigen Nebenbeschäftigungen während der Schul-, der Studien- oder der Familienzeit, bei Werkstudierenden und studentischen Mitarbeitern im Rahmen ihrer Berufsqualifizierung. Die Fachgerichte müssen in derartigen Fällen durch verfassungskonforme Auslegung den Anwendungsbereich von § 14 Abs. 2 Satz 2 TzBfG einschränken …« (NZA **2018**, 774 = NJW **2018**, 2542)

Also: Die Geschichte mit der Dreijahresfrist, wonach Beschäftigungen, die länger als drei Jahre zurückliegen, nicht von § 14 Abs. 2 Satz 2 TzBfG erfasst werden (BAGE **137**, 275), ist damit verbindlich vom Tisch, Entscheidungen des BVerfG haben Gesetzeskraft (§ 31 BVerfGG – und hier konkret: BGBl I **2018**, 882). Das BVerfG eröffnet den Arbeitsgerichten aber wie gesehen die Möglichkeit, den § 14 Abs. 2 Satz 2 TzBfG gleichwohl einschränkend auszulegen, insbesondere dann, wenn die Beschäftigung »sehr lange zurückliegt« und/oder nur von »sehr kurzer Dauer« gewesen ist, was namentlich bei geringfügigen Nebenbeschäftigungen, etwa als **Student** oder **Schüler**, der Fall sein kann (nach BAG vom 23.01.**2019** – Az. 7 AZR 733/16 – soll eine sachgrundlose Befristung demnach etwa unzulässig sein, wenn der Arbeitnehmer acht Jahre zuvor für 18 Monate beim gleichen Arbeitgeber beschäftigt war).

Zum Fall: Obwohl wir im Jahre 2019, also ein Jahr nach der BVerfG-Entscheidung, natürlich noch nicht genau wissen, wie die deutschen Arbeitsgerichte die vom Verfassungsgericht vorgeschlagenen Begriffe »sehr lange zurückliegt« und »von sehr kurzer Dauer« auslegen werden, können wir für unseren Fall gleichwohl schon mal festhalten, dass der gute R im Jahre 2013 als Student für genau vier Wochen bei A gearbeitet hat und damit sicher unter die Ausnahmeregelung des BVerfG fallen soll: R hat nämlich vor vergleichsweise langer Zeit, nämlich vor fünf Jahren, für eine extrem kurze Dauer von nämlich genau vier Wochen als Student befristet bei G als Kellner gejobbt. Damit unterliegt die frühere Beschäftigung des R zweifelsfrei der Ausnahmeregelung bzw. der zulässigen Einschränkung/Auslegung des § 14 Abs. 2 Satz 2 TzBfG durch das Bundesverfassungsgericht mit der Folge, dass die Tätigkeit des R im Jahre 2013 nicht unter § 14 Abs. 2 Satz 2 TzBfG fällt und folglich einer neuerlichen Befristung bei G im Jahre 2018 daher auch nicht entgegensteht.

Ergebnis: Die Befristung ist und bleibt damit wirksam – und das Arbeitsverhältnis zwischen R und G ist folglich zum 31.12.2018 durch Fristablauf beendet.

Beachte noch zu § 14 TzBfG: Nach einer Entscheidung des BAG aus dem August 2016 (BAG BB **2016**, 315) fällt **Heimarbeit** nach dem HeimarbeitsG nicht unter den Begriff des »Arbeitsverhältnisses« im Sinne des § 14 Abs. 2 Satz 2 TzBfG. Wer also zunächst in Heimarbeit für einen anderen tätig ist und anschließend mit einem neuen Vertrag ein »normales« befristetes Arbeitsverhältnis mit der gleichen Person/Betrieb eingeht, kann die Heimarbeitszeit anschließend nicht als Vorbeschäftigung im Sinne des § 14 Abs. 2

Satz 2 TzBfG anrechnen. Heimarbeiter, so das BAG, seien mangels persönlicher Abhängigkeit nämlich keine Arbeitnehmer im Sinne des allgemeinen Arbeitnehmerbegriffs (lies: § 611a Abs. 1 BGB) und stehen folglich auch nicht in einem »Arbeitsverhältnis« (BAG BB **2016**, 315). Weitere Probleme im Zusammenhang mit § 14 Abs. 2 Satz 2 TzBfG können noch bei der Frage auftreten, ob es sich im konkreten Fall um eine Vorbeschäftigung bei »demselben« Arbeitgeber handelt. Da muss man im Zweifelsfall dann sehr genau hinschauen: So war etwa ein früherer Leiharbeitnehmer, der jetzt vom zuvor entleihenden Betrieb befristet eingestellt wird, nicht bei demselben Arbeitgeber vorbeschäftigt (sein früherer Arbeitgeber war ja der Verleiher). Ebenso wenig liegt eine Vorbeschäftigung bei demselben Arbeitgeber vor, wenn ein zuvor beim Entleiher Beschäftigter nunmehr als Leiharbeitnehmer in den Betrieb zurückkehrt, und zwar selbst dann, wenn er auf demselben Arbeitsplatz (wieder oder weiterhin) tätig wird (vgl. ErfKomm/*Müller-Glöge* § 14 TzBfG Rz. 95). Darin kann aber im Einzelfall eine gegen § 242 BGB verstoßende und damit rechtsmissbräuchliche Umgehung des § 14 Abs. 2 Satz 2 TzBfG liegen. Sollte eine solche missbräuchliche Gestaltung vorliegen, käme übrigens kein Arbeitsverhältnis mit dem früheren Arbeitgeber – also im zuletzt geschilderten Fall mit demjenigen, in dessen Betrieb gearbeitet wird – zustande, sondern die Befristung des Arbeitsverhältnisses mit dem neuen Arbeitgeber (also mit dem Verleiher) ist unwirksam – siehe zu dieser Rechtsfolge gleich noch weiter unten (zum Ganzen: BAG GWR **2015**, 61; BAG NZA **2013**, 1214; umfassend auch ErfKomm/*Müller-Glöge* § 14 TzBfG Rz. 95).

Nachtrag: Die Schriftform der Befristung gemäß § 14 Abs. 4 TzBfG

Wir haben weiter oben gesehen, dass die Befristung eines Arbeitsverhältnisses wegen § 14 Abs. 4 TzBfG immer der Schriftform bedarf, die sich wiederum nach § 126 BGB richtet. Mangelt es an einer solchen Schriftform, gilt der Arbeitsvertrag gemäß § 16 Satz 1 TzBfG als unbefristet geschlossen. Dieses Schriftformerfordernis muss man ziemlich ernst nehmen, wie ein aktueller Fall des BAG aus dem November 2015 zeigt, der die sogenannte »Auflockerungsrechtsprechung« des BAG betraf (→ BAG NZA **2016**, 547; BGHZ **136**, 357). Es ging – leicht vereinfacht – um Folgendes:

Zwischen dem AG und dem AN war nach längeren Verhandlungen ein auf 1,5 Jahre befristeter Anstellungsvertrag vereinbart worden, den der AG dem AN schließlich in Schriftform zur Unterzeichnung vorlegte. Das Dokument bestand dabei aus einem als »Anstellungsvertrag« überschriebenen ersten Blatt Papier, das die Befristungsabrede und die Vergütungsvereinbarung enthielt sowie **vier** weiteren, losen Blätter mit den »Anlagen« zur Stellenbeschreibung (Anlage 1), zur Zielvereinbarung (Anlage 2), zur Datenschutzvereinbarung (Anlage 3) und zur Dienstwagenvereinbarung (Anlage 4). Sowohl der Anstellungsvertrag als auch die Anlagen Nr. 3 und Nr. 4 enthielten die Unterschriften des AG zur Gegenzeichnung durch den AN. Die Anlagen 1 und 2 enthielten keine Unterschriftenzeilen und auch keine Unterschriften des AG. Der AN unterzeichnete lediglich die Anlage Nr. 4, die auf die übrigen Vertragsformulare ausdrücklich Bezug nahm. Anschließend trat er ordnungsgemäß seinen Dienst an. Nach Ablauf der Befristung klagte der AN dann überraschend auf Weiterbeschäftigung und berief sich auf die Unwirksamkeit der Befristung wegen Formfehlers. **Zu Recht?**

Ja! Das BAG gab dem AN in letzter Instanz Recht und erklärte:

*»… Gemäß **§ 126 Abs. 2 Satz 1 BGB** muss bei einem Vertrag, der der Schriftform genügen soll, die Unterzeichnung der Parteien auf derselben Urkunde erfolgen. Andernfalls ist das Rechtsgeschäft wegen § 125 Satz 1 BGB nichtig. Im vorliegenden Fall hat dies wegen **§ 16 Satz 1 TzBfG** die Unwirksamkeit der Befristung und das Vorliegen eines unbefristeten Arbeitsverhältnisses zur Folge. Zwar hat der Bundesgerichtshof im Zuge seiner sogenannten ›Auflockerungsrechtsprechung‹ anerkannt, dass ein Vertrag auch aus mehreren losen Blättern bestehen und eine Unterzeichnung auf dem letzten Blatt dem Schriftformerfordernis des § 126 Abs. 2 Satz 1 BGB entsprechen kann; eine körperliche Verbindung der Blätter ist nicht zwingend notwendig (BGHZ **136**, 357). Erforderlich ist dafür allerdings immer und unbedingt, dass gleichwohl die Einheitlichkeit der Urkunde für die Beteiligten erkennbar ist. Dies kann sich aus der ununterbrochenen und fortlaufenden Nummerierung, dem inhaltlichen Zusammenhang, einer textlichen Bezugnahme oder sonstigen Umständen ergeben und muss dabei für alle Beteiligten zweifelfrei kenntlich sein. Das Bundesarbeitsgericht hat die Rechtsprechung des BGH übernommen und namentlich auf die Fälle angewendet, in denen zwischen dem Hauptteil und etwaigen Anlagen eine **unmissverständliche Zusammengehörigkeit** feststeht … Davon kann hier indes nicht die Rede sein: Der Anstellungsvertrag und die vom AN lediglich unterzeichnete Anlage Nr. 4 sind zum einen weder durch eine Heftung noch durch eine herkömmliche Heftklammer verbunden. Auch spricht die formale Gestaltung nicht für eine unmissverständliche Zusammengehörigkeit, im Gegenteil: Durch die Unterschrift auf dem Anstellungsvertrag als auch auf den Anlagen Nr. 3 und Nr. 4 dokumentiert der AG vielmehr, dass er gerade auf diesen Vertragsformularen zu deren Wirksamkeit auch die Unterschrift des AN wollte. Dass die Anlage Nr. 4 auf den übrigen Vertragstext Bezug nahm, steht dem nicht entgegen. Der AG hat keine nachvollziehbare Begründung dafür geliefert, warum er selbst die Anlagen Nr. 3 und Nr. 4 sowie den Anstellungsvertrag unterzeichnete, nun aber die Unterschrift des AN auf der Anlage Nr. 4 als ausreichend für das gesamte Vertragswerk und somit auch die Wirksamkeit Befristung ansehen möchte … Schließlich sprechen auch nicht die Grundsätze von Treu und Glauben gegen diese Wertung: Dass der AN den Dienst trotz alleiniger Unterschrift unter die Anlage Nr. 4 antrat, hindert nicht die spätere Berufung auf die Formunwirksamkeit der Befristung. Es entspricht vielmehr der Regel und auch dem Bedürfnis des AN, die Arbeitsstelle selbst bei Zweifeln an der Wirksamkeit der Befristung zunächst anzutreten. Und das gilt selbst dann, wenn dem AN diese Zweifel erst im Laufe des Arbeitsverhältnisses kommen. Aufgrund der Warn-, Klarstellungs- und Beweisfunktion eines Schriftformerfordernisses für die Befristung sind hier strenge Maßstäbe anzulegen. Durch den Dienstantritt hat der AN insbesondere kein schützenswertes Vertrauen auf Seiten des AG dahingehend geschaffen, dass der AN sich später nicht auf die Unwirksamkeit der Befristung wegen Formmangels berufen wird …«* (→ BAG NZA **2016**, 547)

Das Allerletzte: »Institutioneller Rechtsmissbrauch« bei der Befristung

Ganz zum Schluss wollen wir uns anlässlich zweier Entscheidungen des BAG aus dem August und Oktober 2016 (→ BAG NZA **2017**, 307 und NZA **2017**, 382) noch ansehen, was eigentlich passiert, wenn befristete Arbeitsverträge **mit** Sachgrund im Sinne des § 14 Abs. 1 TzBfG geschlossen, diese aber über einen extrem langen Zeitraum gestreckt werden. Die Frage lautet, ob in solchen Konstellationen möglicherweise Obergrenzen gelten und inwieweit die Beschränkungen des § 14 Abs. 2 TzBfG bei der Bewertung einer missbräuchlichen Verwendung von Befristungen relevant werden können.

Durchblick: Wir haben weiter oben gelernt, dass die Befristung eines Arbeitsvertrages grundsätzlich und vor allem unbedenklich zulässig ist, sofern ein sachlicher Grund nach § 14 Abs. 1 TzBfG vorliegt. Klausurtechnisch und auch praktisch interessant wird es hingegen zumeist dann, wenn es an einem solchen, sachlichen Grund fehlt und man demnach den § 14 Abs. 2 TzBfG bemühen und prüfen muss, inwieweit die dort vorgegebenen Fristen und die Anzahl der Befristungen erfüllt bzw. überschritten sind. Der § 14 Abs. 1 TzBfG und der § 14 Abs. 2 TzBfG haben auf den ersten Blick demnach miteinander auch nichts zu tun, **denn**: Liegt ein sachlicher Grund für die Befristung im Sinne des § 14 Abs. 1 TzBfG vor, können Befristungen ohne Rückgriff auf die Fristen und Beschränkungen des § 14 Abs. 2 TzBfG vorgenommen werden. **Aber**: Fernab dessen gibt es auch die Konstellation, bei der zwar ein Sachgrund im Sinne des § 14 Abs. 1 TzBfG für die jeweilige Befristung vorliegt, der Arbeitgeber die Befugnisse aus § 14 Abs. 1 TzBfG indessen unzulässig überspannt, indem er etwa unzählige Befristungen hintereinanderschaltet. In solchen Situationen kann nun unter Umständen auch der § 14 Abs. 2 TzBfG für Befristungen ***mit*** Sachgrund Bedeutung erlangen. Das Ganze firmiert unter dem Begriff »institutioneller Rechtsmissbrauch« und soll sicherstellen, dass Arbeitnehmer durch eine mögliche Vielzahl von (sachlich gerechtfertigten!) Befristungen gleichwohl nicht darum gebracht werden, einen unbefristeten Arbeitsvertrag einzugehen bzw. abzuschließen (BAG NZA **2018**, 858). Das BAG musste im Jahre 2016 gleich zweimal hierzu Stellung nehmen; die (spätere) Entscheidung aus dem Oktober 2016 (→ NZA **2017**, 382) wollen wir uns jetzt mal anschauen, es ging – leicht vereinfacht – um folgenden interessanten Fall:

Der ehemalige Sportstudent S und jetzige »Diplom-Trainer« (= Bezeichnung nach Abschluss des Vordiploms, ohne Lehramtsbefugnis) war vom Land Nordrhein-Westfalen (NRW) als Vertretungslehrer eingestellt worden, und zwar in den Jahren 2007 bis 2013 durchgehend an der gleichen Schule mit insgesamt 14 befristeten Arbeitsverträgen für die Gesamtdauer von sechs Jahren und vier Monaten. Anschließend klagte der S gegen das Land NRW auf Fortsetzung des Arbeitsverhältnisses im unbefristeten Modus, da die Befristungen seiner Ansicht nach rechtsunwirksam gewesen seien (→ **§ 17 Satz 1 TzBfG**). Dass ein sachlicher Grund für die jeweiligen Befristungen im Sinne des § 14 Abs. 1 Satz 2 Nr. 3 TzBfG (aufschlagen!) vorlag, war zwischen den Parteien weitestgehend unstreitig. Der S berief sich aber insbesondere darauf, dass aufgrund der Vielzahl der Befristungen und der Gesamtdauer der Beschäftigung eine rechtsmissbräuchliche Nutzung der Regeln des TzBfG durch den Arbeitgeber vorläge. **Frage**: Stimmt das?

Lösung: Wie eben angedeutet, kann es Konstellationen geben, in denen trotz Vorliegens eines sachlichen Grundes gleichwohl eine unzulässige Befristung angenommen werden muss, wenn nämlich die Dauer und die Anzahl der Befristungen unzulässig überschritten werden; man spricht dann von einem »institutionellen Rechtsmissbrauch« (BAG NZA **2018**, 858; BAG NJW **2017**, 586; BAGE **142**, 308). Anlässlich des vorliegenden Falles hat das BAG nun Regeln aufgestellt, anhand derer man **exakt** festlegen kann, unter welchen Umständen die Verwendung von Befristungen trotz Vorliegens eines sachlichen Grundes unwirksam ist. Die Richter nahmen hierbei tatsächlich die Wertung des § 14 Abs. 2 TzBfG auf und orientierten sich an den dort benannten Zahlen. Für einen einfachen Rechtsmissbrauch, so das BAG, müssten die in § 14 Abs. 2 TzBfG genannten Zahlen und Werte – und jetzt Achtung! – »um mehr als das Vierfache oder beide Werte zusammen um mehr als das Dreifache überschritten sein«. Ein **indizierter** Rechtsmissbrauch liege demgegenüber vor, wenn die in § 14 Abs. 2 TzBfG genannten Werte »um mehr als das Fünffache oder beide Werte zusammen um mehr als das Vierfache überschritten werden« (BAG NZA **2017**, 382).

So. Und weil der herkömmliche Jurist tendenziell kein Mathe-Genie ist, rechnete das BAG das Ganze freundlicherweise dann auch noch selbst aus. Die folgenden Zahlen gelten daher ab sofort zur Bestimmung einer missbräuchlichen Verwendung von sachlich gerechtfertigten Befristungen (Original-Tenor aus BAG NZA **2017**, 382):

1. Besteht ein Sachgrund für die Befristung eines Arbeitsvertrages nach § 14 Abs. 1 TzBfG, ist eine umfassende Kontrolle nach den Grundsätzen des »institutionellen Rechtsmissbrauchs« (§ 242 BGB) geboten und erforderlich, wenn die Gesamtdauer des befristeten Arbeitsverhältnisses acht Jahre überschreitet **oder** mehr als 12 Verlängerungen des befristeten Arbeitsverhältnisses vereinbart wurden. Gleiches gilt, wenn die Gesamtdauer des befristeten Arbeitsverhältnisses sechs Jahre überschreitet **und** mehr als neun Verlängerungen vereinbart wurden. In diesen Fällen hängt es von weiteren, vom Arbeitnehmer vorzutragenden Umständen ab, ob ein Missbrauch der Befristungsregeln anzunehmen ist.

2. Von einem **indizierten Rechtmissbrauch** ist demgegenüber auszugehen, wenn die Gesamtdauer des Arbeitsverhältnisses zehn Jahre überschreitet **oder** mehr als 15 Verlängerungen vereinbart wurden. Gleiches gilt, wenn mehr als zwölf Verlängerungen bei einer Gesamtdauer von mehr als acht Jahren vorliegen. In diesen Fällen ist grundsätzlich von einem Rechtsmissbrauch auszugehen. Es ist dann Sache des Arbeitgebers, weitere Umstände vorzutragen und nachzuweisen, die die Annahme dieses indizierten Missbrauchs entkräften. Gelingt ihm dies nicht, sind die Befristungen wegen institutionellen Rechtmissbrauches unwirksam.

Beachte: Gefordert ist also stets die Unterscheidung zwischen einem »normalen« Rechtsmissbrauch (gerade unter der Nr. 1), bei dem dann der **ARBEITNEHMER** verpflichtet ist, neben den nakten Zahlen zudem weitere Umstände vorzutragen, aus denen sich auch im konkreten Fall der Missbrauch der Befristungen ergibt. Bei einem indizierten Rechtsmissbrauch (gerade unter der Nr. 2) geht man demgegenüber grundsätzlich von einer Unwirksamkeit der Befristungen aus, es sei denn, der **ARBEITGEBER** kann Umstände vorbringen, die ausnahmsweise die vielfache und lang andauernde Befristung rechtfertigen. Gelingt ihm dies nicht, ist die Befristung endgültig unwirksam mit der Folge, dass ein unbefristeter Arbeitsvertrag zwischen den Parteien vorliegt (lies: § 16 Satz 1 TzBfG).

Prüfen wir mal am Fall: Unser S kam in der Summe auf 14 Befristungen in sechs Jahren und vier Monaten. Bei genauer Betrachtung fällt der S damit noch nicht unter den indizierten Rechtmissbrauch, sondern liegt vielmehr noch im Bereich des einfachen Missbrauchs im Sinne der Nr. 1 (dort ist es Satz 2) der vom BAG aufgestellten Regeln (bitte prüfen!): S hat sechs Jahre überschritten und auch mehr als neun Befristungen. Damit wäre es nach der Rechtsprechung des BAG nun Aufgabe des **Arbeitnehmers** (also des S), weitere Umstände vorzutragen, die den Missbrauch der Befristungsregeln im konkreten Fall belegen. Entsprechende Erklärungen fehlen hier indessen – der S beruft sich nur auf die Zahlen und trägt sonst nichts vor – mit der Konsequenz, dass trotz der beachtlichen Zahl an Befristungen sowie der erheblichen Dauer der Beschäftigung ein institutioneller Rechtmissbrauch im Ergebnis nicht vorliegt. Das Arbeitsverhältnis des S endete folglich mit Ablauf der letzten Befristung. Alles klar!?

Gutachten

Das Arbeitsverhältnis zwischen G und R besteht weiter, wenn es nicht wirksam beendet worden ist. Als Beendigungsgrund kommt zunächst die Befristung des Arbeitsverhältnisses, also die »kalendermäßig« vereinbarte Beendigung in Betracht.

Wirksamkeit der Befristung

Zwischen R und G ist ein Arbeitsverhältnis zustande gekommen. Diese kann mit Fristablauf erloschen sein, wenn eine zulässige Befristung besteht.

a) Eine Befristung liegt dann vor, wenn das Arbeitsverhältnis gemäß den § 620 Abs. 3 BGB i.V.m. § 3 Abs. 1 TzBfG auf eine bestimmte Zeit geschlossen wurde. Dies ist vorliegend der Fall, da das Beschäftigungsverhältnis zwischen G und R mit Ablauf des Jahres ohne Weiteres erlöschen soll. War diese kalendermäßige Befristung wirksam, so endet das Arbeitsverhältnis gemäß § 15 Abs. 1 TzBfG zum vertraglich vereinbarten Zeitpunkt.

b) Die Wirksamkeit der Befristung bestimmt sich nach § 14 TzBfG. Die erforderliche Schriftform des § 126 BGB ist eingehalten, § 14 Abs. 4 TzBfG. Daneben bedarf die Befristung grundsätzlich des Vorliegens eines sachlichen Grundes, § 14 Abs. 1 TzBfG. Fraglich ist, ob sich G auf einen solchen berufen kann.

aa) G will den R »erproben«. Insoweit kann § 14 Abs. 1 Satz 2 Nr. 5 TzBfG einschlägig sein. G kennt die Eignung des R jedoch aus einem vormaligen Beschäftigungsverhältnis. Er war mit den Leistungen des R stets zufrieden. Eine Erprobung ist vor diesem Hintergrund nicht erforderlich.

bb) Der Befristungsrund des § 14 Abs. 1 Satz 2 Nr. 2 TzBfG kommt im vorliegenden Fall nicht in Betracht. Die Befristung erfolgt zwar im Anschluss an ein Studium, sie dient jedoch weder objektiv noch subjektiv dazu, dem R den Übergang in ein Arbeitsverhältnis zu erleichtern.

cc) G macht schließlich geltend, dass er nicht wisse, ob er R länger als bis zum Jahresende beschäftigen könne. In Betracht kommt damit ein Grund im Sinne des § 14 Abs. 1 Satz 2 Nr. 1 TzBfG. Die Unsicherheit der künftigen Entwicklung des Arbeitsanfalls und des Arbeitskräftebedarfs reicht aber für sich allein nicht aus, die Befristung zu rechtfertigen. Diese Unsicherheit gehört nämlich zum unternehmerischen Risiko, das der Arbeitgeber nicht durch den Abschluss befristeter Verträge auf seine Arbeitnehmer abwälzen kann. Die Anerkennung eines vorübergehenden Arbeitskräftebedarfs setzt vielmehr voraus, dass zum Zeitpunkt des Vertragsschlusses der Arbeitgeber aufgrund greifbarer Tatsachen mit hinreichender Sicherheit annehmen kann, dass der Arbeitskräftebedarf in Zukunft wegfallen wird. Das aber hat G nicht vorgetragen. Er ist sich schlicht nicht sicher, ob er den R nach dem Jahreswechsel noch brauchen kann. Hierbei handelt es sich um das eben benannte unternehmerische Risiko, das der G indessen selbst zu tragen hat und nicht auf die Arbeitnehmer in Form von befristeten Arbeitsverträgen abwälzen darf. Ein sachlicher Grund im Sinne des § 14 Abs. 1 Satz 2 Nr. 1 TzBfG liegt demnach insoweit nicht vor. Ein sachlicher Befristungsgrund im Sinne des § 14 Abs. 1 TzBfG existiert folglich insgesamt nicht.

c) Die Befristung wäre gleichwohl als wirksam anzusehen, wenn diese hier ausnahmsweise sachgrundlos möglich war. Insoweit kommt die Ausnahmebestimmung des § 14 Abs. 2 Satz 1, 2 TzBfG in Betracht.

aa) Die Befristung des Arbeitsverhältnisses überschreitet die nach § 14 Abs. 2 Satz 1 Halbsatz 1 TzBfG zulässige Höchstdauer von zwei Jahren nicht. Auch eine unzulässige Kettenbefristung liegt nicht vor.

bb) Problematisch ist, dass R bereits einmal in einem Beschäftigungsverhältnis mit G gestanden hat. Folglich kann er wegen der Einschränkung des § 14 Abs. 2 Satz 2 TzBfG bei einer erneuten Tätigkeit für den früheren Arbeitgeber nach dem ausdrücklichen Willen des Gesetzgebers – und unabhängig davon, wann dieses Arbeitsverhältnis endete und dass es sich lediglich um eine Nebenbeschäftigung während des Studiums handelte – nicht mehr befristet eingestellt werden. Indes muss die Anwendung des § 14 Abs. 2 Satz 2 TzBfG eingeschränkt werden. Ein Verbot der sachgrundlosen Befristung bei nochmaliger Einstellung bei demselben Arbeitgeber ist namentlich unzumutbar, soweit eine Gefahr der Kettenbefristung in Ausnutzung der strukturellen Unterlegenheit der Beschäftigten nicht besteht und das Verbot der sachgrundlosen Befristung nicht erforderlich ist, um das unbefristete Arbeitsverhältnis als Regelbeschäftigungsform zu erhalten. Der mit § 14 Abs. 2 Satz 2 TzBfG verfolgte Schutzzweck kann in diesen Fällen das Verbot einer sachgrundlos befristeten Wiedereinstellung nicht rechtfertigen, soweit das legitime Interesse der Arbeitssuchenden an einer nur befristeten Beschäftigung und das ebenfalls legitime Flexibilisierungsinteresse der Arbeitgeber entgegensteht. Das sich sonst in der Auslegung des Arbeitsgerichts aus § 14

Abs. 2 Satz 2 TzBfG ergebende Verbot der sachgrundlosen Befristung bei Wiedereinstellung kann insbesondere dann unzumutbar sein, wenn eine Vorbeschäftigung sehr lange zurückliegt, ganz anders geartet war oder nur von sehr kurzer Dauer gewesen ist. So liegt es etwa bei geringfügigen Nebenbeschäftigungen während der Schul-, der Studien- oder der Familienzeit, bei Werkstudierenden und studentischen Mitarbeitern im Rahmen ihrer Berufsqualifizierung. In derartigen Fällen ist durch verfassungskonforme Auslegung der Anwendungsbereich von § 14 Abs. 2 Satz 2 TzBfG einzuschränken.

R hat im Jahre 2013 als Student für vier Wochen bei A gearbeitet hat und fällt damit unter die erweiterte Auslegung des § 14 Abs. 2 Satz 2 TzBfG: R hat vor vergleichsweise langer Zeit, nämlich vor fünf Jahren, für eine extrem kurze Dauer von genau vier Wochen als Student befristet bei G als Kellner gejobbt. Damit unterliegt die frühere Beschäftigung des R der ergänzenden Auslegung des § 14 TzBfG mit der Folge, dass seine Tätigkeit im Jahre 2013 nicht unter diese Norm fällt und folglich einer neuerlichen Befristung bei G im Jahre 2018 daher auch nicht entgegensteht.

Ergebnis: Die Befristung ist damit insgesamt wirksam – und das Arbeitsverhältnis zwischen R und G folglich zum 31.12.2018 beendet.

Fall 17

Abgang mit Stil

Betriebsinhaber B betritt morgens sein Büro und findet auf dem Schreibtisch einen anonymen Brief. Darin wird behauptet, dass sich der Arbeitnehmer A vor Kollegen abfällig über ihn geäußert habe. A soll B als geltungssüchtigen Autokraten, der Personalführung nach Gutsherrenart betreibe und dem die Belange seiner Mitarbeiter gleichgültig seien, bezeichnet haben. B ist empört. In seiner Wut zitiert er A in das Personalbüro. Noch ehe A dort etwas vorbringen kann, meint B, er werde ihn »fristlos rausschmeißen«, wenn A nicht einen Aufhebungsvertrag unterzeichne. B fügt hinzu, dass er im Zeugnis des A dessen »querulatorische Ader« ebenso zur Sprache bringen werde wie die Gewerkschaftszugehörigkeit. Dann wisse der neue Arbeitgeber, worauf er sich einlasse. A ist so verunsichert, dass er einen Aufhebungsvertrag unterschreibt.

Ein paar Tage später will A wissen, ob er an den Aufhebungsvertrag gebunden ist und ob B das Zeugnis mit diesem Inhalt überhaupt schreiben dürfe.

Schwerpunkte: Der Aufhebungsvertrag; Rechtsnatur und Zweck; Bindung an den Aufhebungsvertrag; Arbeitnehmer als Verbraucher; Aufhebungsvertrag als außerhalb von Geschäftsräumen geschlossener Vertrag gemäß § 312b BGB; Begriff des verständigen Arbeitgebers; Grundsätze des Zeugnisrechts; Anspruch auf ein Zeugnis; zulässiger Zeugnisinhalt.

Lösungsweg

Vorbemerkung: Aufhebungsverträge bzw. Auflösungsverträge sind in der Praxis recht häufig (ErfKomm/*Müller-Glöge* § 620 BGB Rz. 5). Der Grund für die Häufigkeit dieser Verträge liegt auf der Hand: Die einvernehmliche Aufhebung des Arbeitsverhältnisses erfolgt nämlich unter Ausschluss der Unwägbarkeiten und Risiken, die ein arbeitsgerichtlicher Prozess im Falle einer Kündigung mit sich bringen kann. Für den **Arbeitnehmer** bietet der Aufhebungsvertrag die Möglichkeit, dem Risiko eines unterlegenen Kündigungsschutzstreites aus dem Weg zu gehen und mit dem Arbeitgeber sozusagen als »Gegenleistung« für die einvernehmliche Auflösung eine Abfindung auszuhandeln. Für den **Arbeitgeber** gilt Ähnliches, er kann nämlich den Arbeitnehmer

– ebenfalls unter Ausschluss möglicher Unwägbarkeiten eines im Zweifel immer offenen Kündigungsschutzprozesses – quasi »schmerzfrei« loswerden und zahlt anstelle einer möglichen Vergütung während eines solchen Rechtsstreites (Stichwort: Weiterbeschäftigungsanspruch) eine einmalige Abfindung (*Hümmerich* in BB 1999, 1868; *Bauer* in NZA 1994, 440; *Grunewald* in NZA 1994, 441; *Schaub/Linck* § 122 Rz. 1). Das BGB erkennt logischerweise auch die Zulässigkeit solcher Aufhebungsverträge in **§ 623 BGB** ausdrücklich an (dort als »Auflösungsvertrag« bezeichnet).

Wir wollen uns am vorliegenden Fall jetzt mal die Wirksamkeitsvoraussetzungen und sonstigen Probleme eines Aufhebungs- bzw. Auflösungsvertrages anschauen:

I.) Die Bindung des A an den Aufhebungsvertrag

Die Vereinbarung zwischen A und B über das Ende des Arbeitsverhältnisses ist zunächst einmal als **wirksam** anzusehen, da insbesondere die vom Gesetz geforderte Schriftform nach § **623 BGB** in Verbindung mit § 126 BGB gewahrt wurde.

Wir müssen uns jetzt allerdings mal überlegen – denn das will der A ja wissen –, wie die einmal getroffene und zunächst wirksame Abrede wieder beseitigt werden könnte. Insoweit kann man grundsätzlich über zwei Mittel nachdenken: Zum einen über ein **Widerrufsrecht** nach den §§ 355, 312b BGB, wenn ein sogenannter Verbrauchervertrag gemäß § 312 Abs. 1 BGB i.V.m. § 310 Abs. 3 BGB vorliegt und der Abschluss des Vertrages an seinem Arbeitsplatz als »außerhalb von Geschäftsräumen« geschlossen (bitte lies § 312b Abs. 1 Einleitungsatz BGB) zu qualifizieren ist. Zum anderen kommt, sollte der gerade beschriebene Widerruf nicht möglich sein, dann auch noch eine **Anfechtung** des Vertrages gemäß den §§ 119 ff., 142 BGB in Frage. Der Reihe nach:

1.) Das Widerrufsrecht nach den §§ 355, 312b, 312g BGB

Durchblick/Rückblick (wichtig!): Der Gesetzgeber hat die §§ 312 ff. BGB mit Wirkung vom **13. Juni 2014** umfassend geändert und zum Teil – insbesondere in den §§ 312b ff. BGB – völlig neue Vorschriften geschaffen. Bis zum Juni 2014 war durchaus fraglich, ob dem Arbeitnehmer in Fällen wie dem vorliegenden ein Widerrufsrecht nach § 355 Abs. 1 BGB i.V.m. § 312 Abs. 1 BGB a.F. zustehen sollte. Zentraler Anknüpfungspunkt der Überlegungen waren insoweit namentlich **zwei** Fragen: Zum einen ging es darum, ob ein Arbeitnehmer grundsätzlich als »Verbraucher« zu qualifizieren ist; zum anderen war fraglich, ob das besondere situative (Überraschungs-)Moment, vor dem der Verbraucher durch die alten §§ 312 ff. BGB geschützt werden soll – die früher sogenannte »Haustürsituation« –, überhaupt vorliegt, wenn am **Arbeitsplatz** Regelungen in Bezug auf den Arbeitsvertrag getroffen werden. Dies anzunehmen war insbesondere deshalb (zumindest auf den ersten Blick) naheliegend, weil nämlich der alte § 312 Abs. 1 Satz 1 Nr. 1 BGB neben der Privatwohnung ausdrücklich auch den Arbeitsplatz als typischen Ort für Haustürgeschäfte benannte. Grundsätzlich rechnet der Verbraucher auch an seinem Arbeitsplatz nicht damit, Geschäfte für sich selbst abzuschließen. Er ist auch dort typischerweise in vertrauter Umgebung und etwaigen entgeltlichen Verpflichtungen kaum gewärtig. Anders war die Situation nach allgemeiner Meinung aber dann zu bewerten, wenn es sich um Abreden betreffend das Arbeitsverhältnis handelte. Denn dann fehlte das situative Überraschungsmoment für die Anwendung von § 312 BGB a.F. (unstreitig: BAG NZA **2004**, 597; BAG NJW **2005**, 3164; BAG NJW **2006**, 938), **denn**: Wo sonst, wenn nicht am Arbeitsplatz, sollte der Arbeitgeber dem Arbeitnehmer beispielsweise Abänderungen des Arbeitsvertrages anbieten? Wo sonst, wenn nicht hier, muss der Arbeitnehmer mit Vereinbarungen betreffend sein Arbeitsverhältnis und gegebenenfalls auch mit Abreden über dessen Beendigung rechnen? Das BAG hat daher insoweit ausgeführt: »… Die Beendigungsvereinbarungen werden nicht in einer für das abzuschließende Rechtsgeschäft atypischen Umgebung abgeschlossen. Das Personalbüro des Arbeitgebers ist vielmehr ein Ort, an dem typischerweise arbeitsrechtliche Fragen – vertraglich – geregelt werden. Von einer überraschenden Situation aufgrund des Verhandlungsortes, wie sie dem Widerrufsrecht bei Haustürgeschäften als besonderer Vertriebsform zugrunde lag, kann deshalb keine Rede sein …« (vgl. etwa BAG NZA **2004**, 597; BAG NJW **2005**, 3164 und BAG NJW **2006**, 938). Das Ergebnis nach altem Recht war deshalb: **Kein** Widerrufsrecht für den Arbeitnehmer!

Inzwischen – seit Inkrafttreten des neuen Gesetzes zum 13.06.2014 – ist das Ganze allerdings anders geregelt, insbesondere finden sich die früheren sogenannten »Haustürgeschäfte« nunmehr im neuen § 312b BGB und werden dort als »Verträge außerhalb von Geschäftsräumen« bezeichnet. Inwieweit sich durch die geänderten gesetzlichen Normierungen auch inhaltlich etwas ändert, schauen wir uns dann gleich an.

> **Beachte vorher aber noch**: Für sogenannte »Altfälle«, also solche Schuldverhältnisse/Arbeitsverträge, die **vor** dem 13.06.2014 abgeschlossen worden sind, gilt noch das alte Recht. Und das werden logischerweise zurzeit noch die allermeisten Arbeitsverhältnisse sein, deshalb ist das, was das BAG früher hierzu ausgeführt hat (siehe oben!), noch immer enorm relevant. Wir werden gleich zudem sehen, dass man auf diese Rechtsprechung im Zweifel auch bei Anwendung des neuen Rechts zurückgreifen kann und muss, denn: aktuell gibt es logischerweise natürlich noch wenig bis garnix Höchstrichterliches zu den neuen Vorschriften.

Jetzt aber zum neuen Recht:

a) Der § 355 Abs. 1 Satz 1 BGB (aufschlagen!) gewährt nur »Verbrauchern« ein Widerrufsrecht bei »Verbraucherverträgen«.

aa) Was Verbraucherverträge sind, ergibt sich aus § 312 Abs. 1 BGB in Verbindung mit § 310 Abs. 3 BGB (Legaldefinition!): Das sind nämlich – kaum überraschend – Verträge zwischen einem Unternehmer und einem Verbraucher.

bb) Gemäß § 13 BGB ist Verbraucher jede natürliche Person, die ein Rechtsgeschäft zu einem Zwecke abschließt, der überwiegend weder ihrer gewerblichen noch ihrer selbstständigen beruflichen Tätigkeit zugerechnet werden kann. Die Frage, ob nun Arbeitnehmer auch **Verbraucher** im Sinne des § 13 BGB sind, wenn es um Rechtsgeschäfte im Zusammenhang mit dem Arbeitsverhältnis geht, gehörte zu den in der arbeitsrechtlichen Literatur am heftigsten diskutierten Problemen seit Änderung der Verbraucherschutzbestimmungen im Zuge der Schuldrechtsreform zum 01.01.2002. Nachdem sich dann das BAG dahingehend geäußert hatte, dass der Arbeitnehmer natürlich Verbraucher ist, sollte man in der Klausur – vor allem aus taktischen Gründen – tunlichst hiervon ausgehen (lesenswert: BAG NZA **2005**, 1111; vgl. auch BAG NZA **2017**, 58). Und natürlich gibt es dafür auch gute Argumente, die man in der Klausur dann hinschreiben kann:

> Für die Verbrauchereigenschaft von Arbeitnehmern auch bei Rechtsgeschäften mit dem Arbeitgeber im Zusammenhang mit dem Arbeitsverhältnis lässt sich nämlich hervorragend der **Wortlaut** des § 13 BGB anführen. Danach ist – haben wir oben schon mal gesagt – Verbraucher jede natürliche Person, die ein Rechtsgeschäft zu einem Zwecke abschließt, der weder ihrer gewerblichen noch ihrer selbstständigen beruflichen Tätigkeit zugerechnet werden kann. Auch wenn der Arbeitnehmer sich z.B. auf Änderungen oder die Auflösung seines Arbeitsvertrages einlässt, geschieht dies nicht im Rahmen einer gewerblichen oder selbstständigen beruflichen, sondern gerade im Rahmen einer unselbstständigen beruflichen Tätigkeit. ErfKomm/*Preis* § 611a BGB Rz. 182 formuliert dies so: »Der Arbeitnehmer ist der Prototyp des Unselbstständigen«, was fraglos stimmt. Der Wortlaut des § 13 BGB spricht somit eindeutig **für** die Verbrauchereigenschaft des Arbeitnehmers. Dass im allgemeinen Sprachgebrauch der Begriff des Verbrauchers typischerweise mit »Konsument« gleichgesetzt wird, ist übrigens irrelevant.

<u>ZE.</u>: Demzufolge bejahen wir die Verbrauchereigenschaft des A im Sinne des § 13 BGB auch im Zusammenhang mit seinem Arbeitsverhältnis mit B.

cc) Unser B ist auch Unternehmer gemäß § 14 BGB. Beachte aber: Nicht jeder Arbeitgeber ist automatisch und zwingend auch Unternehmer im Sinne des BGB. **Beispiel** nach ErfKomm/*Preis* § 611a BGB Rz. 182: Wer für seinen Garten am Privathaus einen Gärtner beschäftigt, ist zwar Arbeitgeber, nicht aber Unternehmer, da er/sie nicht in Ausübung der gewerblichen bzw. selbstständigen Tätigkeit handelt.

b) Der § 355 BGB setzt außerdem voraus, dass dem Verbraucher ein Widerrufsrecht durch **Gesetz** eingeräumt wird. Dieses Widerrufsrecht könnte vorliegend aus § 312g BGB in Verbindung mit § 312b BGB folgen.

Aber: Bislang wird in der Wissenschaft vordringlich vertreten, dass sich an dem bisherigen Ergebnis für am Arbeitsplatz geschlossene Aufhebungsverträge (siehe oben!) gerade **nichts** ändern soll und ein gesetzliches Widerrufsrecht demnach auch weiterhin nicht besteht (vgl. ErfKomm/*Preis* § 611a BGB Rz. 182 m.w.N. *Jauernig/Stadler* § 312b BGB Rz. 16; *Brox/Walker* BS § 19 Rz. 5; *Fischinger/Werthmüller* NZA 2016, 193; *Junker* Rz. 428). Zur Begründung lassen sich namentlich zwei Argumente anführen: Zum einen wird der fragliche Aufhebungsvertrag ja gerade im klassischen »Geschäftsraum« des Unternehmers/Arbeitgebers geschlossen; zum anderen fehlt es weiterhin an einer

»Besonderen Vertriebsform«, die weiterhin in der Überschrift des Untertitels 2 des 3. Abschnitts des 2. Buchs des BGB (also vor § 312 BGB) erwähnt ist und sich eben auf die dann in Kapitel 2 benannten »Außerhalb von Geschäftsräumen geschlossenen Verträge« und auch die Fernabsatzverträge bezieht (vgl. *Fischinger/Werthmüller* NZA 2016, 193; *Jauernig/Stadler* § 312b BGB Rz. 16; *Erman/Westermann* § 312 BGB Rz. 22; *Brinkmann/Ludwigkeit* in NJW 2014, 3270).

ZE.: Ein Widerruf nach Maßgabe der §§ 312b, 312g, 355 BGB scheidet für A aus.

2.) Die Anfechtung des Vertrages

Möglich ist noch eine Anfechtung des Vertrages. Diese müsste A selbstverständlich nach Maßgabe des § 143 BGB gegenüber B zunächst erklären. Die entscheidende Frage lautet allerdings, ob unserem A auch ein Anfechtungsgrund zur Seite steht:

a) Der Anfechtungsgrund aus § 119 Abs. 1 BGB scheidet aus. Es ist nicht ersichtlich, dass sich A beim Abschluss des Aufhebungsvertrages über den Inhalt seiner Erklärung geirrt oder nicht das erklärt hat, was er eigentlich erklären wollte. Im Moment des Vertragsschlusses war ihm deutlich, dass es sich um die Aufhebung seines Arbeitsverhältnisses handelte. Auch ein Irrtum über verkehrswesentliche Eigenschaften nach § 119 Abs. 2 BGB kommt nicht in Betracht.

b) In Betracht kommt als Anfechtungsgrund aber § 123 Abs. 1 BGB. B hat gegenüber A angekündigt, dass er ihn »fristlos rausschmeißen« werde, wenn er den Aufhebungsvertrag nicht unterzeichne. B will A also außerordentlich kündigen, wenn dieser sich auf den Vertrag nicht einlässt. Hierin könnte eine **widerrechtliche Drohung** zu sehen sein, durch die A zu seiner Vertragserklärung bestimmt wurde.

Definition: Eine **Drohung** im Sinne des § 123 BGB besteht in einem Inaussichtstellen eines künftigen Übels, wobei ein Übel grundsätzlich jeder Nachteil sein kann (BGH NJW **1988**, 2599; *Palandt/Ellenberger* § 123 BGB Rz. 15). Der Verlust des Arbeitsplatzes ist aus Sicht des Arbeitnehmers regelmäßig ein solcher nach § 123 BGB zu beurteilender Nachteil (BAG NZA **2008**, 348; BAG NZA **2006**, 841; BAG NZA **1996**, 103).

Problem: Diese Drohung mit der Kündigung muss aber auch **widerrechtlich** sein. Hieran könnte man zweifeln, denn grundsätzlich wird die (auch außerordentliche) Kündigung eines Arbeitnehmers vom Gesetz ja ausdrücklich zugelassen. Indes – haben wir in den vorherigen Fällen gelernt – nur unter bestimmten Voraussetzungen.

> Und über genau diese Voraussetzungen einer (fiktiven) Kündigung lässt sich dann die Frage klären, ob die Androhung der Kündigung widerrechtlich im Sinne des § 123 BGB ist. Durfte nämlich ein verständiger Arbeitgeber die Kündigung nicht ernsthaft in Betracht ziehen, so ist deren Ankündigung widerrechtlich im Sinne des § 123 Abs. 1 BGB (BAG NZA **2008**, 348; BAG NZA **2006**, 841; BAG NZA **1996**, 1030; BAG NZA **1994**,

209; ErfKomm/*Müller-Glöge* § 620 BGB Rz. 11a; *Schaub/Linck* § 122 Rz. 28). Entscheidend ist hierfür nicht nur der aktuelle subjektive Wissensstand des Arbeitgebers, sondern der hypothetische, also **objektiv** durch Sachverhaltsaufklärung seitens des Arbeitgebers erreichbare Wissensstand. Wenn danach die Kündigung mit hoher Wahrscheinlichkeit arbeitsgerichtlicher Überprüfung nicht standhalten würde, wäre ihre Androhung widerrechtlich (BAG NZA **2008**, 348; *Schaub/Linck* § 122 Rz. 28).

Zum Fall: Der B stützt die Ankündigung der außerordentlichen Kündigung einzig auf ihm anonym zugetragene Gerüchte. Ein verständiger Arbeitgeber hätte die außerordentliche Kündigung auf einen solchen Sachverhalt nicht stützen dürfen, sondern zunächst eine weitere Aufklärung versuchen müssen. Dass diese – hypothetischen – Aufklärungsbemühungen erfolgreich gewesen wären, ist unwahrscheinlich, da sich der anonyme Briefeschreiber wohl nicht offenbaren würde. Im Übrigen ist selbst dann nicht klar, dass die Vorwürfe auch der Wahrheit entsprechen (oder zumindest geeignet wären, eine Verdachtskündigung zu begründen, vgl. dazu Fall 14) und demnach eine außerordentliche Kündigung begründen könnten.

ZE.: Und demzufolge ist die Ankündigung der fristlosen Entlassung des A durch B **widerrechtlich**. Die Voraussetzungen des § 123 Abs. 1 BGB liegen somit vor.

Ergebnis: A kann seine Aufhebungsvertragserklärung gemäß § 123 Abs. 1 BGB unter Beachtung der Jahresfrist des § 124 BGB anfechten. Sofern er dies tut, ist er an den Aufhebungsvertrag nach Maßgabe des § 142 Abs. 1 BGB nicht gebunden.

II.) Der Anspruch auf das Zeugnis

1.) Rechtsgrundlage

Jeder Arbeitnehmer hat gegenüber seinem bisherigen Arbeitgeber den Anspruch auf Erteilung eines schriftlichen Zeugnisses, vgl. § 109 Abs. 1 Satz 1 GewO (bitte prüfen).

> **Beachte:** Der § 630 BGB gilt schon seit dem 01.01.2003 nicht mehr für den Zeugnisanspruch von Arbeitnehmern, sondern nur für »normale« Dienstverpflichtete. Dies kann man übrigens dem § 630 Satz 4 BGB entnehmen.

Beim Anspruch auf ein Zeugnis hat der Arbeitnehmer nun die Wahl zwischen einem sogenannten **einfachen** oder einem **qualifizierten** Zeugnis. Was das zu bedeuten hat, braucht man glücklicherweise nicht auswendig zu lernen, sondern kann das im Gesetz einfach ablesen, und zwar in § 109 Abs. 1 Satz 2 und Satz 3 GewO.

2.) Der Inhalt

Hier kündigt B an, dass er in das Zeugnis des A Bemerkungen über dessen angebliche »querulatorische Ader« und einen Hinweis auf die Gewerkschaftszugehörigkeit des A aufnehmen werde. Ob er dies wirklich tun dürfte, ist natürlich für A von erheblichem

Interesse, denn dass ihn ein potenzieller späterer Arbeitgeber mit diesen »Voraussetzungen« einstellt, kann ernsthaft bezweifelt werden. Was konkret Inhalt des Zeugnisses werden darf, ergibt sich zunächst aus § 109 Abs. 2 GewO. Danach muss das Zeugnis klar und verständlich formuliert sein (Satz 1), während der Satz 2 das Verbot von sogenannten »Geheimzeichen« normiert. Als Beispiel für ein solches, verbotenes Geheimzeichen gilt etwa ein senkrechter Strich links neben der Unterschrift des Ausstellers, der auf die Gewerkschaftszugehörigkeit des Beurteilten hindeuten soll (ErfKomm/*Müller-Glöge* § 109 GewO Rz. 16, 39).

Kurioses nebenbei: Wie in fast allen Bereichen des (Arbeits-)Rechts gibt es auch in diesem Kontext durchaus Geschichten, die einen grinsen lassen; jedenfalls dann, wenn man nicht selbst betroffen ist. So hatte das Arbeitsgericht Kiel am **18.04.2013** darüber zu entscheiden, ob ein in die Unterschrift integrierter Smiley mit herabgezogenen Mundwinkeln nach § 109 Abs. 2 Satz 2 GewO unzulässig ist, wenn der Arbeitgeber zwar immer einen Smiley in seine Unterschrift integriert, dieser aber sonst »normal« aussieht, also lachend. **Ergebnis**: Das mit den herabgezogenen Mundwinkeln geht selbstverständlich nicht. Der Arbeitgeber wurde vielmehr dazu verurteilt, ein Zeugnis mit in die Unterschrift integriertem lachendem Smiley auszustellen (ArbG Kiel LAGE § 630 BGB 2002 Nr 7 = EzA-SD **2013**, Nr 22, 11).

Achtung: Da insbesondere die Formulierung des § 109 Abs. 2 Satz 1 GewO reichlich abstrakt ist, konkretisiert die Rechtsprechung sie mittels der sogenannten »allgemeinen Grundsätze des Zeugnisrechts«. Das sind: **Einheitlichkeit**, **Vollständigkeit** und **Wahrheit** (ständige Rechtsprechung seit BAG NJW **1960**, 1973). Es darf folglich nur ein einziges Zeugnis für die gesamte Dauer des Arbeitsverhältnisses geben, das entweder einfach oder qualifiziert ist, wobei die Angaben im qualifizierten Zeugnis jene des einfachen Zeugnisses logischerweise umfassen (BAG AP Nr. 11 zu § 630 BGB; ErfKomm/*Müller-Glöge*, § 109 GewO Rz. 30: Beachte noch: Eigentlich sieht § 109 Abs. 1 GewO einen Zeugnisanspruch nur bei Beendigung des Arbeitsverhältnisses vor; manche Tarifverträge enthalten aber auch einen Anspruch des Arbeitnehmers auf ein sogenanntes Zwischenzeugnis; vgl. ErfKomm/*Müller-Glöge* § 109 GewO Rz. 50). Dieses muss dann vollständig und genau sein, was im Einzelnen wieder von der Wahl der Zeugnisart durch den Arbeitnehmer abhängt. Ziel muss es sein, die für das Arbeitsverhältnis typischen Verhältnisse nachzuzeichnen; hierzu gehört indessen keinesfalls die Zugehörigkeit zum Betriebsrat oder zu einer Gewerkschaft (BAG NZA **1993**, 222; *Witt* in BB 1996, 2194). Am wichtigsten ist jedoch vor allem die Wahrheitspflicht. Das Zeugnis muss folglich objektiv richtig sein (BAG NZA **2015**, 435; BAG NZA **2012**, 448; LAG Hamm NZA-RR **2003**, 71).

Diese allgemeinen Grundsätze werden konkretisiert und teilweise eingeschränkt durch ein weiteres Gebot des Zeugnisrechts: Der Arbeitgeber ist bei Abfassung des Zeugnisses zu »Wohlwollen« gehalten, wobei auch hier wieder die Sicht des verständigen Arbeitgebers entscheidend ist (BAG NJW **1972**, 1214; *Schaub/Linck* § 147 Rz. 28).

Das Zeugnis darf dem Arbeitnehmer demnach sein berufliches Fortkommen auf keinen Fall unnötig und ungerechtfertigt erschweren (BAG NZA **2012**, 448; Sächsisches LAG NZA **1997**, 47; ErfKomm/*Müller-Glöge* § 109 GewO Rz. 27; *Schaub/Linck* a.a.O.).

Zum Fall: Einleuchtend ist zunächst, dass A durch das Verlangen eines **einfachen** Zeugnisses im Sinne von § 109 Abs. 1 Satz 2 GewO die von B beabsichtigten Bemerkungen verhindern könnte. Denn dann dürfte abgesehen von Art und Dauer der Tätigkeit nichts vermerkt werden. Möchte A aber ein qualifiziertes Zeugnis nach § 109 Abs. 1 Satz 3 GewO, muss B auch sein Verhalten beurteilen. Diesbezüglich hat B die bekannten Ankündigungen gemacht. Die Bemerkung über eine (vermeintliche) »querulatorische Ader« wäre indes unzulässig. Das wäre eine von konkreten, das Arbeitsverhältnis betreffenden Tatsachen isolierte Bewertung des Charakters des A. Auch die Erwähnung der Gewerkschaftszugehörigkeit ist nach dem Gesagten unzulässig, da sie keine Aussage über die typischen Verhältnisse im Arbeitsverhältnis zwischen A und B trifft, sondern davon – immer! – isoliert ist (BAG NZA **1993**, 222).

Ergebnis: B dürfte das Zeugnis des A nicht so formulieren, wie er es angekündigt hat.

Die Feinkostabteilung

Gerade bei der Geschichte mit dem Zeugnis tappen die meisten Arbeitnehmer ziemlich im Dunkeln, da sie die Sprache solcher Zeugnisse nicht kennen. Bei den Beurteilungen in den vom Arbeitgeber ausgestellten Zeugnissen gibt es eine Sprachregelung, die zwar **jeder** (!) Arbeitgeber kennt, die Arbeitnehmer aber zumeist erst von ihrem Anwalt erklärt bekommen, wenn sie partout nicht verstehen, warum sie mit diesem – nach ihrer Ansicht – »doch gar nicht schlechten« Zeugnis keine neue Stelle finden. Hier kommt der »Code«, den Arbeitgeber verwenden, wenn sie Zeugnisse schreiben (Einzelheiten bei *Schaub/Linck* § 147 Rz. 23 mit Nachweisen). Wenn der Arbeitgeber schreibt:

→ »A arbeitete stets zu unserer vollsten Zufriedenheit«, ist das ein **sehr gut**.

→ »A arbeitete stets zu unserer vollen Zufriedenheit«, ist das nur ein **gut** (hier ersetzt man also »vollsten« durch »vollen«).

→ »A arbeitete stets zu unserer Zufriedenheit«, ist das ein **befriedigend** (»voll« fehlt jetzt ganz).

→ »A arbeitete zu unserer Zufriedenheit«, ist das ein **ausreichend** (hier fehlt dann auch noch das »stets«).

→ »A arbeitete insgesamt zufriedenstellend«, ist das ein **mangelhaft** (obwohl es sich für einen Unbefangenen ja eigentlich gar nicht so anhört).

→ »A war bemüht« oder »versuchte zu erledigen«, ist das ein **ungenügend** (weniger geht nicht).

So funktioniert das also mit dem Zeugnis. Beachte bitte noch, dass die Sprache wegen ihrer Allgemeingültigkeit nicht unter den Begriff des Geheimzeichens im Sinne des § 109 Abs. 2 Satz 2 GewO fällt (*Schaub/Linck* § 147 Rz. 23). Und wer sich jetzt noch für weitere Einzelheiten und vor allem die extrem überraschenden Boshaftigkeiten beim Abfassen von Zeugnissen interessiert, kann diese umfangreich nachlesen bei *Schaub/Linck* § 147 Rz. 23; vgl. auch BAG NZA **2012**, 448.

Gutachten

I.) Die Bindung des A an den Aufhebungsvertrag

A ist an den Aufhebungsvertrag nicht gebunden, wenn dieser unwirksam ist bzw. A dessen Rechtswirksamkeit einseitig wieder beseitigen kann.

1.) Die für den Aufhebungsvertrag gebotene Schriftform (§ 623 BGB) ist gewahrt. Sonstige Unwirksamkeitsgründe kommen nicht in Betracht. Das Arbeitsverhältnis ist somit an sich rechtswirksam durch Aufhebungsvertrag beendet worden.

2.) Möglicherweise kann A den Aufhebungsvertrag durch eine Gestaltungserklärung wieder vernichten. In Betracht kommen Widerruf (§ 355 BGB) und Anfechtung (§ 123 BGB).

a) Voraussetzung für ein Recht zum Widerruf der auf Abschluss des Aufhebungsvertrags gerichteten Willenserklärung des A gemäß § 355 BGB ist zunächst das Bestehen eines Widerrufsrechts nach dieser Vorschrift bei Verbraucherverträgen. Vorliegend könnte an ein Widerrufsrecht gemäß § 312g BGB zu denken sein, der die frühere Regelung der sogenannten Haustürgeschäfte in § 312 BGB a.F. ersetzt hat.

aa) Zunächst ist zu prüfen, ob es sich um einen Verbrauchervertrag handelt. Gemäß der Legaldefinition des § 310 Abs. 3 BGB ist ein Verbrauchervertrag ein Vertrag zwischen einem Verbraucher und einem Unternehmer. Zweifelhaft könnte vorliegend allenfalls die Verbrauchereigenschaft des A sein. Verbraucher ist jede natürliche Person, die ein Rechtsgeschäft zu einem Zwecke abschließt, der weder ihrer gewerblichen noch ihrer selbstständigen beruflichen Tätigkeit zugerechnet werden kann, § 13 BGB.

A ist eine natürliche Person, die den Aufhebungsvertrag im Rahmen einer unselbstständigen Tätigkeit abgeschlossen hat. Damit ist § 13 BGB vorliegend jedenfalls seinem Wortlaut nach einschlägig. Zudem lassen sich den Gesetzesmaterialien zur Schuldrechtsreform keine Anhaltspunkte dafür entnehmen, dass der Arbeitnehmer von § 13 BGB und damit auch prinzipiell von verbraucherschützenden Vorschriften des BGB nicht erfasst sein sollte. Vielmehr wurde seitens des Gesetzgebers die Reintegration des Arbeitsrechts in das BGB besonders hervorgehoben und betont, dass das Schutzniveau des Arbeitsrechts nicht hinter dem des allgemeinen Zivilrechts zurückbleiben solle. Nach Sinn und Zweck der Verbraucherbestimmungen des BGB, die ja dem Schutz des strukturell Unterlegenen dienen, ist der Arbeitnehmer sogar typischerweise im Zusammenhang mit seinem Arbeitsverhältnis ebenso schutzbedürftig wie der »normale« Verbraucher.

bb) Ein Widerrufsrecht aus § 312g BGB steht A jedoch nur dann zu, wenn es sich bei dem Aufhebungsvertrag um einen außerhalb von Geschäftsräumen geschlossenen Vertrag gehandelt hat. Dagegen kann zunächst einmal sprechen, dass der Vertrag gerade in den

Geschäftsräumen des B geschlossen worden ist. Insbesondere dürfte es aber, wie die Rechtsprechung bereits zu § 312 BGB a.F. angenommen hat, an der sogenannten besonderen Vertriebsform fehlen, die die Überschrift des Untertitels 2 des 3. Abschnitts des 2. Buchs des BGB weiterhin erwähnt. Ort für Verhandlungen zwischen Arbeitgeber und Arbeitnehmer hinsichtlich des Arbeitsverhältnisses ist nämlich typischerweise der Arbeitsplatz bzw. der Betrieb des Arbeitgebers.

In diesem Fall fehlt das spezifische situative Überraschungsmoment, dem das Widerrufsrecht gemäß § 312g BGB auch nach der Neuregelung Rechnung tragen soll. Es liegt in diesem Fall bei teleologischer Betrachtung kein Rechtsgeschäft vor, bei dem der Arbeitnehmer gerade vor einer Überrumpelung geschützt werden muss.

Folglich handelt es sich bei dem zwischen A und B geschlossenen Aufhebungsvertrag nicht um einen außerhalb von Geschäftsräumen geschlossenen Vertrag im Sinne von § 312 BGB. Ein Widerruf nach Maßgabe der §§ 312g, 355 BGB scheidet somit mangels Widerrufsrechts aus.

b) Möglicherweise kann A seine Bindung an den Aufhebungsvertrag vermittels Anfechtung gemäß § 123 BGB wegen widerrechtlicher Drohung seitens des B beseitigen.

aa) Die Anfechtungsregeln sind im vorliegenden Fall anwendbar.

bb) A muss der Anfechtungsgrund des § 123 Abs. 1 2. Fall BGB zur Seite stehen. Er muss zum Abschluss des Aufhebungsvertrags widerrechtlich durch Drohung bestimmt worden sein. Unter Drohung ist das Inaussichtstellen eines künftigen Übels zu verstehen, wobei ein Übel jeder Nachteil ist. B hat gegenüber A angekündigt, dass er ihn »fristlos rausschmeißen« werde, wenn er den Aufhebungsvertrag nicht unterzeichnet. B will A also außerordentlich kündigen, wenn dieser sich auf den Vertrag nicht einlässt. Der Verlust des Arbeitsplatzes ist aus Sicht des A ein solcher Nachteil.

Die Drohung mit der Kündigung muss aber auch widerrechtlich sein. Zweifel hieran bestehen deswegen, weil B möglicherweise aus billigenswerten Motiven zur Drohung mit einer fristlosen Kündigung veranlasst worden ist. Immerhin bestanden aus Sicht des B Anhaltspunkte dafür, dass A seinen Arbeitgeber zuvor im Kreis der Belegschaft durch zum Teil ehrenrührige Missfallenskundgebungen diskreditiert hatte. Es kann insofern nicht schlechthin als widerrechtlich zu bewerten sein, dem Arbeitnehmer eine fristlose Kündigung für den Fall des Nichtabschlusses eines Aufhebungsvertrags in Aussicht zu stellen.

Indessen darf die Kündigungsandrohung zum Schutze der rechtsgeschäftlichen Entschließungsfreiheit des Arbeitnehmers und zur Verhinderung einer Umgehung der gesetzlichen Kündigungsvoraussetzungen nicht willkürlich sein. Es ist zu fragen, ob ein verständiger Arbeitgeber in der Rolle des B eine außerordentliche Kündigung ernsthaft in Betracht gezogen hätte. Entscheidend hierbei ist nicht nur der aktuelle (subjektive) Wissensstand des Arbeitgebers, sondern der hypothetische, also objektiv durch Sachverhaltsaufklärung seitens des Arbeitgebers erreichbare Wissensstand. Nur wenn auch dann die Kündigung mit hoher Wahrscheinlichkeit gerechtfertigt erschiene, ist ihre Androhung nicht widerrechtlich.

Eine außerordentliche Kündigung wäre nur dann gerechtfertigt, wenn sowohl an sich als auch unter Berücksichtigung der Einzelfallumstände nach Maßgabe einer umfassenden Interessenabwägung die dem B anonym zugetragenen Äußerungen des A einen wichtigen

Grund zur Kündigung im Sinne des § 626 BGB darstellten. Grundsätzlich kann eine schwerwiegende Beleidigung des Arbeitgebers eine fristlose Kündigung rechtfertigen. Hier ist jedoch zu berücksichtigen, dass es sich bei den Äußerungen des A um einen einmaligen und zudem unbewiesenen Vorgang handelt.

B hätte zunächst eine umfassende Sachverhaltsklärung betreiben und A entsprechend den zur Verdachtskündigung entwickelten Grundsätzen zu den Vorwürfen hören müssen. Da nicht schlechthin ehrabschneidende Bemerkungen, sondern eher polemisch vorgetragene Kritik in Rede steht, hätte B den A zudem als milderes Mittel zunächst abmahnen müssen. Ein verständiger Arbeitgeber hätte eine fristlose Kündigung somit insgesamt nicht in Betracht gezogen. Die Drohung hiermit durch B war folglich widerrechtlich.

Der Anfechtungsgrund des § 123 Abs. 1 2. Alt. BGB liegt vor.

cc) A muss die Anfechtung fristgerecht gegenüber B erklären, §§ 124, 143 BGB.

Ergebnis: Es ist festzuhalten, dass A seine Aufhebungsvertragserklärung anfechten kann. Sofern er dies tut, ist er an den Aufhebungsvertrag nach Maßgabe des § 142 BGB nicht gebunden.

II. Der Zeugnisanspruch

A kann gegen B einen Anspruch auf Erteilung eines wohlwollend formulierten, schriftlichen Dienstzeugnisses haben.

1.) Grundlage für den Zeugnisanspruch ist § 109 GewO. Dabei hat A die Wahl zwischen einem sogenannten einfachen oder einem qualifizierten Zeugnis, § 109 Abs. 1 Sätze 2 und 3 GewO.

2.) Fraglich ist, ob der von B in Aussicht gestellte Inhalt des Zeugnisses zulässig ist. Was Inhalt des Zeugnisses werden darf, ergibt sich insbesondere aus § 109 Abs. 2 GewO. Danach muss das Zeugnis klar und verständlich formuliert sein; Geheimzeichen sind unzulässig. Darüberhinausgehend ist anerkannt, dass das Zeugnis einheitlich, vollständig und wahrheitsgemäß formuliert sein und die Fassung von einem verständigen Wohlwollen gegenüber dem Arbeitnehmer getragen sein muss.

Der Arbeitgeber darf also insbesondere – in den Grenzen der Wahrheitspflicht – das berufliche Fortkommen des Arbeitnehmers nicht erschweren. Sofern A ein einfaches Zeugnis im Sinne von § 109 Abs. 1 Satz 2 GewO verlangt, dürfte abgesehen von Art und Dauer der Tätigkeit nichts vermerkt werden. Wünscht A hingegen ein qualifiziertes Zeugnis nach § 109 Abs. 1 Satz 3 GewO, so muss B auch das Verhalten des A beurteilen.

Die Bemerkung über eine (vermeintliche) »querulatorische Ader« ist allerdings unzulässig. Es handelt sich dabei um eine von konkreten, das Arbeitsverhältnis betreffenden Tatsachen isolierte Bewertung des Charakters des A. Auch die Erwähnung der Gewerkschaftszugehörigkeit des A ist unzulässig, da sie keine Aussage über die typischen Verhältnisse im Arbeitsverhältnis zwischen A und B trifft, sondern davon isoliert ist.

Ergebnis: B dürfte das Zeugnis des A mithin nicht so formulieren, wie er es angekündigt hat.

5. Abschnitt

Der Betriebsübergang nach § 613a BGB, Voraussetzungen und Rechtsfolgen

Fall 18

Haute Cuisine

Der B betreibt ein italienisches Feinschmeckerrestaurant. Dort arbeiten 15 Beschäftigte, unter anderem die Kellner A, F und M. Im Januar 2019 verkauft B das Restaurant an den K. K will das Geschäft allerdings mit französischer Küche fortführen. Das Preisniveau soll gleich (hoch) bleiben; K hofft zudem, dass die bisherige Kundschaft ebenso gern französisch wie italienisch speist. Die Angestellten werden über den Verkauf nicht informiert. Das Restaurant bleibt eine Woche geschlossen, um die italienischen durch französische Accessoires auszutauschen. Anschließend will K dem A kündigen. Der A meint, das sei ausgeschlossen, da ein Betriebsübergang vorliege und weist darauf hin, dass K das gesamte hervorragend ausgebildete Küchenpersonal behalten habe. F war einige Zeit krank und erklärt sechs Wochen, nachdem er von dem Verkauf des Restaurants per Zufall aus der Zeitung erfahren hat, nunmehr schriftlich, dass er nicht zu K wechseln wolle. M schließlich ist egal, wer sein Arbeitgeber ist. Er arbeitet daher normal weiter. Als M dann aber sein Gehalt nicht ausbezahlt bekommt, wendet er sich an K, der sich indessen nicht verpflichtet meint, da er den Unternehmenskauf zwischenzeitlich wirksam angefochten hat. K meint, B müsse daher für die Gehaltszahlungen aufkommen.

F, A und M fragen nach der Rechtslage.

Schwerpunkte: Der Betriebsübergang gemäß § 613a BGB; der Grundtatbestand; die drei Voraussetzungen des Überganges; Inhaberwechsel und Betriebsübergang durch Rechtsgeschäft; das Kündigungsverbot des § 613a Abs. 4 Satz 1 BGB; Informationspflichten und Widerspruchsrecht, § 613a Abs. 5 und 6 BGB; die Folgen der Unwirksamkeit des Grundgeschäfts.

Lösungsweg

Das Arbeitsverhältnis des F, der dem Wechsel widersprochen hatte

I.) Ursprünglich bestand ein Arbeitsverhältnis zwischen F und B.

II.) Das Arbeitsverhältnis kann aber nach § 613a Abs. 1 BGB auf K übergegangen sein.

1.) Dann muss ein Betriebsübergang nach § 613a Abs. 1 BGB (bitte lesen) vorliegen. Erforderlich dafür sind folgende drei Tatbestandsmerkmale:

a) Übergang eines Betriebs oder Betriebsteils

b) auf einen neuen Inhaber

c) durch Rechtsgeschäft

Danach sind z.B. Stilllegungen keine Betriebsübergänge im Sinne des § 613a BGB, da es ja an einem neuen Inhaber fehlt (zum Exklusivitätsverhältnis von Betriebsübergang und Betriebsstilllegung: BAG NZA **2003**, 93; **1987**, 700; *Palandt/ Weidenkaff* § 613a BGB Rz. 13; *Soergel/Raab* § 613a BGB Rz. 23; *Staudinger/Annuß* § 613a BGB Rz. 84 ff.). Auch die sogenannten share deals (= Kauf der Gesellschaftsanteile) sind keine Betriebsübergänge, da der Rechtsträger – die Gesellschaft – derselbe bleibt, auch wenn sich die Anteilseigner ändern (BAG NJW **1991**, 247; ErfKomm/*Preis* § 613a BGB Rz. 43; Gleiches gilt für die formwechselnde Umwandlung nach §§ 190 ff. UmwG). Neudeutsch nennt man den klassischen Betriebsübergang übrigens auch (im Unterschied zum eben genannten »share deal«) »asset deal«.

a) Das problematischste dieser drei eben benannten Merkmale war früher ohne Zweifel das des »Übergangs eines Betriebes«. Das lag daran, dass die Auslegung des § 613a BGB, der ein weiteres Beispiel für den Einfluss europäischen Rechts auf das deutsche Arbeitsrecht darstellt (Betriebsübergangs-Richtlinie 77/187/EWG, geändert durch RL 98/50/EWG; konsolidierte Fassung RL 2001/23/EG), zwischen EuGH und BAG stets umstritten gewesen ist. Seit dem Jahr 1997 folgt das BAG allerdings der Rechtsprechung des EuGH (NZA **1998**, 249 und 251; NZA **2003**, 93): Folglich muss man an dieser Stelle zum Glück nichts mehr streitig erörtern; nach wie vor liegt hier aber in der Klausur der größte Argumentationsaufwand:

Die Darstellung hat sich an Folgendem zu orientieren: Nach Art. 1 Abs. 1b RL 2001/23/EG, auf dem die aktuelle Rechtsprechung des EuGH zu Fragen des Betriebsübergangs basiert, liegt ein Betriebsübergang vor, wenn es sich um einen Übergang einer ihre Identität bewahrenden wirtschaftlichen Einheit im Sinne einer organisierten Zusammenfassung von Ressourcen zur Verfolgung einer wirtschaftlichen Haupt- oder Nebentätigkeit handelt. Diese Definition hat das **BAG** im Prinzip übernommen, indem es formuliert, dass ein Betriebsübergang vorliegt,

»*… wenn die wirtschaftliche Einheit ihre Identität wahrt, wobei der Begriff ›Einheit‹ sich auf eine organisierte Gesamtheit von Personen und Sachen zur auf Dauer angelegten Ausübung einer wirtschaftlichen Tätigkeit mit eigener Zielsetzung bezieht.*« (BAG NZA-RR **2017**, 123; BAGE **148**; 168; BAG NZA **2008**, 1130; BAG NZA **1997**, 1050).

Für die **Feinkostliebhaber:** Seit einigen Jahren wird wieder verstärkt über die Frage der Identitätswahrung diskutiert. Der Grund hierfür liegt darin, dass der EuGH (→ NZA **2009**, 251) entschieden hat, dass die Betriebsidentität auch dann erhalten bleiben könne, wenn der übergegangene Betrieb(-steil) vollständig und unter Auflösung der bisherigen Organisationsstruktur in den übernehmenden Betrieb eingegliedert würde (hierzu näher *Willemsen* in NZA 2009, 289). Es bleibt abzuwarten, wie das BAG – das den Fall nicht vorgelegt hatte, das war vielmehr das LAG Düsseldorf – künftig in einem vergleichbaren Fall entscheiden wird. Nicht vergleichbar war der Fall BAG NJW **2013**, 2379; dort hat das BAG aber immerhin kurze Ausführungen zur Sichtweise des EuGH gemacht: »Dies ist nicht dahin gehend zu verstehen, dass ein Betriebsübergang stets dann zu bejahen ist, wenn nach einer Übertragung materieller und immaterieller Produktionsfaktoren auf einen Erwerber dieser die Möglichkeit besitzt, den Betrieb unverändert fortzuführen, dies aber nicht tut. Denn entscheidendes Kriterium für den Betriebsübergang ist die tatsächliche Weiterführung der Geschäftstätigkeit, die bloße Möglichkeit allein, den Betrieb unverändert fortführen zu können, reicht für die Annahme eines Betriebsübergangs nicht aus«. Das BVerfG hat eine dagegen gerichtete Verfassungsbeschwerde übrigens nicht zur Entscheidung angenommen (BVerfG WM **2015**, 526).

Ob diese Voraussetzungen gegeben sind, lässt sich anhand einer Gesamtbewertung unter Zugrundelegung der folgenden **sieben** Kriterien – die nicht zwingend alle vorliegen müssen und unter Umständen von unterschiedlichem Gewicht sein können – überprüfen (BAG NZA **2017**, 394; ErfKomm/*Preis* § 613a BGB Rz. 11–36):

→ Art des betroffenen Betriebes
→ etwaiger Übergang der materiellen Betriebsmittel
→ Wert der immateriellen Aktiva im Zeitpunkt des Betriebsübergangs
→ etwaige Übernahme der Hauptbelegschaft durch den Übernehmer
→ etwaiger Übergang der Kundschaft
→ Grad der Ähnlichkeit zwischen der vor und nach dem Übergang verrichteten Tätigkeiten
→ Dauer einer evtl. Unterbrechung dieser Tätigkeiten.

Es gilt daher, in der Klausur oder Hausarbeit die oben benannte Formulierung des BAG hinzuschreiben, dann anhand der Anhaltspunkte im Sachverhalt die genannten Kriterien abzuarbeiten und auf diese Art und Weise zu prüfen, ob die wirtschaftliche Einheit tatsächlich identitätswahrend übergegangen ist (BAG NZA **2017**, 394). Und genau das – also die klassische Subsumtion eines Sachverhaltes unter eine Definition – machen wir jetzt, um herauszufinden, ob im vorliegenden Fall der Übergang eines Betriebes im Sinne des § 613a BGB vorliegt:

Die Art des Betriebes ist vom Grundsatz unverändert; es handelt sich um ein Restaurant, also um einen gemischten Dienstleistungs- und Herstellungsbetrieb. Damit liegt die Prägung auf den Betriebsmitteln wie Küche und Lokalausstattung **und** ebenso auf dem Know-how, vor allem natürlich des Kochs, aber auch des übrigen Personals. Durch die Festlegung der Betriebsart ist folglich vorgegeben, auf welche Kriterien es für die Prüfung des Übergangs (= der Kontinuität) vorrangig ankommt. Des Weiteren gehen die materiellen Betriebsmittel über. Aus dem Sachverhalt geht hervor, dass lediglich Accessoires ausgetauscht werden; diese sind aber z.B. im Verhältnis zur Kücheneinrichtung irrelevant. Auch übernimmt K die Hauptbelegschaft; man wird sagen können und müssen, dass dies in einem Restaurant das Küchenpersonal – und je nach Art des Restaurants natürlich auch Kellner, Sommelier, Köbes usw. – ist. Da das Konzept des Restaurants nicht vollständig geändert wird, darf man den Übergang der Kundschaft, ebenso wie es ja auch K tut, vermuten. Auch ist die Ähnlichkeit der Betriebsführung vor und nach dem Übergang gewährleistet: Es handelt sich um hochpreisige Feinschmeckerküche im gehobenen Ambiente; die Tatsache, dass jetzt französisch gekocht wird, zuvor aber italienisch, fällt demgegenüber nicht ins Gewicht (**anders** übrigens das BAG in einem Fall, wo eine Gaststätte mit gutbürgerlicher Küche und Kegelbahn in ein arabisches Spezialitätenrestaurant umgewandelt wurde: NJW **1998**, 1253). Auch die Unterbrechung des Restaurantbetriebs für nur eine Woche ist unerheblich. Hier ist darauf abzustellen, ob die Unterbrechung wirtschaftlich relevant ist, was gerade im Dienstleistungsbereich der Fall ist, wenn sich die früheren Kunden wegen der Unterbrechungsdauer an andere Anbieter wenden, sodass erst neue Kunden gewonnen werden müssen.

ZE.: Demnach liegt im vorliegenden Fall der Übergang eines Betriebes im Sinne des § 613a Abs. 1 BGB vor.

b) Zu klären ist des Weiteren, ob es zu einem echten Inhaberwechsel gekommen ist. Dafür prüft man zunächst, ob Veräußerer und Erwerber rechtsgeschäftlich in Kontakt getreten sind, und anschließend, ob der Erwerber tatsächlich die Leitungsmacht erhalten hat (BAG NJW **2000**, 3226; BAG NJW **1999**, 1130).

Beachte: Es ist ausweislich des Wortlauts von § 613a BGB **nicht** erforderlich, dass das der Übertragung zugrunde liegende Rechtsgeschäft zwischen dem bisherigen und dem neuen Betriebsinhaber zustande kommt (*Palandt/Weidenkaff* § 613a BGB Rz. 16). So kann beispielsweise auch die Neuverpachtung eines Betriebs oder Betriebsteils als Betriebsübergang zu bewerten sein (BAG NJW **1981**, 2212; EuGH NZA **2003**, 1385 mit Anmerkung von *Schnitker/Grau* in BB 2004, 275 und *Willemsen/Annuß* in DB 2004, 134). In diesem Fall wird der Pachtvertrag zwischen Eigentümer und Neupächter geschlossen, während der Altpächter hieran gänzlich unbeteiligt ist (BAG NJW **1981**, 2212).

Hier liegt ein Rechtsgeschäft zwischen B und K vor. Der Betriebsübergang im Sinne des § 613a BGB erfordert außerdem, dass der Erwerber objektiv die Leitungsmacht im Verhältnis zu den Arbeitnehmern übernommen hat (BAG NZA **2003**, 318; ErfKomm/*Preis* § 613a BGB Rz. 59; *Schaub/Ahrendt* § 117 Rz. 31). Bei der Beurteilung, ob ein Betriebsübergang vollzogen ist, ist auf den Zeitpunkt abzustellen, in dem der Erwerber in die **betriebliche Organisation** eintritt. Ab diesem Zeitpunkt nämlich ist der Erwerber in der Lage, die betrieblichen Geschicke zu übernehmen (BAG NZA **1999**, 1131; BAG NZA **1993**, 643; BAG DB **1985**, 2411). Die Voraussetzung der tatsächlichen Leitungsmacht ist hier erfüllt, da K den Betrieb bereits unabhängig von B fortführt.

c) Allerdings hat K den Kaufvertrag, der die rechtliche Grundlage des Überganges darstellte, mittlerweile wirksam angefochten (steht ausdrücklich so im Sachverhalt, muss also nicht erst geprüft werden!). Insoweit ist zu erwägen, ob durch die **Rückwirkung** der Anfechtung nach § 142 Abs. 1 BGB der Betriebsübergang nicht mangels Rechtsgeschäfts als von Anfang unwirksam zu betrachten ist. Dies hätte konkret zur Folge, dass B doch der Arbeitgeber des F geblieben wäre.

> **Aber:** Auch bei Problemen der Wirksamkeit des zugrundeliegenden Rechtsgeschäfts ist die Frage nach dem Übergang der tatsächlichen **Leitungsmacht** ausschlaggebend. Die Nichtigkeit des Grundgeschäfts beseitigt diesen Übergang für sich genommen nämlich nicht (BAG NZA **1997**, 94; BAG NJW **1986**, 453; *Schaub/Ahrendt* § 117 Rz. 31). Der Übergang der Arbeitsverhältnisse ist eben gerade nicht allein an ein Rechtsgeschäft, sondern vor allem an die tatsächlichen »arbeitstechnischen« Übernahmeumstände geknüpft. Das »Rechtsgeschäft« im Sinne des § 613a BGB ist somit nicht zwingend an die Wirksamkeit des schuldrechtlichen Grundgeschäfts gebunden; vielmehr ausschlaggebend ist in diesem Fall das Einverständnis mit der Übernahme der tatsächlichen Organisationsgewalt, also der tatsächliche und einverständliche Eintritt in die Inhaberstellung (*Müller-Glöge* in NZA 1999, 449).

Somit wird weder der Betriebsübergang selbst noch der damit verbundene Übergang der Arbeitsverhältnisse durch die Anfechtung des Kaufvertrages beseitigt (BAG NZA **1997**, 94; BAG DB **1986**, 2411).

<u>**ZE.**</u>**:** Daher ändert die Anfechtung des K nichts an dem Übergang der Arbeitsverhältnisse nach § 613a Abs. 1 BGB.

3.) F hat dem Betriebsübergang allerdings schriftlich widersprochen. Dieses Recht steht ihm nach § 613a Abs. 6 BGB zu (bitte lesen), war aber auch schon vor der noch vergleichsweise jungen Neufassung des § 613a BGB (Gesetz v. 23.03.2002, BGBl. I 1163, in Umsetzung von Art. 7 VI RL 2001/23/EG) in ständiger Rechtsprechung vom BAG anerkannt (AP Nr. 1, 10, 21 und 103 zu § 613a BGB). Als Rechtsfolge des Widerspruchs geht das Arbeitsverhältnis nicht auf den Erwerber über. Indessen hat unser F ausweislich des Sachverhalts die **Monatsfrist** des § 613a Abs. 6 BGB nicht eingehalten, sondern erst nach sechs Wochen reagiert. Diese Monatsfrist läuft jedoch nur, wenn die Arbeitnehmer ordentlich informiert wurden (lies § 613a Abs. 5 BGB). Hier hat F von dem Übergang nur aus der Zeitung erfahren. Daher läuft die Monatsfrist des § 613a Abs. 6 BGB nicht. Der Widerspruch ist folglich auch nicht verspätet.

<u>**ZE.**</u>**:** Damit bleibt das Arbeitsverhältnis zwischen F und B bestehen.

Ein bisschen Nachschlag noch:

Damit ist der Fall im Hinblick auf den F nach den hier gegebenen Informationen eigentlich beendet. Da aber nach der »Rechtslage« gefragt ist, sei ergänzend noch angemerkt, dass B dem F jetzt **betriebsbedingt** kündigen kann und das höchstwahrscheinlich auch tun wird, denn was soll er mit einem Kellner ohne Restaurant? Das KSchG ist hier gemäß den §§ 1 Abs. 1, 23 Abs. 1 KSchG anwendbar. In Betracht kommt eine betriebsbedingte Kündigung nach § 1 Abs. 2 Satz 1 KSchG. Diese betriebsbedingte Kündigung wäre dann unproblematisch wirksam (zur Kündigungsfrist vgl. EuGH NZA **2017**, 585), da B keinerlei Beschäftigungsmöglichkeiten mehr hat. Dies ist übrigens kein Fall des Kündigungsverbots des § 613a Abs. 4 Satz 1 BGB, denn die Kündigung erfolgt zwar zeitlich nach einem Betriebsübergang, der Grund ist hier aber nicht die Verhinderung des Übergangs des Arbeitsverhältnisses, sondern der Wegfall des Arbeitsplatzes bei dem alten Arbeitgeber (ErfKomm/*Preis* § 613a BGB Rz. 106; *Palandt/Weidenkaff* § 613a BGB Rz. 54).

Feinkost: Problematisch kann die betriebsbedingte Kündigung im Fall eines bloßen **Betriebsteilübergangs** sein. Dann verfügt der Veräußerer ja noch über andere Arbeitsplätze, sodass es sich im Ergebnis um den »Normalfall« einer betriebsbedingten Kündigung handelt, die dementsprechend nur wirksam ist, wenn zuvor die Sozialauswahl nach § 1 Abs. 3 KSchG ordnungsgemäß durchgeführt wurde. Hier stellt sich dann die Frage, ob zulasten des Widersprechenden berücksichtigt werden kann, dass er einen ihm angebotenen Arbeitsplatz beim Betriebserwerber durch seinen Widerspruch abgelehnt hat: Es besteht schließlich die Gefahr, dass im Ergebnis ein Dritter, nämlich ein sozial weniger schutzbedürftiger Arbeitnehmer, die Folgen des Widerspruchs »ausbaden« (= Arbeitsplatzverlust) muss. Zum Teil wurde deshalb verlangt, dass im Rahmen der Sozialauswahl überprüft wird, ob **sachliche Gründe** für den Widerspruch vorlagen (*Lippinski* in DB 2002, 1214). Das hat zwar auch das BAG früher (z.B. in NJW **1999**, 3508) so gesehen, mittlerweile hat es seine Rechtsprechung aber so geändert (jetzt: NZA **2008**, 33), dass die Gründe für den Widerspruch des Arbeitnehmers gegen den Betriebsübergang im Rahmen der Sozialauswahl nicht zu berücksichtigen sind (ebenso ErfKomm/*Preis* § 613a BGB Rz. 108, dort allerdings mit dem Verlangen, eine »erweiterte Rechtsmissbrauchskontrolle« durchzuführen; *Schaub/Linck* § 135 Rz. 22 mit dem Hinweis auf das Maßregelungsverbot des § 612a BGB; *Palandt/Weidenkaff* § 613a Rz. 54). Der Grund dafür ist einfach und auch einleuchtend: § 1 Abs. 3 KSchG – wir sahen es bereits oben (Fall 11) – normiert seit dem 01.01.2004 die sozialen Auswahlkriterien abschließend. Hätte der Gesetzgeber gewollt, dass nach dem Widerspruch eines Arbeitnehmers gegen einen Betriebsübergang etwas anderes gelten soll, hätte er das ja ausdrücklich sagen können. Hat er aber nicht. Merken.

Ergebnis: Das Arbeitsverhältnis des F ist entgegen der Regelfolge des § 613a Abs. 1 BGB nicht auf den K übergegangen, da F diesem Übergang wirksam widersprochen hat. F ist damit zwar theoretisch noch Arbeitnehmer des B; dieser kann das Arbeitsverhältnis jedoch mangels noch vorhandener Arbeitsplätze mittels einer betriebsbedingten Kündigung beenden.

Das Arbeitsverhältnis des A, dem K gekündigt hatte

1.) Ursprünglich war A ein Arbeitnehmer des B. Durch den Betriebsübergang ging nach § 613a Abs. 1 BGB das Arbeitsverhältnis des A auf den K über, da A nicht widersprochen hat und die Anfechtung des Kaufvertrages durch den K insoweit unerheblich ist (vgl. oben).

2.) Das Arbeitsverhältnis des A könnte aber durch die Kündigung des K beendet worden sein. Indes greift hier jetzt das Kündigungsverbot des § 613a Abs. 4 Satz 1 BGB (lesen!) in Verbindung mit **§ 134 BGB** ein. Danach ist eine Kündigung des Arbeitsverhältnisses eines Arbeitnehmers unwirksam, wenn sie gerade wegen des Betriebsübergangs ausgesprochen wird. Dass die Kündigung auf einem anderen Grund beruht und deshalb nach § 613a Abs. 4 Satz 2 BGB möglich bleibt, ist hier nicht ersichtlich.

Ergebnis: Die Kündigung des A durch K ist also gemäß § 613a Abs. 4 S. 1 BGB in Verbindung mit § 134 BGB nichtig.

Die Gehaltsansprüche des M (K zahlt nicht wegen der Anfechtung)

1.) Gehaltsanspruch gegen den B

M könnte gegen B einen Anspruch auf Lohnzahlung aus § 611a Abs. 2 BGB in Verbindung mit dem Arbeitsvertrag haben.

a) Allerdings ist der ursprünglich zwischen M und B bestehende Arbeitsvertrag durch den Betriebsübergang nach § 613a Abs. 1 BGB auf den K übergegangen, da M dem Übergang nicht widersprochen hat und die Anfechtung durch K insoweit unerheblich ist (vgl. oben).

b) Auch ein Anspruch des M gegen B aus den §§ 611a Abs. 2, 613a Abs. 2 Satz 1 BGB (bitte lesen) in Verbindung mit dem Arbeitsvertrag besteht nicht, da der geltend gemachte Gehaltsanspruch erst **nach** dem Betriebsübergang auf K entstanden ist. Somit scheidet ein Gehaltsanspruch des M gegen B aus § 611a Abs. 2 BGB in Verbindung mit dem Arbeitsvertrag grundsätzlich aus.

<u>ZE.</u>: M hat keine Gehaltsansprüche gegen B.

2.) Gehaltsanspruch des M gegen K

M könnte gegen K einen Anspruch auf Gehaltszahlung gemäß § 611a Abs. 2 BGB haben.

a) Der ursprünglich zwischen M und B bestehende Arbeitsvertrag ist auf den K übergegangen (s.o.); die Anfechtung durch K ist insoweit unerheblich.

b) M ist auch seiner Vorleistungspflicht gemäß § 614 BGB (bitte lesen) nachgekommen. Damit ist der Gehaltsanspruch in der im Arbeitsvertrag vereinbarten Höhe entstanden. Insoweit beachten die Feinkostliebhaber bitte, dass § 614 BGB eine Sonderregelung gegenüber § 271 BGB ist. Die praktische Bedeutung des § 614 BGB ist im Arbeitsrecht aber dennoch eher gering, da er häufig durch Tarifvertrag oder Betriebsvereinbarung abbedungen wird (*Palandt/ Weidenkaff* § 614 BGB Rz. 1).

Ergebnis: M hat einen Gehaltsanspruch gegen K aus § 611a Abs. 2 BGB in Verbindung mit dem Arbeitsvertrag.

Das Allerletzte

Zum Schluss und als Abrundung der Thematik wollen wir noch kurz einen Blick auf eine BAG-Entscheidung zum Betriebsübergang aus dem August 2016 werfen (NZA-RR **2017**, 123), die sich wegen ihres durchaus überraschenden Ausgangs ziemlich prima als Prüfungsaufgabe eignet. Das Fällchen spielt im schönen Halle an den Saale (= Sachsen-Anhalt) und betrifft die Branche der Rettungsdienste. Folgendes hatte sich zugetragen (hier: leicht vereinfacht):

Der Rettungsdienst des diakonischen Werkes (R) beschäftigt innerhalb seines Zuständigkeitsbereiches, der sich über mehrere Gemeinden erstreckt, insgesamt 41 Mitarbeiter und verfügt über (im Jahre 2003 angeschaffte) fünf Rettungstransportwagen, einen Krankentransportwagen sowie ein Notarzteinsatzfahrzeug. Im Zuständigkeitsgebiet betreibt der R zudem mehrere Wachen, in denen die Mitarbeiter arbeiten und die Einsätze koordinieren sowie auf die Fahrzeuge zugreifen können. Sämtliche von R genutzten Räumlichkeiten gehören dem Landkreis L, der sie dem R vermietet hat. Eines Tages entschließt sich der L, den Rettungsdienst für das Gebiet selbst zu übernehmen und kündigt sämtliche Mietverträge über die von R genutzten Räumlichkeiten fristgerecht. Anschließend kauft L sieben neue Rettungsfahrzeuge und schreibt bundesweit 50 Stellen für die Errichtung eines neuen Rettungsdienstes aus. Es bewerben sich daraufhin 80 Personen, darunter sämtliche 41 ehemaligen Mitarbeiter des R, die von L mit neuen Arbeitsverträgen dann auch eingestellt werden und ihre Tätigkeit unmitelbar nach Beendigung ihrer Tätigkeit bei R aufnehmen. Eine von L eingestellte, ehemalige Mitarbeiterin des R (M), klagt anschließend auf Feststellung, dass es sich bei dem gesamten Vorgang um einen Betriebsübergang im Sinne des § 613a BGB gehandelt habe und ihr Arbeitsverhältnis gemäß § 613a Abs. 1 Satz 1 BGB übergegangen sei. Die M begründet dies damit, dass bei einem Rettungsdienst die Mitarbeiter bzw. die Belegschaft die » Identität« des Betriebes ausmachten und L zudem auch die vorherigen Räumlichkeiten nutze. Dass L sämtliche beweglichen Betriebsmittel (also die Fahrzeuge) neu angeschafft und nicht die Fahrzeuge des R übernommen habe, sei demgegenüber nachrangig. **Frage**: Stimmt das?

Lösung: Wir haben oben gelernt, dass es bei der Frage nach einem Betriebsübergang darauf ankommt, ob die in Rede stehende wirtschaftliche Einheit nach der Übernahme durch den neuen Inhaber ihre »Identität« bewahrt hat. Hierbei spielen unterschiedliche Gesichtspunkte eine Rolle, namentlich die Art des Unternehmens, der etwaige Übergang von Betriebsmitteln wie Gebäude oder bewegliche Güter, die Übernahme der Hauptbelegschaft durch den neuen Inhaber, der etwaige Übergang der Kundschaft, der Grad der Ähnlichkeit zwischen den vor und nach dem Übergang vollzogenen Tätigkeiten der Arbeitnehmer sowie die Dauer einer eventuellen Unterbrechung dieser Tätigkeiten (BAG NZA-RR **2017**, 123; BAG NZA **2003**, 318; ErfKomm/*Preis* § 613a BGB

Rz. 11–36). **Frage**: Hat der L unter Berücksichtigung dessen mit der Übernahme des Rettungsdienstes die Voraussetzungen des § 613a BGB erfüllt?

Antwort: Das BAG entschied sich im vorliegenden Fall zur Überraschung aller Beteiligten **gegen** einen Betriebsübergang im Sinne des § 613a BGB und begründete dies wie folgt:

»... Im hier zu entscheidenden Fall ist hauptsächlich die ***Belegschaft*** *auf den neuen Inhaber übergegangen, nicht aber die materiellen Werte; der neue Inhaber hat sämtliche Rettungswagen neu erworben ... Zudem nutzt L die eigenen Räumlichkeiten, die vorher an R lediglich vermietet waren. Im Hinblick auf diese Sachlage gilt Folgendes:* ***a)*** *Kommt es bei einem Betrieb im Wesentlichen auf die* ***menschliche Arbeitskraft*** *an, kann eine strukturierte Gesamtheit von Arbeitnehmern trotz des Fehlens nennenswerter materieller oder immaterieller Vermögenswerte eine wirtschaftliche Einheit im Sinne des § 613a BGB darstellen. Wenn eine Einheit ohne nennenswerte Vermögenswerte funktioniert, kann die Wahrung ihrer Identität nach ihrer Übernahme nicht von der Übernahme derartiger Vermögenswerte abhängen. Die Wahrung der Identität der wirtschaftlichen Einheit ist in einem solchen Fall anzunehmen, wenn der neue Betriebsinhaber nicht nur die betreffende Tätigkeit weiterführt, sondern auch einen nach Zahl und Sachkunde wesentlichen Teil des Personals übernimmt ...* ***b)*** *Kommt es nicht im Wesentlichen auf die menschliche Arbeitskraft an, da die Tätigkeit beispielsweise in erheblichem Umfang* ***materielle Betriebsmittel*** *erfordert, ist demgegenüber zu berücksichtigen, ob diese vom alten auf den neuen Inhaber übergegangen sind. Vor diesem Hintergrund kann der Übergang* ***materieller Betriebsmittel*** *ein wesentliches Kriterium sein, aufgrund dessen ein Betriebsübergang anzunehmen ist. Allein in der bloßen Fortführung einer Tätigkeit durch einen anderen (›Funktionsnachfolge‹) oder der bloßen Auftragsnachfolge zeigt sich kein Betriebs(teil)übergang ...*

c) *... Unter Berücksichtigung dessen ist die wirtschaftliche Einheit ›Rettungsdienst‹ nicht unter Wahrung ihrer Identität von R auf den Landkreis L übergegangen. Zwar führt der beklagte L ohne zeitliche Unterbrechung den Rettungsdienst selbst durch und nutzt hierfür die zuvor von R genutzten Rettungswachen samt Inventar. Auch beschäftigt der beklagte L all diejenigen Personen, die zuvor für den R tätig waren. Dabei kann zunächst offenbleiben, ob und ggf. wie sich im Rahmen der Gesamtbewertung der Umstand auswirken kann, dass der Beklagte mehr Personal im Rettungsdienst beschäftigt als zuvor bei R zum Einsatz kam (jetzt 50, vorher 41 Personen). Ein Betriebsübergang i.S.v. § 613a Abs. 1 BGB scheitert vorliegend jedenfalls daran, dass der Beklagte* ***sämtliche Fahrzeuge,*** *mit denen der R den Rettungsdienst durchführte, nämlich die fünf Rettungswagen, den Krankentransportwagen sowie das Notarzteinsatzfahrzeug,* ***nicht übernommen*** *hat. Diesen Fahrzeugen kommt im Rahmen der vorzunehmenden Gesamtbewertung neben dem Personal und den Rettungswachen eine* ***identitätsbestimmende*** *Wirkung zu. Sie sind für die wirtschaftliche Einheit ›Rettungsdienst‹ unverzichtbar. Entgegen der Annahme des Landesarbeitsgerichts sind zwar nicht (ausschließlich) die materiellen Betriebsmittel – insbesondere die Fahrzeuge – für den Betrieb ›Rettungsdienst‹ identitätsbestimmend. Vielmehr wird die Identität des Rettungsdienstes ebenso durch das Rettungspersonal mitgeprägt, das für die ordnungsgemäße Durchführung des Rettungsdienstes unverzichtbar ist, über eine bestimmte Ausbildung/Qualifizierung verfügen muss und nicht* *ohne Weiteres durch anderes Rettungspersonal ersetzt werden kann. Vorliegend wird die Identität des Rettungsdienstes aber vor allem durch die Fahrzeuge, die der beklagte L gerade* ***nicht*** *übernommen hat, entscheidend mitgeprägt. Auch diese sind nämlich für die Durchführung des Rettungsdienstes* ***unverzichtbar****, und zwar aus den folgenden Gründen: Die Fahrzeuge müssen bestimmten Vorgaben im Hinblick auf die medizintechnische Ausstattung genügen. Die im Rettungsdienst eingesetzten Rettungsmittel müssen dem Stand der Technik entsprechen. Nach § 2 Abs. 2 RettDVO-LSA sind die Fahrzeuge für die Notfallrettung bzw. für den qualifizierten Krankentransport auszustatten. Dies schließt die Ausstattung mit der erforderlichen medizintechnischen Ausrüstung mit ein. Im vorliegenden Fall hat L die von R im Jahre 2003 angeschafften Wagen nicht übernommen, sondern vielmehr neue Fahrzeuge mit entsprechend aktualisierter Technik erworben. Bereits aus diesem Grund kommt die Einheit ›Rettungsdienst‹ – entgegen der Rechtsauffassung der Klägerin – nicht ohne nennenswerte materielle Vermögenswerte aus, es kommt beim Rettungsdienst damit* ***nicht*** *– wie die Klägerin behauptet – im Wesentlichen auf die menschliche Arbeitskraft an. Ein Betriebsübergang im Sinne des § 613a BGB war daher zu verneinen, da vorliegend zwar die Belegschaft übernommen wurde, nicht aber auch die zwingend notwendigen Betriebsmittel …«* (→ BAG NZA-RR **2017**, 123)

Man sieht es: Bei der Frage nach einem möglichen Betriebsübergang müssen stets die Umstände des Einzelfalls umfassend gewürdigt werden. Und auch, wenn es vorliegend auf den ersten Blick nicht danach aussah, lässt sich hier die Ablehnung eines Betriebsübergangs im Sinne des § 613a BGB durchaus gut und nachvollziehbar begründen, und das, obwohl der neue Inhaber die gesamte Belegschaft übernommen hat (vgl. die Einzelheiten bei BAG NZA-RR **2017**, 123). Und wer hätte das gedacht?

Gutachten

I. Arbeitsverhältnis des F

1.) Ursprünglich stand F in einem Arbeitsverhältnis mit B.

2.) Möglicherweise ist dieses Arbeitsverhältnis im Zuge der Veräußerung des Restaurants durch B an K kraft Gesetzes gemäß § 613a Abs. 1 S. 1 BGB auf K übergegangen. Voraussetzung hierfür ist das Vorliegen eines Betriebsübergangs im Sinne der Norm. Es muss also ein Betrieb kraft Rechtsgeschäfts auf einen neuen Inhaber übergegangen sein.

a) Ein Betriebsübergang liegt vor, wenn es sich um einen Übergang einer ihre Identität bewahrenden wirtschaftlichen Einheit im Sinne einer organisierten Zusammenfassung von Ressourcen zur Verfolgung einer wirtschaftlichen Haupt- oder Nebentätigkeit handelt. Ob diese Voraussetzungen gegeben sind, ist im Rahmen einer umfassenden Gesamtbetrachtung unter Berücksichtigung insbesondere der Art des betroffenen Betriebes sowie der Einzelfallumstände zu ermitteln. Bei dem Betrieb eines Restaurants handelt es sich um eine betriebsmittelintensive Tätigkeit, sodass der Übernahme des Inventars durch den fraglichen Betriebserwerber eine wichtige Bedeutung für die Frage des Betriebsübergangs zukommt. Die Tatsache, dass K Küche, die meisten Gerätschaften und Räumlichkeiten übernimmt, stellt folglich ein gravierendes Indiz für die Annahme eines Betriebsübergangs dar. Für das

Vorliegen eines Betriebsübergangs spricht ferner die Übernahme der Hauptbelegschaft durch K. Insbesondere übernimmt K auch das Küchenpersonal als Schlüsselkräfte.

Gegen den identitätswahrenden Übergang einer wirtschaftlichen Einheit kann die Umstellung von italienischer auf französische Küche sowie die Betriebsunterbrechung sprechen. Allerdings ist eine eher geringfügige konzeptionelle Veränderung geplant, da es sich weiterhin um hochpreisige Feinschmeckerküche handeln soll. Damit bleiben Art der Tätigkeit vor und nach der Übertragung sowie nach der Lebenswahrscheinlichkeit auch ein Großteil der Kundschaft des B erhalten. Dies stellt ein Indiz für einen Betriebsübergang dar. Die zeitlich verhältnismäßig kurze Dauer der Betriebsunterbrechung fällt insoweit nicht ins Gewicht.

Bei einer Gesamtwürdigung der Umstände ist festzustellen, dass ein identitätswahrender Übergang einer wirtschaftlichen Einheit vorliegt.

b) Indem K die betriebliche Leitungsmacht in dem Restaurant übernommen hat, ist ein Wechsel in der Person des Betriebsinhabers eingetreten.

c) Die Betriebsübernahme muss schließlich kraft Rechtsgeschäfts erfolgt sein. Mit dem Kaufvertrag ist an sich eine rechtsgeschäftliche Transaktionsgrundlage gegeben. Allerdings wurde dieser von K inzwischen angefochten. Möglicherweise hat die sich aus § 142 Abs. 1 BGB ergebende, ex tunc wirkende Unwirksamkeit des Kaufvertrags zur Folge, dass doch nicht K, sondern weiterhin B der Arbeitgeber des F ist. Allerdings ist nicht die Wirksamkeit des Rechtsgeschäfts, sondern der hier erfolgte Übergang der tatsächlichen Leitungsmacht ausschlaggebend. Die Nichtigkeit des Grundgeschäfts beseitigt diesen Übergang für sich genommen nicht. Somit kann der Betriebsübergang durch die Anfechtung des Kaufvertrages nicht beseitigt werden.

Als Zwischenergebnis ist festzuhalten, dass das Arbeitsverhältnis des F an sich kraft Gesetzes gemäß § 613a Abs. 1 S. 1 BGB auf K übergegangen ist.

2.) Möglicherweise ergibt sich etwas anderes aus der schriftlichen Weigerung des F, für K zu arbeiten. Bei einem Betriebsübergang steht dem Arbeitnehmer das Recht zu, dem Übergang seines Arbeitsverhältnisses auf den neuen Inhaber zu widersprechen, § 613a Abs. 6 BGB. F muss von diesem Gestaltungsrecht wirksam Gebrauch gemacht haben. Allein fraglich ist die Einhaltung der Monatsfrist. Diese wird gemäß § 613a Abs. 6 Satz 1 BGB aber nur ausgelöst, wenn der Arbeitnehmer zuvor gemäß Absatz 5 unterrichtet worden ist. Da F eine entsprechende Mitteilung nicht zugegangen ist, ist der Widerspruch nicht verfristet.

3.) Das Arbeitsverhältnis des F ist im Ergebnis ungeachtet des Betriebsübergangs mit B bestehen geblieben.

II. Arbeitsverhältnis des A

1.) Ursprünglich war A Arbeitnehmer des B. Durch den Betriebsübergang ging nach § 613a Abs. 1 BGB das Arbeitsverhältnis des A auf den K über, da A nicht widersprochen hat und die Anfechtung des Kaufvertrages durch den K insoweit unerheblich ist (s.o.).

2.) Das Arbeitsverhältnis des A kann aber durch die Kündigung des K beendet worden sein. Gemäß § 613a Abs. 4 S. 1 BGB ist eine Kündigung des Arbeitsverhältnisses jedoch unwirksam, wenn diese wegen des Betriebsübergangs ausgesprochen wird. Dass die Kündigung vorliegend auf einem anderen Grund beruht und deshalb nach § 613a Abs. 4 Satz 2 BGB möglich bleibt, ist hier nicht ersichtlich.

Die Kündigung des A durch K ist somit gemäß § 613a Abs. 4 S. 1 BGB i.V.m. § 134 BGB nichtig.

III. Gehaltsansprüche des M

1.) Gehaltsanspruch gegen den B

M kann gegen B einen Anspruch auf Lohnzahlung aus § 611a Abs. 2 BGB i.V.m. dem Arbeitsvertrag haben.

a) Allerdings ist der ursprünglich zwischen M und B bestehende Arbeitsvertrag durch den Betriebsübergang nach § 613a Abs. 1 BGB auf den K übergegangen, da M dem Übergang nicht widersprochen hat und die Anfechtung durch K insoweit unerheblich ist (s.o.).

b) Möglicherweise haftet B dem M gemäß § 613a Abs. 2 S. 1 BGB i.V.m. § 611a Abs. 2 BGB und dem Arbeitsvertrag neben K als Gesamtschuldner für die ausstehenden Lohnansprüche. Dem steht jedoch entgegen, dass die von B geltend gemachten Gehaltsansprüche erst nach dem Übergang des Arbeitsverhältnisses auf K entstanden sind.

Somit scheidet ein Gehaltsanspruch des M gegen B aus § 611a Abs. 2 BGB i.V.m. dem Arbeitsvertrag aus. M hat keine Gehaltsansprüche gegen B.

2.) Gehaltsanspruch des M gegen K

M kann gegen K einen Anspruch auf Gehaltszahlung gemäß § 611a Abs. 2 BGB i.V.m. dem Arbeitsvertrag haben.

Der ursprünglich zwischen M und B bestehende Arbeitsvertrag ist auf den K übergegangen. Die erfolgte Anfechtung des Betriebsübertragungsvertrags steht dem nicht entgegen (s.o.). Ein Arbeitsverhältnis zwischen den Parteien besteht folglich. M ist auch seiner Vorleistungspflicht gemäß § 614 BGB nachgekommen. Damit ist der Gehaltsanspruch in der im Arbeitsvertrag vereinbarten Höhe entstanden.

Ergebnis: M hat einen Gehaltsanspruch gegen K aus § 611a Abs. 2 BGB i.V.m. dem Arbeitsvertrag.

Fall 19

Haute Cuisine II

Wir wollen uns nun vorstellen, dass der Käufer K aus dem vorherigen Fall das Spezialitätenrestaurant im Wege des Betriebsüberganges mit wirksamem Rechtsgeschäft nach § 613a BGB ordnungsgemäß übernommen hat. Unserem K ist allerdings jetzt nicht klar, wie er die Arbeitnehmer bezahlen muss. Bislang galt nämlich für die der X-Gewerkschaft angehörenden Restaurantmitarbeiter der Entgelttarifvertrag X. Der K gehört allerdings nicht dem Arbeitgeberverband X, sondern dem Verband Y an, der mit der Gewerkschaft Y ebenfalls einen Entgelttarifvertrag, der deutlich andere Vergütungsrichtlinien beinhaltet, ausgehandelt hat.

Welcher Tarifvertrag gilt für die Entlohnung der Mitarbeiter?

Und eine letzte Abwandlung: K hat vom Restaurantbetrieb genug und will das Restaurant deshalb auflösen. Er kündigt daher allen Arbeitnehmern betriebsbedingt wirksam zum 30.09.2018. Im August 2018 bekommt er jedoch überraschend ein hervorragendes Kaufangebot durch Z, das er annimmt. Der Z führt das Restaurant bereits im August weiter und teilt allen Arbeitnehmern außer M mit, dass er sie auch nach dem 30.09.2018 beschäftigen werde. Als M davon erfährt, meldet er sich bei Z und meint, auch er müsse nach dem 30.09.2018 weiterbeschäftigt werden.

Stimmt das?

Schwerpunkte: Betriebsübergang, § 613a BGB: Schicksal von Kollektivregelungen nach § 613a Abs. 1 Satz 2 bis 4 BGB; Anwendungsbereich dieser Bestimmungen; Erforderlichkeit kongruenter Tarifbindung; Wiedereinstellungsanspruch gegen Betriebserwerber nach Kündigung wegen geplanter Betriebsstilllegung.

Lösungsweg

Welcher Tarifvertrag gilt?

K muss die übernommenen Mitarbeiter weiterhin nach den Bedingungen des Entgelttarifvertrags X entlohnen, wenn dieser nach dem Betriebsübergang gemäß § 613a BGB für die übernommenen Arbeitsverhältnisse gilt.

1.) Die normative Geltung von Tarifverträgen für ein Arbeitsverhältnis setzt grundsätzlich die **beiderseitige Tarifgebundenheit** von Arbeitgeber und Arbeitnehmer voraus (lies: § 3 Abs. 1 TVG). Vorliegend fehlt es allerdings an der Tarifbindung des K im Hinblick auf den Tarifvertrag X, denn der K unterliegt als Arbeitgeber dem Tarifvertrag Y.

2.) Möglicherweise greift aber die Regelung des § 613a Abs. 1 Satz 2 BGB (aufschlagen). Danach gelten die das Arbeitsverhältnis vor dem Betriebsübergang betreffenden tarifvertraglichen Regelungen als Inhalt des Arbeitsverhältnisses fort. Wie genau das vonstatten gehen soll, ist allerdings nicht geregelt und daher – natürlich – umstritten; das BAG formuliert es so, dass die in Kollektivverträgen geregelten Rechte und Pflichten der Arbeitnehmer als sogenannte »transformierte Normen« in das Arbeitsverhältnis mit dem Erwerber unter Beibehaltung ihres kollektivrechtlichen Charakters eingehen (BAG NZA **2014, 613**; ebenso *Schaub/Ahrendt* § 119 Rz. 5; anders ErfKomm/*Preis* § 613a BGB Rz. 112: Keine Transformation kollektiven Rechts, sondern Rechtsnachfolge des Erwerbers in die kollektivrechtlichen Bindungen des Veräußerers, sogenanntes »Sukzessionsmodell«). Der Sinn und Zweck des § 613a Abs. 1 Satz 2 BGB ist aber eindeutig: Der Schutz der Arbeitnehmer vor einer – nachteiligen – Veränderung ihrer Arbeitsbedingungen zumindest im ersten Jahr nach dem Betriebsübergang (vgl. § 613a Abs. 1 Satz 2 a.E. BGB).

Durchblick: Es handelt sich bei § 613a Abs. 1 Satz 2 BGB um einen Auffangtatbestand; das heißt: Gelten die Kollektivregelungen ohnehin bereits, weil deren Anwendbarkeitsvoraussetzungen wegen identischer Tarifzuständigkeit vorliegen, braucht man den »Umweg« über § 613a Abs. 1 Satz 2 BGB nicht. Die Kollektivregeln wirken dann wie sonst auch **unmittelbar** und **zwingend** für das Arbeitsverhältnis. Das ist im Fall von Betriebsvereinbarungen übrigens immer gegeben, wenn der Betrieb unter Bewahrung seiner betrieblichen Identität übertragen wird (BAG NZA **1995**, 222; BAG NZA **1991**, 639). Dann bleibt schließlich auch der Betriebsrat im Amt, und der Betriebserwerber tritt in die zwischen dem fortbestehenden Betriebsrat und dem Veräußerer getroffenen bestehenden Vereinbarungen ein. Der § 613a Abs. 1 Sätze 2–4 BGB hat daher für Betriebsvereinbarungen nur in zwei Fällen Bedeutung: Zum einen, wenn der übernommene Betrieb mit dem aufnehmenden Betrieb verschmilzt. Und zum anderen, wenn es sich lediglich um einen Betriebsteilübergang handelt. Allerdings nimmt das BAG auch in letztgenanntem Fall eine kollektivrechtliche Weitergeltung an, wenn der abgespaltene Betriebsteil beim Erwerber als eigenständiger Betrieb weitergeführt wird (BAG NZA **2003**, 670).

ZE.: Gemäß § 613a Abs. 1 Satz 2 BGB gelten an sich die Regelungen aus dem alten Tarifvertrag weiter, obwohl der B als Tarifvertragspartner ausgeschieden ist.

3.) Problem: Unser Erwerber K ist aber nun Mitglied des Arbeitgeberverbandes Y, der mit der Gewerkschaft Y und nicht mit der Gewerkschaft X einen Entgelttarifvertrag ausgehandelt hat. Möglicherweise gilt dieser Tarifvertrag Y unter Ausschluss der Transformationswirkung des § 613a Abs. 1 Satz 2 BGB gemäß § 613a Abs. 1 **Satz 3** BGB jetzt für die Restaurantmitarbeiter. Die Voraussetzung der identischen Regelungsmaterie im Sinne des § 613a Abs. 1 Satz 3 BGB ist jedenfalls erfüllt. Hintergrund des § 613a Abs. 1 Satz 3 BGB ist die Rücksichtnahme auf die Interessen des Betriebserwerbers vor allem in Fällen der Verschmelzung des übernommenen Betriebs mit einem bereits vorhandenen Betrieb. Dann hat der Erwerber typischerweise nämlich ein Interesse daran, dass für alle Mitarbeiter dieselben Kollektivregelungen gelten.

Nicht ausdrücklich geregelt ist aber die Frage, ob die Vorschrift des § 613a Abs. 1 Satz 3 BGB auch in den Fällen inkongruenter Tarifbindung gilt, wenn also, wie hier, nur der **Arbeitgeber** an den neuen Tarifvertrag gebunden ist. Nach ganz herrschender Meinung ist dies allerdings nicht der Fall. Vielmehr gilt für die Anwendung des § 613a Abs. 1 Satz 3 BGB grundsätzlich das Erfordernis der **kongruenten** Tarifbindung, soll heißen, dass sowohl Arbeitnehmer als auch Arbeitgeber beide dem jeweiligen Tarifpartner angehören (BAG NZA **2001**, 1318; BAG SAE **2001**, 298; BAG NZA **1986**, 687; MünchKommBGB/*Müller-Glöge* § 613a Rz. 139; *Soergel/Raab* § 613a BGB Rz. 125; *Staudinger/Annuß* § 613a BGB Rz. 228 ff.). Andernfalls nämlich würde der durch § 613a Abs. 1 Satz 2 BGB erreichte Schutz des Arbeitnehmers zu sehr beeinträchtigt (*Soergel/Raab* § 613a BGB Rz. 125). Im Übrigen würde die verfassungsrechtlich gewährleistete (negative) Koalitionsfreiheit der Arbeitnehmer missachtet (MünchKommBGB/ *Müller-Glöge* § 613a BGB Rz. 139). Deshalb muss das eben benannte Vereinheitlichungsinteresse des Arbeitgebers zurücktreten. Ein weiteres Problem in diesem Zusammenhang kann auftreten, wenn zwar beide Seiten an den anderen Tarifvertrag gebunden sind, also die eben benannte kongruente Tarifbindung vorliegt, dieser andere Tarifvertrag für die Arbeitnehmer aber ungünstiger ist. Zwar scheint der Wortlaut des § 613a Abs. 1 Satz 3 BGB insoweit eindeutig zu sein – ist ein anderer Tarifvertrag da, an den beide Seiten gebunden sind, gilt eben dieser Tarifvertrag –, nach einer neueren Entscheidung des EuGH (NZA **2011**, 1077) darf man aber daran zweifeln, ob dies auch weiterhin so einfach behauptet werden kann. Neuere (deutsche) Rechtsprechung dazu gibt's leider noch nicht; falls das gleichwohl – z.B. im Rahmen einer Seminararbeit – von Interesse sein sollte, finden sich brauchbare Erläuterungen zum Ganzen bei *Schaub/Ahrendt* § 119 ab Rz. 10.

ZE.: Der § 613a Abs. 1 Satz 3 BGB findet mangels kongruenter Tarifbindung keine Anwendung. Es bleibt somit bei der Anwendung des § 613a Abs. 1 Satz 2 BGB auf die vorliegenden Arbeitsverhältnisse. K muss sich folglich an den alten Tarifvertrag des B halten, und das, obwohl er selbst gar nicht der Tarifvertragspartei auf Arbeitgeberseite angehört.

Ergebnis: K muss die Arbeitnehmer entsprechend der Regelungen des Entgelttarifvertrages X entlohnen.

Feinkost (schwer): Das alles gilt auch dann, wenn sich der Tarifvertrag »nur noch« im Stadium der Nachwirkung (→ § 4 Abs. 5 TVG) befindet, denn die bloße Möglichkeit, ihn durch eine andere Regelung zu ersetzen, beseitigt nicht seine unmittelbare Wirkung (*Schaub/Ahrendt* § 119 Rz. 7; zu einem österreichischen Fall ebenso EuGH

NZA **2014**, 1092). Allerdings fehlt dem Tarifvertrag dann ja der zwingende Charakter, und dann gilt die zum Schutz der Arbeitnehmer eingefügte, einjährige Änderungssperre des § 613a Abs. 1 Satz 2 a.E. BGB für dem Arbeitnehmer nachteilige Regelungen nicht (ErfKomm/*Preis* § 613a BGB Rz. 119). Folglich ist eine Änderung gemäß § 613a Abs. 1 Satz 4 BGB auch zum Nachteil der Arbeitnehmer schon vor dem Ablauf der Jahresfrist möglich, wenn sich die Kollektivregelungen im Stadium der Nachwirkung befinden, vgl. insoweit bitte die Regelung des § 4 Abs. 5 TVG bzw. § 77 Abs. 6 BetrVG. Ist die Sperrfrist abgelaufen oder gilt sie nach dem eben Gesagten nicht, so kann sich der Erwerber durch individual- oder kollektivrechtliche Mittel von den gemäß § 613a Abs. 1 Satz 2 BGB geltenden Regelungen lösen. In Betracht kommen insbesondere neue Kollektivregelungen, Abänderungsverträge oder Änderungskündigungen.

Abwandlung: Anspruch des M auf Wiedereinstellung

Fraglich ist, ob M einen Anspruch auf Wiedereinstellung gegen Z hat.

1.) Man könnte zunächst daran denken, den Übergang des Arbeitsverhältnisses des M auf Z nach § 613a Abs. 1 BGB zu konstruieren, da B die Kündigung erst für den 30.09.2017 ausgesprochen hat – es läuft also noch die Kündigungsfrist –, es aber bereits im August 2017 zur Betriebsübernahme durch Z kam.

Indessen gilt § 613a BGB nur für zum Zeitpunkt des Betriebsübergangs bestehende Arbeitsverhältnisse mit dem Betriebsveräußerer (*Schaub/Ahrendt* § 118 Rz. 3). Der erst nach Zugang (§ 130 Abs. 1 BGB) der Kündigung eingetretene Betriebsübergang beseitigt die einmal gegebene Wirksamkeit der Kündigung nicht. Der Betriebsübergang hat grundsätzlich keinen Einfluss auf vorher ausgesprochene Kündigungen (*Palandt/Weidenkaff* § 613a BGB Rz. 18–22). Somit geht das Arbeitsverhältnis des M gemäß § 613a Abs. 1 BGB lediglich in gekündigtem Zustand über. Und das bedeutet in der weiteren Konsequenz, dass das Arbeitsverhältnis des M mit Ablauf der Kündigungsfrist grundsätzlich endet.

Beachte: Das fühlt sich jetzt auf den ersten Blick ein bisschen ungerecht an, folgt aber zwingend daraus, dass der Erwerber gemäß § 613a Abs. 1 Satz 1 BGB das Arbeitsverhältnis nur so übernimmt, wie es im Stichtag des Betriebsübergangs besteht. Alle vorher vereinbarten Bedingungen und auch die abgegebenen Gestaltungserklärungen – also etwa eine Kündigung – wirken demnach **für und gegen** den übernehmenden Rechtsträger (*Henssler/Willemsen/Kalb/Willemsen/Müller-Bonanni*, Arbeitsrecht, § 613a BGB Rz. 221, 224). Somit eben auch die Kündigung des B, die er vor dem Betriebsübergang gegenüber M erklärt hat.

2.) Zum Ausgleich dafür gewährt das BAG allerdings den gekündigten Arbeitnehmern, die vom neuen Arbeitgeber nicht sowieso wieder eingestellt werden, nach Treu und Glauben in Verbindung mit § 611a BGB im Wege einer Rechtsfortbildung einen

Anspruch auf Einstellung zu unveränderten Bedingungen, wenn sich während des Laufs der Kündigungsfrist nach dem Ausspruch einer betriebsbedingten Kündigung unvorhergesehen eine Weiterbeschäftigungsmöglichkeit ergibt (BAG NZA-RR **2013**, 179: BAG NZA-RR **2009**, 469; BAG NZA **1998**, 251 im Anschluss an BAG NZA **1997**, 757). Beruht die Kündigung auf der fehlerhaften Prognose des Veräußerers, es werde zu einer Stilllegung kommen, so besteht deshalb ein gesetzlicher Kontrahierungszwang (Begriff nach *Boewer* in NZA 1999, 1177) mit dem Erwerber, denn wäre dem Veräußerer diese fehlerhafte Prognose nicht unterlaufen, wäre es automatisch zu den Rechtsfolgen des § 613a BGB gekommen. Der Wiedereinstellungsanspruch soll aber ausnahmsweise entfallen, wenn die Wiedereinstellung für den Arbeitgeber unzumutbar ist, so z.B., wenn er bereits anderweitig über den Arbeitsplatz disponiert hat (*Boewer* in NZA 1999, 1121).

> **Achtung:** Ob dieser Wiedereinstellungsanspruch auch dann besteht, wenn – anders als bei uns – die unerwartete Betriebsveräußerung erst **nach** dem Ablauf der Kündigungsfrist erfolgt, ist umstritten (gegen den Anspruch: Boewer in NZA 1999, 1177; dafür: *Müller-Glöge* NZA 1999, 450); das BAG hat zwar schon mehrfach (BAG NZA-RR **2013**, 179: BAG NZA-RR **2009**, 469) ausgesprochen, dass ein Wiedereinstellungsanspruch in solchen Fällen »nur ausnahmsweise« in Betracht komme; wann mal eine solche Ausnahme in Betracht kommen könnte, hat es allerdings nicht gesagt. Des Weiteren besteht der Wiedereinstellungsanspruch unstreitig nicht im Falle der Insolvenz (BAG AP BGB § 613a Nr. 185).

Unserem M steht – weil hier keine Insolvenz vorlag und der Betriebsübergang während der Kündigungsfrist erfolgte – grundsätzlich ein Anspruch auf Wiedereinstellung gegen den Z zu. Allerdings muss der Arbeitnehmer diesen Anspruch auf Fortsetzung des Arbeitsverhältnisses noch während dessen Bestehen oder zumindest **unverzüglich** – in Anlehnung an die zum Widerspruchsrecht bei Betriebsübergang geltende Frist spätestens innerhalb von drei Wochen nach Kenntniserlangung von den den Betriebsübergang begründenden Umständen – gegenüber dem Betriebserwerber geltend machen (BAG AP BGB § 613a Nr. 185; LAG Hamm DB **2000**, 1923).

Ergebnis: M hat einen Anspruch gegen Z auf Abschluss eines Arbeitsvertrages zu den gleichen Bedingungen, die auch für sein Arbeitsverhältnis mit B gegolten haben, und muss diesen Anspruch in der eben genannten Frist geltend machen.

Gutachten

I.) Welcher Tarifvertrag gilt?

K muss die übernommenen Mitarbeiter weiterhin nach den Bedingungen des Entgelttarifvertrags X entlohnen, wenn dieser nach dem Betriebsübergang für die Arbeitsverhältnisse gilt.

1.) Die normative Geltung von Tarifverträgen für ein Arbeitsverhältnis setzt grundsätzlich die beiderseitige Tarifgebundenheit von Arbeitgeber und Arbeitnehmer (§ 3 Abs. 1 TVG) voraus. Vorliegend fehlt es allerdings an der Tarifbindung des K im Hinblick auf den Tarifvertrag X.

2.) Möglicherweise greift aber die Regelung des § 613a Abs. 1 S. 2 BGB ein. Danach gelten die das Arbeitsverhältnis vor dem Betriebsübergang betreffenden tarifvertraglichen Regelungen als Inhalt des Arbeitsverhältnisses fort. Gemäß § 613a Abs. 1 S. 2 BGB wäre K insoweit weiterhin an die bisherigen tariflichen Arbeitsbedingungen – individualrechtlich – gebunden.

3.) Fraglich ist allerdings, wie es sich auswirkt, dass K Mitglied des Arbeitgeberverbandes Y ist, der mit der Gewerkschaft Y einen Entgelttarifvertrag ausgehandelt hat. Möglicherweise führt dieser Tarifvertrag Y, der sich auf dieselbe Regelungsmaterie wie Tarifvertrag X bezieht, zu einem Ausschluss der Transformationswirkung des § 613a Abs. 1 Satz 2 BGB gemäß § 613a Abs. 1 Satz 3 BGB. Er würde sodann auch für die übernommenen Restaurantmitarbeiter gelten – es käme zu einer Tarifablösung.

a) Zu berücksichtigen ist jedoch, dass der Tarifvertrag Y auf die übernommenen Mitarbeiter vorliegend nicht kraft beiderseitiger Tarifbindung (§ 3 Abs. 1 TVG) Anwendung finden kann. Zum Teil wird angenommen, dass die einseitige (inkongruente) Tarifbindung des Arbeitgebers für eine Tarifablösung gemäß § 613a Abs. 1 S. 3 BGB ausreicht. Dem Interesse des Betriebserwerbers an einer Vereinheitlichung der bei ihm geltenden Arbeitsbedingungen gebühre insoweit der Vorrang. Die ganz überwiegende Meinung lehnt eine derartige Betrachtung ab. Die Rechte und Pflichten würden bei dem neuen Inhaber nur dann im Sinne des § 613a Abs. 1 S. 3 BGB »geregelt«, wenn neben dem Arbeitgeber auch die übergehenden Arbeitnehmer normativ hieran gebunden seien.

b) Der herrschenden Ansicht gebührt der Vorzug. Das Erwerberinteresse an einer Vereinheitlichung der kollektiven Arbeitsbedingungen rechtfertigt keinen Eingriff in die (negative) Koalitionsfreiheit der Arbeitnehmer, indem diese einem Tarifregime unterworfen werden, ohne dass die diesbezüglichen Voraussetzungen (§ 3 bzw. § 5 TVG) erfüllt sind. Zudem berücksichtigt die Gegenansicht den einseitig arbeitnehmerschützenden Zweck des § 613a BGB nicht ausreichend. Eine Tarifablösung gemäß § 613a Abs. 1 S. 3 BGB ist damit ausgeschlossen; es verbleibt bei der Anwendung von § 613a Abs. 1 S. 2 und damit der Weitergeltung der Bestimmungen des Entgelttarifvertrags X.

Ergebnis: K muss die Arbeitnehmer weiterhin entsprechend der Regelungen des Entgelttarifvertrages X entlohnen.

II.) Ansprüche des M gegen Z auf Fortbeschäftigung

Fraglich ist, ob M einen Anspruch gegen Z auf Beschäftigung über den 30.09.2015 hinaus hat.

1.) Ein derartiger Anspruch kann sich aus § 611a BGB i.V.m. dem Arbeitsvertrag und § 613a Abs. 1 S. 1 BGB ergeben. Ursprünglich bestand ein Arbeitsverhältnis zwischen M und K. Dieses ist im August im Zuge der Betriebsübernahme kraft Gesetzes auf Z übergegangen. Ein Recht auf Vertragsfortsetzung mit Z besteht insoweit über den 30.09.2015 hinaus nur dann, wenn K das Arbeitsverhältnis nicht rechtswirksam gekündigt hat. Der Betriebserwerber rückt nämlich auch insoweit in die Position des übertragenden Arbeitgebers ein. Eine Unwirksamkeit der Kündigung kann sich vorliegend allenfalls aus dem speziellen Kündigungsverbot des § 613a Abs. 4 S. 1 BGB ergeben. Hiernach ist eine Kündigung unwirksam, wenn sie wegen des Betriebsübergangs erfolgt. In dem maßgeblichen Zeitpunkt des Zugangs der Kündigung (Prognoseprinzip) bei M war ein Betriebsübergang jedoch noch gar nicht absehbar. Vielmehr erfolgte die Kündigung aufgrund der von K in Aussicht genommenen Betriebsstilllegung, sodass ein Verstoß gegen § 613a Abs. 4 S. 1 BGB nicht in Betracht kommt. Einen Anspruch auf Beschäftigung über den 30.09.2015 hinaus kann M aus § 611a BGB i.V.m. dem Arbeitsvertrag und § 613a Abs. 1 S. 1 BGB somit nicht herleiten.

2.) Möglicherweise steht M gegen Z ein Anspruch auf Einstellung zu unveränderten Bedingungen zu (Wiedereinstellungsanspruch).

a) Fraglich ist, ob ein derartiger Wiedereinstellungsanspruch prinzipiell überhaupt bestehen kann. In Rechtsprechung und Literatur ist ungeachtet der streitigen dogmatischen Grundlage im Ergebnis anerkannt, dass der Arbeitnehmer von dem Betriebsnachfolger grundsätzlich Wiedereinstellung verlangen kann, wenn der Betriebsveräußerer eine (wirksame) betriebsbedingte Kündigung infolge beabsichtigter Betriebsstilllegung ausgesprochen hatte und es noch während des Laufs der individuellen Kündigungsfrist zu einem Betriebsübergang kommt.

b) Allerdings ist der Wiedereinstellungsanspruch nicht schrankenlos gewährleistet. Es müssen auch die Interessen des Betriebsnachfolgers berücksichtigt werden. Dieser kann eine Wiedereinstellung grundsätzlich verweigern, wenn er über den Arbeitsplatz des betreffenden Arbeitnehmers bereits anderweitig disponiert hat. Anhaltspunkte für der Wiedereinstellung des M entgegenstehende Belange des Z sind hier allerdings nicht ersichtlich.

Ergebnis: M hat somit einen Anspruch gegen Z auf Abschluss eines Arbeitsvertrages zu den gleichen Bedingungen, die auch für sein Arbeitsverhältnis mit K gegolten haben.

6. Abschnitt

Das Arbeitskampfrecht

Fall 20

Keinen Bock auf Streik?

Die G-Gewerkschaft plant zur Unterstützung der durch die Bildungsmisere an den Hochschulen betroffenen Studenten ihrerseits Streiks. Hiervon wäre auch der verbandszugehörige Betrieb des B betroffen. Dessen Arbeitnehmer A gehört der G-Gewerkschaft an und hält als Vater von zwei Kindern, die kurz vor dem Abitur stehen, das Anliegen für förderungswürdig und überlegt, ob er sich an der Arbeitsniederlegung beteiligen soll. B findet das Vorhaben der G-Gewerkschaft absurd. Er droht seinen Arbeitnehmern »Konsequenzen« an, sollten sie sich am Streik beteiligen.

A möchte wissen, welche Konsequenzen der Streik für ihn haben könnte.

Schwerpunkte: Das Arbeitskampfrecht – die Grundlagen; der Streikbegriff; Unterscheidung zwischen Rechtmäßigkeit und Rechtswidrigkeit eines Streiks; Begriff der Friedenspflicht; Unzulässigkeit eines politischen Streiks; Rechtsfolgen bei Teilnahme an einem Streik; Unterscheidung zwischen Folgen bei Rechtmäßigkeit und Unrechtmäßigkeit des Streiks.

Lösungsweg

Einstieg: Um zu wissen, welche Konsequenzen ein Streik für die Arbeitnehmer haben kann, muss man vor allem klären, ob der geplante Streik rechtmäßig oder rechtswidrig ist. Wir haben weiter vorne im Buch (Fall Nr. 9) schon mal kurz über die Rechtsfolgen des Streiks für die Arbeitnehmer gesprochen und dort festgestellt, dass den streikenden Arbeitnehmern für die Dauer des Streiks insbesondere keine Ansprüche auf Zahlung ihres Lohns zustehen. Umgekehrt stellt sich hier jetzt auch die Frage, ob der Arbeitgeber von den Streikenden die vertraglich geschuldete Erbringung ihrer Arbeitspflicht aus § 611a Abs. 1 BGB verlangen kann; die Teilnahme an einem Streik würde dann nämlich eine Verletzung dieser Pflicht darstellen. Wir wollen uns in einem ersten Überblick daher zunächst auch mal darauf konzentrieren zu klären, wie das eigentlich funktioniert mit den Hauptpflichten beim Arbeitsvertrag (§ 611a Abs. 1 und 2 BGB), wenn die Arbeitnehmer in Streik treten und folglich an einem sogenannten »Arbeitskampf« teilnehmen wollen.

Durchblick: Bevor wir damit starten, kommt hier aber als Erstes mal eine ziemlich überraschende Botschaft: Das »Arbeitskampfrecht« ist nämlich – mit ganz wenigen Ausnahmen – gesetzlich überhaupt nicht geregelt! Das gesamte Recht betreffend die

Durchführung von Arbeitskämpfen entstammt ausschließlich der Rechtsprechung des Bundesarbeitsgerichts. Man muss also all dass, was jetzt gleich folgt, lernen und verstehen – und hat dabei ausnahmsweise das beste Hilfsmittel des Juristen, nämlich den Gesetzestext, nicht zur Verfügung (es gibt keinen). Warum es zum Arbeitskampfrecht noch nie einen Gesetzestext gab und auch in Zukunft aller Wahrscheinlichkeit nach nie einen geben wird, erklärt sich dabei ziemlich makaber und gleichwohl ziemlich logisch wie folgt: Sollte sich eine Bundesregierung – egal, in welcher Zusammensetzung – an das Arbeitskampfrecht und dessen gesetzliche Regelung/Reglementierung heranwagen, droht Ungemach von etwa 39 Millionen Bundesbürgern. Das ist nämlich aktuell die Zahl der **abhängig arbeitenden** Menschen in Deutschland (→ Statistik der Bundesagentur für Arbeit vom Herbst 2018: 31.700.000 sozialversicherungspflichtig und 7.300.000 geringfügig Beschäftigte). Und diese 39 Millionen Bundesbürger verstehen – unterstützt von den entsprechenden Gewerkschaften – überhaupt keinen Spaß, wenn es darum gehen würde, ihnen das Streikrecht auch nur in irgendeiner Form »streitig« zu machen, sprich zu reglementieren oder gar einzuschränken. Streiks, etwa um höhere Löhne oder bessere Arbeitsbedingungen, bewegen als Massenphänomen die arbeitende Gesellschaft wie kaum ein anderer Vorgang. Sie gehen zudem im Zweifel immer sehr viele Menschen an (siehe oben!), betreffen existenzielle Fragen und stellen in der Regel auch ein beachtliches mediales Ereignis dar. Im Übrigen finden sich bei Streiks noch Solidaritätsformen unter **allen** Arbeitnehmern wieder, wie sie sonst in der Gesellschaft kaum noch zu beobachten sind.

So. Und wer sich das bewusstmacht, kann nachvollziehen, dass sich eine Bundesregierung, die gesetzliche Regeln zum Streikrecht erfinden und dieses unter Umständen sogar begrenzen würde, garantiert die Finger verbrennt, wenn auch nur eine einzige Vorschrift das Recht der Arbeitnehmerschaft auf Streik beeinträchtigt. Jede öffentliche Diskussion in dieser Thematik birgt fundamentales Streitpotenzial und Angriffsfläche, und zwar unabhängig davon, mit welchen Absichten die Regierung unterwegs wäre. **Folge**: Die nächste Bundestags- oder Landtagswahl ginge für die agierenden Regierungsparteien so sicher wie das Amen in der Kirche verloren, immerhin machen die 39 Millionen Arbeitnehmer satte **62 %** (!) der wahlberechtigten Personen in Deutschland (→ 63 Millionen) aus. **Daher**: Es gab und gibt bis heute weder ein »Arbeitskampfgesetz« und nicht einmal einzelne Normen, die in irgendeiner Form konkrete Aussagen zu den Rechten und Pflichten von Arbeitnehmern und Arbeitgebern im Falle eines Streikes beinhalten. Da lässt der Bundestag bzw. die Bundesregierung aus den eben genannten Gründen lieber schön die Finger von mit der Konsequenz, dass das gesamte Streikrecht in Deutschland bis heute ausnahmslos von der Rechtsprechung des Bundesarbeitsgerichts erschaffen wurde/wird. Aus rechtsstaatlichen Gesichtspunkten ist das natürlich ziemlich fragwürdig bis ungeheuerlich, denn wenn das gesamte Arbeitskampfrecht vom Bundesarbeitsgericht gemacht wird, widerspricht dies der vom Grundgesetz in Art. 20 vorgeschriebenen Gewaltenteilung. Die Gesetze werden nach der Vorstellung unseres Rechtssystems nämlich von Bundestag und Bundesrat (= Legislative) beschlossen und nicht von den Gerichten (= Judikative), die diese Gesetze vielmehr nur ausfüllen und ihre Anwendung durch die Verwaltung (= Exekutive) kontrollieren sollen – diesen Vorgang bzw. dieses System nennt man dann »Gewaltenteilung« (vgl. die Einzelheiten bei *Schwabe/Walter*, Staatsrecht I, Fälle 7–9). Auf die grundgesetzlich verankerte Verpflichtung zur Gewaltenteilung pfeifen allerdings die

Parlamentarier im Hinblick auf das Arbeitskampfrecht in Deutschland – und wir wissen jetzt zumindest auch, warum das so ist.

Zum Fall: Wir wollen und müssen hier in unserem Fall gleichwohl jetzt mal prüfen, welche arbeitsrechtlichen »Konsequenzen« es denn für unseren A hätte, wenn er am Streik gegen die Bildungsmisere teilnimmt. Und hierbei müssen wir – wie eingangs schon mal kurz erwähnt – vor allem die Rechtmäßigkeit bzw. Rechtswidrigkeit des Streiks im Auge behalten, also dann:

I.) Die Rechtmäßigkeit des (geplanten) Streiks

1.) Der Streikbegriff

> **Definition:** Ein **Streik** liegt vor, wenn es sich um eine gemeinsame und planmäßige Arbeitsniederlegung durch eine größere Anzahl von Arbeitnehmern (»Kollektivhandlung«) zur Erreichung eines bestimmten Ziels handelt (BAGE GS **1**, 291; *Hueck/Nipperdey* II, § 47 II1; ErfKomm/*Linsenmaier* Art. 9 GG Rz. 161).

Als alternative Variante der Arbeitsniederlegung wird regelmäßig die kollektive Ausübung eines Zurückbehaltungsrechts genannt. Der Unterschied zum Streik besteht aber darin, dass ein Streik der Erreichung eines Ziels dient, auf das die Arbeitnehmer (noch) keinen Anspruch haben (sogenannte »Regelungsstreitigkeit«), während die Ausübung eines Zurückbehaltungsrechts geschieht, um vermeintlich schon bestehende Ansprüche durchzusetzen, und das nennt man dann »Rechtsstreitigkeit« (*Brox/Rüthers/Henssler* Rz. 74; *Zöllner/Loritz/Hergenröder* § 39 III). Das BAG behandelt kollektive Arbeitsniederlegungen allerdings automatisch als Streik, wenn eine andere Intention durch die Arbeitnehmer nicht ausdrücklich deutlich gemacht wird (BAG DB **1977**, 728). **Hier**: An dieser Stelle bestehen bei uns im Fall keine Probleme. Die Gewerkschaft will ausdrücklich zu »Streiks« aufrufen; dass sich eine größere Zahl von Arbeitnehmern (außer A) an der Arbeitsniederlegung beteiligen wird, steht zu vermuten. Auch handelt es sich nicht um die Durchsetzung vermeintlich bestehender Ansprüche und folglich um keine Ausübung eines Zurückbehaltungsrechts.

ZE.: Ein Streik liegt damit definitionsgemäß vor.

2.) Die Rechtmäßigkeit des Streiks

Im Weiteren müssen wir jetzt dann mal sehen, ob dieser beabsichtigte Streik auch rechtmäßig wäre. Hierzu müssen mehrere Voraussetzungen überprüft werden:

a) Zunächst muss die tarifliche »Friedenspflicht« beachtet werden (ErfKomm/*Linsemaier* Art. 9 GG Rz. 124 f.; *Schaub/Treber* § 192 Rz. 17). Wir erinnern uns insoweit bitte an das im Fall Nr. 2 vorne schon mal Gesagte: Tarifverträge haben unter anderem eine sogenannte »Friedensfunktion«. Daher darf während ihrer Laufzeit auch nicht gestreikt werden, sonst ginge die Wirkung der Tarifverträge logischerweise verloren; Tarifverträge sollen für die Dauer ihrer Geltung einen gesicherten Rechtszustand schaffen.

Hier: Ob überhaupt ein Tarifvertrag besteht, dessen Laufzeit noch nicht beendet ist, wird nicht mitgeteilt. Jedenfalls gibt es mit Sicherheit keinen Tarifvertrag, der sich mit dem Zustand an den deutschen Universitäten befasst (warum das so sicher ist, sehen wir gleich). Soweit nicht ausdrücklich anders in einem noch laufenden Tarifvertrag vereinbart, bezieht sich die Friedenspflicht nur auf Arbeitskämpfe, die einen bereits tariflich geregelten Gegenstand betreffen. Das ist die sogenannte **relative** Friedenspflicht; die **absolute** Friedenspflicht ist folglich die Ausnahme (*Schaub/Treber* § 193 Rz. 18). Da die Vereinbarung einer absoluten Friedenspflicht nicht vorliegt, bestehen im Hinblick auf die Einhaltung der (relativen) Friedenspflicht keinerlei Bedenken.

b) Des Weiteren muss Gegenstand des Streiks ein tariflich regelbares Ziel sein. Das liegt daran, dass die Arbeitskampffreiheit aus der Bestands- und Betätigungsgarantie des **Art. 9 Abs. 3 GG** abgeleitet wird (BAG NZA **2003**, 734; *Junker* Rz. 605; ErfKomm/*Linsenmaier* Art. 9 GG Rz. 114). Was Inhalt eines Tarifvertrages sein kann, ergibt sich zum einen aus Art. 9 Abs. 3 GG (»Wahrung und Förderung der Arbeits- und Wirtschaftsbedingungen«) und zum anderen – in etwas konkreterer Form – aus § 1 Abs. 1 TVG, dort steht insbesondere, dass »Rechtsnormen, die den Inhalt, den Abschluss und die Beendigung des Arbeitsverhältnisses sowie betriebliche und betriebsverfassungsrechtliche Fragen ordnen können« gemeint sind.

Hier: Die Verbesserung der »Bildungsmisere« an den Hochschulen ist nicht Angelegenheit der Tarifparteien. Es handelt sich folglich nicht um eine Arbeitsniederlegung zum Zwecke einer tariflichen Regelung, sondern zur Bekräftigung einer rein politischen Forderung Dritter. Solche politischen Streiks sind immer **unzulässig** (BAG AP Art. 9 GG Arbeitskampf Nr. 32 und 58; LAG Hamm NZA-RR **2000**, 535; LAG Hamm BB **1985**, 1396; ErfKomm/*Linsenmaier* Art. 9 GG Rz. 102).

ZE.: Damit ist der geplante Streik rechtswidrig.

Nachtrag dazu:

Wir wollen uns natürlich trotzdem gerade noch die übrigen Voraussetzungen für die Rechtmäßigkeit eines Streiks anschauen, die da wären:

→ Grundsätzlich muss der Streikgegner auch der **soziale Gegenspieler** sein, denn nur dieser kann den Forderungen gerecht werden (ErfKomm/Linsenmaier Art. 9 GG Rz. 123). Auch deshalb übrigens sind politische Streiks, die sich ja im Regelfall gegen den Staat richten, unzulässig (der Tarifpartner kann etwa hier an der Ausstattung der Hochschulen nichts ändern).

→ Kein wilder Streik! Das heißt, dass die Durchführung des Streiks durch eine Gewerkschaft organisiert sein muss (BAG NJW **1964**, 883). Auch dies ergibt sich wieder daraus, dass nur diese die Möglichkeit hat, über Verhandlungen eine tarifliche Regelung zu erreichen. Insbesondere gewährleistet Art. 9 Abs. 3 GG lediglich die Freiheit zum Zusammenschluss und zur Betätigung als Koalition, nicht die Betätigung des Einzelnen anstelle der Koalition (*Söllner/Waltermann* § 11 V; *Zöllner/Loritz/Hergenröder* § 40 VII). Angeführt wird im Übrigen, dass die Einhaltung der Arbeitskampfregeln nur durch eine gewerkschaftliche Organisation gewährleistet sei (BAG NZA **1996**, 389 ff.).

→ Das »Ob« des Streiks muss verhältnismäßig sein (→ Ultima Ratio); Das heißt, dass zuvor immer alle Verhandlungsmöglichkeiten sowie das Schlichtungsverfahren ausgeschöpft worden sein müssen. Das gilt übrigens auch für Warnstreiks (BAG NJW **1989**, 57; AP Nr. 140 zu Art. 9 GG Arbeitskampf; LAG Düsseldorf NZA-RR **1997**, 167).

→ Das »Wie« des Streiks muss ebenfalls verhältnismäßig sein (grundlegend dazu BAG (GS) AP Nr. 43 zu Art. 9 GG Arbeitskampf).

II.) Rechtsfolgen der Teilnahme an einem rechtswidrigen Streik

1.) Wer an einem rechtswidrigen Streik teilnimmt, verletzt zunächst seine Arbeitspflicht. Der Arbeitgeber hat einen Anspruch auf Erfüllung dieser Arbeitspflicht, wobei eine entsprechende Klage auf Erbringung der Leistung wegen § 888 Abs. 2 ZPO (aufschlagen!) natürlich sinnlos wäre. Klar ist damit aber jedenfalls, dass die Vergütungspflicht des Arbeitgebers für die Dauer der Streikteilnahme entfällt, und zwar nach den §§ 326 Abs. 1, 275 BGB (BAG NJW **1994**, 1300; BAG NZA **1996**, 214).

2.) Außerdem muss der Streikende eine **Abmahnung** wegen Arbeitsverweigerung und anschließend bei fortgesetzter Teilnahme eine – unter Umständen auch außerordentliche – **Kündigung** befürchten (BAGE **30**, 50; BAG NZA **1989**, 475; BAG AP Nr. 41 zu Art. 9 GG Arbeitskampf; ErfKomm/*Linsenmaier*, Art. 9 GG Rz. 232). Bei der Kündigung einzelner Arbeitnehmer muss der Arbeitgeber aber willkürliches Verhalten vermeiden und sachliche Differenzierungsgründe beachten: so kann etwa die herausragende Beteiligung am Streik ein Grund für eine sogenannte »selektive Kampfkündigung« eines Arbeitnehmers sein (BAG NZA **1989**, 475).

3.) Zudem kommen bei Vorliegen der übrigen Voraussetzungen vertragliche und deliktische Schadensersatzansprüche in Betracht: Zum einen aus den §§ 280, 283 BGB und zum anderen aus § 823 Abs. 1 BGB, da die Teilnahme an einem rechtswidrigen Streik unstreitig einen Eingriff in den eingerichteten und ausgeübten Gewerbebetrieb darstellt (BAG NJW **1989**, 61; *Schaub/Treber* § 194 Rz. 48; ErfKomm/*Linsenmaier*, Art. 9 GG Rz. 232). Allerdings darf der einzelne Arbeitnehmer bei Teilnahme an einem gewerkschaftlich organisierten Streik grundsätzlich von dessen Rechtmäßigkeit ausgehen, sodass es in diesen Fällen regelmäßig an einem Verschulden des Arbeitnehmers fehlt (BAG AP Nr. 47 zu Art. 9 GG Arbeitskampf).

4.) Gegen die einen rechtswidrigen Streik organisierende Gewerkschaft besteht übrigens ein Unterlassungsanspruch aus § 1004 Abs. 1 Satz 2 BGB in Verbindung mit § 823 Abs. 1 BGB (BAG NZA **2012**, 1372; BAG AP Nr. 81 und 116 zu Art. 9 GG Arbeitskampf; ErfKomm/*Linsenmaier*, Art. 9 GG Rz. 224).

Ergebnis: A hätte bei Teilnahme an dem von der G-Gewerkschaft geplanten Streik keinen Anspruch auf Zahlung des Entgelts für die Zeit des Arbeitsausfalls. Außerdem müsste er mit einer Abmahnung wegen Arbeitsverweigerung rechnen, da es sich um einen rechtswidrigen Streik handelte. Sollte er trotzdem weiterhin an dem Streik teilnehmen, drohte ihm sogar die Kündigung durch B. Schadensersatz müsste er allerdings nicht leisten, da er mit der Rechtswidrigkeit des von der G-Gewerkschaft organisierten Streiks nicht rechnen müsste.

Das Allerletzte

Es ist völlig unstreitig, dass das soeben Gesagte nicht das Ergebnis sein kann, wenn der Streik rechtmäßig ist. Denn dann handelt es sich eben um ein **zulässiges** Mittel im Arbeitskampf. Wie oben schon erwähnt, haben die Arbeitnehmer keinen Anspruch auf Lohnzahlung während der Streikteilnahme; Gewerkschaftsangehörige bekommen sogenanntes »Streikgeld« von ihrer Gewerkschaft (dafür verwendet die Gewerkschaft übrigens den größten Teil der eingenommenen Beiträge), während die Nichtorganisierten Pech haben und auch nicht vom Staat unterstützt werden dürfen (vgl. § 160 SGB III). Das ist die sogenannte »Neutralitätspflicht des Staates«. Auf der anderen Seite hat aber auch der Arbeitgeber mit Ausnahme der sogenannten »Notdienstarbeiten« keinen Anspruch auf Erbringung der Arbeitsleistung (BAG NZA **1995**, 958). Man spricht deshalb im Fall der Teilnahme des Arbeitnehmers an einem rechtmäßigen Streik von einer Suspendierung der Hauptleistungspflichten (BAG NZA **1999**, 550; BAG NZA **1998**, 47; BAG NZA **1995**, 183; ErfKomm/*Linsenmaier*, Art. 9 GG Rz. 192; *Schaub/Treber* § 194 Rz. 1; BAG NZA **2013**, 916).

Alles, was zur Streikbeteiligung gesagt wurde, gilt im Übrigen auch für die Streikteilnahme **nicht** organisierter Arbeitnehmer. Das wird damit begründet, dass ihnen das Streikergebnis in der Regel faktisch zugutekommt (BAG AP Nr. 130 zu Art. 9 GG Arbeitskampf; ErfKomm/*Linsenmaier* Art. 9 GG Rz. 166). Folglich sollen sie die Möglichkeit der Teilnahme an rechtmäßigen Streiks haben, auf der anderen Seite müssen sie aber auch die Folgen betreffend den Entgeltanspruch tragen. Alles klar!?

Gutachten

I.) Folge einer Streikteilnahme könnte sein, dass die Entgeltansprüche des A aus dem Arbeitsvertrag i.V.m. § 611a Abs. 2 BGB erlöschen.

1.) Infolge des Bestehens eines Arbeitsvertrags ist ein Entgeltanspruch des A aus dem Arbeitsvertrag i.V.m. § 611a Abs. 2 BGB entstanden.

2.) Der Anspruch kann jedoch aufgrund des Ausfalls von A mit der Arbeitsleistung für den Zeitpunkt der Verweigerung der Dienste erlöschen.

a) Als Erlöschensgrund kommt die Teilnahme an einem rechtmäßigen Streik in Betracht. Es ist anerkannt, dass jedenfalls bei einer Streikteilnahme des Arbeitnehmers die beiderseitigen Hauptleistungspflichten aus dem Arbeitsverhältnis suspendiert werden. Vergütungsansprüche des A würden insofern erlöschen, wenn es sich bei der geplanten Arbeitsniederlegung um einen definitionsgemäßen Streik handelte, der rechtmäßig ist.

b) Die vorstehend aufgeworfene Frage bedarf hier keiner weiteren Erörterung, wenn die Gegenleistungspflicht des Arbeitgebers bereits gemäß § 326 Abs. 1 1. HS BGB erlischt, falls A sich der Arbeitsniederlegung anschließt. Infolge des absoluten Fixschuldcharakters der Arbeitspflicht liegt bei einem (zeitweiligen) Nichtantritt der Dienste Unmöglichkeit im Sinne von § 275 Abs. 1 BGB vor. Da abweichende Gefahrtragungsregeln nicht eingreifen, ist § 326 Abs. 1 S. 1 BGB einschlägig.

B braucht A für die Zeit des Arbeitsausfalls keinen Lohn zu zahlen.

II.) Möglicherweise kann B gegenüber A eine Abmahnung bzw. sogar eine fristlose Kündigung im Sinne von § 626 BGB aussprechen.

1.) Zunächst ist zu fragen, ob B den A abmahnen kann, wenn sich dieser der kollektiven Arbeitsniederlegung anschließt.

a) Voraussetzung für eine Abmahnung ist ein arbeitsvertragswidriges Verhalten des A. Ein Abmahnungsgrund kann hier darin zu erblicken sein, dass A die Erfüllung seiner Vertragspflichten durch Arbeitsniederlegung verweigert. Dies stellt eine Vertragspflichtverletzung dar, die grundsätzlich zu einer Abmahnung berechtigt.

b) Etwas anderes kann sich vorliegend allerdings daraus ergeben, dass es sich bei der kollektiven Arbeitsniederlegung um einen »Streik« handeln soll. Der Arbeitgeber darf den Arbeitnehmer nicht benachteiligen, weil dieser in zulässiger Weise seine Rechte ausübt, sogenanntes Maßregelungsverbot (§ 612a BGB). Ein Abmahnungsgrund besteht folglich nicht, wenn die vorübergehende Arbeitsniederlegung des A im Rahmen der Teilnahme an einem rechtmäßigen Streik erfolgt.

Zu klären ist zunächst, ob es sich bei der beabsichtigten Arbeitsniederlegung überhaupt um einen Streik im Rechtssinne handelt. Ein Streik liegt begrifflich vor, wenn eine größere Anzahl von Arbeitnehmern die Arbeit gemeinsam und planmäßig zur Erreichung eines bestimmten Ziels (Regelungsstreitigkeit) niederlegt. Vorliegend soll sich entsprechend dem Aufruf der Gewerkschaft eine größere Zahl an der koordinierten Arbeitsniederlegung beteiligen. Da es hierbei nicht um die Durchsetzung von Rechtsansprüchen, sondern das Erringen von Vorteilen geht, liegt auch eine Regelungsstreitigkeit und mithin definitionsgemäß ein Streik vor.

Der Streik muss weiterhin rechtmäßig sein. Es darf insoweit nicht gegen eine tarifliche Friedenspflicht verstoßen werden. Ferner muss Gegenstand des Streiks, der sich gegen den sozialen Gegenspieler zu richten hat, ein tariflich regelbares Ziel sein. Zudem muss der Streik gewerkschaftlich getragen sein. Schließlich sind Verhältnismäßigkeit des »Ob« und »Wie« des Streiks zu wahren. Bedenken gegen die Rechtmäßigkeit des Streiks ergeben sich vorliegend aus dem verfolgten Ziel der Arbeitnehmer. Die möglichen Regelungsgegenstände eines Tarifvertrags sind in Art. 9 Abs. 3 GG und in § 1 Abs. 1 TVG angesprochen. Bildungspolitische Fragen fallen nicht in die Regelungskompetenz der Tarifparteien. Es handelt sich folglich nicht um Arbeitsniederlegung zum Zwecke einer tariflichen Regelung, sondern zur Bekräftigung einer rein politischen Forderung Dritter. Ein derartiger politischer Streik ist unzulässig.

c) Aus dem Gesagten ergibt sich, dass die Teilnahme des A an dem (rechtswidrigen) Streik als Arbeitsverweigerung und damit als Vertragsverletzung des Arbeitnehmers zu werten ist. Eine Abmahnung durch B wäre daher zulässig.

2.) Weiterhin kommt der Ausspruch einer fristlosen Kündigung im Sinne des § 626 BGB in Betracht. Die (beharrliche) Arbeitsverweigerung eines Arbeitnehmers stellt an sich einen wichtigen Grund zur außerordentlichen Kündigung dar. Allerdings muss die Kündigung im Einzelfall auch verhältnismäßig sein (sogenanntes Ultima-Ratio-Prinzip). Insoweit ist zu berücksichtigen, dass A als Rechtsunkundiger nach einem gewerkschaftlichen Streikaufruf möglicherweise die Rechtmäßigkeit seines Verhaltens nicht anzweifeln wird. Es ist insofern sachgerecht anzunehmen, dass einer fristlosen Kündigung wegen Leistungsverweigerung zumindest eine einschlägige Abmahnung des B und ein wiederholtes Fehlverhalten des A vorauszugehen hat.

III.) Schließlich kommen Schadensersatzansprüche des B gegen A in Betracht.

1.) Ein Schadensersatzanspruch des B gegen A im Falle der Teilnahme an dem rechtswidrigen Streik kann sich aus § 280 Abs. 1 BGB in Verbindung mit dem Arbeitsvertrag und § 611a BGB ergeben.

a) Zwischen den Parteien besteht ein Schuldverhältnis. Die Teilnahme an einem rechtswidrigen Streik stellt eine Verletzung der hieraus entspringenden Leistungspflicht des A dar.

b) A muss die Pflichtverletzung zu vertreten haben, §§ 280 Abs. 1 S. 2, 619a BGB. Da A die Arbeit willentlich niederlegen will, liegt das erforderliche Verschulden an sich vor. Zu berücksichtigen ist jedoch, dass ein fehlendes Bewusstsein von der Rechtswidrigkeit des Handelns den Vorsatz (im Zivilrecht) ausschließt, sogenannte Vorsatztheorie. Entscheidend für ein Verschulden des A ist somit, ob ihm die Arbeitsverweigerung zum Fahrlässigkeitsvorwurf gereicht. Dies kann jedoch nicht ohne Weiteres angenommen werden, weil A als Rechtsunkundiger bei einem gewerkschaftlich getragenen und organisierten Streik jedenfalls zunächst von dessen Rechtmäßigkeit ausgehen darf. Vertretenmüssen im Sinne von §§ 280 Abs. 1 S. 2, 619a BGB liegt nicht vor.

Ein Schadensersatzanspruch aus § 280 Abs. 1 BGB scheidet aus.

2.) Konstruktiv in Betracht kommt schließlich ein Schadensersatzanspruch des B gegen A aus § 823 Abs. 1 BGB. Die Teilnahme an einem rechtswidrigen Streik stellt sich als Eingriff in das als sonstiges Recht im Sinne des § 823 Abs. 1 BGB anerkannte Recht am eingerichteten und ausgeübten Gewerbebetrieb des Arbeitgebers dar. Dieser Eingriff erfolgt vorliegend auch widerrechtlich, weil die kollektive Arbeitsniederlegung im Rahmen eines unzulässigen politischen Streiks erfolgen soll. Allerdings fehlt es an einem Verschulden (§ 276 Abs. 1, 2 BGB) des A, der mit der Rechtswidrigkeit des gewerkschaftlich organisierten Streiks nicht rechnen muss.

Ergebnis: Ein Anspruch aus § 823 Abs. 1 BGB steht dem B gegen A somit im Falle einer Streikteilnahme nicht zu.

Sachverzeichnis